ESPAÑOL EN ESPAÑOL

ESPAÑOL EN ESPAÑOL

Nicolas Shumway

Yale University

David Forbes

Los Angeles Mission College
Los Angeles Community College District

Holt, Rinehart and Winston

New York   Chicago   San Francisco   Philadelphia
Montreal   Toronto   London   Sydney
Tokyo   Mexico City   Rio de Janeiro   Madrid

Publisher: Rita Pérez
Acquisitions Editor: Vince Duggan
Senior Project Editor: Marina Barrios Hanson
Project Editor: Lisa Haugaard
Production Manager: Lula Als
Art Director: Robert Kopelman

Photograph credits: page 30, Carl Frank/Photo Researchers; page 100, David S. Strickler/Monkmeyer; pages 195 and 373, Bernard Pierre Wolff/Photo Researchers; page 253, Beryl Goldberg; page 285, UPI; page 388, Mimi Forsyth/Monkmeyer; page 419, Helena Kolda/Monkmeyer; page 447, Sam Falk/Monkmeyer; page 450, Fritz Henle/Monkmeyer; all others, Nicolas Shumway

Library of Congress Cataloging in Publication Data

Shumway, Nicolas.
    Español en español.

    English and Spanish.
    Includes index.
    1. Spanish language—Text-books for foreign speakers—
English.   2. Spanish language—Grammar—1950-
I. Forbes, David (Ralph David)   II. Title.
PC4112.S485   1984   468.2'421   84-6534

ISBN 0-03-063144-0

CBS COLLEGE PUBLISHING
Holt, Rinehart and Winston
The Dryden Press
Saunders College Publishing

CONTENIDO

Capítulo 4 *61*

Primer Repaso *83*

Capítulo 5 *85*

Capítulo 12   *230*

Tercer Repaso   *249*

Capítulo 13   *251*

Capítulo 14   *271*

TO THE STUDENT

We learn languages for many reasons, but the best and the simplest reason to study languages is that other people speak them. Most of the world's people live and communicate in languages other than our own, and anything involving people usually involves language. Fluency in a second language opens doors to thousands of experiences the monolingual never know; indeed, few experiences match the thrill of forming new friendships that several months earlier would have been impossible because of linguistic barriers. If you talk to people fluent in several languages, almost all will tell the same story: if they had remained monolingual, their lives would be considerably impoverished.

Of the languages available to you as a student, none offers greater possibilities than Spanish. Spanish is the language of Spain and of eighteen Spanish American nations, and it is rapidly becoming the second language of the United States. Indeed, if you are contemplating a career in health care, government service, business, law, or any other field where communicating with other people is important, knowing Spanish can be a great asset. To know the Spanish-speaking world is to be captivated by it—by its humanity, its warmth, its vitality, its cultures, its variety, its problems, its possibilities. As you study Spanish during the next few months, don't lose sight of the final goal: to experience Hispanic culture to the fullest and thereby enrich your life in ways you never dreamed. Learning another language is not easy, but in the end, the effort you make to learn Spanish will surely be rewarded many times over.

In learning Spanish, the first thing you must realize is that language and thought are inseparable. Language is more than a series of patterns, rules, and structures to be memorized and reproduced on cue. Rather, it is a system through which you express yourself and understand others. As an open system of expression and not a closed set of patterns, language is infinite. No one will ever exhaust the possibilities of language, and some of those possibilities are yours. To speak a language is to think in that language. For that reason, we scarcely used any English at all in designing this method, and we hope English will be eliminated entirely from the classroom. If students continually rely on English for meaning, as many textbooks encourage them to do, they are learning not to speak Spanish but to translate English. Translation is not only inefficient but also very difficult—in fact, perfectly bilingual people frequently have trouble translating. How odd, then, that such an advanced skill is often required of beginning students. We call our method a direct method, for it teaches from context to Spanish, and from Spanish to Spanish, without relying on English for meaning or explanation. Unlike other approaches, direct method combines Spanish thought with Spanish language. Eliminating English from the course obviously has major pedagogical implications, many of which you will become aware of as you participate in classroom activities and observe the sequencing of materials in the text. Be assured that we have embraced direct method after years of experimentation with other approaches. We are firmly convinced that for English-speaking adults studying Spanish, direct method is the method of choice.

Some detractors of direct method argue that using English to explain grammar and meaning is somehow more efficient; but such "efficiency" is sadly deceptive. Our ultimate goal is to think and communicate in Spanish. Use of English in the classroom merely postpones that goal and is largely responsible for those many generations of language students who learn a few phrases and a lot of rules, but can never express themselves spontaneously. Instead of learning to think in Spanish—a necessary prerequisite for spontaneous expression—they learned to translate; instead of generating their own ideas according to a new system of expression, they learned to parrot. After very little exposure to direct method, you will find yourself thinking and saying things you have never expressed in English; indeed, before long you will ask yourself, "Now how could I say that in English?"

A major challenge in learning a new language is acquiring new vocabulary. An average high-school graduate is said to have a vocabulary of approximately 50,000 words, and Ph.D.'s supposedly have around 250,000 words at their command. Duplicating such vocabulary in a second language seems overwhelming unless we consider one essential fact: vocabulary acquisition is as natural as breathing. Average college freshmen double their vocabulary by the time they graduate; consider, for example, how many new words and terms you learn in every class you take, from chemistry to psychology, and how many new terms you glean daily from newspapers, advertisements, and casual conversations—all without conscious effort.

One of the great ironies of foreign language education is that frequently students learn more new vocabulary in science courses than in language study, in spite of the fact that memorizing new terms is usually standard procedure in the latter. One reason for this discrepancy is that in most language courses vocabulary and even grammatical structures are presented along with English definitions and translations. Although English may be unavoidable in isolated cases, its consistent use clearly runs counter to natural vocabulary acquisition, in which all new items form part of a personal and meaningful context. The key, then, to vocabulary acquisition is learning new items in a meaningful context; conversely, the worst way to acquire a working Spanish vocabulary is by memorizing long lists of Spanish words with their English equivalents. For this reason, we have designed the book so that new material builds on what you already know, thus allowing each new item to appear in a familiar context.

We hasten to add, however, that the best designed method and the most creative teacher cannot overcome the limits of the classroom. Ultimately, each student must cooperate with the method by creating a personal context for the new language. When you learn a new vocabulary item or a new grammatical structure, run it through your head a few times. Create new sentences with it. Use your imagination to associate it with what you already know—your friends, your home, or any other significant fact of your life. Make jokes with it. Gossip with it. Scold with it. Love with it. By creating a personal context for Spanish, you will be amazed at how quickly and easily the language becomes a part of you.

Finally, we need to consider the role of grammar in language learning. Occasionally, people make statements such as, "I want to learn Spanish, not grammar." Obviously, grammar for grammar's sake makes little sense in a beginning language course, but what many people don't realize is that grammar when properly taught—as a system for expressing meaning—is one of the greatest learning shortcuts ever devised. In the next few months, you will encounter a great amount of unfamiliar material that must be consciously organized in some comprehensible fashion in order to be assimilated. It is through grammar that language is organized and thereby made easier to learn. Grammar is to language what the decimal system is to numbers or what the periodic chart of the elements is to chemistry. Without grammar, a new language becomes a bewildering jumble of seemingly unconnected bits and pieces. Grammar allows us to generalize, to multiply one experience thousands of times. Grammar teaches us a finite system of expression through which we can generate an infinite number of statements. Learning a language is not unlike learning other skills—typing and driving, for example. Beginning typists must be consciously aware of which fingers correspond to the keys controlling the different letters, just as a student driver must be consciously aware of which controls in a car cause different responses. Yet, both typing and driving eventually become automatic. The same is true of language learning by adults. You must first develop a conscious awareness of how Spanish works, that is to say, a conscious awareness of grammar as it relates to meaning and expression. From that point on, you will quickly progress to a stage when you will use Spanish much as you use your native language—automatically, without thinking about it.

An old adage has it that all educated people are self-taught. This means that no matter how good the teacher, the method, and the facilities at your disposal, you are ultimately responsible for your own education. Obviously, good teachers, books, and facilities can help, but without effort on your part, nothing remarkable will happen in your Spanish course, nor anywhere else for that matter. Learning Spanish requires effort, discipline, and dedication, but in the long run, Spanish offers rewards matched by few other subjects. Remember that you are not just learning a language; you are reaching out to another culture and forming the basis for new friendships and fresh experiences. We, the authors, remember with deep pleasure our first contacts with Hispanic culture. And in a sense, we envy what you have before you.

N.S.
D.F.

ACKNOWLEDGMENTS

We cannot name all the kind people who helped us with *Español en Español*, but we must mention a few. We would like to thank Karen Misler, Vince Duggan, Marina Hanson, Lula Als, Lisa Haugaard, and Janet Field of Holt, Rinehart and Winston for their diligence and support; our colleagues at Yale University and Los Angeles Mission College, specifically Febronia Ross, Benjamín López, and Roberto González Echevarría; Stan Merrill, Mimi Evenden, Claudia Larock, John Loge, Karen Burrell, George Wingirter, and Dianne Nitzahn, who assisted with typing and computer work; Roberto González Echevarría and Luz Nuncio for helping with the original laboratory program; Julia Kushigian, Fred Lucciani, and Karen Stolley, who as wonderfully talented graduate student teachers at Yale contributed enormously to the success of the textbook's pilot program; María Teresa Torreira, who tried an early version of the book at Sacred Heart University in Bridgeport, CT; Joseph Tagliarini, who helped prepare the photographs; and finally our students, who with unfailing good humor endured four years of bulky preliminary versions of the book and lab manual. Special thanks are also in order to the following reviewers, who made many helpful suggestions for improving the original manuscript: Professor Judith Strozer, UCLA; Professor Jack E. Sullivan, San Diego City College; Dr. Susan C. Schaffer, UCLA; Professor John Gesell, University of Arizona; Professor John J. Staczek, Florida International University; Professor Bernice Nuhfer-Halten, Emory University; Professor Leon Lyday, Pennsylvania State University; Professor Kenneth Brown, University of Colorado; Professor Michael Handelsman, University of Tennessee; and Professor John M. Lipski, University of Houston.

ESPAÑOL EN ESPAÑOL

LECCIÓN PRELIMINAR

0.1

Buenos días, señor.
Buenas tardes, señora.
Buenas noches, señorita.

—(Yo) me llamo señora Flores.
—¿Cómo se llama usted, señor?
—Me llamo Ricardo Contreras.
—Mucho gusto.
—El gusto es mío, señora.

—¿Cómo está usted, señor Contreras?
—Estoy muy bien, gracias. ¿Y usted?
—(Yo) estoy bien también, gracias.

¿Cómo está usted? es una pregunta.
Estoy muy bien, gracias. es una respuesta.

Escuchen la pregunta, por favor.
Escuchen la respuesta, por favor.

0.2 —¿Cuál es la fecha de hoy?
—Hoy es el 10 (diez) de septiembre.

¡Hola!

0.3 Vamos a contar:

cero, uno, dos, tres, cuatro, cinco,
0   1   2   3   4   5
seis, siete, ocho, nueve, diez.
6   7   8   9   10
—¿Cuál es su número de teléfono?
—Mi número de teléfono es: 3-6-5-8-2-7-1.

0.4 Repitan el alfabeto español, por favor:

a	(a)	j	(jota)	r	(ere)
b	(be grande)	k	(ka)	rr	(erre)
c	(ce)	l	(ele)	s	(ese)
ch	(che)	ll	(elle)	t	(te)
d	(de)	m	(eme)	u	(u)
e	(e)	n	(ene)	v	(be chica)
f	(efe)	ñ	(eñe)	w	(doble u)
g	(ge)	o	(o)	x	(equis)
h	(hache)	p	(pe)	y	(i griega)
i	(i)	q	(cu)	z	(zeta)

Las vocales: a, e, i, o, u
Las consonantes: b, c, ch, d, f, g, h, j, k, l, ll, m, n, ñ, p, q, r, rr, s, t, v, w, x, y, z

A, B, C, ETC. = LETRAS MAYÚSCULAS
a, b, c, etc. = letras minúsculas

—¿Cómo se llama usted, señorita?
—Me llamo Anita Hernández.
—¿Cómo se escribe su nombre?.
—Mi nombre se escribe A-n-i-t-a H-e-r-n-a con acento-n-d-e-z.

0.5 Vamos a contar de 0 a 20:

0	cero	6	seis	12	doce	18	dieciocho
1	uno	7	siete	13	trece	19	diecinueve
2	dos	8	ocho	14	catorce	20	veinte
3	tres	9	nueve	15	quince		
4	cuatro	10	diez	16	dieciséis		
5	cinco	11	once	17	diecisiete		

—¿Cuántos son $9 + 11$ (nueve y once)?
—$9 - 11 = 20$ (nueve y once son veinte).

Una suma: $7 + 3 = 10$ (siete y tres son diez.)
Una resta: $15 - 7 = 8$ (quince menos siete son ocho.)

1.1 ¿Qué es esto?

Es **un** libro. Es **una** pluma.

1.2 ¿**Tiene** usted un lápiz, señorita?

Sí, (yo) **tengo** un lápiz.

1.3 ¿Qué es esto?

Es un coche. Es **el** coche de Gloria.

Es una casa. Es **la** casa de Miguel.

1.4 ¿Quién es?

Es **el** señor Martínez. Es **la** señora Gómez.

1.5 Es **el** libro **de Anita.**

Es **la** casa del señor Pérez.

1.6 ¿**Dónde** está el libro de Raquel?

Está **encima de** la mesa.

1.7 ¿Dónde está **el coche de Raúl**?

Está delante de la casa.

vocabulario:

objetos de la clase, cosas personales

EXPOSICIÓN GRAMATICAL

1.1 ¿Qué es esto?

Es **un** libro. Es **una** pluma.

Es **un** libro.   Es **una** pluma.
    un escritorio.   **una** silla.
    un portafolio.   **una** bolsa.
    un cuaderno.   **una** ventana.
    un papel.   **una** casa.
    un reloj.   **una** pared.
    un avión.   **una** dirección.
    un camión.   **una** expresión.
    un coche.   **una** clase.
    un sobre.   **una** llave.
    un lápiz.   **una** luz.

En español un **sustantivo** *(libro, pluma, etc.)* es **masculino** o **femenino**.

Un sustantivo que termina en **-o, -n** o **-l** es generalmente masculino.

Un es un **artículo indefinido masculino** y se usa con un sustantivo masculino: *un libro, un sombrero, un papel, un avión*, etc.

Un sustantivo que termina en **-a, -d, -ción** o **-sión** es generalmente femenino: *una mesa, una pared, una dirección, una expresión*, etc.

Una es un **artículo indefinido femenino** y se usa con un sustantivo femenino. Por ejemplo, *una pluma, una universidad, una dirección, una expresión*, etc.

Un sustantivo con otra terminación es **masculino** o **femenino**.
Por ejemplo: *un sobre, una llave, un lápiz, una luz*, etc.

Excepciones: *un día, un programa, un tema, una mano, una foto, una moto*.

Estudie:

    ¿Qué es esto?   Es **un** pupitre.
    ¿Y qué es esto?   Es **otro** pupitre.
    ¿Qué es esto?   Es **una** caja.
    ¿Y qué es esto?   Es **otra** caja.

Se usa **otro** con un sustantivo masculino.
Se usa **otra** con un sustantivo femenino.

Estudie:

    ¿Qué es esto?
    ¿Es una mesa **o** un escritorio?   Es una mesa.
    ¿Es un coche **o** un camión?   Es un camión.
    ¿Es un portafolio **o** una bolsa?   Es un portafolio.

¿Qué es esto?

¿Es un sobre?	**Sí**, es un sobre.
¿Es una silla?	**Sí**, es una silla.
¿Es un libro?	**No, no es** un libro. Es un cuaderno.
¿Es una casa?	**No, no es** una casa. Es un apartamento.
¿Es una pluma?	**No, no es** una pluma. Es un lápiz.

Es es un **verbo**. En una frase negativa, **no** precede al verbo.

práctica

Verdad o mentira. Siga el modelo:

Alumno I: (con un lápiz en la mano) Es un cuaderno. ¿Verdad o mentira?
Alumno II: Mentira. No es un cuaderno; es un lápiz.
Alumno III: (indicando a una compañera de la clase) Es una estudiante. ¿Verdad o mentira?
Alumno IV: Verdad. Es una estudiante.
    (Etc.)

1.2 ¿**Tiene** usted un lápiz, señorita?
Sí, (yo) **tengo** un lápiz.

¿**Tiene** usted un lápiz, señorita?	Sí, yo **tengo** un lápiz.
¿**Tiene** usted otro lápiz en su bolsa?	No, no **tengo** otro lápiz en mi bolsa.
¿**Tienes** tú una cartera en tu bolsillo, Roberto?	Sí, **tengo** una cartera en mi bolsillo.
¿**Tiene** Alejandro un cuaderno en su portafolio?	Sí, él **tiene** un cuaderno en su portafolio.
¿**Tiene** Laura un perro en su casa?	No, ella no **tiene** un perro en su casa.

Tengo, tienes, y **tiene** = verbos que indican **posesión**.

Sinopsis:

```
yo                            +  tengo
tú                            +  tienes
usted
él                         ⎫
ella                       ⎬   +  tiene
Alejandro, Laura, etc.     ⎭
```

Usted es **formal**.
Tú es **familiar**. Se usa con miembros de la familia y con compañeros.
Él es un pronombre masculino singular.
Ella es un pronombre femenino singular.

Estudie:

Tengo un apartamento.	= **Yo tengo** un apartamento.
Tienes mi libro.	= **Tú tienes** mi libro.
Tiene un coche.	= **Usted tiene** un coche.
	= **Alejandro (él) tiene** un coche.
	= **Laura (ella) tiene** un coche.

Es posible omitir el sujeto (*yo, tú, usted, él, ella, Laura, etc.*).

Estudie:

mi casa, **mi** lápiz, **mi** bolsa, **mi** dirección
tu casa, **tu** lápiz, **tu** bolsa, **tu** dirección
su casa, **su** lápiz, **su** bolsa, **su** dirección

mi = adjetivo posesivo de **yo**
tu = adjetivo posesivo de **tú**
su = adjetivo posesivo de **usted**, de **él**, de **Laura**, etc.

práctica ✳

Pregúntele a un compañero o a una compañera de su clase:

—qué tiene en su bolsillo
—si tiene un amigo en Nueva York
—qué tiene en su portafolio
—si tiene una amiga en México
—si tiene un apartamento o una casa

—qué tiene en su dormitorio
—si tiene un perro o un gato
—si su papá tiene un avión, un coche
    o una bicicleta
—qué clase de coche tiene (un Chevy,
    un Ford, un Honda, etc.)

1.3 ¿Qué es esto?

Es un coche. Es **el** coche de Gloria.
Es una casa. Es **la** casa de Miguel.

Es **un** apartamento.
Es **un** gato.

Es **una** dirección.
Es **una** silla.

Es **el** apartamento de Juana.
Es **el** gato de José.

Es **la** dirección de David.
Es **la** silla de Marta.

El es un **artículo definido masculino.**
La es un **artículo definido femenino.**
El artículo indefinido *(un, una)* es **general.**
El artículo definido *(el, la)* es **específico.**

Compare:

Es un libro.
Es **otro** libro.

Es una pluma.
Es **otra** pluma.

Es el libro de Nicolás.
Es **el otro** libro de Nicolás.

Es la pluma de Roberto.
Es **la otra** pluma de Roberto.

Se usa **otro** y **el otro** con un sustantivo masculino.
Se usa **otra** y **la otra** con un sustantivo femenino.
Nota importante: No se usa el artículo indefinido con *otro/otra.*
Un otro es totalmente incorrecto.

1.4 ¿Quién es?

Es **el** señor Martínez. Es **la** señorita Gómez.

¿Quién es?

Es un hombre.
Es Pablo.
Es Pablo Quevedo.
Es **el** señor Quevedo.
Es **el** profesor Lavalle.
Es **el** doctor Torres.

Es una mujer.
Es Norma.
Es Norma Barcia.
Es **la** señorita Barcia.
Es **la** señora Vázquez.
Es **la** doctora Méndez.

La palabra interrogativa **quién** se refiere a una **persona**. El artículo definido *(el, la)* precede generalmente a un título con el nombre de la persona.

Compare:

Es **el** señor Robles.	—Buenos días, Sr. Robles.
Es **el** doctor Vegas.	—¿Cómo está usted, Dr. Vegas?
Es **la** señora Quesada.	—Buenas tardes, Sra. Quesada.
Es **la** señorita Rojas.	—Buenas noches, Srta. Rojas.

En una conversación directa con la persona, el artículo definido **se omite**.

Abreviaturas:

Sr. = señor	**Srta.** = señorita
Sra. = señora	**Ud.** = usted

Las abreviaturas *Sr., Sra.* y *Srta.* se usan sólo con el nombre o el apellido. Por ejemplo:

¿Cómo está Ud., **señora**?
¿Cómo está Ud., **Sra. Menéndez**?

1.5 Es el libro **de** Anita. Es la casa **del** Sr. Pérez.

Es el portafolio **de** Amalia.	Laura tiene el coche **de** Jaime.
Es la amiga **de** Javier.	Tengo la dirección **de** Javier.

Se usa **de** y el nombre de una persona para expresar **posesión**.

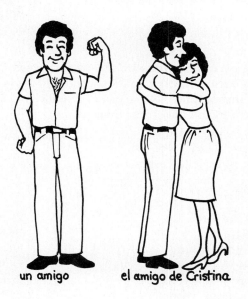

un amigo   el amigo de Cristina

un profesor

el profesor de matemáticas

Estudie:

Es la clase **de** astronomía.
Es mi profesor **de** arte.
Tengo dos cursos **de** historia y un
    curso **de** música.

Es mi libro **de** español.
Es la capital **de** Bolivia.

Se usa **de** para indicar una **categoría**.

un libro

el libro de español

Estudie:

Es el libro **de la** Sra. Sosa.
Es la llave **de la** profesora.
Es la presidente **de la** compañía.

Es la casa **del** Sr. López.
Es la llave **del** profesor.
Es el presidente **del** club.

Del es la contracción de **de** + **el**: **de** + **el** = **del**.

Estudie:

¿Qué es esto?
¿Quién es él?
¿De quién es el anillo?

Es la pizarra de la clase.
Se llama Miguel. Es mi amigo.
Es de la señora Espinosa.

Qué es una palabra interrogativa para **objetos** o **cosas**.
Quién es una palabra interrogativa para **personas**.
De quién es una expresión interrogativa de **posesión**.

práctica

Haga una pregunta a un compañero o compañera de clase con **qué, quién,** o **de quién**. Siga el modelo:

Alumno I: ¿Qué es esto?
Alumno II: Es una bolsa.
Alumno I: ¿De quién es la bolsa?
Alumno II: Es la bolsa de la Srta. Rodríguez.
Alumno I: ¿Quién es la Srta. Rodríguez?
Alumno II: Es una estudiante de la clase de español.
     (Etc.)

1.6 **¿Dónde** está el libro de Raquel?
El libro de Raquel está **encima de** la mesa.

¿**Dónde** está el profesor?

El profesor está **delante de** la clase, **al lado de** la puerta.

¿**Dónde** está la pizarra?

La pizarra está **detrás del** profesor.

¿**Dónde** está el libro del profesor?

El libro del profesor está **encima del** escritorio.

¿**Dónde** está la pluma de Raquel?

La pluma de Raquel está **en** el piso, **debajo de** su silla.

¿Dónde está la profesor de química?

¿Dónde está la bolsa de Rosa?	La bolsa de Rosa está **junto a** la pared.
¿Dónde está el anillo de Rosa?	El anillo de Rosa está **dentro de** su bolsa.
¿Dónde está Rosa?	Rosa está **entre** Paula y yo.

Dónde es una palabra interrogativa de **localización**.
Con una expresión de localización se usa **está** y no **es**.
Encima de, dentro de y **delante de** son **preposiciones**.
Encima de la mesa es una frase preposicional.
Una **frase preposicional** consiste en **una preposición + un sustantivo**.
Dónde en la pregunta generalmente requiere una **frase preposicional** en la respuesta.

Estudie:

María está **junto a** Diego.
La bicicleta está **junto a la** ventana.
El lápiz está **junto al** libro.

Al es la contracción de **a** y **el**: **a** + **el** = **al**.

Sinopsis:

encima de ≠ debajo de
delante de ≠ detrás de
junto a = al lado de
dentro de
en = dentro de, encima de
entre _____ y _____

Compare:

¿Qué **es** esto?	**Es** un papel.
¿Quién **es** él?	**Es** Manuel.
¿Quién **es** Manuel?	**Es** un amigo de Jorge.
¿Dónde **está** Manuel?	Manuel **está** detrás de Juan.
¿Dónde **está** el lápiz de Manuel?	El lápiz de Manuel **está** encima de la mesa.

Se usa **es** en una frase de identificación. Una frase de identificación casi siempre tiene un **sustantivo** después del verbo.

Se usa **está** en una frase de localización. Una frase de localización casi siempre tiene una **preposición** después del verbo.

1.7 ¿Dónde está **el coche de Raúl**?
Está delante de la casa.

¿Dónde está **Luis**?	Está delante de Pablo.
¿Dónde está **Irma**?	Está detrás de Pablo.
El **coche** está delante de la casa, ¿verdad?	No, no está delante de la casa. Está detrás de la casa.
Jorge está al lado de Irene, ¿verdad?	No, no está al lado de Irene. Está al lado de Inés.
¿Quién es **Javier**?	Es un amigo de Alberto.
¿Qué tienes en tu bolsa?	Tengo un lápiz y un anillo.

En una respuesta (y también en otras situaciones) es posible **omitir el sujeto** (*Luis, la pluma de Lola, yo, tú, ella, etc.*).

práctica

Describa la clase de español. Siga el modelo:

Alumno I: ¿Dónde está la puerta con relación a María?
Alumno II: Está detrás de ella.
Alumno III: ¿Dónde está Gregorio con relación a Juan y Ana?
Alumno IV: Está entre Juan y Ana.
Alumno V: ¿Qué tiene Roberto en su bolsillo?
Alumno VI: Tiene su cartera en su bolsillo.
(Y se sigue así con todos los objetos y las personas de la clase.)

EJERCICIOS ESCRITOS

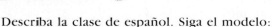

1. *(a)* Copie la frase, y escriba un artículo indefinido (*un, una*) en el espacio en blanco (1.1):

1. Es _____ sobre.   *2.* Es _____ bolsa.   *3.* Es _____ lápiz.   *4.* Es _____ pizarra.   *5.* Es _____ clase.   *6.* Es _____ portafolio.   *7.* Es _____ llave.   *8.* Es _____ dirección.   *9.* Es _____ periódico.   *10.* Es _____ coche.   *11.* Es _____ doctor.   *12.* Es _____ pared.

(b) Copie la frase, y escriba un artículo indefinido (*un, una*) en el espacio en blanco:

1. No es _____ casa; es _____ apartamento.   *2.* No es _____ bicicleta; es _____ motocicleta.   *3.* No es _____ lápiz; es _____ pluma.   *4.* No es _____ coche; es _____ camión.   *5.* No es _____ frase; es _____ expresión.

(c) Copie la frase, y escriba *otro* u *otra* en el espacio en blanco:

1. Es _____ libro. *2.* Es _____ frase. *3.* Es _____ pluma. *4.* Es _____ pared. *5.* Es _____ escritorio. *6.* Es _____ cuaderno. *7.* Es _____ silla. *8.* Es _____ portafolio. *9.* Es _____ dirección. *10.* Es _____ alumno.

2. Copie la frase, y escriba *tengo, tienes* o *tiene* en el espacio en blanco (1.2):

1. Roberto _____ un perro. *2.* Tú _____ mi llave en tu bolsillo. *3.* Carlos no _____ dinero en su cartera. *4.* ¿ _____ Ud. una pregunta? *5.* Yo no _____ teléfono. *6.* ¿ _____ tú un amigo en la clase de español? *7.* ¿ _____ Carmen tu dirección? *8.* ¿ _____ ella un reloj?

3. *(a)* Copie la frase, y escriba un artículo definido *(el, la)* en el espacio en blanco (1.3):

1. Es _____ silla de Gregorio. *2.* Es _____ bolsa de Berta. *3.* Es _____ frase de Isabel. *4.* Tengo _____ lápiz de Víctor. *5.* Marisela tiene _____ llave de Manuel. *6.* ¿Quién tiene _____ bicicleta de Carlos? *7.* Es _____ anillo de Guillermo. *8.* Es _____ apartamento de la familia. *9.* Es _____ cartera de Mario. *10.* Tengo _____ coche de mi mamá.

(b) Copie la frase y escriba *el otro* o *la otra* en el espacio en blanco:

1. Es _____ clase de español. *2.* Es _____ cartera. *3.* Es _____ anillo de Susana. *4.* Tengo _____ coche de Javier. *5.* Es _____ luz de la clase. *6.* Repita _____ frase. *7.* Papá tiene _____ llave de la casa. *8.* ¿Tienes _____ pluma de Marisela? *9.* ¿Quién tiene _____ cuaderno del profesor? *10.* Es _____ pregunta.

4. Copie la frase, y escriba un artículo definido *(el, la)* si es necesario (1.4):

1. Es _____ Sra. Durán. *2.* Es _____ Josefina. *3.* "¿Cómo está Ud., _____ Sra. Sánchez?" *4.* "Buenas tardes, _____ Mariana." *5.* Es _____ Octavio. *6.* Es _____ Dra. Peña. *7.* Es _____ profesor Pérez. *8.* "Buenos días, _____ Srta. Mora." *9.* Es _____ Jorge. *10.* "¿Tiene Ud. un coche, _____ Sra. Lagos?"

5. Copie la frase, y escriba *el, la, de la, del* o *de* en en el espacio en blanco, si es necesario (1.5):

1. Es _____ pizarra _____ clase. *2.* Es _____ tiza _____ profesora. *3.* _____ Sr. López es _____ profesor _____ clase. *4.* Es _____ dirección _____ Sra. Palacios. *5.* Es _____ libro _____ español de Juan. *6.* Repita _____ respuesta _____ Adolfo. *7.* Tengo _____ bolsa _____ Julia. *8.* ¿Quién tiene _____ anillo _____ Sr. Vegas? *9.* Julio tiene _____ guitarra _____ Sr. García. *10.* Es _____ clase _____ sociología _____ profesora Méndez.

6. (a) Copie la pregunta. Estudie el dibujo y conteste cada pregunta con una frase completa (1.6):

1. ¿Dónde está la bolsa de Sofía? *2.* ¿Dónde está Miguel con relación a Diana? *3.* ¿Qué tiene Diana en la mano? *4.* ¿Está debajo de la mesa el perro? *5.* ¿Quién está junto a la ventana? *6.* ¿Dónde está el libro de Miguel? *7.* ¿Está Diana en casa o en clase? *8.* En el dibujo, ¿tiene una bolsa Diana?

(b) Copie la frase. Escriba *es* o *está* en el espacio en blanco (1.6):

1. El Sr. Torres _____ el profesor de la clase. *2.* La Srta. Pérez _____ delante de la clase. *3.* ¿Qué _____ esto? *4.* ¿ _____ el libro de filosofía o el libro de psicología? *5* Mazatlán _____ en México. *6.* ¿Dónde _____ Pablo? *7.* ¿Dónde _____ el museo del Prado? *8.* Rex _____ el perro de Rubén.

7. Copie la pregunta. Estudie el dibujo del ejercicio seis, y conteste cada pregunta con una frase completa. Omita el sujeto en su respuesta. El sujeto está en negrilla (1.7):

1. ¿Dónde está **Diana** con relación a Miguel y a Sofía? *2.* ¿Dónde está **la ventana** con relación a Diana? *3.* ¿Está encima de la mesa **el gato**? *4.* ¿Dónde está **el lápiz de Sofía**? *5.* ¿Dónde está **Sofía** con relación a Diana? *6.* ¿Dónde está **el papel de Diana**? *7.* ¿Qué tiene en la mano **Miguel**? *8.* ¿Dónde está **el perro** con relación a la mesa?

8. Escriba la suma (o la resta) y el resultado con palabras.
Siga el modelo (0.4):

Modelo: 3 + 4 =
           Tres y cuatro son siete.

1. 9 + 11 = *2.* 20 − 4 = *3.* 17 − 5 = *4.* 7 + 3 = *5.* 8 − 2 = *6.* 13 − 6 = *7.* 15 + 5 = *8.* 19 − 4 = *9.* 14 + 3 = *10.* 18 − 15 =

LECTURA

en una clase de español

La clase de español está en el edificio Reed, salón número 18. La profesora de la clase se llama María Pérez. La profesora está delante de de la clase. Está detrás del escritorio. Pasa lista:

Profesora:	—¿Señora Anderson?
Estudiante:	—Presente.
Profesora:	—¿Señor Castillo? ¿David Castillo?
Estudiante:	—El señor Castillo no está aquí. Está ausente porque tiene la gripe. Está enfermo.
Profesora:	—Pobrecito. ¿Adolfo Zunz?
Estudiante:	—Aquí.
	(La profesora señala un cuaderno.)
Profesora:	—Mario, es un lápiz. ¿Verdad?
Mario:	—No, no es un lápiz. Es un cuaderno.
Profesora:	—Muy bien. Señora Benson, ¿quién está detrás de Mario?
Sra. Benson:	—Señor Sandoval está detrás de Mario.
Profesora:	—Julia, ¿es correcta la respuesta de la Sra. Benson?
Julia:	—No, no es correcta. Es necesario el artículo con un título. "*El* señor Sandoval está detrás de Mario." es la respuesta correcta.
Profesora:	—Excelente. Señor Stein, ¿qué es esto?
Sr. Stein:	—Es un anillo. Es el anillo del Sr. Sucre.
Profesora:	—¿Y esto qué es? ¿Adolfo?
Adolfo:	—Es la bolsa de Julia.
Profesora:	—Es cierto. Julia, ¿qué tiene Ud. dentro de la bolsa?
Julia:	—En mi bolsa tengo mi libro de español, un lápiz, una pluma, dos cuadernos y mis llaves.
Adolfo:	—Esto no es una bolsa. Es un camión.
Profesora:	—¡Adolfo! Más respeto, por favor.
Adolfo:	—Perdóneme, señora. Nadie es perfecto.
Profesora:	—Julia, ¿dónde está Adolfo?
Julia:	—Está detrás de mí—desafortunadamente.
Adolfo:	—Profesora, ¿qué objeto está al lado de la puerta?
Profesora:	—Es un reloj. ¿Por qué pregunta Ud.?
Adolfo:	—Porque también es la hora de terminar la clase. ¿No es cierto?
Profesora:	—Sí, es cierto. Adiós clase. Hasta mañana.

preguntas ✳

Conteste las preguntas a continuación con una frase completa:

1. ¿Dónde está la clase de español?   *2.* ¿Cuál es el número del cuarto de la clase? *3.* ¿Cómo se llama la profesora?   *4.* ¿Cómo se llama tu profesor/a?   *5.* ¿Quién está ausente?   *6.* ¿Cuál es el apellido de Adolfo?   *7.* ¿Qué tiene Julia en su bolsa? *8.* ¿Cuál es el comentario de Adolfo?   *9.* ¿Dónde está Adolfo?   *10.* ¿Qué objeto está al lado de la puerta?

PRONUNCIACIÓN Y ORTOGRAFÍA

A. Pronuncie las palabras a continuación:

[a]	casa	la casa de Paca
[e]	bebé	el bebé de Pepe
[i]	tiza	la tiza de Isidora Morínigo
[o]	coche	once coches y dos cocos
[u]	luz	un uso de una luz

B. Pronuncie cada grupo de palabras; imite la pronunciación de su profesor/ a y conecte las palabras:

Tengo el ejercicio para hoy.   Es un pupitre.
Tienes una obligación.   Es una camisa.
La profesora tiene una explicación.   Es un papel.
Es un adulto y un hombre.   Es una puerta.

el énfasis silábico y el acento escrito (´) ✳

pro-fe-so-ra
└→ la **última** sílaba
└──→ la **penúltima** sílaba

1. Si la última letra de una palabra es una **vocal** *(-a, -e, -i, -o, -u)*, **-n** o **-s**, el énfasis está en la **penúltima** sílaba.

casa	*ca*-sa	menos	*me*-nos
cinco	*cin*-co	joven	*jo*-ven
llave	*lla*-ve	ventana	ven-*ta*-na

2. Si la última letra de una palabra es una **consonante**, excepto **n** c **s**, el énfasis está en la **última** sílaba.

papel	pa-*pel*	mujer	mu-*jer*
reloj	re-*loj*	pared	pa-*red*
profesor	pro-fe-*sor*	general	ge-ne-*ral*

3. ¿Excepciones? Se indica el énfasis con un **acento escrito** (´):

mamá	lápiz	página
papá	dólar	número
bebé	ítem	título
allí	álbum	lámpara
inglés	cónsul	última
detrás	ángel	sílaba
avión	clímax	énfasis
camión	cráter	público

4. El **acento escrito** es necesario en una **palabra interrogativa**.

¿dónde?   ¿qué?   ¿quién?

¿cómo?   ¿cuál?   ¿de quién?   etc.

5. A veces el acento escrito se usa para distinguir entre dos palabras **homófonas** (palabras que se pronuncian igual). Por ejemplo:

Sí: una respuesta afirmativa   ¿Es tu cartera? **Sí**, es mi cartera.
Si: indica una hipótesis   **Si** Juana no está en clase, es
                                     porque está enferma.

la división silábica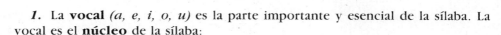

1. La **vocal** *(a, e, i, o, u)* es la parte importante y esencial de la sílaba. La vocal es el **núcleo** de la sílaba:

á-re-a: 3 sílabas   o-cé-a-no: 4 sílabas

2. Si una consonante está entre dos vocales, forma sílaba con **la segunda vocal** *(la sílaba número dos)*:

consonante + vocal / consonante + vocal

se-ño-ri-ta: 4 sílabas
fe-me-ni-no: 4 sílabas

3. Si una consonante está junto a otra consonante, la división silábica ocurre generalmente entre las dos consonantes:

vocal + consonante / consonante + vocal:

bol-sa: 2 sílabas
in-ter-no: 3 sílabas
án-gel: 2 sílabas

Excepciones:

> **A.** **Ch, ll,** y **rr** = **una** consonante:

a-pe-lli-do: 4 sílabas
pi-za-rra: 3 sílabas
te-cho: 2 sílabas

> **B.** **Consonante** + **r** + **vocal** = **una** sílaba:
> **Consonante** + **l** + **vocal** = **una** sílaba:

pa-la-bra: 3 sílabas
cla-se: 2 sílabas
pu-pi-tre: 3 sílabas
tri-ple: 2 sílabas

> **C.** Una división silábica ocurre entre una **s** y otra consonante:

trans-por-te: 3 sílabas
ins-cri-be: 3 sílabas

EJERCICIOS

A. Divida cada palabra a continuación en sílabas:

1. inteligente
2. artículo
3. enchufe
4. perro
5. anillo

6. generalmente
7. silla
8. problema
9. trascendente
10. techo

11. pregunta
12. estupendo
13. apartamento
14. público
15. teléfono

B. Subraye (_____) la sílaba que recibe el énfasis:

1. lápiz
2. lectura
3. hombre
4. enchufe
5. horror

6. comunidad
7. lámpara
8. mujer
9. computadora
10. fabuloso

11. televisor
12. papel
13. dosis
14. presidente
15. plástico

C. Escriba un acento si es necesario. La vocal que recibe el énfasis está en negrilla:

1. titulo
2. doctor
3. area
4. lapiz
5. frances

6. comunidad
7. opera
8. bebe
9. Lopez
10. animal

11. especifico
12. parentesis
13. catedral
14. ingles
15. musica

VOCABULARIO

personas

alumno, alumna
doctor, doctora
español, española
estudiante (*m. y f.*)

francés, francesa
hombre ≠ mujer
italiano, italiana
joven (*m. y f.*)

profesor, profesora
señor
señora
señorita

objetos de la clase

cuaderno
escritorio
lápiz
lectura
libro
luz (*f.*)

mesa
pared
piso
pizarra
pluma
puerta

pupitre (*m.*)
silla
sobre (*m.*)
techo
ventana

cosas personales

anillo
apellido
avión
bicicleta
bolsa

casa
coche
dirección
gato
llave (*f.*)

pantalón
perro
portafolio
reloj
sombrero

expresiones interrogativas

¿qué?
¿quién?
¿cómo?
¿cuál?

¿cuándo?
¿dónde?
¿verdad?

¿no?
¿por qué?
¿de quién?

conjunciones

y

o

pero

expresiones gramaticales

abreviatura
adjetivo
artículo definido
artículo indefinido
consonante (*f.*)
contracción

ejemplo
frase (*f.*)
frase preposicional
pregunta
preposición
pronombre (*m.*)

respuesta
sujeto
sustantivo
verbo
vocal (*f.*)

adjetivos

ausente ≠ presente
bueno ≠ malo

cada
otro

todo

artículos

el, la   un, una

verbos

es   está   tengo, tienes, tiene

preposiciones

al lado de = junto a   debajo de ≠ encima de   entre
con   delante de ≠ detrás de   sobre
de   en   dentro de

expresiones útiles

adiós   buenos días   por favor
ahora   gracias   sí ≠ no
aquí   hasta luego   también
bien ≠ mal

2.1 ¿Dónde **está** Ud.?
  (Yo) **estoy** detrás de Pilar.

2.2 ¿Cómo está Felisa?
  Está **enferma**.

2.3 **¿Es** usted rico?
  No, (yo) no **soy** rico, pero **soy** feliz.

2.4 El coche de Pedro es económico.
  Pedro tiene **un coche económico**.

2.5 ¿De qué nacionalidad es Ud.?
  Soy **cubana**.

2.6 **¿De qué** es la mesa? La mesa es **de madera**.
  ¿De quién es la guitarra? Es **de Juana**.
  ¿De dónde es usted? Soy **de Madrid**.

2.7 El reloj **que** está en la mesa es de oro.
  La mujer **que** está en la foto es mi tía.

2.8 Vamos a contar de **veinte** (20) a **cien** (100).

2.9 ¿Cuántos años **tiene** tu abuela?
  Mi abuela **tiene** setenta y ocho (7–8) años.

vocabulario:

la gente y sus características

EXPOSICIÓN GRAMATICAL

2.1 ¿Dónde **está** usted?
   (Yo) **estoy** detrás de Pilar.

¿Dónde **está** usted, Sr. Soto?

¿Dónde **estás** tú, Juan?

¿Dónde **estoy** yo?

¿Dónde **está** Amalia?

¿Dónde **está** la mesa?

¿Dónde **está** Elena y dónde **está** Alberto?

¿Dónde **está** tu reloj?

Juanita, ¿**está** usted a la derecha de Ana?

¿**Estás** en casa ahora?

¿**Está** en clase Javier?

Estoy detrás de la Sra. Parra.

Estoy a la izquierda de David.

Tú **estás** en medio de la clase.

Está a la derecha de Joaquín.

Está cerca de la puerta.

Ella **está** cerca de la ventana, y él **está** junto a ella.

Está sobre el escritorio.

No, no **estoy** a la derecha de Ana. **Estoy** a la izquierda de ella.

Sí, **estoy** en casa ahora.

No, no **está** en clase hoy.

Sinopsis:

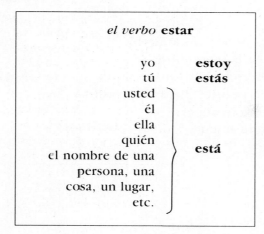

el verbo **estar**	
yo	**estoy**
tú	**estás**
usted	
él	
ella	
quién	**está**
el nombre de una persona, una cosa, un lugar, etc.	

Estoy, estás y **está**: formas del verbo **estar**. **Estar** es el **infinitivo del verbo**.
   Estar + una frase preposicional indica **localización**.
   Tú es la forma familiar. Se usa **tú** en la familia y entre amigos.
   Usted es de cortesía o formalidad. Es la forma formal de la segunda persona.
   Es posible omitir el pronombre sujeto *(yo, tú, él, ella, etc.)*.

preposiciones

cerca de ≠ lejos de
a la izquierda de ≠ a la derecha de
en medio de ≠ a un extremo de
sobre = encima de

Estudie:

¿Dónde está el libro de Juan?	Está **en** la mesa. (sobre)
¿Dónde está el reloj?	Está **en** la pared. (colgado de)
¿Dónde está la playa?	Está **en** Acapulco.
¿Dónde está la cartera?	Está **en** mi bolsillo. (dentro de)
¿Dónde está Berta?	Está **en** casa.
¿Dónde está Pablo?	Está **en** clase.

La preposición **en** indica **sobre, colgado de, dentro de** y **encima de**.

2.2 ¿Cómo está Felisa?
Está **enferma**.

¿Está **sano** Federico?	No, está **enfermo**.
¿Estás **nerviosa**, Juana?	No, estoy **tranquila**.
¿Cómo estás, Felipe?	Estoy **sano** y **contento**.
¿Está **cerrado** el libro?	No, el libro está **abierto**.
¿Está **abierta** la puerta?	No, la puerta está **cerrada**.
¿Está **sentada** Marisa?	No, no está **sentada**; está de pie.
Mi vaso está **lleno** de vino.	Mi taza está **llena** de café.
¡Qué **sucio** está el coche!	¡Qué **limpia** está la casa!
¿Por qué estás **triste**, Miguel?	Estoy **triste** porque Ana está **triste**.
¿Está **ausente** Juan?	No, Juan está **presente**.
¿Está **presente** Silvina?	No, ella está **ausente**.
¿Cómo está el profesor hoy?	Está **de mal humor**.
¿Y cómo está Ud. hoy?	Yo siempre estoy **de buen humor**.

El libro está cerrado.   El libro está abierto.

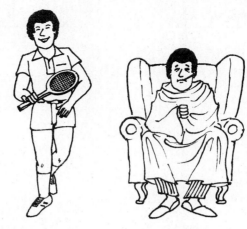

Miguel está sano.   Miguel está enfermo.

Cómo en la pregunta requiere una **descripción** en la respuesta.
Un adjetivo *(enfermo, sano, etc.)* describe un sustantivo.
Un adjetivo que termina en **-o** es variable:

    1. Se usa la **forma masculina** *(enfermo, sucio, lleno, etc.)* para describir un sustantivo masculino *(Pancho, piso, vaso, etc.)*.

    2. Se usa la **forma femenina** *(enferma, cerrada, limpia, etc.)* para describir un sustantivo femenino *(Claudia, puerta, casa, etc.)*.

Un adjetivo que termina en **-e** es generalmente **invariable** *(triste, ausente, etc.)*.

    El verbo **estar** se combina con un adjetivo u otra expresión para indicar **una condición variable** o **el resultado de un cambio** *(un cambio = una transformación)*. **Estar** *nunca* se combina con un sustantivo.

Isabel está de buen humor.   Isabel está de mal humor.

práctica ✳

Pregúntele a un compañero o una compañera de clase:

—dónde está su profesor/a
—dónde está Ud. ahora
—quién está enfermo hoy
—quién no está en clase hoy
—si está nervioso hoy
—con quién está impaciente
—por qué está contento o triste
—si está cansado
—si su cuarto siempre está limpio
—quién está loco en la clase de español
—si está de mal humor o de buen humor

2.3 **¿Es** usted rico?

No, (yo) no **soy** rico, pero **soy** feliz.

¿Cómo **es** Felisa?   Felisa **es** inteligente y simpática.

¿Cómo **es** Aníbal?   **Es** honesto, pero antipático.

¿Es morena y alta tu madre?   No, mi madre **es** baja y rubia.

Tú **eres** rico, ¿verdad?   No, no **soy** rico; **soy** estudiante.

¿Quién **es** bruto y perezoso?   Yo **soy** perezoso, pero no **soy** bruto.

Yo **soy** guapo, brillante, elegante, sensual …   Quizás, pero Ud. no **es** modesto.

¿Es grande su universidad?   No, mi universidad no **es** grande; **es** pequeña.

¿Es interesante el periódico de tu ciudad?   Sí, **es** muy interesante; no **es** aburrido.

Es…
… alta.
… baja.
… rubio. … moreno.
… vieja.
… joven.
… guapo.
… feo.

Sinopsis:

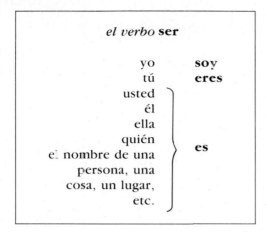

Soy, eres, y **es** = formas del verbo **ser**. **Ser** es el infinitivo del verbo.

El verbo **ser** se combina con un adjetivo para indicar **una característica inherente**

Compare:

características	*condiciones*
¿Cómo es Jorge?	¿Cómo está Jorge?
Jorge es joven.	Jorge está bien.
es moreno.	está sano.
es guapo.	está cansado.
es cortés.	está tranquilo.
es simpático.	está contento.
es inteligente.	está entusiasmado.
es rico.	está preparado.
es generoso.	está furioso.
es liberal.	está nervioso.

Cómo es la habitación de David?
   Es pequeña.
   Es vieja.
   Es sencilla.
   Es rectangular.
   Es fatal.

¿Cómo está la habitación de David?
   Está abierta.
   Está sucia.
   Está limpia.

Note que un adjetivo que termina en **-l** o **-r** *(liberal, regular, etc.,)* es generalmente invariable.

práctica ❋

Conteste las preguntas a continuación con la forma correcta de
ser o **estar**. Siga el modelo:

Modelo: ¿Mi madre? ¿Enferma?
            No, tu madre no está enferma.
            ¿Tu tío? ¿Rico?
            Sí, mi tío es rico.

1. ¿Yo? ¿Nervioso?   **2.** ¿La clase? ¿Moderna?   **3.** ¿Tu cuarto? ¿Limpio?   **4.** ¿El vaso?
¿Lleno?   **5.** ¿Mi prima? ¿Morena?   **6.** ¿Tu universidad? ¿Grande?   **7.** ¿Tu padre? ¿Generoso?   **8.** ¿La puerta? ¿Abierta?   **9.** ¿El médico? ¿Inteligente?   **10.** ¿Mi tío? ¿Cansado?

2.4 El coche de Pedro es económico.
      Pedro tiene **un coche económico.**

Mi coche es moderno.	Tengo **un coche moderno.**
El tío de Gloria es rico.	Gloria tiene **un tío rico.**
Tu casa es enorme.	Tienes **una casa enorme.**
La novia de Tito es hermosa.	Tito tiene **una novia hermosa.**
Mi hermano es guapo.	Tengo **un hermano guapo.**
Mi amiga es interesante.	Tengo **una amiga interesante.**

Un **adjetivo descriptivo** *(hermoso, rico, enorme, etc.)* está generalmente **después del sustantivo** *(a la derecha del sustantivo).*

2.5 De qué nacionalidad es Ud.?
      Soy **cubana.**

¿Qué es Ud.?	Soy **médico.**
¿Qué es tu hermana?	Mi hermana es **abogada.**
¿Es usted **mexicana**?	No, no soy **mexicana**; soy **argentina.**
¿Es **católico** tu papá?	No, mi papá es **judío.**
¿Quién es biólogo?	Mi profesor de biología es **biólogo.**
¿Es **psicóloga** tu hermana?	No, mi hermana es **ingeniera**; mi tío es **psicólogo.**

Se usa el verbo **ser** con una categoría *(nacionalidad, religión, afiliación política, profesión, etc.).*

Es un sacerdote católico.

Compare:

Mi padre es **artista**.   Mi madre es **artista** también.
Carlos es **budista**.   Amalia es **budista** también.
Andrés es **socialista**.   Irma es **economista**.
Teodoro es **demócrata**.   Su madre no es **demócrata**; es
                                     republicana.

Mi padre es **protestante**.   Su familia no es **protestante**.
Mi madre es **policía**.   Mi padre también es **policía**.

Las terminaciones **-ista, -ócrata** y **-ante** son masculinas y femeninas.
    La palabra **policía** tiene una sola forma: *un policía, una policía.*

Compare:

Jim es **americano**.   Julia es **americana**.
Horacio es **chileno**.   Elisa es **chilena**.
Guido es **argentino**.   Victoria es **argentina**.
El Sr. Li es **chino**.   Su esposa es **china** también.
Pierre es **francés**.   Marie es **francesa**.
Roger es **inglés**.   Pamela es **inglesa**.

Javier es **español**.	Graciela es **española**.
Ludwig es **alemán**.	Mi abuela es **alemana**.
John es **canadiense**.	Martha es **canadiense**.
Steve es **estadounidense**.	Patty es **estadounidense**.

Si un **adjetivo de nacionalidad** termina en **-o**, su forma femenina termina en **-a** *(chino/china; africano/africana; ruso/rusa, etc.)*.

Si un **adjetivo de nacionalidad** termina en una consonante, su forma femenina termina en **-a** *(inglés/inglesa; japonés/japonesa, etc.)*.

Observe el uso del acento escrito en *francés/francesa; inglés/inglesa; irlandés/irlandesa, etc.*

La terminación **-ense** es **invariable**.

Se usa **la letra minúscula** con un adjetivo de nacionalidad, de religión o de afiliación política.

Compare:

Mi tío es químico.	Es **un** químico **famoso**.
Mi prima es maestra.	Mi prima es **una** maestra **dedicada**.
Miguel es estudiante.	Miguel es **un** estudiante **trabajador**.
Mi prima es protestante.	Mi prima es **una** protestante **conservadora**.
Alfredo es demócrata.	Es **un** demócrata **liberal**.
Mi madre es cantante.	Es **una** cantante **extraordinaria**.

Se usa el artículo indefinido *(un, una)* cuando un sustantivo de categoría está **modificado por un adjetivo**.

práctica

Describa a un amigo, a un enemigo, o a un miembro de su familia. Use las preguntas a continuación como guía:

1. ¿Cómo es físicamente? *(alto, bajo, delgado, gordo, moreno, rubio, grande, pequeño, viejo, joven, guapo, feo, etc.)*
2. ¿Qué temperamento tiene? *(lógico, bruto, simpático, antipático, trabajador, perezoso, generoso, tacaño, pasivo, activo, arrogante, modesto, cortés, maleducado, etc.)*
3. ¿Qué profesión tiene? *(abogado, comerciante, carpintero, electricista, ingeniero, político, científico, médico, profesor, enfermero, obrero. etc.)*
4. ¿Qué religión tiene? *(ateo, cristiano, judío, mahometano, católico, protestante, budista, agnóstico, etc.)*
5. ¿Qué orientación política tiene? *(demócrata, republicano, socialista, comunista, liberal, conservador, anarquista, etc.)*

2.6 ¿**De qué** es la mesa? La mesa es **de madera**.
¿**De quién** es la guitarra? La guitarra es **de Juana**.
¿**De dónde** es usted? Soy **de Madrid**.

¿**De qué** es su camisa?	Mi camisa es **de algodón**.
¿**De qué** es tu suéter?	Mi suéter es **de lana**.
¿**De qué** es la bolsa de Ana?	Es **de cuero**.
¿**De qué** es tu reloj?	Es **de oro**.
¿**De quién** es el perro?	Es **de mi hermano**.
¿**De quién** es la casa?	Es **del Sr. Jiménez**.
¿**De quién** es la bicicleta?	Es **de mi hija**.
¿**De dónde** es tu padre?	Es **de España**; es español.
¿**De dónde** es tu madre?	Es **de Cuba**; es cubana.
¿**De dónde** eres?	Soy **de Buenos Aires**; soy argentino.

De qué en la pregunta requiere **una sustancia** *(un material)* en la respuesta.
Se usa **una forma de ser** + **de** + **una sustancia** para indicar la composición de un objeto.
De quién en la pregunta requiere **un posesor** en la respuesta.
Se usa **una forma de ser** + **de** + **un posesor** para indicar posesión.
De dónde en la pregunta requiere **un lugar** en la respuesta.
Se usa **una forma de ser** + **de** + **un lugar** para indicar origen.

¿De qué es esto?

Sinopsis:

Ser vs **Estar**

A. Estar:

1. Localización:

¿Dónde está Elena?	Está en clase
¿Dónde está la clase?	Está en el edificio Reed.

2. Condición variable o resultado de un cambio:

¿Cómo está Elena?	Está enferma.
¿Cómo está su novio?	Está muy preocupado.

B. Ser:

1. Con un sustantivo de identificación o de categoría después del verbo:

¿Qué es tu madre?	Es médica.
¿Qué es Javier?	Javier es un estudiante excelente.

2. Con un adjetivo que indica una característica inherente:

¿Es alta tu esposa?	No, no es alta; es baja.
¿Es gordo tu esposo?	Sí, mi esposo es gordo.

3. Con la preposición *de*:
   a. Para indicar origen:

¿De dónde eres?	Soy de Bolivia.
¿De dónde es tu tío?	Es de Polonia.

   b. Para indicar posesión:

¿De quién es el coche?	Es de mi papá.
¿De quién es la bolsa?	Es de mi prima Elena.

   c. Para indicar la composición material:

¿De qué es tu cartera?	Es de cuero.
¿De qué es la silla?	Es de metal y de plástico.

2.7 El reloj **que** está en la mesa es de oro.
La mujer **que** está en la foto es de Bolivia.

La mesa **que** está a la izquierda de David es de hierro.
El cuaderno **que** tienes en la mano es de mi hijo.
El edificio **que** está en el bulevar Lincoln tiene 18 pisos.
El restaurante **que** está cerca de mi casa no es muy bueno.

El hombre **que** está detrás de Consuelo es ingeniero.

Tengo un tío **que** es psicólogo.

La estudiante **que** tiene el coche alemán es muy rica.

¿Dónde está el muchacho **que** tiene la llave?

Que (sin acento) es **un pronombre relativo** que se refiere a **cosas** y también a **personas**.

2.8 Vamos a contar de 20 a 100:

20 veinte	25 veinticinco
21 ventiuno	26 veintiséis
22 veintidós	27 veintisiete
23 veintitrés	28 veintiocho
24 veinticuatro	29 veintinueve

Los números de 20 a 29 se escriben con una sola palabra. Note bien el uso del acento en *veintidós, veintitrés* y *veintiséis.*

30 treinta	70 setenta
31 treinta y uno	71 setenta y uno
32 treinta y dos, etc.	72 setenta y dos, etc.
40 cuarenta	80 ochenta
41 cuarenta y uno	81 ochenta y uno
42 cuarenta y dos, etc.	82 ochenta y dos, etc.
50 cincuenta	90 noventa
51 cincuenta y uno	91 noventa y uno
52 cincuenta y dos, etc.	92 noventa y dos, etc.
60 sesenta	100 cien
61 sesenta y uno	
62 sesenta y dos, etc.	

2.9 ¿Cuántos años **tiene** tu abuela?

Mi abuela **tiene** setenta y ocho (78) años.

¿Cuántos años tienes?	**Tengo** veintidós años.
¿Cuántos años **tiene** tu padre?	**Tiene** cincuenta y dos años.
¿Cuántos años **tiene** tu abuela?	**Tiene** setenta y ocho años.
¿Cuántos años **tiene** tu profesor?	La pregunta es indiscreta.

Se usa el verbo **tener** para indicar **la edad** de una persona.

práctica ✳

Veinte preguntas. Un estudiante selecciona una persona o una cosa como "su
identidad." Los otros estudiantes hacen preguntas para determinar quién o qué
es. El estudiante contesta con "Sí," "No," o "Más o menos." La clase tiene un
límite de veinte preguntas. Estudie el modelo:

¿Es Ud. un hombre?	No.	¿Es Ud. de tela?	Más o menos.
¿Es Ud. una mujer?	No.	¿Es Ud. un libro?	Sí.
¿Es Ud. una cosa?	Sí.	¿Está Ud. en la mesa?	No.
¿Es Ud. de papel?	Más o menos.	¿Está Ud. en el piso?	Sí.
¿Es Ud. verde?	Más o menos.	¿Es Ud. un libro gordo?	Sí.

¿Es Ud. el libro de química de Barry?   Sí.

EJERCICIOS ESCRITOS

1. Complete con la forma correcta del verbo **estar** *(estoy, estás o está)*. Escriba la
frase entera (2.1):

1. Yo _____ en la clase de español. *2.* Ud. _____ a la izquierda del Sr. Robles.
3. Tú _____ entre Laura y yo. *4.* El mapa _____ en la pared. *5.* Martín
_____ en la Argentina. *6.* Irene _____ en Chile. *7.* El _____ en Buenos Aires.
8. Tegucigalpa _____ en Honduras. *9.* Nueva York _____ lejos de Los Angeles.
10. ¿Dónde _____ tú? *11.* ¿Quién _____ al lado de Ud.? *12.* ¿Dónde
_____ yo?

2. Escriba la forma correcta de la palabra que está entre paréntesis, y después,
escriba la contradicción. Siga el modelo (2.2):

Modelo: La ventana no está _____ (cerrado) …
             La ventana no está cerrada; está abierta.

1. La puerta no está _____ (abierto) … *2.* El piso no está _____ (sucio) …
3. Carlota no está _____ (mal) … *4.* María no está _____ (triste) … *5.* Micaela
no está _____ (presente) … *6.* No estoy _____ (nervioso) … *7.* Elisa no está
_____ (ausente) … *8.* La taza no está _____ (vacío) … *9.* La ventana no está
_____ (limpio) … *10.* No estoy _____ (de mal humor) …

3. (a) Complete con la forma correcta del verbo **ser**; escriba la frase entera (2.3):

1. Tú _____ muy bonita, Gloria. *2.* ¿ _____ Ud. rica señora? *3.* ¿Quién _____
Ud.? *4.* Yo _____ sincera. *5.* La revista _____ interesante. *6.* ¿ _____
tú la prima de José?

(b) Complete las frases a continuación con la forma correcta de **ser** o **estar**. Escriba la frase entera:

1. Yo no _____ enfermo. *2.* Ud. _____ práctico. *3.* El español no _____ difícil; _____ relativamente fácil. *4.* La ventana _____ abierta. *5.* Tú _____ muy nervioso, ¿verdad? *6.* Mi prima no _____ sentada. *7.* Tu mamá _____ muy generosa. *8.* Mi coche _____ sucio. *9.* Yo _____ cansada hoy. *10.* La familia de Fernando _____ rica. *11.* ¿ _____ triste María hoy? *12.* Mi primo _____ alto, moreno y guapo. *13.* Mi taza no _____ llena. *14.* El Sr. Castro _____ muy conservador. *15.* Mi familia no _____ muy tradicional.

4. Cambie las frases a continuación según el modelo. Use la forma correcta del verbo **tener** (2.4):

Modelo: Tu coche es viejo.
Tienes un coche viejo.

1. Mi perro es feroz. *2.* Tu casa es moderna y elegante. *3.* La familia de Berta es muy buena y paciente. *4.* El coche de Marta es moderno. *5.* El gato de Esteban es gordo. *6.* Mi novia es puertorriqueña. *7.* La hermana de Roberto es bonita. *8.* Tu voz es magnífica. *9.* Tu padre es muy generoso. *10.* Mi hija es muy simpática.

5. *(a)* Escriba la forma correcta de la palabra en negrilla. Escriba la frase entera (2.5):

1. Mario es **italiano**; Renata es _____ también. *2.* Jean-Claude es **francés**; Louise es _____ también. *3.* La Sra. Edwards es **republicana**; su esposo es _____ también. *4.* La Sra. González es **demócrata**; su hijo es _____ también. *5.* La Sra. Ching es **budista**; su padre es _____ también. *6.* Homero es **español**; Laura es _____ también. *7.* David es **protestante**; su novia es _____ también. *8.* Armando es **liberal**; su familia es _____ también. *9.* Juanita es **alemana**; su novio es _____ también. *10.* El Sr. Díaz es muy **conservador**; su hija es _____ también. *11.* Yo soy **artista**; mi amigo Santiago es _____ también. *12.* Inés es **canadiense**; Joaquín es _____ también.

(b) Escriba cada frase a continuación usando la forma correcta del adjetivo que está entre paréntesis. Siga el modelo (2.5):

Modelo: Josefina es católica. (devota)
Josefina es una católica devota.

1. Carlos es socialista. (ardiente) *2.* Gloria es profesora. (excelente) *3.* Samuel es judío. (ortodoxo) *4.* Luisa es secretaria. (trabajador) *5.* Margarita es economista. (ambicioso)

6. *(a)* Escriba una pregunta para cada respuesta a continuación; use *¿de dónde? ¿de quién?* o *¿de qué?* en la pregunta (2.6):

1. La mesa es de madera. *2.* Alberto es de Panamá. *3.* El coche es de Javier. *4.* Mi coche es de Alemania. *5.* La ventana es de vidrio. *6.* Mi blusa es de algodón.

(b) Conteste las preguntas a continuación:

1. ¿De dónde es Ud.? *2.* ¿De qué es tu cinturón? *3.* ¿De quién es el televisor en tu casa? *4.* ¿De dónde es tu amigo favorito? *5.* ¿Dónde está tu pupitre en la clase de español?

7. Combine cada par de frases a continuación. Siga el modelo (2.7):

Modelo: La lámpara está en la mesa. La lámpara está sucia.
La lámpara que está en la mesa está sucia.

1. La mujer está con mi tío. La mujer tiene una casa enorme.
2. El joven está en la cama. El joven está enfermo.
3. La biblioteca tiene una colección importante. La biblioteca está cerca de mi casa.
4. La chica es budista. Está sentada al lado de Jorge.
5. Tengo un excelente perro. Es bruto pero simpático.

8. Escriba la suma (o la resta) y el resultado con palabras (2.8):

1. $41 + 21 =$ *2.* $79 - 53 =$ *3.* $100 - 75 =$ *4.* $90 - 60 =$ *5.* $88 - 66 =$ *6.* $13 + 15 =$ *7.* $22 + 26 =$ *8.* $33 + 29 =$

9. Conteste las preguntas a continuación; escriba los números con palabras (2.9):

1. ¿Cuántos años tienes? *2.* ¿Cuántos años tiene tu padre? *3.* ¿Cuántos años tiene tu abuelo? *4.* ¿Cuántos años tiene el coche de tu madre? *5.* ¿En qué página está el ejercicio 8 del capítulo 2?

LECTURA
en otra clase de español

Estoy en la universidad en un salón moderno. Es el cuarto de la clase de español de la Sra. Vega y está en el edificio Reed. Es grande y cómodo y tiene dos ventanas enormes que están abiertas porque la clase necesita aire. No estoy aburrida en la clase de español porque mi profesora es excelente y mis compañeros son interesantes.

A mi lado está Juana. Juana no es una estudiante de tiempo completo y tiene más años que muchos alumnos. Es médica y estudia español porque tiene varios pacientes hispanos. Es alta, morena, y muy simpática. Su silla está cerca de la puerta, y su cuaderno está abierto en la mesa que está delante de ella. Su portafolio es de cuero y está debajo de su silla. Está contenta hoy porque tiene una buena nota en su tarea.

Mi amigo Roberto está sentado detrás de mí. Es canadiense. Es rubio, bajo y muy guapo según ciertas personas. Estudia para abogado. Según él, el español es interesante, necesario, hermoso, y esencial.

¿Por qué está entusiasmado Roberto?

Está entusiasmado porque tiene una novia puertorriqueña. Para Roberto, el amor es un profesor excelente.

preguntas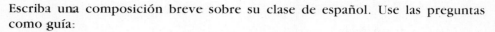

1. ¿Cómo es el cuarto de la clase de español? *2.* ¿Dónde está el cuarto? *3.* ¿Por qué está cerrada la puerta del cuarto? *4.* ¿Qué es Juana? *5.* ¿Por qué estudia español Juana? *6.* ¿Cómo está Juana hoy? ¿Por qué? *7.* ¿Cómo es Roberto? *8.* ¿De dónde es? *9.* ¿Por qué estudia español Roberto? *10.* ¿Está Ud. de acuerdo?

creación

Escriba una composición breve sobre su clase de español. Use las preguntas como guía:

¿Dónde está? ¿Cómo es? ¿Cómo se llama su profesor/a? ¿De dónde es? ¿Cómo es? ¿Es grande o pequeña la clase? ¿Quién está detrás de Ud. en la clase? ¿Quién está al lado de Ud.? ¿Quién es su amigo favorito en la clase? ¿Por qué?

PRONUNCIACIÓN Y ORTOGRAFÍA

A. Escuche la pronunciación de cada grupo de vocales:

[ai]	Jaime	Jaime es de Jamaica.
[au]	autor	Mauricio es autor.
[ei]	seis	Tengo veintiséis peines.
[eu]	Europa	Eusebio está en Europa.
[oi]	estoico	Hoy estoy estoico.
[ia]	piano	el piano de Cecilia
[ie]	Diego	Diego está bien.
[io]	patio	Mario está en medio del patio.
[iu]	viuda	una viuda de la ciudad
[ua]	cuatro	Cuarenta y cuatro peruanas están en el cuarto.
[ue]	puerta	la puerta de Manuela
[ui]	Luisa	Luisa es de Suiza.
[uo]	cuota	una cuota de virtuosas

ai, au, ei, uo, etc. son **diptongos**.
a, e y **o** son vocales fuertes.
i y **u** son vocales débiles.

Un diptongo es una combinación de **una vocal fuerte** *(a, e, o)* con una **vocal débil** *(i, u)* o una combinación de dos vocales débiles.
En la división silábica, un **diptongo** es el núcleo de **una** sílaba. Por ejemplo:

seis	= 1 sílaba	Die-go	= 2 sílabas
au-tor	= 2 sílabas	pa-tio	= 2 sílabas
Jai-me	= 2 sílabas	viu-da	= 2 sílabas
Eu-ro-pa	= 3 sílabas	die-ci-séis	= 3 sílabas

Dos vocales fuertes forman dos sílabas. Por ejemplo:

á-re-a   = 3 sílabas   o-cé-a-no   = 4 sílabas
a-e-ro-puer-to = 5 sílabas   po-e-ta   = 3 sílabas

    B. Pronuncie las palabras a continuación:

escritorio   es-cri-to-rio
portafolio   por-ta-fo-lio
ejercicio   e-jer-ci-cio
agencia   a-gen-cia
democracia   de-mo-cra-cia

io es un diptongo. Un diptongo se considera como **una** vocal fuerte en la división silábica. No se usa acento escrito en palabras como *escritorio, portafolio* y *ejercicio* porque el énfasis ya está en la penúltima sílaba.

Compare:

Gloria	Glo-ria	María	Ma-rí-a
agencia	a-gen-cia	compañía	com-pa-ñí-a
baile	bai-le	país	pa-ís
radio	ra-dio	gentío	gen-tí-o
Laura	Lau-ra	Raúl	Ra-úl

Con un acento escrito, una vocal débil (1) se convierte en vocal fuerte, (2) es núcleo de sílaba, y (3) recibe el énfasis.

    Nota: Cuando es necesario un acento escrito en un diptongo, se escribe el acento sobre la vocal fuerte: *dieciséis, veintiséis, etc.*

EJERCICIOS

    A. Divida cada palabra a continuación en sílabas:

1. calendario
2. italiano
3. dirección
4. palacio
5. ausente

6. siete
7. nueve
8. cuaderno
9. geografía
10. bien

11. gracias
12. museo
13. respuesta
14. edificio
15. diez

    B. Escriba un acento si es necesario. La vocal que recibe el énfasis está en negrilla:

1. ba**u**l
2. M**a**rio
3. tambi**e**n
4. **a**gua
5. cami**o**n

6. ma**i**z
7. Mar**i**a
8. d**i**a
9. r**i**o
10. viol**i**n

11. filosof**i**a
12. televis**i**on
13. abreviat**u**ra
14. dieci**se**is
15. peri**o**dico

VOCABULARIO

pronombres

yo	usted (Ud.)	ella
tú	él	

condiciones y características

abierto ≠ cerrado	enfermo ≠ sano	moreno ≠ rubio
alto ≠ bajo	feliz ≠ alegre	ocupado ≠ desocupado, libre
arrogante ≠ modesto	fuerte ≠ débil	ostentoso ≠ humilde
cansado ≠ descansado	generoso ≠ tacaño	rico ≠ pobre
contento ≠ triste	grande ≠ pequeño	sentado ≠ de pie
cortés ≠ maleducado, descortés	guapo ≠ feo	simpático ≠ antipático
	hermoso ≠ feo	trabajador ≠ perezoso
cuerdo ≠ loco	inteligente ≠ bruto	tranquilo ≠ nervioso
de buen humor ≠ de mal humor	interesante ≠ aburrido	viejo ≠ joven
delgado ≠ gordo	lleno ≠ vacío	
difícil ≠ fácil		

profesiones y oficios

abogado	enfermero	profesor
ama de casa	físico	psiquiatra, psicólogo
carpintero	ingeniero	químico
científico	maestro	vendedor
comerciante	médico	
electricista	político	

religiones

agnóstico	católico	mahometano
ateo	cristiano	protestante
budista	judío	

preferencias políticas

comunista	demócrata	republicano
conservador	liberal	socialista

expresiones gramaticales

adjetivos descriptivos	sílaba
diptongo	pronombre relativo

expresiones de tiempo

ahora	siempre	ya

expresiones interrogativas

¿cómo?
¿cuántos años ...?

¿de dónde?
¿de quién?

¿de qué?

preposiciones

a la derecha de ≠ a la
              izquierda de
cerca de ≠ lejos de

con ≠ sin
en medio de ≠ a un extremo de

materiales

algodón
cuero
hierro
lana
madera

metal
oro
plástico

plata
poliéster

la familia

abuelo/abuela
hermano/hermana
hijo/hija

madre
padre
tío/tía

primo/prima

3.1 ¿Dónde **están** ustedes?

(Nosotros) **estamos** en el coche.

3.2 ¿Están Uds. cansad**os**?

No, no estamos cansad**os**.

3.3 ¿De dónde **son** Uds.?

Somos de Puerto Rico.

3.4 El coche está sucio.   **Los** coches están **sucios**.

La casa es pequeña.   **Las** casas son **pequeñas**.

3.5 Mi libro es rojo.   **Mis libros** son rojos.

3.6 Mi clase de ciencias políticas es **muy** interesante.

3.7 Para nosotros, las lenguas europeas son **más** fáciles **que** las lenguas asiáticas.

3.8 **Los** países **más** poblados de la América Latina son México y Brasil.

3.9 ¿**Tienen** Uds. un apartamento en la ciudad?

No, pero **tenemos** una casa en el campo.

3.10 ¿Qué hora es?

vocabulario:

la hora, la ropa, los colores y algunos lugares

EXPOSICIÓN GRAMATICAL

3.1 ¿Dónde **están** ustedes?
(Nosotros) **estamos** en el aeropuerto.

Yo estoy bien y tú estás bien.	= **Nosotros estamos** bien.
Ud. está en el campo y ella está en el campo también.	= **Ustedes están** en el campo.
El está en la calle y ella está en la calle también.	= **Ellos están** en la calle.
María está en el cine y Luisa está en el cine también.	= **Ellas están** en el cine.
Señores, ¿dónde **están ustedes**?	**Estamos** en el aeropuerto.
Chicos, ¿dónde **estáis vosotros**?	**Estamos** en el centro.
Señoras, ¿dónde **están Uds.**?	**Estamos** en la terminal.
Chicas, ¿dónde **estáis vosotras**?	**Estamos** en la discoteca.

Estudie las formas completas del verbo **estar**:

	singular	*plural*
primera persona	yo estoy	nosotros(as) estamos
segunda persona familiar	tú estás	vosotros(as) estáis (España) ustedes están (Hispanoamérica)
segunda persona formal	usted está	ustedes están
tercera persona	él está ella está	ellos están ellas están

En Hispanoamérica, **ustedes** es la forma plural de **usted** y de **tú**.

En España, **vosotros(as)** es la forma plural de **tú**; **ustedes** es la forma plural de **usted**.

Vosotros no es común en la lengua oral de Hispanoamérica.

Nosotros(as), vosotros(as), ustedes, ellos y **ellas** son **pronombres sujetos plurales**. Indican un grupo de personas.

Se usan las formas masculinas *(nosotros, vosotros, y ellos)* si el grupo es masculino o mixto (femenino y masculino).

Se usan las formas femeninas *(nosotras, vosotras, y ellas)* si el grupo es totalmente femenino.

Nota: La abreviatura de **usted** es **Ud.**; la abreviatura de **ustedes** es **Uds.**

práctica ✳

A. Cambie la frase a continuación según los sujetos que están entre paréntesis. Siga el modelo:

Modelo: El profesor está con Javier. (nosotros)
Nosotros estamos con Javier.

El alumno está en el gimnasio.
(los chicos, tú, el Sr. López, ellas, Javier y yo, Juan y Jorge)

B. Conecte los sujetos a continuación con el lugar más lógico. Siga el modelo:

Modelo: e. médico/tienda, gimnasio, hospital
El médico está en el hospital.

1. el abogado y su cliente/palacio, cine, museo, teatro, oficina
2. la alumna/teatro, biblioteca, campo, cine
3. el vendedor/laboratorio, tienda, restaurante, museo
4. el atleta y sus amigos/museo, gimnasio, campo, hospital
5. nosotros/centro, oficina, ciudad, clase
6. tú/universidad, campo, tienda, calle
7. yo/teatro, restaurante, clase, laboratorio de lenguas
8. el rey y la reina/campo, museo, palacio, hospital

3.2 ¿Están Uds. cansados?
No, no estamos cansados.

Roberto está ocupado.	Roberto y Luis están ocupados.
Margarita está contenta.	Margarita y Sara están contentas.
Roberto está nervioso.	Roberto y Sara están nerviosos.
Eduardo está ausente.	Eduardo y Raúl están ausentes.
Isabel está alegre.	Isabel y Paula están alegres.

En español, el adjetivo es variable; concuerda con el ~~adjetivo~~ sustantivo que modifica.
El adjetivo que termina en una vocal forma su plural en **-s**.
El adjetivo que modifica un grupo mixto usa la forma masculina plural.

Estudie:

¿Cómo están Uds.?	Estamos **bien**, gracias.
¿Cómo están tus hermanas?	Están **mal**.
¿Cómo están Beatriz y Luisa?	Están **así así**.

Un adverbio *(bien, mal, así así, etc.)* es **invariable**; se combina con el verbo en singular o en plural.

práctica

Complete las frases a continuación con un adjetivo. Use la lista de adjetivos a la derecha como guía:

1. Cuando una persona está en el hospital, ...   ocupado
2. Cuando María y su novio están en el cine, ...   triste
3. Cuando tengo un examen, ...   alegre
4. Cuando estoy con mis padres, ...   nervioso
5. Cuando las alumnas están en el museo, ...   enfermo
6. Cuando un alumno está con un profesor, ...   así así
7. Cuando tú no estás en clase, ...   contento
8. Cuando nosotros estamos en casa, ...   mal

3.3 ¿De dónde **son** Uds.?
Somos de Puerto Rico.

Yo soy estudiante y tú eres estudiante también.   = Nosotros **somos** estudiantes.

Usted es alto y él es alto también.   = Uds. **son** altos.

Tú eres español y él es español también.   = Vosotros **sois** españoles.

El es simpático y ella es simpática también.   = Ellos **son** simpáticos.

Marisa es de Venezuela y Luisa es de Venezuela también. = Ellas **son** de Venezuela.

¿Qué **son** Uds?   Nosotros **somos** estudiantes universitarios.

¿De dónde **sois** vosotros?   **Somos** del campo.

¿Cómo **son** ellos?   **Son** altos, morenos y guapos.

Sinopsis:

las formas de **ser**	
soy	somos
eres	sois
es	son

práctica

A. Cambie la frase según los sujetos que están entre paréntesis:

Graciela es alta.
(yo, ellas, mis amigos, tú, vosotros, la novia de Juan, mi hermano y yo)

B. Complete las frases a continuación con una forma de **ser** y la forma correcta de uno (o varios) de los adjetivos que están entre paréntesis:

1. Mis hermanos ... *(antipático, alto, guapo, inteligente, horrible)*
2. Nosotros ... *(trabajador, liberal, simpático, bueno)*
3. Mis abuelos ... *(alto, moreno, simpático, generoso)*
4. Mis amigos y yo ... *(guapo, brillante, perezoso, conservador, fabuloso)*

3.4 El coche está sucio.   **Los** coches están **sucios.**
La casa es pequeña.   **Las** casas son **pequeñas.**

El zapato es negro.   **Los zapatos** son **negros.**
La blusa es rosada.   **Las blusas** son **rosadas.**
La falda es anaranjada.   **Las faldas** son **anaranjadas.**
La corbata es roja.   **Las corbatas** son **rojas.**
El abrigo es azul.   **Los abrigos** son **azules.**
La casa es verde.   **Las casas** son **verdes.**
La pared es gris.   **Las paredes** son **grises.**
La luz es blanca.   **Las luces** son **blancas.**
La mujer es feliz.   **Las mujeres** son **felices.**

Las es el **artículo definido femenino plural.**
  Los es el **artículo definido masculino plural.**
  Un sustantivo o adjetivo que termina en **vocal** forma su plural en **-s.**
Por ejemplo: *libro amarillo/libros amarillos; pluma verde/plumas verdes.*

el abrigo
la corbata
la falda
el traje
el zapato
las medias
el saco
el pantalón
la camisa
el vestido

Un sustantivo o adjetivo que termina en **consonante** forma su plural en **-es**. Por ejemplo: *mujer liberal/mujeres liberales; pared azul/ paredes azules*.

Un sustantivo o adjetivo que termina en **-z** forma su plural en **-ces**. Por ejemplo: *luz/luces; feliz/felices; lápiz/lápices*.

Estudie:

El examen es fácil.	**Los exámenes** son fáciles.
El joven está contento.	**Los jóvenes** están contentos.
La expresión es cómica.	**Las expresiones** son cómicas.
El cinturón es negro.	**Los cinturones** son negros.
El calcetín es rojo.	**Los calcetines** son rojos.

En plural, una palabra como **joven** requiere acento para conservar el énfasis original: por ejemplo, *joven/jóvenes; examen/exámenes*.

Una palabra terminada en **-n** o **-s** con un acento escrito sobre la última sílaba no necesita acento en plural. Por ejemplo: *cinturón/cinturones; dirección/direcciones; francés/franceses*.

práctica

A. Ponga las frases a continuación en plural:

1. El calcetín es verde. *2.* El chico es francés. *3.* La mujer es muy bonita. *4.* El inglés es alto y elegante. *5.* El pantalón está sucio. *6.* La joven es interesante. *7.* El abrigo es gris. *8.* La camisa es azul.

B. Pregunte a un/a compañero/a de clase el color de varios objetos en la clase. Use las palabras a continuación como guía:

¿De qué color es ... ?
¿De qué color son...?

(la falda de María, los zapatos de Juan, la pizarra, las paredes de la clase, la corbata del profesor, los calcetines de Jaime, las sillas, el pantalón de Javier, el suéter de Marisela, las luces, etc.)

3.5 Mi libro es rojo.
Mis libros son rojos.

Mi bicicleta está fuera.	**Mis bicicletas** están fuera.
¿Dónde está **tu abrigo**?	Dónde están **tus abrigos**?
Nuestro hijo tiene una moto.	**Nuestros hijos** tienen motos.
Nuestra ropa está en la lavandería	**Nuestras camisas** están en la lavandería.
¿De dónde es **vuestro padre**?	¿De dónde son **vuestros padres**?
Vuestra prima es simpática.	**Vuestras primas** son simpáticas.
Silvia está en México con **su tía**.	Silvia está en México con **sus tías**.
Rafael tiene **su clase** de química ahora.	Rafael tiene **sus clases** por la noche.

Somos estudiantes de química orgánica.

Berta y Jaime están en Colorado con **su padre**.

Isabel y Luz tienen **su clase** por la mañana.

¿Tiene Ud. **su libro** aquí?

¿Dónde tienen Uds. **su clase** de fotografía?

Berta y Jaime están en Colorado con **sus padres**.

Isabel y Luz tienen **sus clases** difíciles hoy.

¿Tiene Ud. **sus libros** aquí?

¿Dónde tienen Uds. **sus clases** de fotografía?

Los adjetivos posesivos **mi, mis, tu, tus, su,** y **sus** concuerdan en **número** con los sustantivos que modifican.

Los adjetivos posesivos **nuestro, nuestra, nuestros, nuestras, vuestro, vuestra, vuestros** y **vuestras** concuerdan en **número y en género**.

Note bien las equivalencias de **su** y **sus**:

$$
\textbf{su } \text{amigo} =
\begin{cases}
\text{el amigo de usted} \\
\text{el amigo de él} \\
\text{el amigo de ella} \\
\text{el amigo de ustedes} \\
\text{el amigo de ellos} \\
\text{el amigo de ellas}
\end{cases}
\qquad
\textbf{sus } \text{amigos} =
\begin{cases}
\text{los amigos de usted} \\
\text{los amigos de él} \\
\text{los amigos de ella} \\
\text{los amigos de ustedes} \\
\text{los amigos de ellos} \\
\text{los amigos de ellas}
\end{cases}
$$

Estudie:

La dirección **de Ricardo** está en la
agenda **de Cecilia**.

El apartamento **de los Pérez** está
cerca de la casa **de mis tías**.

La dirección **de él** está en la agenda
de ella.

El apartamento **de ellos** está cerca
de la casa **de ellas**.

Cuando **su** y **sus** resultan ambiguos, es necesario usar *de él, de ella, de ellos,
etc.* para **clarificar** el significado.

práctica ❋

Describa de forma imaginativa los objetos y las personas a continuación. Siga
el modelo:

Modelo: Describa la perra y los gatos de Graciela.
       Su perra es grande y bonita. Sus gatos son horribles y feos.

1. Describa a los dos hermanos y a la hermana de María.   **2.** Describa al profesor o a
la profesora de Uds.   **3.** Describa el pantalón y la camisa de Daniel.   **4.** Describa a mis
amigos.   **5.** Describa a los miembros de su familia.   **6.** Describa a nuestros compañeros.

3.6 Mi clase de ciencias políticas es **muy** interesante.

¿Es interesante su clase de biología?

¿Estás ocupada Felisa?

¿Es grande la casa de su madre?

¿Es fácil el cálculo?

¿Son interesantes estas novelas?

¿Cómo es tu novio?

¿Cómo son tus clases?

Sí, es **muy** interesante.

Sí, estoy **bastante** ocupada.

No, es **algo** pequeña.

No, es **demasiado** difícil.

No, **no** son **nada** interesantes.

¡Es **tan** guapo!

¡Son **tan** difíciles!

Muy, bastante, algo, poco, demasiado, no + verbo + nada y **tan** son
adverbios de **intensificación**. En las frases precedentes modifican un adjetivo.
     Los adverbios son **invariables** porque no modifican un sustantivo.

práctica ❋

Usando adverbios de intensificación, describa los sustantivos. Siga el modelo:

Modelo: sus cursos
       *Mi curso de química no es nada fácil, mi curso de
       sociología es algo aburrido, mi curso de matemáticas
       es bastante fácil, mi curso de inglés es demasiado
       difícil, y mi curso de español es muy divertido.*

1. los actores de cine   **2.** las universidades   **3.** los equipos de fútbol   **4.** los coches
5. sus amigos   **6.** sus profesores   **7.** su ropa   **8.** los restaurantes de su ciudad   **9.** las
películas recientes   **10.** los autores

3.7 Para nosotros las lenguas europeas son **más** fáciles **que** las lenguas asiáticas.

¿Son cómodos los coches norteamericanos?

Sí, por lo general, los coches norteamericanos son **más** cómodos **que** los coches extranjeros.

¿Son **menos** económicos **que** los coches extranjeros?

Depende. A veces los coches nacionales son **tan** económicos **como** los coches extranjeros.

¿Es cara la ropa norteamericana?

No siempre. A veces es **tan** barata **como** la ropa extranjera.

¿Cómo es tu clase de antropología?

Es un poco **más** difícil **que** mi clase de español, pero no es **tan** interesante.

¿Es **más** grande **que** tu clase de español?

Sí, es mucho **más** grande.

Las frases precedentes son ejemplos del **comparativo**. Las expresiones **más ... que, menos ... que**, y **tan ... como** se usan para expresar **comparaciones**.

Sinopsis:

> **más** + adjetivo + **que**: comparativo de superioridad
> **menos** + adjetivo + **que**: comparativo de inferioridad
> **tan** + adjetivo + **como**: comparativo de igualdad

Estudie:

Mi padre es un poco más alto que **yo**.
Tu hermano no es tan guapo como **tú**.
Están más cansados que **nosotros**.

Después de **que** o **como** en una comparación, se usa un **pronombre sujeto** *(yo, tú, nosotros, él, ella, etc.)*

Estudie:

El poliéster es muy bueno.

Sí, pero en mi opinión, el algodón es **mejor que** el poliéster.

Los pantalones aquí son muy buenos.

Sí, pero en mi opinión, las camisas son **mejores que** los pantalones.

El café del restaurante es muy malo, ¿no?

Sí, es cien veces **peor que** el café de mi casa.

Las notas D y F son **peores que** la nota C, ¿verdad?

Depende. Para mí, la nota C no es **tan** mala.

Mi hermano Luis tiene treinta años y yo tengo veinte.

Mi hermana tiene diecisiete años y los gemelos tienen diez.

Mi hermano es **mayor que** yo; yo soy **menor que** mi hermano.

Mi hermana es **mayor que** los gemelos; los gemelos son **menores que** ella.

Mejor que, peor que, mayor que, menor que y sus formas plurales son formas irregulares del comparativo. No es posible usar **más, menos** y **tan** con esas expresiones.

    Mejor que, mejores que, peor que y **peores que** son comparaciones de **calidad**.

    Mayor que, mayores que, menor que y **menores que** son comparaciones de **edad**.

práctica

Invente una comparación a base de la información a continuación. Siga el modelo:

Modelo: yo/alto
               Yo soy más alto que mi hermana.

               mi coche/bueno
               Mi coche es mejor que el coche de Roberto.

1. nosotros/inteligentes   *2.* sus hijos/joven   *3.* nuestro curso de español/bueno   *4.* el actor .../malo   *5.* nuestra casa/grande   *6.* la falda de Marisa/cara   *7.* el restaurante/ bueno   *8.* yo/viejo   *9.* la química/difícil   *10.* los estudiantes de aquí/buenos

---

3.8 **Los** países **más** poblados **de** la América Latina son México y Brasil.

¿Cuál es **el** país **más** grande **de** la América del Sur?

¿Cuál es **la** ciudad **más** poblada **de** la Argentina?

¿Cuáles son **los** ríos **más** largos **de** Sudamérica?

¿Cuáles son **las** montañas **más** altas **de** Latinoamérica?

Brasil es **el** país **más** grande **de** la América del Sur.

Buenos Aires es **la** ciudad **más** poblada **de** la Argentina.

El Amazonas y el Paraná son **los** ríos **más** largos **de** Sudamérica.

Los Andes son **las** montañas **más** altas **de** Latinoamérica.

Las frases precedentes son ejemplos del **superlativo**.

Sinopsis:

> artículo definido + sustantivo + **más/menos** + adjetivo + **de**

Estudie:

En una escuela mexicana, ¿cuál es **la mejor** nota?

Un diez es **la mejor** nota en una escuela mexicana.

¿Cuáles son **los mejores** vinos sudamericanos?

Los mejores vinos sudamericanos son de Chile y de la Argentina.

En los Estados Unidos, ¿cuál es **la peor** nota?

La peor nota en los Estados Unidos es una F.

¿Quiénes son **los peores** estudiantes de la clase?

No sé. No tenemos malos estudiantes.

¿Quién es **el** hijo **mayor** de tu familia?

Yo soy **el** hijo **mayor** de mi familia.

¿Quiénes son **los** hijos **menores** de la familia de tu abuelo?

Mi tío Paco y mi tío Beto son **los** hijos **menores** de la familia.

Los superlativos irregulares con **mejor, peor, mejores** y **peores** preceden al sustantivo que modifican.

Los superlativos irregulares con **mayor, menor, mayores** y **menores** están después del sustantivo que modifican.

Estudie:

Mi cuarto es **el más** cómodo de la casa.

Mi perro es **el menos** inteligente y **el más** simpático del mundo.

La Argentina es un país muy fértil; es uno de **los más** fértiles del mundo.

En general, los vinos franceses son **los mejores** de Europa.

Yo soy **la menor** de la familia, y Esteban es **el mayor**.

En el superlativo, el sustantivo se omite con frecuencia.

práctica

A. Complete las frases a continuación con sus impresiones:

1. El mejor actor del mundo es ...
2. Los estudiantes más inteligentes del universo son ...
3. Mi curso más difícil es ...
4. El hombre más guapo del mundo es ...
5. La mujer más bella del mundo es ...
6. El mejor restaurante de nuestra ciudad es ...
7. El edificio más alto de aquí es ...
8. Mi hermano mayor (menor) se llama ...
9. Las peores películas de mi experiencia son ...
10. Los miembros mayores de mi familia son ...

B. Exprese su opinión sobre las categorías a continuación con una frase superlativa. Siga el modelo:

Modelo: una mujer
   La mujer más simpática del mundo es mi madre.

1. un actor de cine   *2.* una actriz de cine   *3.* un cantante   *4.* un coche   *5.* un hombre   *6.* un vino   *7.* un país   *8.* una ciudad   *9.* una universidad   *10.* un curso

---

3.9 ¿**Tienen** ustedes un apartamento en la ciudad?
       No, pero **tenemos** una casa en el campo.

¿**Tienes** tú (un) coche?   No, no **tengo** coche.
¿**Tiene** Ud. una camisa azul?   Sí, **tengo** varias camisas azules.
¿**Tienen** Uds. un apartamento en la   Sí, y también **tenemos** una casa en
   ciudad?   los suburbios.
¿Cuántos primos **tenéis** vosotros?   **Tenemos** casi veinte.
¿Dónde **tienen** lugar las reuniones?   **Tienen** lugar en el teatro.

Sinopsis:

las formas de **tener**	
tengo	tenemos
tienes	tenéis
tiene	tienen

Una calle de Guatemala

Estudie:

¿Tiene Ud. lápiz?	No, no tengo lápiz.
¿Tienen Uds. coche?	No, no tenemos coche.
¿Tenéis amigos en Colombia?	Sí, tenemos amigos allí.

Cuando el valor numérico no es importante, es posible omitir el artículo indefinido *(un, una)* con sustantivos no modificados, sobre todo en negativo.

práctica

A. Cambie la frase a continuación según los nuevos sujetos que están entre paréntesis:

Nosotros tenemos un coche económico.
(yo, Uds., Jorge y Elena, el hijo de mi vecina, tú, vosotros)

B. Describa las posesiones o una posesión de las personas a continuación. Use el verbo **tener**:

1. mi mejor amigo *2.* los Rockefeller *3.* los franceses *4.* nuestro profesor/nuestra profesora *5.* mis amigos y yo *6.* mi papá *7.* nosotros, los estudiantes de la clase

---

3.10 ¿Qué hora es?

Es la una.	Es la una y cinco.
Son las diez.	Son las diez y diez.
Son las diez y cuarto.	Son las diez y veinticinco.
Son las diez y media.	Son las once menos veinte.
Son las once menos cuarto.	Son las once menos cinco.

¿Qué hora es?

12:00	12:00	1:00	1:15	9:00	9:00
Es mediodía.	Es medianoche.	Es la una **de** la madrugada	Es la una y cuarto **de** la tarde.	Son las nueve **de** la mañana.	Son las nueve **de** la noche.

Es se usa con **la una, mediodía** y **medianoche**. **Son** se usa con las otras expresiones de la hora. **Estar** *nunca* se usa con la hora.

Estudie:

Desde el amanecer hasta el mediodía se dice, "Buenos días".
Desde el mediodía hasta el anochecer se dice, "Buenas tardes".
Desde el anochecer hasta la medianoche se dice, "Buenas noches".

Son las cinco de la madrugada; es muy **temprano**.
Es medianoche; es bastante **tarde**.

¿Cuándo es su clase de español?	Es **por** la mañana.
¿Cuándo es su clase de geología?	Es **por** la tarde.
¿Cuando es su clase de sociología?	Es **por** la noche.

Las expresiones **por la mañana, por la tarde** y **por la noche** se usan cuando no se menciona una hora específica.

¿A qué hora es su clase de español?	Es **al** mediodía.
¿A qué hora es su clase de música?	Es **a** la una menos cuarto.
¿A qué hora es su clase de arte?	Es **a** las dos menos cuarto.

La preposición **a** se usa en la pregunta y en la respuesta para indicar la hora de un **evento**.

¿A qué hora **comienza** la clase?	**Comienza** a la una.
¿A qué hora **termina** la clase?	**Termina** a las dos menos diez.
¿Cuánto tiempo **dura** la clase?	**Dura** cincuenta minutos.
¿Dónde está Ud. **antes de** la clase?	Estoy en mi casa **antes de** la clase.
¿Dónde está Ud. **durante** la clase?	Estoy sentado en mi silla **durante** la clase.
¿Dónde está Ud. **después de** la clase?	**Después de** la clase estoy en la biblioteca.

práctica ✳

Pregunte a un/a compañero/a de clase:

—qué hora es
—a qué hora comienza la clase de español
—a qué hora termina la clase
—a qué hora está en casa por la noche
—a qué hora es su clase más difícil
—a qué hora está en el laboratorio
—dónde está por la noche
—dónde está por la tarde
—dónde está por la mañana
—qué hora es ahora

EJERCICIOS ESCRITOS

1. Escriba la forma correcta del verbo **estar** (3.1):

1. ¿Cómo _____ Uds.? **2.** Nosotros _____ bien, gracias. **3.** ¿Dónde _____ Esteban y Mario? **4.** Ellos _____ en casa. **5.** María y Elena _____ en el museo. **6.** Ellas no _____ en clase. **7.** Juan y yo _____ con mi tío. **8.** Anita _____ delante de la clase. **9.** Yo _____ así así. **10.** Tú y Amalia _____ en un hotel, ¿verdad? **11.** ¿ _____ Ud. cansado, señor? **12.** ¿Quiénes _____ con Uds.?

2. Escriba una frase completa con los elementos a continuación. Siga el modelo (3.2):

Modelo: Juana y Luisa/enfermo
Juana y Luisa están enfermas.

1. Juan/nervioso **2.** Rosa/contento **3.** Luisa y Juana/cansado **4.** Tomás y yo/triste **5.** ¿Ustedes/nervioso? **6.** Lola y Diego/ sentado **7.** Susana y Teresa/libre **8.** Nosotros/bien **9.** Vosotras/entusiasmado **10.** Mi madre/furioso

3. Complete las frases a continuación con la forma correcta de **ser** (3.3):

1. ¿ _____ Uds. norteamericanas? **2.** Nosotros _____ de California. **3.** Tú _____ chileno, ¿verdad? **4.** Elena y María _____ muy simpáticas. **5.** Yo _____ fabuloso. **6.** Vosotros _____ de Murcia, ¿verdad? **7.** María y yo _____ compañeros de clase. **8.** Mi hermano _____ maravilloso. **9.** ¿De dónde _____ ellos? **10.** ¿ _____ españolas vosotras?

4. **(a)** Complete las frases a continuación con el artículo definido (**el, la, los, las**) que corresponde (3.4):

1. _____ estudiantes de _____ clase son de _____ ciudad. **2.** _____ periódico de _____ universidad es interesante. **3.** _____ falda de _____ Sra. Gómez es roja. **4.** _____ Sr. Gómez tiene _____ coche de _____ señora. **5.** Contesten _____ preguntas y escriban _____ respuestas.

(b) Ponga cada sustantivo en plural en las frases a continuación. Haga todos los demás cambios necesarios. Siga el modelo:

Modelo: La puerta es negra.
Las puertas son negras.

1. La luz es azul. **2.** El pantalón es verde. **3.** La explicación es completa y comprensible. **4.** El joven japonés no tiene el libro. **5.** La camisa gris es del profesor. **6.** La pared es blanca. **7.** Es bonita la blusa rosada. **8.** El calcetín es azul y está en la caja. **9.** La chica rubia es feliz. **10.** El examen no es difícil; es fácil. **11.** El examen es mañana. **12.** El cinturón es negro.

5. Escriba la forma correcta del adjetivo posesivo que corresponde a la palabra en negrilla (3.5):

1. **Yo** estoy en la clase de español. _____ libros están en _____ mesa y _____ bolsa está en el piso. _____ amigas Elsa y Anita están en la clase también. **2.** **Tú** también estás en la clase, pero no tienes _____ libros. Y, ¿dónde está _____ lápiz?

¿Y _____ bicicleta? **3.** Buenas tardes, profesor. ¿Cómo está **usted**? ¿Y cómo está _____ mujer? ¿Y _____ hijos? _____ llaves están en _____ coche, ¿verdad? Y _____ coche está cerrado, ¿verdad? Obviamente, _____ vida es difícil. **4.** El libro de **Sara** está en _____ mesa con _____ pluma y _____ papeles. _____ ejercicios están dentro de _____ portafolio. **5.** Allí está **el payaso**. _____ camisa es amarilla, _____ zapatos son azules, _____ calcetines son rojos, _____ pantalón es verde y negro, _____ corbata es rosada y _____ dos sombreros son grises. ¡Qué ropa! **6. Nosotros** estamos en la universidad. _____ universidad es grande, y _____ biblioteca es excelente. _____ profesores son buenos pero exigentes. _____ tarea es complicada pero las explicaciones que están en _____ libro son lúcidas y útiles. **7. Ustedes** tienen un curso de francés, ¿verdad? ¿Quién es _____ profesor? ¿Cómo es _____ libro? ¿Son difíciles _____ ejercicios? ¿En qué edificio está _____ clase? **8. Felisa y Ofelia** son hermanas. _____ madre es doctora y _____ padre es profesor. _____ hermanos son muy jóvenes. _____ casa no está lejos de aquí. **9.** ¿Dónde están **los Srs. Pérez** hoy? Están en casa con _____ familia y con _____ amigos. _____ coche está en el garage, y _____ bicicletas están en la calle. **10. Vosotros** sois estudiantes en Madrid. ¿Cómo es _____ universidad? ¿Son _____ compañeros de estudio españoles o extranjeros? ¿Son interesantes _____ clases? ¿Son de España todos _____ libros? ¿Es simpático _____ profesor de inglés?

6. Reescriba las frases a continuación con un adverbio de intensificación (**muy, bastante, algo, demasiado, no … nada** o **tan**) (3.6):

1. El español es difícil. **2.** La nota F es buena. **3.** La revista *Siempre* es interesante. **4.** La República Dominicana es grande. **5.** La China es poblada. **6.** La nota C es buena. **7.** Las motocicletas son económicas. **8.** Las motocicletas son peligrosas. **9.** Nuestro profesor es cuerdo. **10.** El poliéster es elegante.

7. Escriba una frase comparativa con los elementos a continuación (3.7):

1. Los Angeles/grande/San Francisco.
2. Los profesores/ocupado/alumnos.
3. Paraguay/pequeño/la Argentina.
4. México/poblado/Guatemala.
5. Las mujeres/inteligente/los hombres.
6. Chile/lejos/Cuba.
7. El inglés/complicado/el español.
8. La nota F/malo/la nota D.
9. Yo/joven/tú.
10. La nota B/bueno/la nota C.
11. Mis abuelos/ viejo/madre.
12. Las notas A y B/bueno/C y D.

8. (a) Conteste las preguntas a continuación con una frase completa (3.8):

1. ¿Cuál es el río más largo de los Estados Unidos? **2.** ¿Cuál es la montaña más alta del mundo? **3.** ¿Cuál es el mejor restaurante de su ciudad? **4.** ¿Cuál es el estado más pequeño de los Estados Unidos? **5.** ¿Cuál es el país más grande de Latinoamérica? **6.** ¿Cuál es el coche más caro del mundo entero? **7.** ¿Quién es la persona más guapa de Hollywood ahora? **8.** ¿Cuáles son los ríos más largos de la América del Sur? **9.** ¿Cómo se llama el mayor de su familia? **10.** ¿Quiénes son los mejores cantantes de nuestra época? **11.** ¿Quiénes son los peores cantantes de nuestra época?

(b) Invente una frase superlativa con los elementos a continuación:

1. persona/bella
2. yo/simpático
3. mujer/interesante
4. clase/buena
5. hombres/conservadores
6. estudiante/joven

9. **(a)** Complete las frases a continuación con la forma correcta de **tener** (3.9):

1. Uds. no _____ tiempo ahora. *2.* Tú _____ la gripe, mi hijo. *3.* Los mexicanos _____ mucho petróleo en su país. *4.* Nosotros no _____ ropa de colores muy brillantes. *5.* Javier _____ un profesor demasiado estricto. *6.* Vosotros _____ más problemas que nosotros. *7.* Mis hermanas no _____ faldas amarillas y rosadas. Son discretas. *8.* Yo _____ una corbata muy cara.

(b) Invente una pregunta para las respuestas a continuación. Use el verbo **tener** en su pregunta (3.9):

1. Yo no tengo la dirección de Julia. *2.* Sí, los Rodríguez tienen una casa en el campo. *3.* Sí, tienes mi cartera. *4.* El Sr. Otero tiene ochenta y cinco años. *5.* Sí, tenemos un profesor exigente.

10. **(a)** Escriba las horas a continuación con palabras. Estudie el modelo (3.10):

Modelo: 2:10 con luna
Son las dos y diez de la madrugada.

1. 1:00 con sol *2.* 12:00 con sol *3.* 7:30 con luna *4.* 8:45 con luna
5. 9:15 con sol *6.* 12:00 con luna *7.* 4:00 con luna *8.* 1:20 con luna

(b) Conteste las preguntas a continuación con una frase completa:

1. ¿Es por la mañana o por la tarde su clase de español? *2.* ¿A qué hora comienza la clase? *3.* ¿A qué hora termina la clase? *4.* Por lo general, ¿dónde está Ud. a las cuatro de la mañana? *5.* ¿A qué hora está más intenso el tráfico? *6.* ¿Qué hora es ahora? *7.* ¿Hasta qué hora está abierto el banco en su ciudad? *8.* ¿Está Ud. en clase a las siete de la mañana? *9.* ¿A qué hora es su primera clase? *10.* ¿Dónde está Ud. antes de su primera clase?

LECTURA

en la universidad: opiniones y problemas

El profesor Pérez tiene alumnos interesantes y variados. Algunos de sus alumnos son simpáticos, pero otros (muy pocos, gracias a Dios) son antipáticos. Algunos son diligentes, pero otros no tienen mucha disciplina y son perezosos. El profesor Pérez está muy preocupado por los alumnos perezosos.

¿Qué opiniones tienen los estudiantes sobre la clase de español? Para Joan, la clase es interesante y totalmente necesaria porque su novio, Mario, es de México. Según Joan, Mario es guapo, inteligente, sensual y casi (pero no totalmente) perfecto. Según los otros estudiantes, Joan no es muy objetiva. Para Gumersinda, en cambio, la clase es muy aburrida, pero para ella la vida entera es aburrida.

¿Cuál es la opinión de los estudiantes de los otros cursos de la universidad? Eso depende de la clase, de los profesores, y de los intereses de cada individuo. Manolo, por ejemplo, tiene ambiciones de ser el hombre más rico del mundo. Consecuentemente, para él, los cursos de economía y de estadística son las más importantes y fascinantes de la universidad. Claudio, en cambio, tiene interés en las lenguas y en la literatura. En su vida, el arte y la belleza tienen mucha importancia. Según Claudio, Manolo es un bárbaro materialista, un **salvaje** auténtico. Para Manolo, Claudio es inútil y exquisito. Manolo y Claudio no tienen mucho en común.

salvaje: una persona primitiva, no civilizada

Frecuentemente, la vida amorosa de los estudiantes es un problema muy serio. Por ejemplo, ahora Enrique está furioso porque su novia, Kitty, está en la cafetería con Manolo, y (cosa terrible) Manolo tiene el número de teléfono de Kitty en su cartera. Manolo está muy contento, pero Enrique está muy triste. Según Enrique, Kitty tiene muy mal **gusto** porque está con Manolo. Pobre Enrique; tiene una vida demasiado complicada.

gusto: criterio, discreción

Otra estudiante interesante es Berta. Berta es mayor que los otros alumnos, y también tiene un esposo y tres hijos. Su curso más difícil es un curso de química. Berta tiene interés en la medicina, y para ella el curso de química es esencial. Su primer curso del día es a las 8:30 de la mañana, y es un curso de sociología. Es un curso algo aburrido, pero también es un requisito del programa. A las 9:30, Berta tiene su curso de química, que es difícil, pero también fascinante. A las 11:00 de la mañana, Berta está en el laboratorio. En el laboratorio, si está frustrada con un experimento que no resulta bien, **a veces** tiene la fantasía de terminar con el mundo —pero muy **pocas veces**. En general, está muy contenta con su curso de química. A la 1:30 de la tarde tiene su clase más divertida: la clase de español con el señor Pérez. Está muy contenta con su curso de español porque no se usa inglés en la clase. El español es muy importante para Berta porque un médico en los Estados Unidos muchas veces tiene pacientes hispanos. Los hijos de Berta están muy **orgullosos** de su madre. Su esposo, Tom, también está orgulloso de ella. Pero también está un poco intimidado porque él no comprende *nada* de la química.

a veces: con bastante frecuencia / **pocas veces**: con poca frecuencia

orgulloso: *proud*

preguntas

1. ¿Son todos los estudiantes del profesor Pérez simpáticos?
2. ¿Por quiénes está preocupado el Sr. Pérez?
3. ¿Cómo es la clase para Gumersinda?
4. Según Joan, ¿cómo es Mario? ¿Es totalmente objetiva Joan?
5. ¿Cuáles son los intereses de Manolo?
6. Para usted, ¿quién es más interesante—Manolo o Claudio? ¿Por qué?
7. ¿Por qué está furioso Enrique?
8. ¿Por qué está contento Manolo?
9. ¿Dónde está el número de teléfono de Kitty?
10. ¿Por qué es distinta la vida de Berta?
11. ¿Cuál es el curso más difícil para Berta?
12. ¿Cuál es su clase menos interesante?
13. ¿Por qué es importante el español para Berta?
14. ¿Qué opinión tienen los hijos de Berta sobre su madre?
15. ¿Por qué está un poco intimidado Tom?

creación

Escriba una composición sobre sus compañeros de la clase de español. Use las preguntas a continuación como guía:

¿Dónde está tu universidad/colegio? ¿Está lejos de tu casa? ¿Cuáles son tus clases más interesantes? ¿Cuáles son tus clases menos interesantes? ¿A qué hora tienes tu clase de español? ¿En qué edificio es la clase? ¿Cómo son tus compañeros de clase? ¿Quién es el/la más inteligente? ¿Quién es el/la más guapo/a? ¿A qué hora comienza tu clase de español? ¿A qué hora termina? ¿Cuántos minutos dura? ¿Son Uds. más inteligentes que sus profesores? ¿Cómo es tu profesor/a favorito/a?

PRONUNCIACIÓN Y ORTOGRAFÍA

A. Con muy pocas excepciones, la pronunciación de la letra **s** es **[s]**. Escuche y repita las palabras a continuación:

posible	libros	expresión	Rosa
niños	ilusión	lesión	confusion
presidente	Isabel	Susana	esposo
presente	visión	sesión	discusión

B. Escuche la pronunciación de **ce** y de **ci** en las palabras a continuación:

cerrado	ciencia	ceremonia	gracias
cero	cinco	excelente	situación

francés	difícil	cerca	emoción
concepto	fácil	cepillo	negación

Escuche la pronunciación de **z** en las palabras a continuación:

vez	luz	zapato	zona
influenza	Venezuela	lápiz	cerveza
lanza	pizarra		

En toda Hispanoamérica y en partes de España, la pronunciación de la letra **z** y de la **c** en combinaciones **ce** y **ci** es [s]. En muchas partes de España es [θ]. Repita las palabras de arriba y ponga atención especial a la pronunciación de **ce, ci** y **z**.

C. Escuche la pronunciación de **t** en las palabras a continuación:

hasta	estudiante	patio	piñata
techo	pregunta	bestial	cuestión
tal	celestial		

Para la pronunciación de la **t** en español, la punta de la lengua siempre está directamente detrás de los dientes frontales. También se pronuncia sin ''aspiración.'' Escuche la explicación de su profesor/a del fenómeno llamado ''aspiración.'' Repita correctamente las palabras de arriba.

D. La ortografía del sonido [k]:

[ka] se escribe **ca** como en **loca**
[ko] se escribe **co** como en **coco**
[ku] se escribe **cu** como en **cucaracha**
[ke] se escribe **que** como en **qué** o en **queso**
[ki] se escribe **qui** como en **quién** o en **química**

VOCABULARIO

expresiones de la hora

¿Qué hora es?	de la tarde	por la noche
Es la/Son las	de la noche	tarde ≠ temprano
mediodía	de la madrugada	y/menos cuarto
medianoche	por la mañana	y media
de la mañana	por la tarde	

comparaciones

más ... que ≠ menos ... que   mayor ≠ menor
mejor ≠ peor   tan ... como

lugares

aeropuerto	cine	oficina
almacén	discoteca	palacio
biblioteca	gimnasio	restaurante
café	hospital	teatro
campo ≠ ciudad	laboratorio	terminal (f.)
centro ≠ los suburbios	museo	tienda

colores

amarillo	gris	rosado
anaranjado	negro	verde
blanco	rojo	

ropa

abrigo	cinturón	saco
falda	camisa	suéter
blusa	corbata	
pantalón	calcetín	

adverbios de intensificación

algo	muy	tan
bastante	no ... nada	
demasiado	poco	

4.1 **¿Habla** Ud. español, señora Rodríguez?
Sí, señora (yo) **hablo** español sin problema.

4.2 ¿Qué día es hoy?
Es **lunes**.

4.3 ¿Qué **hay** en la plaza?
Hay árboles y una fuente enorme en la plaza.

4.4 Hay **muchos** libros en la biblioteca.

4.5 Hay **tantas** mujeres **como** hombres en la clase.

4.6 Rubén tiene **diez mil quinientos un** dólares ($10.501) en el banco.

4.7 **Esta** niña, **esa** chica, y **aquella** mujer son cubanas.

4.8 Tengo **dos** bicicletas **francesas.**

4.9 ¿Cuáles son los meses del año?

vocabulario:

lugares y edificios

EXPOSICIÓN GRAMATICAL

4.1 ¿**Habla** Ud. español, Sra. Rodríguez?

Sí, señora, yo **hablo** español sin problema.

¿**Habla** usted ruso, Sr. Meza?	No, yo no **hablo** ruso.
Paco, tú **hablas** portugués, ¿verdad?	Sí, señora, **hablo** portugués, italiano y alemán.
¿**Hablan** Uds. inglés en la clase de español?	No, nosotros no **hablamos** inglés; sólo **hablamos** español.
¿Cuántas lenguas **habla** Luisa?	Ella **habla** inglés, francés, chino, japonés y griego.
¿Con quiénes **habláis** vosotros?	**Hablamos** con nuestros amigos y compañeros.
¿**Hablan** mucho por teléfono tus hijos?	No tienes idea. Mis hijos **hablan** constantemente por teléfono.

Estudie:

(Yo)	hablo	latín y hebreo.
(Tú)	hablas	japonés, chino y ruso.
(Ud.)	habla	de la situación económica del país.
(El)	habla	de sus amigos extranjeros.
(Ella)	habla	del arte.
(Nosotros/nosotras)	hablamos	mucho por teléfono.
(Vosotros/vosotras)	habláis	con vuestros amigos.
(Uds.)	hablan	demasiado.
(Ellos)	hablan	de cosas profundas.
(Ellas)	hablan	en voz alta.

El verbo **hablar** es un verbo regular de la **primera conjugación**. Todos los infinitivos de la primera conjugación terminan en **-ar**, y tienen las mismas formas que **hablar**. Cada verbo regular tiene dos partes: una **raíz** y una **desinencia** *(desinencia = terminación)*. La raíz de **hablar** es **habl-**; la desinencia de **hablar** es **-ar**. Las desinencias de un verbo conjugado siempre corresponden al sujeto del verbo.

Sinopsis:

hablar:		
sujeto	*raíz*	*desinencia*
yo	habl-	**-o**
tú	habl-	**-as**
Ud., ella, él, Juan, etc.	habl-	**-a**
Nosotros/nosotras	habl-	**-amos**
Vosotros/vosotras	habl-	**-áis**
Uds., ellos, ellas, las chicas, etc.	habl-	**-an**

Otros ejemplos de la primera conjugación son:

tomar	estudiar	llegar	necesitar	comprar
tomo	estudio	llego	necesito	compro
tomas	estudias	llegas	necesitas	compras
toma	estudia	llega	necesita	compra
tomamos	estudiamos	llegamos	necesitamos	compramos
tomáis	estudiáis	llegáis	necesitáis	compráis
toman	estudian	llegan	necesitan	compran

Ejemplos:

Muchas personas **toman** Coca-Cola.
Los mejores estudiantes **estudian** regularmente.
Por lo general, **llego** a clase temprano; nunca **llego** tarde.
Mi madre **necesita** otro coche.
Compramos nuestra ropa en una tienda del centro.

Estudie:

Es necesario **trabajar**.
No es posible **comprar** una casa porque son muy caras.
Es bueno **tomar** más leche que café.

El infinitivo se usa después de **ser** + **adjetivo**.

Estudie:

¿Qué **necesitas estudiar**?   **Necesito estudiar** biología.
¿A qué hora **necesitáis llegar**   **Necesitamos llegar** a la una.
¿Qué **deseas comprar**?   **Deseo comprar** otro coche.
¿No **deseáis estar** con nosotros?   Claro que **deseamos estar** con
                                           vosotros.

¿Qué **tienes que comprar**   **Tengo que comprar** una medicina.
¿Cuándo **tienen que trabajar** Uds.?   **Tenemos que trabajar** mañana.

Muchas veces el infinitivo se usa en combinación con otros verbos. Note que con el verbo **tener**, se usa **que** antes del infinitivo:

Guillermo necesita trabajar expresa una **necesidad**.
Guillermo desea trabajar expresa un **deseo**.
Guillermo tiene que trabajar expresa una **obligación**.

Estudie:

> Trabajamos **para** ganar dinero.
> Mario estudia mucho **para** sacar una buena nota.
> Los alumnos practican el español **para** hablar mejor.
> Necesito dinero **para** comprar un coche.

La preposición **para** es necesaria entre un verbo y un infinitivo cuando el infinitivo expresa el **propósito** o el **objetivo** del verbo.

Estudie:

> Siempre estudio **antes de mirar** televisión.
> Siempre tomamos una cerveza **después de practicar** el fútbol.

Un infinitivo también es posible después de **antes de** y **después de**.

práctica

A. Cambie las frases según los sujetos que están entre paréntesis:

1. Nosotros hablamos inglés y español.
(nuestros amigos, yo, Javier y José, la alumna mexicana, tú)
2. Yo necesito estudiar más.
(Silvina y yo, los alumnos perezosos, Victoria, ella y tú, vosotros)

B. Usando los elementos a continuación, invente una frase original. Siga el modelo:

Modelo: yo/necesitar comprar
  Yo necesito comprar otro abrigo.

1. mis amigos/llegar *2.* nosotros/desear tener *3.* los buenos estudiantes/estudiar *4.* yo/trabajar *5.* tú/necesitar estudiar *6.* yo/entrar en *7.* nosotros/tener que comprar *8.* mis hermanos/necesitar trabajar

---

4.2 ¿Qué día es hoy?
Es lunes

¿Cuáles son los días de la semana?	Los días de la semana son: **lunes, martes, miércoles, jueves, viernes, sábado** y **domingo**.
¿Qué día es hoy?	Hoy es **miércoles**.
¿Qué día es mañana?	Mañana es **jueves**.
¿Cuál es tu día favorito	**El domingo** es mi día favorito.
¿Cuál es tu día más ocupado?	**El lunes** es mi día más ocupado.

Se usa el artículo definido *(el)* para hablar de un día en términos generales. No se usa el artículo definido después de *hoy es* o *mañana es*.

Estudie:

¿Cuándo es la reunión?	La reunión es **el** martes.
¿Cuándo es la boda?	La boda es **el** sábado.
¿Qué día es la fiesta?	Es **el** viernes por la noche.
¿Qué días de la semana estás en la biblioteca?	Estoy en la biblioteca **los** lunes, **los** miércoles y **los** jueves.
¿Cada cuándo tienes que trabajar?	Tengo que trabajar **los** sábados y **los** domingos.
¿Hasta qué hora está abierto el banco **los** viernes?	Está abierto hasta las seis de la tarde **los** viernes.

Se usa **el** cuando se refiere a un evento específico que ocurre **una vez**.

Se usa **los** cuando se refiere a un evento **habitual**. Note que se usan las formas plurales, *sábados* y *domingos*, después de *los*. Los otros días no cambian (son invariables).

Nota importante: No se usa *en* con los días de la semana.

¿Estudian o no estudian?

práctica ✴

Complete las frases a continuación con un día de la semana:
1. Tengo que trabajar *(los domingos, los martes y los jueves, etc.)*
2. Estudiamos en la biblioteca *(los viernes, los lunes por la noche, etc.)*
3. Mi padre trabaja *(los lunes, los martes, los miércoles, etc.)*
4. Estoy con mi novia/novio *(los sábados, los fines de semana, etc.)*
5. Nuestra próxima clase es *(el martes, el jueves, el viernes, etc.)*
6. El próximo partido de fútbol es *(el sábado, el domingo, etc.)*
7. La reunión de mi club es *(el domingo, el lunes, el miércoles, etc.)*
8. Hoy es *(lunes, martes, etc.)* y mañana es *(martes, miércoles, etc.)*

4.3 ¿Qué **hay** en la plaza?

Hay árboles y una fuente enorme en la plaza.

Hay **un libro** en la mesa.   Hay **una corbata** en la silla.
Hay **libros** en la mesa.   Hay **corbatas** en la silla.
Hay **unos libros** en la mesa.   Hay **unas corbatas** en la silla.
Hay **varios libros** en la mesa.   Hay **varias corbatas** en la silla.
Hay **algunos libros** en la mesa.   Hay **algunas corbatas** en la silla.

¿**Cuántas chicas** hay en tu clase?   Hay **once chicas** en mi clase.
¿**Cuántos coches** hay delante de la   Hay **tres coches** delante de la casa.
casa?

Hay es una expresión verbal que se combina con un sustantivo en **singular** o en **plural**. Muchas veces se combina con una **expresión de cantidad** *(números, algunos, varios, etc.)*.

Unos y **unas** son **artículos indefinidos plurales** que indican una **cantidad inespecífica**. Es posible sustituir **varios/varias** o **algunos/algunas** por **unos/unas**. Muchas veces el artículo indefinido se omite en plural.

Cuántos y **cuántas** son palabras interrogativas de **cantidad**.

Estudie:

¿Hay un árbol en el desierto?   No, **no hay** árbol en el desierto.
                                         No, **no hay un** árbol en el desierto.
                                         No, **no hay ningún** árbol en el
                                             desierto.

¿Hay una reunión el martes?   No, **no hay** reunión el martes.
                                         No, **no hay una** reunión el martes.
                                         No, **no hay ninguna** reunión el
                                             martes.

La forma negativa de **hay** es **no hay**. Frecuentemente se omite el artículo indefinido después de **no hay**. También es posible usar las formas negativas **ningún** y **ninguna** después de **no hay**. Note que cuando se usa **ningún** o **ninguna**, el sustantivo está en singular.

        ¿Hay **algo** en la cartera?   Sí, hay dinero en la cartera.

                                                  No, **no hay nada** en la cartera.

        ¿Hay **alguien** en el pasillo?   Sí, hay gente en el pasillo.

                                                  No, **no hay nadie** en el pasillo.

Las palabras negativas **nada** y **nadie** se usan después de **no + verbo**. **Algo** y **nada** se refieren a **cosas**. **Alguien** y **nadie** se refieren a **personas**.

Compare:

Hay un lago en las montañas.	**El** lago **está** en las montañas.
Hay una estación de gasolina en la carretera.	**La** estación de gasolina **está** en la carretera.
Hay vigilantes en el museo.	**Los** vigilantes **están** en el museo.
Hay dos árboles en frente de la casa.	**Los dos** árboles **están** en frente de la casa.
Hay varios niños en el patio.	**Mis** niños **están** en el patio.
Hay una casa en la esquina.	**Nuestra** casa **está** en la esquina.

Hay no se usa con un artículo definido *(el, la, los, las)* ni con un **adjetivo posesivo** *(mi, tu, su, nuestro, vuestro, etc.)*.

Estudie:

        Hay que estudiar para sacar buenas notas.

        Hay que trabajar mucho para ganar mucho.

        Hay que comprender antes de hablar.

        No hay que aceptar todo.

Hay que + infinitivo es igual que **es necesario + infinitivo**.

práctica ❇

Pregúntele a un/a compañero/a de clase:

—qué hay delante de su casa
—qué hay delante del edificio
—qué hay debajo de la mesa
—si hay una fiesta mañana
—si hay un concierto el sábado
—si hay clase los domingos
—si hay alguien en el pasillo
—cuándo hay que estudiar

4.4 Hay **muchos** libros en la biblioteca.

Un materialista desea tener **mucho** dinero.
Trabajas día y noche porque tienes **mucha** energía.
Hay **muchos** museos interesantes en Madrid.
Hay **muchas** flores en mi jardín.

Toda la familia tiene que trabajar porque tenemos **poco** dinero.
Necesito estudiar, pero tengo **poca** energía.
Juan es antipático; tiene **pocos** amigos.
Hay **pocas** flores en los parques en diciembre.

No gano **bastante** dinero para comprar otro coche.
¿Hay **bastantes** enchiladas para todo el mundo?

No estudiamos en la biblioteca porque hay **demasiado** ruido.
Hay **demasiada** gente en el cine.
Hay **demasiados** coches en la carretera.
Hay **demasiadas** motocicletas en nuestra ciudad.

¿**Cuánto** dinero gana tu padre?
¿**Cuánta** leche necesitan tomar los niños para estar sanos?
¿**Cuántos** cigarrillos fuma Ud. por día?
¿**Cuántas** chicas hay en tu clase?

Las palabras en negrilla son expresiones de cantidad. La terminaciones *(-o, -a, -os, -as, -e, -es)* dependen del sustantivo modificado.

Observe:

Juan tiene **muy pocos** amigos.
Luis tiene **muchísimos** amigos.

El adverbio **muy** no se usa con las formas de **mucho**. En su lugar se usan **muchísimo, muchísima, muchísimos** y **muchísimas**.

práctica

Describa la distribución numérica de los siguientes grupos. Use la forma correcta de la palabra que está entre paréntesis. Las palabras en itálica son sugerencias; exprese su opinión:
1. No hay (bastante) *(hombres en la clase, médicos en el mundo, etc.)*
2. Hay (mucho) *(cubanos en Cuba, gente bruta en la universidad X, etc.)*
3. Hay (demasiado) *(música en los ascensores, abogados en el mundo, etc.)*
4. Hay (poco) *(fiestas aquí, dinero en mi bolsillo, tarea hoy, etc.)*

4.5 Hay **tantas** mujeres **como** hombres en nuestra clase.

Hay **más** teatros en Buenos Aires **que** en muchas ciudades americanas.
Hay **menos** parques en las ciudades pequeñas **que** en las ciudades grandes.
Hay **más de** cien familias en mi barrio.

No gano **tanto** dinero **como** tú.
Ud. toma **tanta** cerveza **como** yo.
Algunos profesores tienen **tantos** libros **como** la biblioteca pública.
Ellos trabajan **tantas** horas **como** nosotros.

Las palabras en negrilla son **expresiones comparativas** para **sustantivos**.

Sinopsis:

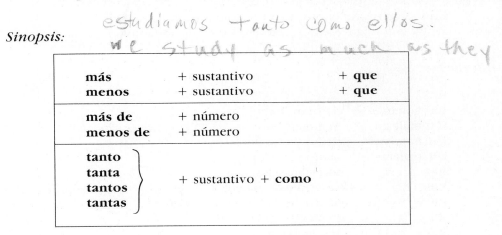

estudiamos tanto como ellos.
we study as much as they

más	+ sustantivo	+ **que**
menos	+ sustantivo	+ **que**
más de	+ número	
menos de	+ número	
tanto **tanta** **tantos** **tantas**	+ sustantivo + **como**	

Compare:

Mi casa no es **tan grande como** la casa del Presidente.
No tengo **tanto dinero como** algunos de mis parientes.

Se usa **tan** delante de un **adjetivo**. Se usa una forma de **tanto** delante de un **sustantivo**. *(Véase punto gramatical 3.7.)*

Estudie:

Nosotros trabajamos **tanto como** Uds.
Ellos no estudian **tanto como** nosotros.
Javier habla **tanto como** yo.

Tanto como es invariable en una comparación de verbos.

4.6 Rubén tiene diez mil quinientos un dólares ($10.501) en el banco.

1	uno, una
1 hombre	**un** hombre
1 mujer	**una** mujer
21	veintiuno
21 hombres	veinti**ún** hombres
21 mujeres	veinti**una** mujeres
31	treinta y uno
31 hombres	treinta y **un** hombres
etc.	etc.

Uno se convierte en **un** delante de un sustantivo masculino.
Se usa la forma femenina **una** delante de un sustantivo femenino.

Estudie:

100	cien
100 hombres	cien hombres
100 mujeres	cien mujeres
101 hombres	ciento un hombres
101 mujeres	ciento una mujeres
200	doscientos/doscientas
300	trescientos/trescientas
400	cuatrocientos/cuatrocientas
500	quinientos/quinientas
600	seiscientos/seiscientas
700	setecientos/setecientas
800	ochocientos/ochocientas
900	novecientos/novecientas

Cien significa **100**. **Ciento** sólo se usa en combinación con otros números entre **101** *(ciento uno)* y **199** *(ciento noventa y nueve)*. Los números entre **200** y **999** tienen una forma masculina y otra forma femenina.

Estudie:

1.000	mil
1.776	mil setecientos setenta y seis
1.985	mil novecientos ochenta y cinco
2.000	dos mil
3.568	tres mil quinientos sesenta y ocho

Mil es invariable. Note el uso del **punto** *(.)* en vez de la **coma** *(,)* en números mayores de 999.

práctica ✳

Invente una pregunta para un/a compañero/a de clase con **cuántos** o **cuántas**. Use las preguntas a continuación como guía:

1. ¿Cuántos alumnos hay en nuestra universidad?   *2.* ¿Cuántos libros hay en la biblioteca?   *3.* ¿Cuántos países son miembros de las Naciones Unidas?   *4.* ¿Cuántas millas hay entre Chicago y Washington?   *5.* ¿Cuántas millas hay entre Nueva York y San Francisco? Etc.

4.7 **Esta** niña, **esa** chica y **aquella** mujer son cubanas.

Este joven necesita una camisa.
Ese señor desea comprar un anillo.

Aquel edificio es el museo municipal.
Esta alumna estudia medicina.
Esa señorita trabaja en la biblioteca.

Aquella casa tiene demasiadas ventanas.

Estos chicos son mis primos.
Esos niños desean estar con nosotros.
Aquellos edificios son de mi tío.

Estas alumnas nunca llegan tarde.
Esas señoras tienen más de ochenta años.
Aquellas mujeres son de Barcelona.

Las palabras en negrilla son **adjetivos demostrativos**. Por lo general un adjetivo demostrativo *precede* al sustantivo. La forma del adjetivo demostrativo depende del sustantivo.

Estudie:

Esa blusa que Ud. tiene es muy atractiva, y **esos** zapatos también.
¿Qué son **aquellos** edificios que están encima de **aquellas** colinas?

Gracias. **Esta** blusa y **estos** zapatos son de México.
No estoy segura. ¿No es una iglesia **aquel** edificio de la torre?

Los adjetivos demostrativos en español marcan tres grados de distancia:

1. Las formas de **este** se usan para señalar objetos que están *cerca* del hablante *(hablante = la persona que habla)*.

2. Las formas de **ese** se usan para señalar objetos que están *relativamente lejos* del hablante.

3. Las formas de **aquel** se usan para señalar objetos que están *lejos* del hablante.

	masculino		**femenino**	
	singular	*plural*	*singular*	*plural*
	este	estos	esta	estas
	ese	esos	esa	esas
	aquel	aquellos	aquella	aquellas

Estudie:

¿Qué es **esto**?   Es una enchilada.

¿Qué es **eso**?   Es un poncho del Ecuador. ¿Verdad
                                      que es lindo?

Según Margarita, tienes tres novios. ¡**Esto** es totalmente falso!

Tengo que tomar seis cursos este   ¡**Eso** es imposible!
   semestre.

Esto y **eso** son **pronombres demostrativos neutros** *(neutro: ni masculino
ni femenino).* Se refieren a **cosas no identificadas** o a **ideas abstractas. Esto**
y **eso** *nunca* preceden a sustantivos.

práctica ❄

Seleccione tres cosas o personas o tres grupos de cosas o personas y describa
su selección. Siga el modelo:

Modelo.   libros

> *Estos libros son de Miguel, esos libros son de Marisa,*
> *y aquellos libros son del profesor.*

1. edificios *2.* alumnos *3.* alumnas *4.* sillas *5.* árboles

---

4.8 Tengo **dos** bicicletas **francesas.**

Olga tiene **dieciséis** primos.

Nora tiene **algunas** fotos de su familia.

Tengo **varios** billetes para el concierto del sábado.

Pocos estudiantes estudian los viernes por la noche.

¿Cuántos años tienen **esos** muchachos?

Nuestra casa funciona a veces como un centro comercial.

Julia tiene la **misma** edad que yo.

El día treinta es el **último** día de este mes.

Los **adjetivos determinativos** *(numerales, cuantitativos, demostrativos, posesivos, etc.)* preceden generalmente al sustantivo que modifican.

Estudie:

Mi padre trabaja en un lugar **pintoresco**.
Necesito comprar un coche **económico**.
Estudiamos con un muchacho **interesante**.
Mi clase **favorita** es a las nueve y media los lunes y los miércoles.
¿Quién es ese muchacho **alto**?
¿Dónde está tu abrigo **negro**?

Los adjetivos en negrilla son **descriptivos**. Un adjetivo descriptivo sigue al *(está después del)* sustantivo que modifica.

Estudie:

Carlos es un estudiante **bueno**.	Su hermano también es un **buen** estudiante.
Este vino es **bueno**.	El otro vino también es un **buen** vino.
Mi abuela es una **buena** mujer.	Mi madre también es una mujer **buena.**
Tus primos son **buenos** chicos.	Mis primos también son chicos **buenos**.
Siempre tienes **buenas** ideas.	Siempre tienes ideas **buenas**.
Mi tío Paco no es un **mal** novelista.	Mi otro tío, en cambio, es un escritor **malo**.
Esos jóvenes son **malos** estudiantes.	Son así porque tienen hábitos **malos**.
Esos son **malos** ejemplos de **malas** ideas.	Son ejemplos **malos** porque son ideas **malas**.

Los adjetivos **buen, buena, buenos, buenas, mal, mala, malos** y **malas** preceden con mucha frecuencia al sustantivo que modifican.

Note que se usan las formas **buen** y **mal** antes de un sustantivo masculino singular. Se usan las formas **bueno** y **malo** después de un sustantivo masculino singular.

Estudie:

El Hotel del Prado es un hotel **grande**.
No tenemos una casa **grande**.
¿De quién son esos zapatos **grandes**?
Tengo que comprar dos bolsas **grandes**.
Gabriela Mistral es una **gran** mujer.
En mi opinión, nuestro presidente es un **gran** hombre.
Necesitamos estudiar más sobre las **grandes** personas de la historia.
Cervantes siempre figura en las listas de los **grandes** escritores.

El adjetivo **grande** tiene tres formas: **gran, grande** y **grandes**. Se usa la forma **gran** sólo delante de sustantivos singulares, femeninos o masculinos.

Gran/grandes cuando están **antes** del sustantivo significan **noble, eminente, importante**.

Grande/grandes cuando están después del sustantivo se refieren al **tamaño** (*pequeño, enorme, etc.*).

práctica ✳

Invente una frase con cada adjetivo a continuación. Ponga atención a la posición del adjetivo en su frase:

1. bonito *2.* mal *3.* fabuloso *4.* muchos *5.* quinientos *6.* inteligente *7.* gran *8.* algunos *9.* veinte *10.* pintoresco *11.* difícil *12.* buen

---

4.9 ¿Cuáles son los meses del año?

Los meses del año son:

enero	julio
febrero	agosto
marzo	septiembre (o setiembre)
abril	octubre
mayo	noviembre
junio	diciembre

¿Cuántos meses hay en el año? — Hay doce meses en el año.

¿Cuántos días hay en el año? — Depende. En un año regular hay trescientos sesenta y cinco días; en un año bisiesto hay trescientos sesenta y seis días.

¿Cuáles son las estaciones del año? — Las cuatro estaciones son: **la primavera, el verano, el otoño**, y **el invierno**.

¿Cuáles son los meses del verano? — Los meses del verano son junio, julio y agosto.

¿Y cuáles son los meses del invierno? — Los meses del invierno son diciembre, enero y febrero.

¿Cuál es la fecha de hoy? — Es el primero de octubre.

¿Y cuál es la fecha de mañana? — Es el dos de octubre.

¿Cuál es la fecha del día de los novios? — Es el catorce de febrero.

¿Cuándo es tu cumpleaños? — Es el doce de abril.

¿Y cuándo es el cumpleaños de su madre? — Es el diez de julio.

¿Cuál es su fecha de nacimiento? — Es el treinta de enero de mil novecientos sesenta y tres.

En español, los meses y las estaciones se escriben con letra minúscula. Se usa **primero** para el primer día del mes. Para los otros días se usa el **número cardinal** *(siete, doce, veintiséis, etc.).*

En español, el día precede al mes y el mes precede al año.

Estudie las fechas a continuación:

25/X/79:   el veinticinco de octubre de mil novecientos setenta y nueve.
4/VII/1776:   el cuatro de julio de mil setecientos setenta y seis
1/I/1535:   el primero de enero de mil quinientos treinta y cinco
2/IX/1342:   el dos de septiembre de mil trescientos cuarenta y dos

Note que en la abreviatura, el día precede al mes.

Estudie:

¿Cuáles son los signos del zodíaco?   Los signos del zodíaco son: Aries, Tauro, Gémenis, Cáncer, Leo, Virgo, Libra, Escorpión, Sagitario, Capricornio, Acuario y Piscis.

¿Cuál es tu signo?   Mi signo es Aries.
¿Cuáles son los días festivos del año?   Hay muchos. Algunos de los más importantes son: Año Nuevo, el Día de los Novios, el Día de la Independencia, el Día de Acción de Gracias y Navidad.

práctica ✳

Pregúntele a un compañero o a una compañera algo sobre fechas. Use las preguntas a continuación como guía:

¿Cuál es la fecha de hoy?   ¿Cuál es tu día favorito en la semana?   ¿Por qué?   ¿Cuál es tu fecha de nacimiento?   ¿Cuál es la fecha del nacimiento de tu madre?   ¿Cuál es la fecha de tu día festivo favorito?   ¿Cuáles son los meses de tu estación favorita?   ¿Cuál es tu día favorito del año?   ¿Cuál es tu signo?   ¿Cuáles son las fechas de tu signo?   ¿Cómo es la gente de tu signo?   ¿Quiénes son los mejores amigos de la gente de tu signo?   ¿Quiénes son los peores amigos de la gente de tu signo? Etc.

EJERCICIOS ESCRITOS

1. **(a)** Escriba la forma correcta del verbo que está entre paréntesis (4.1):

1. Yo (hablar) por teléfono con mis padres cada semana.
2. Luis (trabajar) en un hospital.
3. Nosotros (necesitar) una máquina de escribir.
4. ¿(Desear) tú una cerveza antes de (mirar) televisión?
5. Mis amigos más inteligentes (estudiar) todos los días.
6. No es bueno (fumar).
7. Vosotros tenéis que (terminar) la tarea antes del examen.
8. ¿Cuánto dinero (ganar) un profesor en tu universidad?
9. ¿A qué hora (llegar) la gente al concierto?
10. ¿(Trabajar) Ud. sólo para (ganar) dinero?
11. ¿Es importante (sacar) buenas notas?
12. ¿Cuántas lenguas (hablar) vosotras?

(b) Escriba una frase original usando los elementos a continuación:

1. hablar ruso   2. mis amigos tomar   3. estudiar en la biblioteca   4. trabajar para 5. necesitar comprar   6. antes de estudiar   7. llegar a las   8. entrar en   9. ganar 10. tener que

2. **(a)** Complete las frases con **el** o **los**. Si la frase ya está completa, copie la frase sin cambiar nada (4.2):

1. Siempre estudio en la biblioteca _____ sábados.   2. Tengo mi laboratorio de geología _____ jueves por la tarde.   3. Hoy es _____ lunes.   4. La fiesta de Mariana es _____ viernes.   5. ¿Hasta qué hora está abierto el banco _____ martes? 6. Mañana es _____ domingo.   7. _____ domingos siempre tenemos que estar con nuestra abuela.   8. La boda de Ricardo es _____ miércoles.

(b) Conteste las preguntas a continuación con frases completas:

1. ¿Qué días de la semana estudias en la biblioteca?   2. ¿Qué días tienen Uds. que estar en el laboratorio de lenguas?   3. ¿Dónde está tu familia los domingos?   4. ¿Qué día es tu próxima clase de español?   5. ¿Qué día es hoy?   6. ¿Cuál es tu día favorito?   7. ¿Por qué?   8. ¿Qué días de la semana tienes que trabajar?

3. **(a)** Escriba una frase afirmativa con **hay** usando los elementos a continuación. Siga el modelo (4.3):

Modelo: en el árbol/un gato
             Hay un gato en el árbol.

1. en la plaza/una fuente enorme   2. encima de la colina/una iglesia   3. en el techo/ una piscina   4. en el desierto/animales raros   5. detrás del gimnasio/una torre

6. enfrente del hotel/varios taxis amarillos y negros   7. en la próxima esquina/estación de gasolina   8. en medio de la ciudad/un parque   9. en la calle/gente interesante   10. una carretera nueva/en las montañas

(b) Conteste las preguntas a continuación en negativo:

1. ¿Hay un hotel en la luna?
2. ¿Hay ratas en tu casa?
3. ¿Hay un teléfono público en la estación de gasolina?
4. ¿Hay una torre encima del hotel?
5. ¿Hay una fuente en la clase?
6. ¿Hay una piscina detrás de la iglesia?
7. ¿Hay una carretera moderna en el desierto?
8. ¿Hay un edificio amarillo, negro y rosado en el centro?

4. Complete las frases con la forma correcta de **mucho, poco, bastante, demasiado**, o **cuanto** (4.4):

1. Tenemos _____ tarea en la clase de español.   *2.* Hay _____ coches en las calles a las cuatro de la madrugada.   *3.* Tengo _____ papel en mi cuaderno.   *4.* _____ estudiantes llegan tarde a clase.   *5.* Hay _____ tráfico a las cinco de la tarde.   *6.* Hay _____ gente loca en el mundo.   *7.* Hay _____ agua en una piscina grande.   *8.* ¿_____ dólares tienes en tu cartera?   *9.* Los abogados ganan _____ dinero.   *10.* No gano _____ dinero para comprar _____ ropa.   *11.* ¿_____ gente hay en el teatro?   *12.* ¿_____ dinero necesitas para comprar una buena camisa?

5. Invente una comparación con los elementos a continuación. Siga el modelo (4.5):

Modelo: Julio tiene doce primos. Juan tiene doce primos también.
            Julio tiene tantos primos como Juan.

1. Julia tiene diez libros. Anita tiene seis libros.
2. Susana tiene once pares de zapatos. Emilia tiene once pares de zapatos también.
3. Alvaro tiene 10.000 dólares. Su papá tiene 10.000 dólares también.
4. Hay mil profesores en la universidad. Hay quince mil estudiantes en la universidad.
5. Luisa tiene muchas flores en su jardín, y yo tengo pocas.
6. Trabajo cinco horas por día, y mi hermano trabaja cinco también.
7. Tu casa es bonita, pero mi casa es bonita también.
8. Estudiamos mucho, y ellos estudian mucho también.
9. Yo gano trescientos dólares por semana, pero mi hijo gana solamente doscientos.
10. Vera necesita mucha ropa. Renata necesita poca ropa.

6. Escriba con palabras los números a continuación (4.6):

1. 101 mesas   *2.* 421 soldados   *3.* 10.500 habitantes   *4.* 1985   *5.* 100 chicas   *6.* 503 dólares   *7.* 1.501 iglesias   *8.* 776 alumnos.   *9.* 999.999 rusos   *10.* 741 páginas   *11.* 3.000 metros   *12.* 1492

7. *(a)* Complete las frases con una forma de **este** (4.7):

1. ¿Cómo se llama _____ parque?   *2.* ¿Es privada _____ calle?   *3.* ¿De qué lengua son _____ palabras?   *4.* _____ árboles son importados.   *5.* ¿Cuántos habitantes hay en _____ país?

(b) Complete las frases a continuación con una forma de **ese**:

1. ¿Quién es _____ mujer? *2.* _____ colinas son hermosas. *3.* ¿De quién es _____ piscina? *4.* Tengo una habitación en _____ hotel. *5.* Son lindas las flores de _____ jardín.

(c) Complete las frases con una forma de **aquel**:

1. _____ torres son de la Iglesia de San Pablo. *2.* _____ edificios son del gobierno. *3.* Siempre compramos gasolina en _____ estación de servicio. *4.* _____ hombre está muy loco. *5.* _____ fuente es la más hermosa de toda la ciudad.

8. *(a)* Complete las frases con la forma correcta de los adjetivos que están entre paréntesis. No cambie la posición de los adjetivos (4.8):

1. Es una casa (grande). *2.* Son (bueno) chicas. *3.* Un (bueno) estudiante siempre llega preparado para la clase. *4.* Alfonsina Storni es una (grande) poetisa argentina. *5.* Aquella biblioteca tiene muchos libros (viejo). *6.* Es una (malo) palabra. *7.* De Falla es un (grande) compositor español. *8.* Estoy de (malo) humor. *9.* Tengo muy (bueno) amigos. *10.* Mis tíos son todos hombres (grande).

(b) Cambie el orden de las palabras para formular frases correctas y profundas:

1. Yo primos dieciséis tengo. *2.* Claudio ojos tiene azules negro y pelo. *3.* Estudia lugar Ramón un en oscuro. *4.* Tiene revista fotos esa bonitas. *5.* Libros muchos hay biblioteca esa enorme en. *6.* Perro tenemos gatos un tímido y dos feroces.

9. *(a)* Escriba con palabras las fechas a continuación (4.9):

1. 4/VII/1776 *2.* 7/XII/1941 *3.* 12/X/1492 *4.* 5/V/1876 *5.* 16/IX/1810

(b) Responda a las preguntas con una frase completa:

1. ¿Cuál es la fecha de Navidad? *2.* ¿Qué meses tienen treinta y un días? *3.* ¿Cuántos días tiene febrero en un año bisiesto? *4.* ¿Cuál es la fecha de su nacimiento? *5.* ¿Cuál es su signo del zodíaco? *6.* ¿Cuáles son las fechas de su signo? *7.* ¿En qué estación es el día de la independencia de los Estados Unidos? *8.* ¿Cuál es la fecha del día de Acción de Gracias este año? *9.* ¿Cuál es tu estación favorita? *10.* ¿Por qué?

PRONUNCIACIÓN Y ORTOGRAFÍA

A. La letra [d] se pronuncia de dos formas en español: una **d oclusiva** [d] y una **d fricativa** [ð]. Para la pronunciación de la **d** oclusiva, la punta de la lengua está en contacto directo con los dientes frontales. Este sonido ocurre al principio de una frase y después de una pausa. También ocurre después de las letras **l** y **n**. Escuche y pronuncie las frases a continuación:

¿De quién es la falda amarilla?   Esa falda es de Yolanda Meléndez.
Daniel tiene un diez en su examen.   El día está lindo.

B. La **d fricativa** [ð] ocurre en todas las otras posiciones de la letra [d]. Para pronunciar la **d** fricativa, la lengua está en casi la misma posición que para la

d oclusiva, pero la punta de la lengua no llega a los dientes frontales. Escuche y pronuncie las frases a continuación:

Soy de los Estados Unidos.
Tengo diez cuadernos verdes.

Adriana es de Madrid.
Mi vida es demasiado complicada.

C. En las frases a continuación, identifique cuáles son las **d** oclusivas, y cuáles son las **d** fricativas. Después, lea las frases en voz alta con buena pronunciación:

¿De dónde es Alfredo?
¿Dónde están Yolanda y Diego?
¿Cuándo tienes tu cita con el
  médico?
¿Es Estados Unidos más grande que
  el Ecuador?
¿Es verdad que el español es difícil?

Alfredo es del estado de Colorado.
Están al lado del edificio verde.
Tengo mi cita con el médico el día
  dos de diciembre.
Sí, Estados Unidos es más grande
  que el Ecuador.
No, no es verdad. Estudiar español
  es una gran oportunidad.

LECTURA
Segovia: una ciudad encantadora

Segovia es una pequeña ciudad que está al noroeste de Madrid, más o menos a una hora y media por carretera.

Entre Madrid y Segovia hay una famosa cordillera de montañas que se llama la Sierra de Guadarrama. En un hermoso valle de la sierra está La Granja, un palacio de los reyes borbónicos del siglo dieciocho. El palacio es ahora un museo; todos los años llegan muchos turistas a La Granja, en parte para visitar el palacio, pero también para admirar las fuentes que están en los jardínes. Las fuentes figuran entre las más hermosas del mundo.

La ciudad de Segovia es muy vieja, y su historia tiene varios períodos o etapas. La primera etapa es la época ibérica. Los iberos son los primeros españoles, y su presencia en Segovia tiene sus raíces en la era precristiana. La segunda etapa histórica es el período de los romanos. La época romana dura varios siglos, desde ochenta años antes de Jesucristo hasta el fin del imperio romano. Hay en Segovia un famoso acueduto que es una construcción de los romanos. El acueducto ya tiene casi dos mil años, pero está muy bien conservado y todavía lleva agua a la ciudad.

La tercera etapa en la historia de Segovia es la ocupación de los moros, y es más o menos del siglo ocho hasta el siglo once. En nuestros días, no hay mucha evidencia de la época de los moros, pero en el sur de España, en ciudades como Sevilla y Granada, la influencia islámica es muy notable.

La época de la dominación cristiana tiene sus comienzos en 1020. Hay muchas hermosas iglesias en Segovia, y varias de ellas

El alcázar de Segovia

son de los primeros años de la época cristiana. Una de las más famosas es La Iglesia de San Esteban del siglo doce. Es una iglesia románica y tiene una magnífica torre. El estilo románico tiene muchas variaciones, pero dos características fundamentales caracterizan el estilo: los edificios románicos casi siempre tienen paredes **gruesas** con ventanas pequeñas y **capillas** semicirculares. Otro edificio impresionante de Segovia es el Alcázar, un palacio que está encima de una colina no muy lejos del centro. Las torres del Alcázar son visibles desde muy lejos de la ciudad; al pie de la colina hay un pequeño lago donde se **refleja** la imagen del Alcázar.

Los segovianos (la gente de Segovia) son famosos por su hospitalidad, su cortesía y su buena comida. Durante la semana, casi todo el mundo tiene que trabajar, pero los fines de semana, sobre todo los sábados por la noche, casi todo el mundo llega al centro para caminar por las calles y saludar a sus amigos. Mucha gente entra en los pequeños restaurantes y tabernas que abundan en el centro. Toman vino o cerveza, fuman, conversan con sus amigos, y (como en todos los países) hablan de los amigos que no están presentes—quién tiene novio, quién necesita novia, quién tiene demasiadas novias, qué pasa con los jóvenes, qué pasa con los viejos, etc. También hablan de la política, del trabajo, de los estudios, y de la vida en general. A medianoche, hay gente todavía cerca de la plaza central; algunos toman **mientras** otros cantan. A las tres de la madrugada, todo el mundo está en casa, pero las calles no tienen el aspecto de abandonadas. Las torres de las iglesias, la magnífica catedral gótica que está en frente de la plaza, el Alcázar, el acueducto romano—todo afirma que el espíritu de la vieja España y de los españoles de todos los siglos siempre está presente.

gruesas: sustanciales / **capilla**: iglesia pequeña

reflejar: repetir una imagen

mientras: al mismo tiempo

preguntas

1. ¿Dónde está Segovia?
2. ¿Cómo se llaman las montañas que separan Segovia de Madrid?
3. ¿Qué hay en las montañas?
4. ¿Por qué llegan muchos turistas a La Granja todos los años?
5. ¿Cuáles son las cuatro etapas principales de la historia de Segovia?
6. ¿Cuáles son algunas de las construcciones más antiguas de Segovia?
7. ¿Qué significa la palabra ''segovianos''?
8. ¿Dónde están los segovianos los sábados por la noche?
9. ¿De qué hablan en las tabernas?
10. ¿Están abandonadas las calles a las tres de la madrugada?

creación

Escriba una corta composición, o prepare un informe oral sobre su ciudad natal. Use las preguntas a continuación como guía:

¿Dónde está con relación a las grandes ciudades de la zona? ¿Está en las montañas? ¿Está cerca de un lago? ¿Está cerca del mar? ¿Hay colinas con árboles? ¿Está en un valle? ¿Tiene parques, árboles, jardines, flores? ¿Cuál es la estación más bonita de su ciudad natal? ¿Por qué? ¿Cuáles son los edificios principales? ¿Cómo son—modernos, viejos, góticos, hermosos, horribles? ¿Hay piscinas, plazas, fuentes, hoteles, tiendas? ¿Dónde está la gente durante la semana? ¿Dónde están los fines de semana? ¿De qué hablan en los cafés y en los bares? ¿De qué habla Ud. cuando está con sus amigos?

VOCABULARIO

lugares, edificios, y plantas

árbol	edificio	lago
bar	esquina	mar
café	estación de gasolina	montaña
calle	flor (la)	piscina
carretera	fuente (la)	plaza
catedral (la)	hotel	torre (la)
colina	iglesia	valle
desierto	jardín	

los meses del año

enero	mayo	septiembre (setiembre)
febrero	junio	octubre
marzo	julio	noviembre
abril	agosto	diciembre

los días de la semana

lunes	jueves	domingo
martes	viernes	
miércoles	sábado	

otras expresiones de tiempo

fin de semana	pasado mañana
la semana próxima	siglo

verbos

aceptar	fumar	practicar
comprar	ganar	separar
desear	hablar	tomar
entrar (en)	llegar	trabajar
estudiar	necesitar	

sustantivos

compositor	escritor	par
dólares	novelista	poeta/poetisa

adjetivos

bastante	feroz ≠ tímido	oscuro ≠ claro
demasiado	mucho	poco

expresiones interrogativas

cada cuándo	cuánto/cuánta	cuántos/cuántas

PRIMER REPASO

A. Complete las frases con la forma correcta de **ser** o **estar** *(2.3, 2.6, 3.1 y 3.3)*:

1. Nosotros _somos_ de Quito. *2.* La mesa _es_ de madera. *3.* Marisa _está_ ausente hoy. *4.* Mis padres _son_ abogados. *5.* Yo _estoy_ detrás de Uds. *6.* Los chicos _están_ contentos hoy. *7.* Mi abuela _está_ en el aeropuerto. *8.* La cartera que _está_ en el piso _es_ de Beba. *9.* Yo _soy_ mexicano, pero mis amigos _son_ de Venezuela. *10.* Tú _es_ el amigo de Jorge, ¿no?

B. Cambie las frases según los sujetos que están entre paréntesis *(2.4, y 2.5)*:

1. Javier es francés. (Marisa) *2.* Mario es liberal. (Susana) *3.* La señora Yakamoto es japonesa. (su esposo) *4.* Mi padre es feliz. (mi madre) *5.* El libro es gris. (la pared) *6.* La camisa es verde. (el pantalón) *7.* John es canadiense. (Mariana) *8.* Soy inglesa. (mi esposo) *9.* El ejercicio es difícil. (la pregunta) *10.* Mi padre es tradicional y conservador. (mi familia) *11.* El libro es azul. (la pluma) *12.* Olga es alemana. (Hans)

C. Cambie las frases al plural *(3.2, 3.4, 3.5 y 4.7)*:

1. Nuestra amiga es feliz. *2.* Mi hermano es ciudadano inglés. *3.* Tu pantalón es verde. *4.* Esta pared es gris. *5.* Esa mujer es fatal. *6.* Ese chico es alemán. *7.* La luz es blanca. *8.* Aquel edificio está abierto. *9.* Esa niña está ausente. *10.* Este examen es fácil.

D. Invente una comparación con los elementos a continuación. Siga el modelo *(3.7 y 4.5)*:

Modelo: Juan es inteligente. Javier es inteligente también.
   Juan es tan inteligente como Javier.

1. Marisa es bonita. Gumersinda es fea. *2.* Donaldo tiene tres dólares. Ronaldo tiene cinco dólares. *3.* Mariana es rica. Mario es rico también. *4.* Este ejercicio es difícil. Aquel ejercicio es fácil. *5.* Mi coche es muy bueno. Tu coche es regular. *6.* A y B son buenas notas. D y F son malas notas. *7.* Chico tiene tres pistolas. Pancho tiene tres pistolas también. *8.* Tengo vientitrés años. Mi hermano tiene treinta años. *9.* Mi abuela es vieja. Mi madre es relativamente vieja.

E. Invente una frase en superlativo con los elementos a continuación. Siga el modelo *(3.8)*:

Modelo: mi novia/joven/de la familia
   Mi novia es la menor de la familia.

1. Juan/brillante/del mundo
2. Jorge/inteligente/de la clase
3. mi coche/bueno/de todos
4. Nuestros amigos/simpáticos/del grupo
5. este cuarto/malo/del hotel
6. ese médico/capaz/de los tres
7. esas mujeres/lindas/de todas
8. este ejercicio/difícil/en el libro

F. Complete las frases con la forma correcta del verbo que está entre paréntesis *(3.1, 3.3, 3.9 y 4.1)*:

1. (tomar) Yo _____ un refresco; tú _____ una cerveza; ellos no _____ nada.

2. (ser) Nosotros _____ cubanos; ellos _____ chilenos y ella _____ chilena.

3. (estudiar) Ella _____ mucho; los chicos _____ poco, y yo _____ demasiado.

4. (estar) Tú _____ bien, pero Marisa y yo _____ enfermos.

5. (necesitar) Juan _____ estudiar para el examen. Nosotros _____ un repaso.

G. Escriba con palabras las fechas a continuación *(4.6 y 4.9)*

1. 12/XII/1943   ***2.*** 22/IX/1951   ***3.*** 6/IV/1830   ***4.*** 1/I/1692   ***5.*** 31/X/1984
6. 15/II/1971

H. Escriba la forma correcta del adjetivo que está entre paréntesis sin cambiar la posición del adjetivo *(4.8)*:

1. Alicia de Larrocha es una (grande) pianista.   ***2.*** Miguel es mi (primero) hijo.
3. Tengo dos hijas (feliz).   ***4.*** Esa frase es un (malo) ejemplo.   ***5.*** No tengo experiencia (malo)   ***6.*** Mis hermanos son (grande) hombres.   ***7.*** Esa novela es un (bueno) libro.

5.1 ¿A qué hora **come** Ud.?
    Como a las doce y media.

5.2 ¿Dónde **pones** el tenedor cuando pones la mesa?
    Pongo el tenedor al lado del plato cuando **pongo** la mesa.

5.3 ¿Qué tiempo **hace** hoy?
    Hace buen tiempo hoy.

5.4 ¿Adónde **va** Ud. ahora?
    Voy a casa ahora.

5.5 ¿Para qué **viene** Ud. a la clase?
    Vengo a la clase para aprender.

5.6 Tengo un mensaje para **ti**, Luisa.
    ¿Para **mí**? ¡Qué bien!

5.7 ¿**Vas a estar** en clase mañana?
    No, no **voy a estar** en clase porque **voy a ir** a la playa.

5.8 ¿Dónde **es** la boda?
    Es en la Iglesia de Santa Teresa de Ávila.

vocabulario:

la comida, los cubiertos y los medios de transporte

EXPOSICIÓN GRAMATICAL

5.1 ¿A qué hora **come** Ud.?
        Como a las doce y media.

¿**Comes** tú mucho?

¿**Come** Ud. mucha carne?

¿**Comen** Uds. pollo o pescado los viernes?

¿Qué **coméis** vosotros para el almuerzo?

Ay, sí. Yo **como** demasiado.

No, no **como** carne; soy vegetariana.

Comemos pescado los viernes.

Comemos arroz con frijoles negros y pan con mantequilla.

El verbo **comer** es un verbo regular de la **segunda conjugación**. Los infinitivos de la segunda conjugación terminan en **-er**. Estudie la conjugación de **comer** y de otros verbos de la segunda conjugación:

sujeto	desinencia	comer	beber	correr	creer
yo	**-o**	com**o**	beb**o**	corr**o**	cre**o**
tú	**-es**	com**es**	beb**es**	corr**es**	cre**es**
ella	**-e**	com**e**	beb**e**	corr**e**	cre**e**
nosotros	**-emos**	com**emos**	beb**emos**	corr**emos**	cre**emos**
vosotras	**-éis**	com**éis**	beb**éis**	corr**éis**	cre**éis**
ellos	**-en**	com**en**	beb**en**	corr**en**	cre**en**

el refresco — la leche — el vino — el pavo — el queso — la cerveza — el pan — el pescado — la carne — el pollo — los dulces — las legumbres — la mantequilla

Ejemplos:

Aprendemos español con nuestros amigos mexicanos.
Bebo café con el desayuno. *(beber = tomar)*
Corro cinco millas por día. *(correr: más rápido que caminar)*
Mi madre **lee** una novela por semana.
Una persona religiosa **cree** en Dios.

Estudie:

> Todos los estudiantes **deben** estar en clase todos los días.
> Profesor, ¿qué **debo** estudiar para sacar una buena nota?
> Nadie **debe** hablar mal de sus compañeros.
> Si estás enferma, **debes** estar en casa.

> Observe el uso del verbo **deber**. **Deber** se combina con infinitivos para indicar una **obligación**. Es menos fuerte que **tener que** + **infinitivo**. Es un verbo que Ud. debe aprender.

Estudie:

¿Cuándo comes?	Como cuando **tengo hambre**.
¿Por qué están tristes los niños?	Están tristes porque **tienen mucha hambre**.
¿Cuándo bebes cerveza?	Bebo cerveza cuando **tengo sed**.
¿Por qué no bebe Ud. otro refresco?	No bebo otro refresco porque **tengo poca sed**.

> Note el uso del verbo **tener** con **hambre** y con **sed**. Observe que **sed** y **hambre** son sustantivos que se combinan con adjetivos *(mucho, poco, demasiado, etc.)*

práctica ❋

Pregúntele a un/a compañero/a qué come y qué bebe durante el día. Use las preguntas a continuación como guía:

¿Qué come Ud. para el desayuno?	huevos fritos	un sandwich de jamón y queso (cheese)
¿Qué come Ud. para el almuerzo?	jugo de naranja	una hamburguesa con queso
¿Qué come Ud. para la cena?	jamón	sopa de tomate
¿Qué bebe Ud. con el desayuno?	pan tostado	verduras
¿Qué bebe Ud. con el almuerzo?	café con leche	cerveza
¿Qué bebe Ud. con la cena?	leche fría	sopa de frijoles (beans)
¿Qué beben los estudiantes de la Universidad X?	una ensalada de frutas	chuletas de puerco (chops) (pork)
¿Qué debe comer *(beber)* para el desayuno *(almuerzo, cena)*?	una manzana	una ensalada de lechuga
	agua	un bistec (beefsteak) (lettuce)
	cereales con leche	un helado (ice cream)
	un refresco	un dulce
	huevos con jamón y queso	un pastel (pastry)
	rosbif	una galleta (cookie)
	pan con mantequilla	pollo frito
	té con limón	vino
	papas fritas	

5.2 ¿Dónde **pones** el tenedor cuando **pones** la mesa?
Pongo el tenedor al lado del plato cuando **pongo** la mesa.

¿Dónde **pone** Ud. el vaso?

¿**Trae** Ud. el vino para la cena?
¿Qué **ve** Ud. en la mesa?
¿**Sabes** dónde están los platos?

Pongo el vaso detrás del plato, cerca del cuchillo.
Sí, con todo gusto **traigo** el vino.
Veo una servilleta sucia.
No, pero **sé** que no están aquí.

el vaso   la copa
la taza
el platillo
el tenedor   el plato
la servilleta
la cuchara   el cuchillo

Los verbos **hacer, poner, traer, saber** y **ver** son irregulares en la primera persona singular. Las otras formas son regulares:

hacer	poner	traer	saber	ver
hago	**pongo**	**traigo**	**sé**	**veo**
haces	pones	traes	sabes	ves
hace	pone	trae	sabe	ve
hacemos	ponemos	traemos	sabemos	vemos
hacéis	ponéis	traéis	sabéis	veis
hacen	ponen	traen	saben	ven

Note que **veis** no lleva acento escrito porque es una sola sílaba.

Estudie:

¿Qué hace tu amigo antes del desayuno?
¿Qué haces hoy?
¿Qué hacen los alumnos en la biblioteca?
¿Quién hace ese ruido?

¿Quiénes hacen esos pasteles?

Lee el periódico.

Hoy tengo que trabajar.
Algunos leen y otros conversan.
Mi hermanito hace ruido porque tiene hambre.
Mis tías hacen esos pasteles para Navidad.

El verbo **hacer** tiene dos significados principales:

¿Qué hace Juan?   = *¿Cuál es la actividad de Juan?*.

¿Quién hace esos coches?   = *¿Quién fabrica esos coches?*

Estudie:

¿Sabe Ud. hablar español?   Sí, sé hablar español un poco.

¿Saben Uds. llegar al gimnasio?   Sí sabemos llegar sin problema.

¿Sabes preparar comida china?   No, pero mi novio sabe preparar
                                             comida de toda clase.

¿Sabes bailar tango?   No, pero tengo un amigo que sabe
                                             bailar todo.

El verbo **saber** se combina con un infinitivo para indicar una **habilidad** o una **capacidad**. Observe que *no* se usa **como** entre **saber** y el **infinitivo**.

práctica ❊

Pregúntele a un/a compañero/a de clase:

¿Qué pone Ud. en la mesa para comer ...	arroz con pollo	un tenedor
	un bistec con papas	un plato
	caldo de pollo	una cuchara
	chuletas de puerco	un cuchillo
	pollo frito	una servilleta
¿Qué pone Ud. en la mesa para beber ...	té con limón	una taza
	vino	una copa
	leche	un vaso
	café negro	un vaso enorme
	cerveza	
¿Qué sabe Ud. hacer?	dulces	
	pastel	
¿Qué comida hace Ud. para ...	Navidad?	tamales dulces
	el Día de Acción de Gracias?	pavo relleno

5.3 ¿Qué tiempo **hace** hoy?
       Hace buen tiempo hoy.

¿Qué tiempo **hace** en el invierno?   **Hace frío** en el invierno.

¿Qué tiempo **hace** en el desierto?   Por lo general, **hace calor**.

¿Hace frío en el Ecuador?   No, pero **hace fresco** a veces.

¿En qué mes hace viento?   **Hace mucho viento** en marzo.

¿Hace mucho sol hoy?   No, **hace poco sol** hoy.

Se usa **hace** + **sustantivo** (*sol, viento, calor, frío, fresco, etc.*) en muchas expresiones meteorológicas.

Note que se usan **mucho** y **poco** para modificar **sol, frío, viento, etc.** porque son sustantivos.

está nevando

está lloviendo

está nublado

está despejado

hace sol

hace frío

hace viento

hace calor

Estudie:

¿**Está** nublado el cielo hoy?

¿De qué color **está** el cielo hoy?

¿**Está** nevando ahora en las montañas?

No, el cielo no **está** nublado; **está** despejado.

Está azul.

No, no **está** nevando; **está** lloviendo.

Se usa **está** + **adjetivo** o **está** + **lloviendo/nevando** en otras expresiones meteorológicas.

Estudie:

¿**Llueve** mucho en tu ciudad?

¿**Nieva** con frecuencia en las montañas?

Sí, **llueve** allí casi siempre.

Sí, **nieva** allí seis meses por año.

Llueve y **nieva** son verbos. No se combinan con **está** o **hace**.

Compare:

Por lo general, **llueve** mucho durante este mes, pero no **está lloviendo** ahora.

Generalmente **nieva** constantemente en las montañas, pero no **está nevando** ahora.

Llueve y **nieva** describen el tiempo usual o habitual.   **Está lloviendo** y **está nevando** describen el tiempo en este momento.

Estudie:

¿Tienes frío?	**No, no tengo** frío; tengo **calor.**
¿Por qué **tenéis** tanto calor?	**Tenemos** calor porque hace calor.
¿Qué **tiene** el perro?	El pobre animal **tiene** frío.

Se usa el verbo **tener** con **frío** o **calor** cuando el sujeto es una persona o un animal.

práctica ✳

Complete las frases de una forma creativa. Siga el modelo:

Modelo: Estoy en Alaska ...
Estoy en Alaska; nieva mucho en Alaska, pero no está
nevando ahora. El cielo está despejado y azul.
Hace frío, pero no tengo frío porque estoy en un iglú con mi amigo favorito.
Estamos muy contentos y no tenemos frío.

1. Estoy en medio del desierto; son las tres de la tarde ...
2. Estoy en el parque muncipal en una mañana de invierno ...
3. Estoy en los Andes con ...
4. Estoy en las montañas durante el verano ...

5.4   ¿Adónde **va** Ud. ahora?
Voy a casa porque es tarde.

¿Adónde **vas** tú?	Yo **voy** a la iglesia.
¿Cómo **van** Uds. al cine?	**Vamos** en autobús.
¿**Vais** a Nueva York en avión?	No, **vamos** en tren.
¿Con quién **va** a la fiesta Marisa?	Creo que **va** con Javier.

El infinitivo de los verbos de arriba es **ir**; es un verbo de movimiento.

Note el uso de la preposición **a** con el verbo **ir**. También observe el uso de **adónde** en la pregunta.

El artículo definido se usa en casi todas las expresiones de **destino**: *a la escuela, a la iglesia, al centro, al campo, etc.* Las expresiones como *a casa* y *a clase* son relativamente pocas.

Sinopsis:

ir to go	
voy	vamos
vas	vais
va	van

Estudie estas expresiones que frecuentemente se usan con **ir**:

> Vamos a la biblioteca **a pie**.
> Voy al banco **en autobús**.
> Van a la fiesta **en coche**.
> Vais al aeropuerto **en taxi**.
> Elena va a España **en avión**.
> Marcos va a México **en tren**.

Compare:

> Tengo unos amigos **en** El Paso.
> Vamos **a** San Diego este fin de semana.
> Mis padres están **en** Bogotá para un congreso.
> Yo voy **a** Bogotá con frecuencia.

Se usa **a** con un **nombre de lugar** después de **ir** y otros verbos de **movimiento**.
Se usa **en** con un **nombre de lugar** después de otros verbos.

práctica

Pregunte a sus amigos adónde van; use la siguiente información como guía:

1. ¿Adónde vas después de clase?   al gimnasio
   - antes de comer   al parque
   - después de estudiar   al cine
   - a mediodía   al comedor
   - los fines de semana   a la playa
   - los domingos   a la iglesia

2. ¿Cómo vas a Nueva York?   en tren
   - al teatro   en taxi
   - al laboratorio   a pie
   - a España   en avión

5.5 ¿Para qué **viene** Ud. a clase?
Vengo a clase para aprender.

¿Cómo **viene** Ud. a la universidad?	**Vengo** en bicicleta.
¿Por qué siempre **vienes** tarde?	**Vengo** tarde porque mi reloj no anda bien.
¿De dónde **viene** ella?	Creo que **viene** de Guadalajara.
¿**Vienen** Uds. esta tarde?	Sí, **venimos** como a las cinco.
¿**Venís** con alguien?	No, no **venimos** con nadie.

Venir es el contrario de **ir**.

Sinopsis:

venir	to come
vengo	venimos
vienes	venís
viene	vienen

Estudie:

Los estudiantes **vienen** a la biblioteca **para** estudiar.
Los estudiantes **vienen** a la biblioteca **a** estudiar.

Voy a clase **para** hablar con el profesor.
Voy a clase **a** hablar con el profesor.

Con verbos de movimiento *(ir, venir, etc.)*, es posible usar **a** o **para** delante de un **infinitivo**.

Compare:

Norma está en casa; habla con Ignacio por teléfono; observe cómo emplean **ir** *y* **venir** *en la conversación.*

Norma: ¿**Vienes** a mi casa esta tarde?
Ignacio: No, no **voy** esta tarde porque tengo que estudiar.
Norma: Pero **vienes** mañana a mi fiesta, ¿no?
Ignacio: ¡Claro que **voy**! Siempre **voy** a las fiestas.
Norma: Pero **vienes** a mi fiesta porque soy especial, ¿verdad?
Ignacio: Pues sí. **Voy** a tu fiesta porque eres especial.

El uso de **ir** y **venir** depende del punto de vista de la persona que habla.

5.6   Tengo un mensaje para **ti**, Luisa.
¿Para **mí**? ¡Qué bien!

Este regalo es para **ti**, Susana.
Este mensaje es para **Ud.**, señora.
¿Quién está detrás de Juan?
¿Para **quién** es este pastel?
¿Quién prepara la cena para **vosotros**?
¿Para quién son esos platos y tenedores?

¿Para **mí**? ¡Qué fabuloso!
No, no es para **mí**; es para **ella**.
Su tío está detrás de **él**.
Es para **Uds.** ¡Feliz aniversario!
Nadie prepara la cena para **nosotros**.
Son para **ellos**.

Las palabras que están en negrilla son **pronombres pospreposicionales**.
   Se usan después de la mayoría de las preposiciones *(a, de, en, para, sin, etc.)*
   Note que **mí** y **ti** son las únicas formas que no son iguales que los **pronombres sujetos**.

Compare:

Esta bicicleta es para **mí**.	Es **mi** bicicleta.
Esa ensalada es para **mí**.	Es **mi** ensalada.

Mi sin acento es un pronombre posesivo; **mí** con acento es el objeto de una preposición.

Estudie:

Este es un secreto **entre tú** y **yo**.
Todos tenemos que hacer la tarea, **incluso tú** y **yo**.
Todo el mundo come demasiado, **excepto tú** y **yo**.

Después de las preposiciones **entre, incluso** y **excepto** se usan los **pronombres sujetos**.

Estudie:

¿Quién va de vacaciones **con usted**?	Mi esposa va **conmigo**.
¿Quiénes van al cine **contigo**?	Van **conmigo** todos mis amigos.
¿Van **con Uds.** los niños?	No, los niños no van **con nosotros**.
¿Vienen Uds. **con nosotros** o van **con ellos**?	Vamos **con ellos**.

Conmigo y **contigo** se usan en lugar de **con + mí** y **con + ti**.

Con se combina con los otros pronombres sujetos igual que todas las otras preposiciones.

También existe la forma **consigo** que se usa en lugar de **con + Ud., él** y **ella**, y **con + Uds., ellos** y **ellas**. **Consigo** en el español moderno es poco frecuente.

práctica

Complete las frases (o invente otras frases) con un pronombre:
1. Todos mis amigos están con ...
2. Tengo un regalo para ...
3. Mis padres tienen un nuevo coche para ...
4. Tengo mis libros con ...
5. ... está entre ... y ...
6. Nuestro profesor prepara la clase para ...
7. Todos tenemos buenos hábitos excepto ...
8. Todos estamos preparados incluso ...

5.7 ¿**Vas a estar** en clase mañana?
No, no **voy a estar** en clase porque **voy a ir** a la playa.

¿A qué hora **vas a comer**?

Profesor, ¿qué **vamos a aprender** hoy?

¿Cuándo **va a venir** Elisa?

¿**Va a estar** Ud. en clase para el repaso?

¿**Vais a ir** al zoológico este fin de semana?

¿Qué **van a hacer** Uds. esta noche?

Voy a comer a la una y media.

Uds. **van a aprender** muchas cosas interesantes y útiles.

Va a venir esta noche.

Claro que **voy a estar** para el repaso.

Sí, **vamos a ir** con los niños.

Creo que **vamos a ir** al cine.

Ir + a + infinitivo expresa una **acción futura.**

Estudie:

Voy a regresar mañana.
Vas a terminar pronto, ¿verdad?
Va a venir por mí más tarde.
Vamos a pasar por Uds. a las ocho.
Vais a comprar mi casa, ¿verdad?
Van a comer en un restaurante chino.

Note que sólo el verbo **ir** se conjuga. El infinitivo es invariable después de **ir + a.**

Tenemos muchos pollos para Uds.

¿Hay una reunión esta tarde?	No, pero **va a haber** una reunión esta noche.
¿Qué comida **va a haber** en tu fiesta?	Uy. **Va a haber** muchas cosas. **Va a haber** pasteles, vino, varios tipos de queso. Y sobre todo **va a haber** muchas personas interesantes.

Haber es el infinitivo de **hay**. Note cómo se usa con **va + a**. Observe también que **va a haber** se usa con sustantivos **singulares** o **plurales**.

Estudie las expresiones de futuridad que están a continuación:

Vamos a tener un examen:

más tarde.	más adelante.
esta noche.	esta tarde.
dentro de poco.	dentro de un minuto.
mañana.	mañana por la mañana.
mañana por la tarde.	mañana por la noche.
pasado mañana.	el lunes.
el próximo lunes.	

Voy a regresar:

la semana que viene.	la semana entrante.
de hoy en ocho días.	de hoy en quince días.
dentro de dos semanas.	el mes que viene.
el mes entrante.	dentro de dos meses.
el año que viene.	el año entrante.
dentro de dos años.	

Compare:

Vamos esta tarde.	Vamos a ir esta tarde.
Comemos a la una hoy.	Vamos a comer a la una hoy.
Estudio español el año que viene.	Voy a estudiar español.

Muchas veces en español el presente de indicativo se usa para eventos futuros.

5.8 ¿Dónde **es** la **boda**?
Es en la Iglesia de Santa Teresa de Ávila.

La boda de Consuelo y Miguel es hoy.

¿Dónde **es** la **boda**?	La **boda es** en la Iglesia de Santo Tomás.
¿Dónde **está** esa **iglesia**?	Esa **iglesia está** en la calle Mitre.

Después de la boda, hay una recepción.

¿Dónde **es la recepción**?	La **recepción es** en mi casa.
¿Dónde **está tu casa**?	Mi **casa está** en el bulevar Bolívar.

Después de la recepción, hay una cena.

¿Dónde **es la cena**?	La **cena es** en el Hotel Guadalupe.
¿Dónde **está el Hotel Guadalupe**?	El **Hotel Guadalupe está** en el centro.

Después de la cena, hay un baile.

¿Dónde **es el baile**?	También **es** en el hotel.

Boda, recepción, cena, baile, etc. son **eventos**. Se usa el verbo **ser** para localizar un evento precedido de un artículo definido *(el, la, los, las)*, un adjetivo posesivo *(mi, tu, su, nuestro, etc.)* o un adjetivo demostrativo *(este, ese, aquel, etc.)*.

Iglesia, casa, hotel, etc. son **entes físicos**. Se usa el verbo **estar** para localizar **entes físicos** *(cosas, personas, animales, etc.)* que están precedidos de un artículo definido, un adjetivo posesivo o un adjetivo demostrativo.

Nota: A veces la misma palabra tiene dos significados posibles: un evento o un ente físico. Compare:

¿Dónde **está** la clase?	*(Se refiere a las personas.)*
¿Dónde **es** la clase?	*(Se refiere al evento.)*
¿Dónde **está** el examen?	*(Se refiere a los papeles del examen.)*
¿Dónde **es** el examen?	*(Se refiere al evento.)*

¿Dónde **es** la clase? = ¿Dónde **tiene lugar** la clase?
¿Dónde **es** el examen? = ¿Dónde **tiene lugar** el examen?

EJERCICIOS ESCRITOS

1. *(a)* Escriba la forma correcta de los verbos que están entre paréntesis (5.1):

1. Juan (correr) cinco millas todos los días. **2.** Nosotros (aprender) muchas cosas en la clase de español. **3.** La Sra. Sánchez (vender) frutas y legumbres en el mercado. **4.** Yo (leer) demasiados libros. **5.** Obviamente, tú no (comprender) mis explicaciones. **6.** Si estás enfermo, (deber) beber más líquido. **7.** Ofelia y yo (leer) los poemas en voz alta. **8.** Luisa y yo (deber) ser más discretos.

(b) Conteste las siguientes preguntas con frases completas:

1. ¿Qué come tu familia para el desayuno? **2.** ¿Qué beben tus compañeros en las fiestas? **3.** ¿Qué aprenden Uds. en la clase de español? **4.** ¿Qué deben estudiar Uds. para aprender español bien? **5.** Según tus padres, ¿dónde debes estar los lunes por la noche? **6.** ¿Qué comes cuando tienes mucha hambre? **7.** ¿Qué beben Uds. cuando comen comida italiana? **8.** ¿A quién venden Uds. los libros que no necesitan? **9.** ¿Cuándo leen Uds. el periódico? **10.** ¿Qué comen Uds. para la cena?

2. Conteste las siguientes preguntas con frases completas (5.2):

1. ¿Dónde pone Ud. el cuchillo cuando pone la mesa? *2.* ¿Sabes cuál es la fecha de hoy? *3.* ¿Tienes una casa en el campo? *4.* ¿Haces mucho ruido cuando estás en una fiesta? *5.* ¿Qué traes a clase todos los días? *6.* ¿Sabes llegar a la capital de este país? *7.* ¿Ve Ud. muchas películas extranjeras? *8.* ¿Hace Ud. café o té por la mañana para el desayuno? *9.* ¿Sabe Ud. hablar español? *10.* ¿Siempre pones atención a las palabras de tus profesores?

3. Escriba **hace, está, hay** o una forma de **tener** en el espacio en blanco. Algunos espacios no necesitan nada (5.3):

1. En el desierto _____ calor en el verano. *2.* Por lo general, no _____ calor cuando _____ llueve. *3.* _____ fresco en las montañas. *4.* _____ nevando en Alaska. *5.* Yo _____ calor. *6.* El cielo _____ nublado; _____ gris. *7.* ¿Qué tiempo _____ en Chile en enero? *8.* En las partes más altas de los Andes, _____ nieva casi todo el año. *9.* _____ mucho viento durante el mes de marzo. *10.* No _____ lloviendo; el cielo _____ despejado. *11.* _____ buen tiempo en Quito casi todo el año. *12.* María usa un suéter porque _____ frío.

5. *(a)* Escriba la forma correcta del verbo **ir** (5.4):

1. Berta y Pablo _____ a la casa de su mamá en junio. *2.* Tú _____ a la escuela en taxi, ¿verdad? *3.* Los Ibarra _____ a la playa para las vacaciones. *4.* Nosotros _____ a Europa en avión. *5.* ¿ _____ Uds. al mercado para comprar comida? *6.* Yo nunca _____ solo al dentista. *6.* Julia _____ a la iglesia los domingos. *7.* Uds. _____ a casa en autobús, ¿no? *8.* Edgardo _____ por pan y leche.

(b) Conteste las preguntas con una frase completa:

1. ¿Adónde vas durante el verano? *2.* ¿Adónde van Ud. y sus amigos después de clase? *3.* ¿Cómo va Ud. a casa después de estudiar? *4.* ¿Adónde va tu padre después del trabajo? *5.* ¿Adónde van tus amigos cuando hace calor?

(c) Prepare una pregunta para cada respuesta a continuación:

1. Voy al museo de arte. *2.* Marisa va al campo con su familia. *3.* Tu hijo va al cine con sus compañeros. *4.* Vamos a las montañas esta tarde. *5.* Los González van al estadio para ver un partido de fútbol.

6. Conteste las preguntas con una frase completa (5.6):

1. En la clase de español, ¿quién está sentado detrás de ti? *2.* ¿Es para mí el regalo que tienes? *3.* ¿Quién va al médico contigo? *4.* ¿Quién está delante de Ud. en la clase de español? *5.* ¿Van sus amigos al centro con Ud.? *6.* ¿Va Ud. al restaurante con nosotros después del concierto? *7.* En el aula, ¿qué hay entre tú y yo? *8.* ¿Son los dulces para todos, incluso Ud. y sus compañeros?

7. Reemplace el verbo en negrilla con una forma de **ir a** + **infinitivo**. Conserve el mismo sujeto. Siga el modelo (5.7):

Modelo: Lucía **viene** a la reunión conmigo.
   Lucía va a venir a la reunión conmigo.

1. Mi primo Roberto **es** abogado. *2.* Los chicos **van** a la playa mañana por la mañana. *3.* ¿**Haces** tamales para la fiesta de Navidad? *4.* **Estamos** en casa con toda la familia.

5. Julia **tiene** un niño. **6. Comemos** al mediodía. **7. Hace** frío. **8. Soy** profesora de lenguas. **9. Aprendemos** chino. **10.** Vosotros **traéis** la fruta, ¿verdad? **11. Hay** gente en el cine. **12. Hay** muchos coches en la calle.

8. Con cada uno de los sujetos, prepare una frase completa con **ser** o **estar** para indicar localización (5.8):

1. La reunión ... *2.* La biblioteca ... *3.* La luz ... *4.* Las conferencias ... *5.* El concierto ... *6.* El mercado ... *7.* El pollo ... *8.* La exposición de arte ... *9.* Los novios ... *10.* El baile ... *11.* El tenedor ... *12.* La copa de vino ...

LECTURA
la comida hispana

La comida del mundo hispano es tan variada como la sociedad hispana. La comida española, por ejemplo, utiliza muchos productos del mar, mientras la comida argentina depende en gran parte de la carne abundante y barata que es típica de ese país. México tiene una comida interesantísima que combina elementos europeos con elementos de las grandes civilizaciones indígenas **precolombinas**.

Un desayuno típico de España consiste en pan tostado, galletas, mantequilla, mermelada y café con leche. Ese mismo desayuno se come en el Uruguay, en Chile, y en muchos países hispanoamericanos. **Sin embargo**, en los hoteles de todos los países es posible comprar "un desayuno americano." El desayuno americano consiste en huevos, tocino, jamón, pan tostado, fruta fresca, y un plato muy exótico que se llama "panqueques."

En los Estados Unidos la cena es la comida más abundante, pero en los países hispanos, el almuerzo es la gran comida del día. El almuerzo tiene mucha variedad, pero casi siempre incluye: sopa con pan y mantequilla; un plato principal de carne, pollo, o pescado con papas o arroz; una ensalada de verduras; y un postre de frutas con crema o un exquisito flan que se prepara con leche y azúcar. Para beber, hay vino, refrescos o agua mineral. Y, como en los Estados Unidos, casi todo el mundo toma café con o después del postre. En algunos países la gente hace "aguas de frutas" o "ponche." Algunas aguas de frutas no son nada complicadas y contienen solamente agua, fruta, y azúcar, pero otros "ponches" son más complicados: por ejemplo, la sangría de España que contiene vino, varios jugos, agua, azúcar, y otros ingredientes que son secretos de la casa.

La cena es menos extravagante. En España, por ejemplo, comen huevos o una sopa por la noche; en México, la cena consiste generalmente en platos que ahora son populares en todo el

precolombino: de antes de la conquista; antes de Colón

sin embargo: *however, nonetheless*

Un restaurante al aire libre

mundo: tacos, burritos, enchiladas, chiles rellenos, frijoles refritos, etc.

Cada región tiene su especialidad, y muchos platos se preparan para días específicos. Por ejemplo, en Cuba, el lechón *(un puerco pequeño)* es el plato obligatorio para Navidad. En México, los tamales son casi obligatorios para Navidad. En la Argentina, preparan ''una parrillada'' que es una combinación deliciosa de varios tipos de carne—pero los argentinos no necesitan un día especial para comer carne en abundancia. En España, el plato nacional es la paella: una deliciosa combinación de arroz con pollo y mariscos.

Visitar un país hispano es una experiencia fabulosa por muchas razones. Pero uno de los **placeres** principales es la comida: comida diferente, comida deliciosa, comida exótica. La comida simboliza la hospitalidad de los pueblos hispanos.

placer: experiencia agradable

creación

Escriba una composición sobre la comida típica de su país. Use las preguntas a continuación como punto de partida:

¿Cuál es la comida más abundante en su país: el desayuno, el almuerzo, o la cena? ¿Cuáles son la horas de las comidas principales? ¿Cuáles son algunas de las variaciones regionales en la comida de su país? Por ejemplo, ¿en qué parte se come más carne, pescado, puerco, etc.? ¿Qué diferencias étnicas hay en la comida de su país? ¿Hay platos especiales asociados con días específicos—Navidad, el día de Acción de Gracias, el día de los novios, etc.? ¿Cree Ud. que hay en su país una comida nacional? ¿Por qué sí o no?

PRONUNCIACIÓN Y ORTOGRAFÍA

A. Las letras **b** y **v** tienen exactamente la misma pronunciación. Hay dos pronunciaciones asociadas con esas letras: una **b oclusiva** o [b], y una **b fricativa** o [ƀ]. La **b oclusiva** ocurre al principio de una frase y después de una pausa. Se pronuncia igual que la **b** en inglés. Escuche y repita las frases a continuación:

Venezuela es un país próspero.
Venimos más tarde.
¿Vienes conmigo?
¿Vas tú a la fiesta con nosotros?
Víctor es un excelente amigo de Teresa.

B. La **b** oclusiva también ocurre después del sonido [m]. Note que la letra **n** se pronuncia [m] antes de **b** o **v**. Escuche y repita las palabras a continuación:

también	en vano	Juan viene	en Venezuela
invierno	invitación	un vaso	conversación

C. En todos los otros casos, la pronunciación de **b** y de **v** es [ƀ] es decir, una **b fricativa**. Para pronunciar la **b** fricativa, los labios no están totalmente cerrados. Escuche y repita las palabras a continuación:

Yo voy al centro el viernes.
Los labios no están totalmente cerrados.
Abel viene a beber vino.
Tengo mucho trabajo.
Yo bebo vino del vaso.

D. En el ejercicio a continuación, identifique cuáles de las letras **b** y **v** son oclusivas y cuáles son fricativas. Después, lea las frases en voz alta con buena pronunciación:

¿Viene Beatriz a la boda?

No, no viene porque está con su abuela.

¿Vosotros tenéis una invitación al baile?

Sí, pero no vamos.

¿Adónde vas con tu abuelo?

Vamos a Sevilla para ver al barbero.

¿Vas a la fiesta con Víctor?

Sí, pero no voy a beber vino como él.

¿Bebe mucho Víctor?

No, no bebe mucho, pero bebe más que yo.

VOCABULARIO

la comida

arroz	hamburguesa	pescado
azúcar	helado	pollo
bistec	huevos	postre
carne	jamón	queso
cereales	lechuga	rosbif
chuletas de puerco	legumbres (las)	sandwich
crema	limón	sopa
dulces	mantequilla	tocino
ensalada	manzana	tomate
frijoles	naranja	verduras
frutas	pan	
galletas	papas fritas	

las bebidas

agua	jugo	soda
café	leche (la)	té
cerveza	limonada	vino
coctel	refresco	

la mesa

copa	plato	tenedor
cuchara	servilleta	vaso
cuchillo	taza	

verbos

aprender	hacer	traer
beber	ir	vender
comer	leer	venir
comprender	poner	ver
correr	saber	
creer		

medios de transporte

a pie	coche	taxi
autobús	metro	tren
avión	moto (la)	
barco	motocicleta	
bicicleta		

expresiones de futuridad

la semana entrante (el mes entrante, etc.)	dentro de (un momento, un mes, un año, etc.)	más adelante = más tarde
el mes que viene (el año que viene, etc.)	esta mañana	mañana
	esta noche	pasado mañana
de hoy en ocho días	esta tarde	próximo (el próximo mes, la próxima semana, etc.)

6.1 ¿Dónde **viven** Uds.?
      Vivimos en la avenida Juárez.

6.2 Jorge es inteligente.
      Jorge habla **inteligentemente**.

6.3 Vera canta **muy** bien.
      Canta **mejor que** yo.

6.4 Nosotros **regamos** las plantas.
      Ellos **riegan** el césped.

6.5 Nosotros **volvemos** hoy.
      Ellos **vuelven** pasado mañana.

6.6 ¿ **Juega** (al) fútbol tu hermano?
      No, pero **toca** trompeta en la banda.

6.7 **Se** estudia bien en la biblioteca.
      No **se** debe fumar en una estación de gasolina.

6.8 ¿Quieres comprar **algo**?
      No, **no** quiero comprar **nada**.

vocabulario:

las diversiones

EXPOSICIÓN GRAMATICAL

6.1 ¿Dónde **viven** Uds.?
    Vivimos en la avenida Juárez.

¿**Vives** solo?	No, **vivo** con mi compañero de cuarto.
¿Dónde **vive** Juan?	**Vive** enfrente del parque muncipal.
¿**Viven** Uds. en el centro?	No, **vivimos** en los suburbios.
¿Dónde **viven** tus primos?	**Viven** cerca del mar.
¿**Vivís** en Madrid?	No, **vivimos** en Salamanca.

El verbo **vivir** es un verbo regular de **la tercera conjugación**. Los infinitivos de la tercera conjugación terminan en **-ir**. Estudie la conjugación de **vivir** y de otros verbos de la tercera conjugación:

sujeto	desinencias	vivir	abrir	escribir	subir
yo	**-o**	vivo	abro	escribo	subo
tú	**-es**	vives	abres	escribes	subes
ella	**-e**	vive	abre	escribe	sube
nosotros	**-imos**	viv**imos**	abr**imos**	escrib**imos**	sub**imos**
vosotras	**-ís**	viv**ís**	abr**ís**	escrib**ís**	sub**ís**
ellos	**-en**	viv**en**	abr**en**	escrib**en**	sub**en**

Note que las desinencias de la segunda y la tercera conjugaciones son iguales excepto en las formas de **nosotros** y de **vosotros**. Compare:

¿Dónde **vivís** y dónde **coméis**?
Vivimos en un apartamento, pero **comemos** en el comedor de los estudiantes.

Ejemplos:

No abrimos la puerta porque no tenemos la llave. *(abrir = verbo de abierto)*
Yo decido mi propio futuro. *(decidir = llegar a una conclusión)*
Mi compañero de cuarto escribe más cartas que yo.
Cuando hace calor, subimos al techo para tomar el sol. *(subir ≠ bajar)*

Estudie:

Siempre **asisto a** clase cuando hay examen.
Los malos estudiantes **asisten** poco **a** clase.
Uds. deben **asistir a** todas las reuniones.

El verbo **asistir** es el contrario de **estar ausente**. Note que se usa la preposición **a** cuando hay un sustantivo después del verbo.

Estudie:

¿A qué hora **sale** Ud. **de** su oficina?

Salgo de mi oficina a las cinco y media.

¿**Sales de** la ciudad en tren o en coche?

Salgo de la ciudad en tren.

La primera persona singular (la forma que corresponde a **yo**) del verbo **salir** es **salgo**. Las demás formas son regulares.

Note el uso de la preposición **de** cuando **salir** precede a un sustantivo. **Salir de** es el contrario de **entrar en**.

práctica

Invente una frase con los verbos en paréntesis; use los elementos dados como punto de partida:

1. *(Yo, mis padres, mi novio, etc.)* **vivir** en *(las montañas, el campo, el décimo piso de un edificio alto, enfrente de un parque, etc.)*
2. *(Los domingos, los lunes, etc.) (yo, nosotros, etc.)* **asistir a** *(clase, misa, a una reunión en el club, etc.)*
3. *(Los lunes, los sábados por la tarde, la noche antes de clase, etc.) (mi compañero de cuarto, mi madre, etc.)* **escribir** *(una composición, una carta, una tarjeta, etc.)*
4. Cuando *(yo, tú, Juan, etc.)* **salir** de clase, **ir** *(a la playa, al cine, a la casa de un amigo, al centro, etc.)*

6.2 Jorge es inteligente.
Jorge habla inteligente**mente**.

Mario es un muchacho lógico.
La conversación está animada.
Silvia es una estudiante atenta.
Gregorio es muy cortés.
¿Cómo maneja tu abuelo?

Explica las cosas **lógicamente**.
Los amigos hablan animada**mente**.
Silvia saluda atenta**mente**.
Gregorio contesta cortés**mente**.
Maneja cuidadosa**mente**.

Las palabras terminadas en **-mente** son adverbios. Un adverbio modifica un verbo. Se combina **-mente** con la forma **femenina singular** de muchos adjetivos para formar un adverbio. Compare:

adjetivo	*adverbio*	*adjetivo*	*adverbio*
rápido	rápidamente	feliz	felizmente
lógico	lógicamente	cortés	cortésmente
atento	atentamente	fácil	fácilmente
inteligente	inteligentemente	difícil	difícilmente
frecuente	frecuentemente		

Note que el adverbio conserva el acento escrito del adjetivo.

Estudie:

Carlos canta **bien**.   Edgardo canta **mal**.
Pablo habla **aprisa**.   Enrique habla **despacio**.

Los adverbios **bien, mal, aprisa** y **despacio** no terminan en −**mente**.

práctica

A. Complete las frases con un adverbio derivado del adjetivo en la primera frase:

1. Javier está alegre. Habla … **2.** Julia es lógica. Explica la cosas … **3.** Las estudiantes están animadas. Discuten … **4.** Pedro está triste. Camina … **5.** Mis hijos son inteligentes. Conversan …

B. Describa con un adverbio la acción de un/a amigo/a.

6.3 Vera canta **muy** bien.
Canta **mejor que** yo.

Vera canta **muy** bien.   Y es **muy** bonita.
Toco el piano **bastante** mal.   Es una lástima porque mi piano es **bastante** bueno.

Mis tíos **no** hablan **nada** bien el español.   **No** están **nada** convencidos de la importancia de las lenguas.
Mi hermano camina **demasiado** aprisa.   Es **demasiado** obsesivo.
Ese actor de cine canta **tan** bien.   Y es **tan** guapo.

Las palabras en negrilla son **adverbios de intensificación**. Se combinan con verbos, adjetivos y otros adverbios.

Estudie:

¿Por qué trabajas **tanto**?   Trabajo **tanto** porque necesito dinero.

¿Por qué habla **tanto** ese señor?   Habla **tanto** porque cree que sabe mucho.

La palabra **tanto** intensifica un verbo.
Nota importante: La combinación *tan mucho* es totalmente incorrecta.

Estudie:

Mis amigos trabajan **más** rápidamente **que** yo.
Hablo **menos** intensamente **que** mi hermana.
Javier camina **tan** rápidamente **como** yo.

Se usan las expresiones **más ... que, menos ... que** y **tan ... como** en la **comparación de adverbios**.

> Marisa canta **mejor que** Vera.
> Yo toco la guitarra **peor que** Ud.
> Nosotros trabajamos **tanto como** Uds.
> Uds. no estudian **tanto como** ellos.

Se usan las expresiones **mejor que, peor que** y **tanto como** en la **comparación de verbos**.

práctica ✳

Termine las frases con una comparación de verbos. Siga el modelo:

Modelo: Yo trabajo ...
> *Yo trabajo tanto como tú.*

1. Yo como ... *2.* Mis amigos beben ... *3.* El profesor habla ... *4.* Tú vives ... *5.* Mi novio estudia ... *6.* Luciano Pavarotti canta ... Etc.

6.4 Nosotros **regamos** las plantas.
Ellos **riegan** el césped.

¿Cuántas veces por semana **riegan** Uds. las plantas?

¿**Riega** Ud. el cacto cada día?

¿**Riegas** las rosas de tu vecina cuando ella está de vacaciones?

¿Cada cuándo **regáis** el césped?

¿Quién **riega** tus flores cuando no estás?

¿**Quiere** Ud. venir con nosotros?

¿Qué regalo **quieres** para tu cumpleaños?

¿Qué **quieren** Uds.?

¿**Queréis** más dinero?

¿Qué **prefieren** Uds., las rosas rojas o amarillas?

¿**Prefiere** Ud. el cine al teatro?

¿**Queréis** venir conmigo, o **preferís** estudiar?

Regamos las plantas una vez por semana.

No, no es necesario **regar** el cacto todos los días.

Sí. **Riego** todas sus plantas cuando ella no está.

Durante el verano, **regamos** el césped todas las noches.

Javier **riega** las flores cuando no estoy.

Sí, **quiero** ir con Uds.

Quiero un gato amoroso.

Queremos hablar con su jefe.

Siempre **queremos** más dinero.

Preferimos las rosas rojas.

No, **prefiero** el teatro.

Preferimos estudiar porque tenemos examen mañana.

Los verbos **regar, querer** y **preferir** sirven de modelo para todos los verbos que tienen el cambio **e → ie** en la última sílaba de la raíz. Los verbos con cambios de raíz se citan así en un diccionario: **regar (ie)**.

regar (ie)		*querer (ie)*		*preferir (ie)*	
riego	regamos	quiero	queremos	prefiero	preferimos
riegas	regáis	quieres	queréis	prefieres	preferís
riega	riegan	quiere	quieren	prefiere	prefieren

El cambio de raíz **e → ie** ocurre en verbos de las tres conjugaciones. El cambio de raíz *no* ocurre en las formas correspondientes a *nosotros* y a *vosotros*. Note que las desinencias son regulares; sólo la raíz cambia.

Otros verbos con este cambio de raíz son: **empezar, comenzar, pensar, cerrar, encender, entender, perder** y **mentir**. Ejemplos:

La clase **empieza** a las once y media en punto.
Los problemas **comienzan** cuando llega mi ex-novio. *(empezar = comenzar)*
Siempre **pienso** en cosas grandes y profundas. *(pensar = actividad mental)*

¿A qué hora **cierra** el banco?
Cierra a las cuatro y media. *(cerrar ≠ abrir)*
Yo no **entiendo** esa palabra. ¿Qué significa? *(entender = comprender)*

¿Por qué no **enciendes** el cigarrillo?
Porque no **quiero** fumar más. *(querer = desear)*

Mi candidato no va a ganar las próximas elecciones porque siempre **pierde**.
(ganar ≠ perder)

¿**Mienten** Uds. mucho? Sólo **mentimos** cuando no **queremos** decir la verdad.
(mentir = no decir la verdad)

Estudie:

Pienso ir a Monterrey mañana.
Pensamos estudiar esta noche en el comedor.
María **piensa trabajar** este fin de semana.
¿Qué **piensas hacer** hoy?

Pensar + infinitivo significa **tener la intención de** + infinitivo.

Estudie:

¿Qué **quiere decir** "pensar"?   "Pensar" es una actividad mental.
¿Qué **quiere decir** "empezar"?   "Empezar" significa "comenzar".

Querer decir = significar.

práctica ❄

A. Cambie la frase según los sujetos que están entre paréntesis:

El profesor cierra la puerta cuando quiere hablar con tranquilidad.
(yo, tú, ellos, Juana y yo, mi madre, Margarita, vosotros)

B. Invente una frase original usando los elementos a continuación:

1. *(yo, mi papá, mis amigos)* **pensar** que ...
2. *(mi hermano, mis hermanos, tú)* **querer** ... para Navidad.
3. *(la clase, la fiesta, el almuerzo, la cena)* **comenzar** ...
4. *(nosotros, el profesor, yo, tú)* **preferir** ... a ...

6.5 Nosotros **volvemos** hoy.
Ellos **vuelven** pasado mañana.

¿**Recuerda** Ud. la casa de su infancia?

No, no **recuerdo** mucho mi infancia.

¿No **recuerdan** Uds. que hay un examen hoy?

Recordamos demasiado bien que hay un examen hoy.

¿A qué hora **vuelven** Uds. a casa?

Volvemos a eso de las cinco.

¿Cuándo **vuelves** de Europa?

Vuelvo en septiembre.

¿Cómo **vuelves** de tu trabajo?

Vuelvo en tren.

¿Cuántas horas **duermes** por día?

Duermo ocho horas por día.

¿**Dormís** en la clase de español?

¡Imposible! No **dormimos** nunca en la clase de español.

Los verbos **recordar, volver** y **dormir** sirven de modelo para los verbos que tienen el cambio **o → ue** en la última sílaba de la raíz. Note que este cambio también ocurre en las tres conjugaciones, pero no en las formas que corresponden a **nosotros** y a **vosotros**.

Sinopsis:

recordar (ue)		*volver (ue)*		*dormir (ue)*	
recuerdo	recordamos	vuelvo	volvemos	duermo	dormimos
recuerdas	recordáis	vuelves	volvéis	duermes	dormís
recuerda	recuerdan	vuelve	vuelven	duerme	duermen

Otros verbos con este cambio son: **almorzar, costar, encontrar** y **morir**. Ejemplos:

Yo **almuerzo** en casa los miércoles. *(almorzar = comer a mediodía)*
Las flores **cuestan** ocho dólares la docena. *(¿Cuánto cuesta? = ¿Cuál es el precio?)*
Los alumnos **encuentran** muchos libros útiles en la biblioteca municipal. *(encontrar ≠ perder)*
Muere mucha gente en accidentes de coche. *(morir ≠ vivir)*

Estudie:

> **Vuelvo** mañana a las seis de la tarde.
> **Devuelvo** los libros a la biblioteca la semana próxima.

> **Volver** significa *volver físicamente, en persona.* **Devolver** significa *devolver un objeto.*

Estudie:

Mamá, ¿**puedo** ir a la casa de Francisco hoy?

No, no **puedes** ir a la casa de Francisco porque tienes que estudiar.

Profesor, no **puedo** asistir a clase mañana porque tengo cita con el médico.

¿**Pueden** Uds. ir al campo conmigo mañana?

No, no **podemos** ir contigo porque va a hacer frío.

> **Poder + infinitivo** significa **tener la capacidad de hacer algo**. Observe que **poder + infinitivo** también se usa para **pedir permiso**.

práctica ✳

Use el verbo *poder* para pedir permiso a alguien en la clase. Suponga que la otra persona es un profesor, su madre, un policía o alguna otra figura de autoridad. Siga el modelo:

Modelo: Sr. Policía, ¿dónde puedo dejar mi coche?
Ud. puede dejar su coche aquí en la calle.

6.6 ¿ **Juega** (al) fútbol tu hermano?
No, pero **toca** trompeta en la banda.

¿**Juega** Ud. (al) baloncesto?

No, ya no **juego** porque es un deporte para jóvenes.

¿**Juegas** bien (al) tenis?

Sí, **juego** bien si el otro jugador no es muy bueno.

¿Dónde **jugáis** (al) ajedrez?

Jugamos en el parque.

¿Cuántos jugadores **juegan** en un equipo de béisbol?

Hay nueve jugadores en un equipo de béisbol.

¿Dónde **juegan** los niños cuando hace mal tiempo?

Juegan en casa cuando hace frío.

El verbo **jugar** es el único verbo español que tiene el cambio de raíz u → **ue**. Observe que antes del nombre de un deporte específico, a veces se usa **a** + **el artículo definido** con **jugar**.

Un partido de fútbol

Sinopsis:

jugar (ue)	
juego	jugamos
juegas	jugáis
juega	juegan

práctica

Pregúntele a un compañero o a una compañera de clase:

¿Qué deporte juega?   ¿Qué deporte prefiere?   ¿Cuál es su juego favorito?   ¿Cuántos jugadores hay en un equipo de fútbol, de béisbol, etc.?   ¿Si juega a los naipes?   ¿Cuándo? ¿Con quién?   ¿Por qué?

Use las palabras y frases a continuación como guía:

el baloncesto	el bridge	el béisbol	el dominó	el tenis
el boliche	las cartas (los	el fútbol	las damas	el ajedrez
el volibol	naipes)	la pelota	el billar	el chaquete

Los juegos

el ajedrez   las damas

Los deportes

la jugadora

el baloncesto

el equipo   el entrenador

la pelota

el fútbol

el boliche

Estudie:

¿**Toca** en la orquesta tu hermano?   No, pero **toca** en la banda.
¿**Tocas** la guitarra?   No, pero **toco** el piano.
¿Qué clase de música **tocan** Uds.?   **Tocamos** música clásica.

Voy a **poner** un disco porque
    queremos bailar.
Siempre **pongo** música clásica
    cuando quiero estudiar.
¿Por qué no **pones** el estéreo? Está
    muy triste la fiesta.

Jugar se combina con **deportes** y **juegos**. **Tocar** se usa con instrumentos musicales y canciones. **Poner** se usa con aparatos eléctricos.

práctica ✳

Pregúntele a un compañero o a una compañera de clase:

¿Qué instrumento toca?   ¿Cuál prefiere?   ¿Qué instrumentos son necesarios para su música favorita?   ¿Si canta en un coro?   ¿Si canta ópera?   ¿Qué clase de disco pone para estudiar, para trabajar, para pensar, para bailar?

el coro   la directora

Use las palabras y frases a continuación como guía:

música clásica	música folklórica	música de jazz
música de ópera	música de teatro musical	una canción
el acordeón	el arpa	el banjo
el clarinete	el mandolín	el órgano
el oboe	el piano	el saxofón
el tambor	el trombón	el violín
el violonchelo	el violón	la armónica
la flauta	la guitarra	la trompeta
la tuba	la viola	

el conjunto

el tamborista   la cantante   el guitarrista

6.7 **Se** estudia bien en la biblioteca.
No **se** debe fumar en una estación de gasolina.

Se compra comida en el mercado.
Uno compra comida en el mercado.
Todo el mundo compra comida en el mercado.
La gente compra comida en el mercado.
Compran comida en el mercado.
Todos compran comida en el mercado.

Las frases precedentes son más o menos equivalentes.

Estudie:

Se habla español en el mercado que está cerca de mi casa.
¿Dónde **se** puede comer comida japonesa?
¿Cómo **se** va a la playa?
Se va al hospital cuando **se** está muy enfermo.
No **se** debe fumar en las montañas cuando hace calor.
Se estudia en la biblioteca y también en casa.
No **se** usa el verbo *jugar* con instrumentos musicales.
Se entra por la puerta y no por la ventana.
¿Dónde **se** encuentra el parque?
Se encuentra el parque a una cuadra de la catedral.

Se en las frases anteriores funciona como un sujeto humano no-especificado.
En una frase negativa, **no** precede a **se**.

El órgano de la Catedral de Sevilla

Estudie:

> Se **venden camisas** en el centro.
> ¿Dónde se **encuentran las ruinas** aztecas?
> Se **Encuentran** las ruinas a veinte kilómetros de la capital.
> Se **compran legumbres** muy buenas en ese mercado.

Cuando **se** se usa con un sustantivo plural, a veces el verbo es plural también.

práctica ❋

A. Invente una terminación lógica para las frases a continuación:

1. Se come buena comida china en … *2.* Se habla español en … *3.* Se estudia más en … *4.* Se juega fútbol durante los meses de … *5.* Se toca jazz en … *6.* Se vive bien en … *7.* Se vende … en … *8.* Se compra … en …

B. Invente una pregunta para alguien en la clase con **se**; use las preguntas a continuación como guía:

1. ¿Dónde se vive mejor en los Estados Unidos? *2.* ¿Dónde se vende buena ropa? *3.* ¿Dónde se come buena comida china? *4.* ¿Dónde se habla ruso?

6.8 ¿Quieres comprar **algo**?
No, **no** quiero comprar **nada**.

¿Necesitas **algo**?	No, **no** necesito **nada**.
¿Hay **alguien** a la puerta?	No, **no** hay **nadie** a la puerta.
¿Tienes **algunos** primos en Honduras?	No, **no** tengo **ningún** primo en Honduras.
¿Vas a comprar **algunas** camisas?	No, no voy a comprar **ninguna** camisa.
¿Se vende atole **en alguna parte**?	No, no se vende atole **en ninguna parte**.
¿Vas **a alguna parte** el martes?	No, no voy **a ninguna parte** el martes.
¿**Siempre** comes en la cafetería?	No, **no** como **nunca** en la cafetería.
¿**A veces** vas a las montañas en invierno?	No, **no** voy **jamás** a las montañas en invierno.
¿Quieres café **o** té?	**No** quiero **ni** café **ni** té.
¿Vas al banco **y** a la farmacia?	**No** voy **ni** al banco **ni** a la farmacia.
Lola va al cine y Marcos va **también**.	Rosa no va al cine y José **no** va **tampoco**.

Las palabras en negrilla en la primera columna son **expresiones afirmativas**.

Las palabras en negrilla en la segunda columna son **expresiones negativas** que corresponden a las expresiones afirmativas de la primera columna.

La palabra **no** precede al verbo cuando hay una expresión negativa después del verbo.

Sinopsis:

expresiones afirmativas	expresiones negativas
algo	nada
alguien	nadie
algún	ningún
alguna	ninguna
algunos	ningún
algunas	ninguna
alguna parte *somewhere*	ninguna parte
siempre	nunca o jamás
a veces *sometimes*	nunca o jamás
o … o	ni … ni
también	tampoco *either*

Juan está en [handwritten annotation next to "alguna parte"]

Estudie:

¿Hay **algunos** músicos en el teatro?   No, no hay **ninguno**.
¿Tienes primos en Europa?   No, no tengo **ninguno** allí.
¿Cuál de las flores prefieres?   No prefiero **ninguna**.
¿Vas a comprar **algunas** camisas?   No, no voy a comprar **ninguna**.

Ninguno y **ninguna** funcionan como pronombres; en otras palabras, toman el lugar de un sustantivo. Las formas plurales, *ningunos* y *ningunas*, son muy infrecuentes.

Estudie:

Nada explica por qué esos jóvenes siempre llegan tarde.
Nadie canta mejor que Isabel.
Ningún estudiante quiere asistir a la reunión.
Ninguno de mis amigos es policía.
Ninguna mujer está en el equipo de béisbol.
Ninguna de mis amigas juega al fútbol.
Nunca como carne.
Jamás duermo en clase.
Ni Juan **ni** José quieren regar las plantas.

La palabra **no** se omite cuando la expresión negativa precede al verbo.

Estudie:

No hay **nadie** en **ninguna parte**.
No viene **nadie** aquí **nunca**.
Nadie quiere comprar **nada**.

Las expresiones negativas se combinan con otras expresiones negativas.

práctica ✳

Ponga en negativo las frases a continuación. Siga el modelo:

Modelo: Los chicos quieren algo.
Los chicos no quieren nada.

1. Siempre quiero escuchar música moderna. **2.** Hay alguien en el pasillo. **3.** Alguien vive en la luna. **4.** Algunos de mis amigos pueden ir. **5.** Algunas mujeres de mi clase tienen hijos. **6.** Necesito hablar con alguien. **7.** A veces llegamos tarde. **8.** Queremos comprar algo. **9.** Gumersinda trabaja en alguna parte. **10.** Voy a comprar el pan y el vino.

EJERCICIOS ESCRITOS

1. (a) Conteste las preguntas con frases completas (6.1):

1. ¿Dónde vive Ud.? **2.** ¿Cuándo no asiste Ud. a clase? **3.** ¿A qué hora sale Ud. de clase? **4.** ¿Cuándo abres tú la ventana de tu dormitorio? **5.** ¿Quién decide cuál va a ser la tarea? **6.** En la clase, ¿quiénes escriben las frases en la pizarra? **7.** ¿A qué hora salen Uds. de clase? **8.** ¿Cuándo deciden Uds. qué clases van a tomar? **9.** ¿Cuándo no abren Uds. sus libros de texto? **10.** ¿Por qué asistís vosotros a la universidad?

(b) Invente una frase con los elementos a continuación:

1. Mis primos / vivir **2.** Los profesores / asistir **3.** Yo / salir **4.** Mis padres / decidir **5.** Los niños / subir **6.** Yo / vivir con **7.** Nosotros / abrir **8.** Un novelista / escribir

2. Sustituya el adjetivo que está entre paréntesis por el adverbio en *-mente* (6.2):

1. El cura habla (serio) con el muchacho. **2.** Vamos (frecuente) a la playa. **3.** Los mecánicos trabajan (eficaz). **4.** Los muchachos caminan (rápido). **5.** Mario habla (constante). **6.** (General) hace calor en verano. **7.** Luz responde (atento) a las preguntas de su madre. **8.** (Feliz) no tenemos que hacer la tarea antes del concierto.

3. Llene los espacios en blanco con **más ... que, menos ... que, tan ... como, más que, menos que, tanto como, mejor que** o **peor que** (6.3):

1. Mi hermana estudia todos los días. Yo estudio los domingos. Mi hermana estudia _____ diligentemente _____ yo. **2.** Nosotros hacemos un viaje por año. Nuestros vecinos viajan cada mes. No viajamos _____ nuestros vecinos. **3.** Los mexicanos hablan rápidamente. Los españoles hablan muy rápidamente. Los mexicanos hablan _____ rápidamente _____ los españoles. **4.** Mi mamá camina despacio. Mi abuela camina muy despacio. Mi mamá camina _____ despacio _____ mi abuela. **5.** El Sr. Menéndez gana $15.000 al año. Luisa gana $20.000 al año. El Sr. Menéndez no gana _____ Luisa. **6.** Yo canto mal. Mi tío canta muy mal. Mi tío canta _____ yo. **7.** Yo practico el piano una hora al día. Mi hermana practica dos. Mi hermana practica _____ yo.

4. (a) Invente una frase usando los elementos a continuación (6.4):

1. Mi madre / preferir **2.** Nosotros / querer **3.** Yo / cerrar **4.** Ellos / pensar **5.** Tú / regar **6.** La clase / comenzar **7.** Yo / mentir **8.** Vosotros / entender **9.** Mi mejor amiga / preferir **10.** El equipo de / perder el partido

(b) Conteste las preguntas a continuación con frases completas:

1. ¿Prefieres el campo a la ciudad? *2.* ¿En qué piensa Ud. en este momento? *3.* ¿Por qué quieren Uds. aprender español? *4.* ¿A qué hora comienza la clase de español? *5.* ¿Quién cierra la puerta cuando la clase empieza? *6.* ¿Qué quieres hacer después de clase mañana? *7.* ¿Quién riega las plantas en tu casa? *8.* ¿En qué piensa Ud.? *9.* ¿Quién miente mucho? *10.* ¿Entiende Ud. los verbos que tienen un cambio de raíz?

5. *(a)* Invente una frase usando los elementos a continuación (6.5):

1. Los alumnos / volver / mañana *2.* Yo / dormir / horas por día *3.* Mi abuela / recordar / sus años de infancia *4.* Los lunes / yo almorzar con *5.* Uds. / no poder / estar ausentes *6.* ¿Cuánto / costar *7.* Los malos alumnos / no devolver *8.* Nosotros / encontrar / en el centro *9.* Mis mejores amigos / dormir *10.* Vosotros / poder / hablar de España

(b) Conteste las preguntas con frases completas:

1. ¿A qué hora vuelve Ud. a casa? *2.* ¿Quién duerme en la clase de español? *3.* ¿Con quién almuerzas los domingos? *4.* ¿Quién en la clase recuerda los tiempos del presidente Kennedy? *5.* ¿Siempre devuelves tus libros a tiempo a la biblioteca? *6.* ¿Qué puede Ud. ver en este momento? *7.* ¿Dónde encuentra Ud. libros interesantes? *8.* ¿Cuánto cuesta un típico desayuno americano?

6. Complete las frases con la forma correcta de **jugar**, **poner** o **tocar** (6.6):

1. Raúl y Eusebio _____ al tenis los domingos. *2.* ¿Por qué no _____ Ud. un disco? *3.* Mi hermana _____ tambor en la banda. *4.* Olivia y Teresa _____ al ajedrez. *5.* Irene y yo _____ la flauta en la orquesta sinfónica. *6.* Yo _____ el radio por la mañana para escuchar el noticiero. *7.* Mis hermanos y yo _____ volibol en el gimnasio. *8.* ¿Qué deportes _____ tu hija? *9.* Esa banda sólo _____ música latina. *10.* Olivia y Teresa _____ al ajedrez en el parque.

7. Escriba las frases de nuevo con **se**. Siga el modelo (6.7):

Modelo: Hablan español en México.
         Se habla español en México.

1. La gente no debe hablar en la iglesia. *2.* Todos viajan en avión en estos días. *3.* ¿Adónde va uno para comprar libros? *4.* Uno no escucha la radio mientras hace la tarea. *5.* Hacen pan en una pandería. *6.* Los estudiantes trabajan mucho para sacar buenas notas. *7.* Hablan portugués en el Brasil. *8.* Uno no puede hablar bien con la boca llena.

8. *(a)* Escriba las frases de nuevo en afirmativo (6.8):

1. No vive nadie en esa casa vieja. *2.* No puedo ver nada. *3.* No voy ni al cine ni al parque. *4.* No pasa nada en el centro. *5.* Ninguno de mis amigos estudia conmigo. *6.* Nunca como carne. *7.* Nunca encuentro buen pescado en ninguna parte. *8.* Ni Juan ni José quieren ir con nosotros. *9.* Ninguna chica está en mi clase de francés.

(b) Escriba de nuevo las frases a continuación en negativo:

1. Hay alguien en el pasillo. *2.* Ese muchacho tiene algunos problemas serios. *3.* Algunas de las chicas son mis amigas. *4.* A veces como en ese restaurante de la esquina. *5.* Soy comunista y capitalista. *6.* Voy siempre al mismo sitio. *7.* Puedo ver algo debajo de tu silla. *8.* Voy a comprar algunas blusas. *9.* Javier quiere comer, y Silvia quiere comer también.

LECTURA

dos conversaciones sobre temas grandes y profundos

conversación I: Javier y el Profesor

Profesor: Javier, tienes fama de ser un gran deportista.

Javier: Ud. entiende bien. Juego un poco de baloncesto y juego mucho fútbol, pero mi deporte favorito es la natación. Nado todos los días en la piscina del gimnasio.

Profesor: ¡Qué impresionante! ¿Tienes tiempo para otras actividades?

Javier: Claro que sí. Comienzo muy temprano por la mañana porque soy jefe del equipo de debates, bailo con un grupo folklórico mexicano, canto en el coro, y toco la trompeta en la banda estudiantil. Vuelvo a casa tarde y duermo solamente seis horas por noche.

Profesor: ¡Dios mío! Y ¿cuándo encuentras tiempo para estudiar?

Javier: Bueno, profesor. Quiero hablar con Ud. sobre eso. La verdad es que generalmente no tengo tiempo para estudiar porque estoy muy ocupado con otras cosas.

Profesor: Pero, Javier, ¿por qué, entonces, estás aquí? ¿No tienes interés en recibir una buena educación? Cuesta mucho estudiar aquí, sobre todo si no piensas trabajar.

Javier: Sí, tengo mucho interés en recibir una buena educación; es por eso que hago tantas cosas. Mi filosofía es que los estudios nunca deben interferir con la verdadera educación.

conversación II: un coloquio telefónico

(Suena el teléfono en la casa de Teresa, que está de mal humor porque tiene un examen mañana.)

Teresa: Aló. ¿Quién habla?

Susana: Soy yo, y tengo una noticia estupenda.

Teresa: ¿Qué noticia puede ser estupenda con este tiempo de lluvia y el frío que hace? Sin duda, este invierno va a ser una tortura continua. ¿Se puede saber por qué estás de tan buen humor?

Susana: Estoy de buen humor porque estoy enamorada, locamente enamorada.

Teresa: Eso **parece** serio. ¿Quién es el **galán**?

Susana: Se llama Angel; es de la Argentina, y está aquí para estudiar ingeniería en un programa de intercambio. Y
además, es guapísimo, un verdadero bombón.

Teresa: Pues yo no **confío** en los hombres guapos. Son arro-
gantes, egoístas, e insensibles.

Susana: Angel no es así. Es muy **culto**, habla cinco idiomas, sabe
de arte y de literatura, y es un excelente deportista.
Y anda con gente muy buena. Yo, por ejemplo.

Teresa: ¡Qué vanidosa!

Susana: No soy vanidosa. Sólo sé apreciar mis verdaderas cualidades.

Teresa: Basta. Si hablas más, voy a terminar enferma.

Susana: Está bien, pero también llamo por otro motivo. Angel
tiene un amigo que se llama Jorge; también es argentino, guapísimo, culto, sensible, etc. etc., y quiere
conocerte. Ya sé que nunca confías en los hombres
guapos, pero tal vez esta vez puedes hacer una excepción.

Teresa: Bueno, tal vez para **mejorar** la comprensión internacional ...

Susana: Claro, solamente por eso. Mañana hablo con Angel para
ver si podemos **arreglar** algo. Hasta entonces.

Teresa: Buenas noches, querida, y cuidado con los sueños ''an-
gélicos''.

Susana: Tienes un horrible sentido del humor. Adiós.

parecer: tener la apariencia de / **galán**: un hombre que enamora a una mujer / **confiar en**: tener confianza / **culto**: refinado

mejorar: hacer mejor

arreglar: organizar

creación ✳

A. Prepare con otro/a estudiante en su clase una conversación telefónica sobre un tema relacionado con sus clases, sus problemas, sus amores, su situación en el cosmos, etc.

B. Escriba una corta composición o prepare un informe oral sobre las diversiones de su ciudad. Use las preguntas a continuación como guía:

¿Cuántos habitantes viven en su ciudad? ¿Qué grupos étnicos hay en su ciudad? ¿En que parte de la ciudad están los cines? ¿Los teatros? ¿Qué tipos de música se escucha en su ciudad? ¿Hay una orquesta sinfónica en su ciudad? ¿Qué clase de obras se presentan en los teatros de su ciudad? ¿Qué deportes se juegan? ¿Hay equipos profesionales en su ciudad? ¿Adónde va la gente si sólo quiere conversar?

PRONUNCIACIÓN Y ORTOGRAFÍA

A. El sonido de las letras **j, g,** + **e** y **g** + **i** es **[x]**. Este sonido no existe en inglés, pero es muy fácil de pronunciar porque es una **k fricativa** o **[ƙ]**. Imite bien el modelo de su profesor/a:

jugar	juego	jugo	José	Juana	jefe	pájaro	ja, ja, ja
gente	gimnasio	general	legible	gema	ginecología	ángel	

Algunos nombres conservan una ortografía arcaica; en tales palabras la letra **x** se pronuncia como **[x]**. Por ejemplo, *México, Texas* y *Oaxaca*. A veces tales palabras se escriben con ortografía moderna: *Méjico, Tejas* y *Oajaca*.

B. En los verbos que terminan en **-ger**, se cambia la **g** por **j** para conservar el sonido original en algunas combinaciones:

¿Quién recoge los platos después de cenar?

Yo **recojo** los platos después de la cena. *(recoger: coleccionar, reunir)*

¿Escoges tú las fechas de tus vacaciones?

No, yo no **escojo** las fechas de mis vacaciones. *(escoger: seleccionar)*

Sinopsis:

recoger: **recojo**, recoges, recoge, recogemos, recogéis, recogen
escoger: **escojo**, escoges, escoge, escogemos, escogéis, escogen

VOCABULARIO

juegos y deportes

ajedrez
baloncesto
béisbol
boliche (el)
bridge (el)
carrera de caballos

chaquete (el)
dominó
equipo
jugador
la pelota

las cartas (los naipes)
tenis (el)
volibol

la música

acordeón
armónica
arpa
banjo
canción

música
músico
ópera
órgano
oboe (el)

trombón
trompeta
tuba
viola
violín

cantante
clásica
clarinete
flauta
folklórica
guitarra
jazz (el)
mandolín

orquesta sinfónica
piano
saxofón
sinfonía
tambor
teatro musical

violón
violonchelo

las plantas

árbol
arbusto
cacto
césped (el)

flor (la)
rosa
violeta

verbos

abrir ≠ cerrar (ie)
almorzar (ue)
asistir
costar (ue)
decidir
devolver (ue)
dormir (ue)
empezar (ie) = comenzar (ie)
encontrar (ue) ≠ perder (ie)
entender (ie) = comprender

escoger = seleccionar
escribir
jugar (ue)
mentir (ie)
morir (ue) ≠ vivir
pensar (ie)
poder (ue)
preferir (ie)
querer (ie)
querer decir = significar

recoger
recordar (ue)
regar (ie)
salir
subir
tocar
volver (ue)

expresiones afirmativas y negativas

a veces ≠ nunca, jamás
algo ≠ nada
alguien ≠ nadie
alguna parte ≠ ninguna parte

algunas ≠ ninguna
algunos ≠ ningún, ningunof
o ... o ≠ ni ... ni

siempre ≠ nunca, jamás
también ≠ tampoco

adverbios

aprisa
despacio

7.1 ¿Tocas la guitarra?
Sí, pero no **la** toco muy bien.

7.2 ¿**En** qué **piensas**?
Pienso en mi madre porque hoy es su cumpleaños.

7.3 ¿Quieres ver mis fotos?
Sí, **las** quiero ver.
Sí, quiero ver**las**.

7.4 Veo las montañas.
Veo **a las muchachas**.

7.5 ¿**Conoces** a Marta?
No **sé** quién es. No **conozco** a Marta.

7.6 ¿No **me** reconoces?
Claro que **te** reconozco. Nunca vas a cambiar.

7.7 ¿Conoce Ud. a Juan y a María?
Lo conozco **a él**, pero no **la** conozco **a ella**.

vocabulario:

la casa

EXPOSICIÓN GRAMATICAL

7.1 ¿Tocas **la guitarra**?

Sí, pero no **la** toco muy bien.

¿Tienes **el coche** de tu papá hoy?	No, no **lo** tengo. Papá **lo** tiene.
¿Recuerdas **el número de teléfono de tu primo Mario**?	No, no **lo** recuerdo, pero creo que **lo** tengo en mi dormitorio.
¿Tienes **mi diccionario**?	Sí, aquí **lo** tengo. ¿**Lo** necesitas ahora?
¿Tocas **la flauta**?	Sí, pero ya no **la** toco mucho.
¿Recuerdas **la fecha del cumpleaños de tu mamá**?	Claro que **la** recuerdo. Es el dos de mayo.
¿Dónde preparan Uds. **la comida**?	**La** preparamos en la cocina.
¿Cuándo devuelven Uds. **los libros**?	**Los** devolvemos después de dos semanas.
¿Cada cuándo riegas **los árboles de tu jardín**?	**Los** riego cada semana.
No **encuentro** mis lentes de contacto.	¿No están en el baño? Siempre **los** dejas allí.
¿Quieres **las llaves del coche**?	Sí, **las** necesito para ir al centro.
¿Cuándo riegas **tus rosas**?	**Las** riego los fines de semana.
¿Por qué cierra Ud. **las ventanas**?	**Las** cierro porque tengo frío.

Las palabras en negrilla en las frases precedentes son **complementos directos**. El **complemento directo** recibe la acción del verbo. Es muy fácil encontrar el complemento directo porque siempre contesta la pregunta *¿Verbo + qué?* Por ejemplo:

Yo tengo dos libros.	*¿Yo tengo qué? Dos libros.* (*Dos libros* es el complemento directo.)
Marisela mira las fotos.	*¿Marisela mira qué? Las fotos.* (*Las fotos* es el complemento directo).

En las frases de la segunda columna de arriba, **lo, la, los** y **las** toman el lugar de los complementos directos de la primera columna. Son **complementos directos pronominales**.

Los complementos directos pronominales *preceden* al verbo.

práctica ❋

Conteste las preguntas con un complemento directo pronominal. Siga el modelo:

Modelo: ¿Tienes las llaves?
             Sí, las tengo aquí.

1. ¿Sabes las palabras nuevas?   *2.* ¿Tienen Uds. el libro?   *3.* ¿Quieres mi coche?
4. ¿Quién explica la gramática?   *5.* ¿Dónde compras tu ropa?   *6.* ¿Comprenden Uds.
los nuevos verbos?   *7.* ¿Sabe Ud. la dirección del presidente del país?   *8.* ¿Cada cuándo
riegas tus plantas?   *9.* ¿Quién prepara la comida en tu casa?

7.2   ¿**En** qué **piensas**?
Pienso en mi madre porque hoy es su cumpleaños.

¿**En** qué **consiste** un verbo?	Un verbo típico **consiste en** una raíz y una desinencia.
¿**En** qué **consisten** los muebles de la sala?	Los muebles de la sala **consisten en** un sofá, varias mesas y un sillón grande.
¿**Con** qué **sueñas**?	Casi siempre **sueño con** cosas absurdas.
¿Nunca **sueña** Ud. **con** su familia?	Sí, a veces **sueño con** mi familia.
¿Por dónde se **entra en** el garage?	Se **entra en** el garage por aquella puerta.
¿Cuándo **sales de** tu clase?	**Salgo de** mi clase por la tarde.
¿**Vas a** casa ahora?	No, primero **voy a** la tienda.
¿Siempre **asistes a** clase?	Sí, casi siempre **asisto a** clase.

Algunos verbos requieren una **preposición** cuando se combinan con un **sustantivo**. Estudie las combinaciones a continuación:

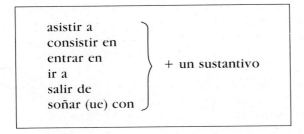

```
asistir a
consistir en
entrar en          + un sustantivo
ir a
salir de
soñar (ue) con
```

Estudie:

¿**En** qué **piensas**?

¿**Piensan** Uds. **en** los misterios de la vida?

¿Qué **piensas de** mis nuevos muebles?

¿Qué **piensan** Uds. **de** la situación económica?

Pienso en el examen de mañana.

Todos **pensamos en** los misterios de la vida.

Pienso que son muy lindos.

Pensamos que es un problema complicado.

Pensar en significa **considerar**.
Pensar de significa **tener una opinión**.

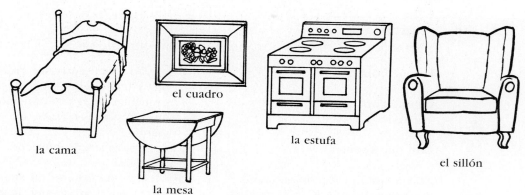

la cama

el cuadro

la mesa

la estufa

el sillón

Estudie:

¿Dónde **escuchas** el noticiero?

¿Qué **escuchas**?

¿Dónde **pago** la comida?

¿Quién **paga** las entradas para el teatro?

¿Dónde **esperas** el autobús?

¿Vas al cine a pie?

¿Por qué **buscas** tus llaves?

¿Qué vas a **buscar** en el centro?

¿Qué **miras**?

¿Por qué **miras** ese cuadro tanto?

Lo **escucho** en casa.

En este momento, no **escucho** nada.

La **pagas** allí en la caja.

Yo las **pago**.

Lo **espero** en la parada de autobuses.

No, voy a **esperar** un taxi.

Las **busco** porque las necesito.

Voy a **buscar** un cuadro para el vestíbulo.

Miro unos pájaros que están en ese árbol.

Lo **miro** porque es hermoso.

Los verbos **buscar, escuchar, esperar, mirar** y **pagar** *no* necesitan preposición cuando se combinan con un sustantivo. Observe que estos verbos tampoco usan una preposición con **complementos directos pronominales**.

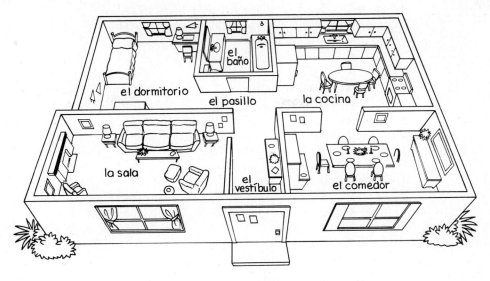

la casa

Estudie:

¿Qué **esperas** aquí?

Espero el autobús de las seis de la tarde.

¿Qué **esperan ser** Uds.?

Esperamos ser médicos.

¿Dónde se **esperan** los taxis?

Los taxis se **esperan** frente al hotel.

¿Qué **esperas aprender** en la universidad?

Espero aprender todos los secretos del universo.

Note la diferencia entre **esperar** + un *sustantivo* y **esperar** + un *infinitivo*.

práctica

Pregúntele a un compañero o a una compañera de clase:

1. ¿Qué haces
   - en la cocina?
   - en el comedor?
   - en la sala?
   - en el vestíbulo?
   - en el garage?
   - en el dormitorio?

2. ¿Qué buscas
   - en el baño?
   - en el refrigerador?
   - en el vestíbulo?
   - en el centro?

3. ¿Qué esperas
   - en el aeropuerto?
   - en la sala de espera de un médico?
   - en la parada de taxis?

4. ¿Qué usas
   - para dormir?
   - para cocinar?
   - para guardar la comida?
   - para guardar el coche?
   - para escribir?
   - para descansar?

7.3 ¿Quieres ver mis fotos?
Sí, quiero ver**las**.

¿Sabes tocar la guitarra?	Sí, sé tocar**la**.
¿Prefieren ustedes hacer los ejercicios en la cocina o en el comedor?	Preferimos hacer**los** en la cocina, cerca del refrigerador.
¿Necesita Ud. estudiar la gramática?	Sí, necesito estudiar**la**.
¿Quiere Ud. comprar el coche del profesor?	No, no quiero comprar**lo** porque es muy viejo.
¿Debo regar las flores cada día?	No, sólo debes regar**las** dos veces por semana.
¿Piensan Uds. vender su casa?	No, no pensamos vender**la** nunca.
¿Quieres aprender el español bien?	Claro que sí. Quiero aprender**lo** fabulosamente bien porque mi novia es peruana.

Cuando hay un verbo y un infinitivo con un complemento directo pronominal, el complemento generalmente **se agrega** al infinitivo. Es decir, el infinitivo y el pronombre forman una sola palabra. Por ejemplo:

¿Quieres ver las fotos?	Sí, quiero ver**las**.	Sí, **las** quiero ver.
¿Quién va a pagar los dulces?	Yo voy a pagar**los**.	Yo **los** voy a pagar.
¿Podemos esperar el autobús aquí?	No, debemos esperar**lo** en la parada.	No, **lo** debemos esperar en la parada.

El complemento directo pronominal también puede estar antes del primer verbo. *Nunca* está entre el verbo y el infinitivo.

¿Quieres comer conmigo?

práctica ❋

Responda a las situaciones a continuación con una frase con **quiero** o **queremos**. Siga el modelo:

Modelo: Hay un hermoso pastel en el refrigerador. (comer)
  Quiero comerlo. o *Queremos comerlo.*

1. Hay dos buenas películas en el Cine Astro. (ver) *2.* Marisa tiene un buen vino español. (probar) *3.* En esa tienda hay un lindo vestido. (comprar) *4.* Mamá tiene unas galletas deliciosas. (comer) *5.* Tengo una carta amorosa de mi novio/novia. (leer) *6.* Miguel tiene unas fotos preciosas de su novia. (ver) *7.* Juana tiene buenos apuntes. (copiar) *8.* Javier tiene tres discos nuevos. (escuchar)

7.4 Veo las montañas.
   Veo **a las muchachas**.

Los estudiantes entienden las palabras.	Los estudiantes entienden **a sus profesores**.
Recordamos los discursos del presidente.	Recordamos **al presidente**.
Julia encuentra sus libros en la biblioteca.	Julia encuentra **a sus amigos** en la biblioteca.
Pablo lleva el televisor al cuarto de su abuela.	Pablo lleva **a los niños** en su coche.
Marisela busca sus llaves.	Marisela busca **a su primo**.
Esperamos el avión en el aeropuerto.	Esperamos **a mi abuela** en en el aeropuerto.

Una **a** precede el complemento directo cuando el complemento directo es **una persona definida** o un **grupo de personas**. Esa **a** se llama la **a personal**.

Estudie:

¿Qué buscas?	Busco una mesa desocupada.
¿A quién buscas?	Busco **a mi profesor**.
¿Qué miras?	Miro esos nuevos coches que son tan lindos y tan caros.
¿A quiénes miras?	Miro **a aquellos jugadores** de fútbol.

Se usa **a quién** o **a quiénes** en la pregunta si **quién** o **quiénes** son el complemento directo del verbo.

práctica ❋

Invente dos frases con cada verbo a continuación. En la primera frase, el complemento directo debe ser un objeto. En la segunda, el complemento directo debe ser una persona. Siga el modelo:

Modelo: Veo ...
   Veo los coches. y *Veo a mis hermanos.*

1. Buscamos ...   *2.* Quiero ...   *3.* Javier no comprende ...   *4.* Los chicos miran ...
5. Vamos a ver ...   *6.* Quiero escuchar ...   *7.* Mis amigos y yo esperamos ...   *8.* No puedo entender ...

7.5 **¿Conoces** a Marta?
   No **sé** quién es. Yo no **conozco** a Marta.

¿Quién **conoce** al jefe?
¿**Conoces** México bien?

Yo lo **conozco** bastante bien.
Conozco la capital, pero no **conozco** las provincias.

¿**Conocen** Uds. al nuevo alumno?
¿Qué países **conocéis**?

No, no lo **conocemos**. ¿Quién es?
Conocemos casi toda Europa.

El verbo **conocer** se usa con **personas** y **lugares**. Observe que la primera persona singular es **conozco**. Las demás formas son regulares: **conozco**, conoces, conoce, conocemos, conocéis, conocen.

barrer

cocinar

limpiar

Estudie:

   Ud. no va a **reconocer** a Susana; está más bonita ahora que nunca.
   No **reconozco** tu voz cuando hablas por teléfono.

Reconocer se conjuga de la misma forma que **conocer**: **reconozco**, reconoces, reconoce, reconocemos, reconocéis, reconocen.

Estudie:

¿**Saben** Uds.   **cuántos** años tiene el profesor?
                    qué lengua se habla en Brasil?
                    cómo se hace el yogurt?
                    si Margarita quiere pintar su dormitorio?
                    si ese sillón es caro?

Saber se usa con una **pregunta incrustada**. Una pregunta incrustada forma parte de una frase completa; la pregunta incrustada comienza con una **palabra interrogativa** o con **si**. Observe que se conserva el acento escrito en las palabras interrogativas de una pregunta incrustada.

Estudie:

Mis primos **saben hablar** varias lenguas.
¿**Sabes coser** tu ropa o tienes que comprarla?

Saber se usa con un **infinitivo**.

Estudie:

La profesora no sabe **que mañana no puedo estar en clase**.
Nadie sabe **que Uds. están conmigo ahora**.

Se usa **saber** delante de una **cláusula** que comienza con **que**. No es posible omitir **que** en esta construcción.

Estudie:

Lola sabe   **la fecha de nacimiento** de su hermano.
               la dirección de los Torres.
               el número de teléfono de Estela.
               la lección.
               la respuesta.

Saber es el resultado de **aprender** o de **memorizar**.

Estudie:

Nosotros **conocemos**   **el problema**.
                      la situación del país.
                      el nuevo sistema de la computadora IBM.
                      las novelas de Manuel Puig.

Conocer indica un conocimiento superficial y general.

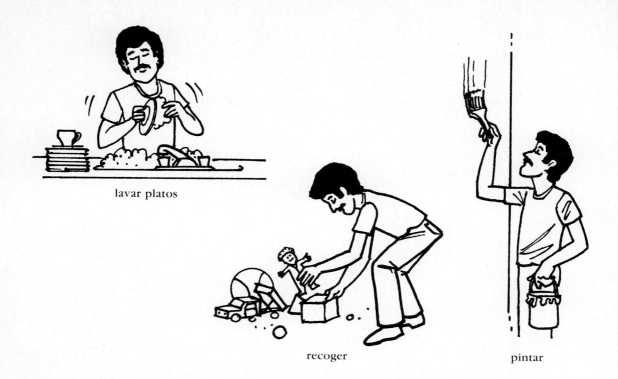

lavar platos

recoger

pintar

Compare:

Lisa **sabe** el poema.
= *Lisa puede recitar el poema de memoria.*

Juan **conoce** el poema.
= *Juan sabe cómo es el poema y lo reconoce cuando lo escucha.*

Javier **sabe** esa sonata.
= *Javier sabe tocar la sonata.*

Marina **conoce** esa sonata.
= *Marina sabe cómo es la sonata, y la reconoce cuando la escucha.*

Saber y **conocer** pueden usarse en la misma frase, pero *siempre* hay una diferencia de significado.

práctica

En las frases a continuación, use la forma correcta de **conocer** o **saber** según los nuevos complementos directos:

1. Yo ... *(Nueva York, la dirección de Estela, la calle Mora, quién es)*
2. Mi padre no ... *(dónde vive, que estoy aquí, ese teatro, a Marisa)*
3. Ellos no ... *(si la película es buena, en qué cine está, el cine)*
4. ¿Tú no ...? *(el nombre de la calle, a Carlos, el centro, mi coche)*

7.6 ¿Recuerdas a **Carmen Miranda**?
No, no **la** recuerdo.

¿Recuerdas a **Jack Benny**?	Sí, **lo** recuerdo bien.
¿Conoces a **Gabriela Sánchez**?	Sí, **la** conozco muy bien.
¿Reconoces a **esos señores**?	No, no **los** reconozco. ¿Quiénes son?
¿Ve Ud. a **aquellas mujeres**?	No, no **las** veo en ninguna parte.

Los complementos directos pronominales, **lo, la, los** y **las**, también se refieren a personas en tercera persona singular y plural.

Estudie:

¿No **me** reconoce Ud.?	No, muchacho, no **te** reconozco.
	No, señor, no **lo** reconozco. ¿Es Ud. el médico?
	No, señora, no **la** reconozco. ¿Es Ud. la madre de Javier?
¿No **nos** reconoce Ud.?	No, no **los** reconozco. ¿Son Uds. los Sres. Beltrán?
	¿No, no **las** reconozco. ¿Son Uds. las hijas del Dr. Martínez?
	¿No, no **os** reconozco. ¿Sois vosotros los niños del Colegio Cervantes?

Me, te, nos y **os** también son **complementos directos pronominales**. Siempre se refieren a personas. **Lo** y **la** son equivalentes de **usted**, masculino y femenino; **los** y **las** son equivalentes de **ustedes**, masculino y femenino.

Estudie las equivalencias entre los **pronombres sujetos** y los **complementos directos pronominales**:

yo	me
tú	te
usted (*m.*) } él	lo
usted (*f.*) } ella	la
nosotros/nosotras	nos
vosotros/vosotras	os
ustedes (*m.*) } ellos	los
ustedes (*f.*) } ellas	las

Estudie:

¿Por qué **me** miras así? **Te** miro así porque te quiero mucho.

¿Por qué escuchas **al profesor**? **Lo** escucho porque es interesante.

¿Dónde busca Jorge **a su tío?** **Lo** busca en el banco.

¿Dónde esperamos **a la abogada?** **La** esperamos aquí en su oficina.

Note que los verbos **mirar, escuchar, buscar** y **esperar** se combinan con un complemento directo y no con una frase preposicional.

Estudie:

¿Cuándo quieres ver**me**? Quiero ver**te** mañana si es posible.

¿Dónde vas a esperar**nos**? Voy a esperar**os** en el Café Prado.

Doctor, ¿puedo ver**lo** mañana? No, pero puede ver**me** el viernes.

Todos los complementos pronominales se pueden agregar a un infinitivo.

práctica

A. Exprese su opinión con respecto a los elementos de la primera columna usando un verbo de la segunda columna. Siga el modelo:

Modelo: ¿Qué piensa Ud. de los jugadores de fútbol?
            Los respeto.

¿Qué piensa Ud. de ...

los mecánicos?   necesito
el servicio de transporte público?   quiero
los profesores?   respeto
mi perro?   detesto
mi gata?   adoro
los deportistas?   odio
el presidente?   admiro
la leche?   busco
el vino francés?   escucho con interés
la universidad X?   temo
las flores de plástico?
la música en los ascensores?

B. Conteste las preguntas con un complemento directo pronominal:

1. ¿Quién te conoce bien?   *2.* ¿Me miras en este momento?   *3.* ¿Quién os admira?
4. ¿Quién paga la comida en tu casa?   *5.* ¿Dónde pones tu dinero?   *6.* ¿Buscas los libros que necesitas en la biblioteca?   *7.* ¿Sabes mi número de teléfono?   *8.* ¿Conoces a los jugadores del equipo de fútbol?   *9.* ¿Quién os conoce mejor—vuestros padres o vuestros profesores?   *10.* ¿Comprenden Uds. los complementos directos pronominales?

coser

reparar, arreglar

7.7 ¿Conoce Ud. a Juan y a María?
Lo conozco **a él** pero no **la** conozco **a ella**.

¿Ve Ud. **el coche?**	Sí, **lo** veo.
¿Ve Ud. **al Sr. Jiménez?**	Sí, **lo** veo **a él**.
¿**Me** ve Ud.?	Sí, **lo** veo **a usted**, señor.
¿Reconoce Ud. **mi voz?**	Sí, **la** reconozco.
¿Reconoce Ud. **a la señorita?**	Sí, **la** reconozco **a ella**.
¿**Me** reconoce Ud.?	Sí, señora, **la** reconozco **a usted**.
¿Recuerda Ud. **esos árboles?**	Sí, **los** recuerdo.
¿Recuerda Ud. **a los González?**	Sí, **los** recuerdo **a ellos**.
¿**Nos** recuerda Ud.?	Sí, **los** recuerdo **a ustedes**.
¿Reconoces **esas playas?**	Sí, **las** reconozco.
¿Reconoces **a esas señoras?**	Sí, **las** reconozco **a ellas**.
¿**Nos** reconoces?	Sí, **las** reconozco **a ustedes**.

Cuando las formas **lo, la, los** y **las** son ambiguas, es necesario agregar **a Ud.**, **a ella, a él, a Uds., a ellos** o **a ellas** para **clarificar** el primer pronombre.

¿**Me** quieres **a mí** o **lo** quieres **a él?**	**Te** quiero **a ti**.
¿**Nos** quieres **a nosotros** o **los** quieres **a ellos?**	**Os** quiero **a vosotros**.

También es posible usar **a mí, a ti, a nosotros, a nosotras, a vosotros** y **a vosotras** para **énfasis** y **clarificación**.

Sinopsis:

pronombre simple	frase de clarificación o énfasis	ejemplo
me ⟶	a mí	Olga **me** mira **a mí**.
te ⟶	a ti	Olga **te** mira **a ti**.
nos ⟶	a nosotros/a nosotras	Olga **nos** mira **a nosotros**.
		Olga **nos** mira **a nosotras**.
os ⟶	a vosotros/a vosotras	Olga **os** mira **a vosotros**.
		Olga **os** mira **a vosotras**.
lo ⟶	a él	Olga **lo** mira **a él**.
	a Ud. *(m.)*	Olga **lo** mira **a Ud.**
la ⟶	a ella	Olga **la** mira **a ella**.
	a Ud. *(f.)*	Olga **la** mira **a Ud.**
los ⟶	a ellos	Olga **los** mira **a ellos**.
	a Uds. *(m.)*	Olga **los** mira **a Uds.**
las ⟶	a ellas	Olga **las** mira **a ellas**.
	a Uds. *(f.)*	Olga **las** mira **a Uds.**

Nota importante: El pronombre simple (*me, te, nos, os, lo, los, la, las*) es obligatorio. La **frase de clarificación** *nunca* puede tomar el lugar del pronombre simple.

práctica ❋

A. Complete las frases con frases de clarificación o de énfasis. Siga el modelo:

Modelo: Lo conocemos ...
Lo conocemos a él. o *Lo conocemos a Ud.*

1. Ella me quiere ... *2.* Los alumnos nos escuchan ... *3.* Los veo ... *4.* Te escucho ... *5.* La esperamos ... *6.* Os admira ... *7.* Las adoro ...

B. Conteste las preguntas con una frase de clarificación o de énfasis:

1. ¿Me miras a mí o lo miras a él? **2.** ¿Nos quieres a nosotros o los quieres a ellos? **3.** ¿Quién te mira a ti? **4.** ¿Adoras a tus hermanos? **5.** ¿Nos respetan Uds.? **6.** ¿Me saluda Ud. a mí? **7.** ¿Quién os admira? **8.** ¿Quién la/lo quiere a Ud.?

EJERCICIOS ESCRITOS

1. Conteste las preguntas sustituyendo las palabras en itálica por un complemento directo pronominal *lo, la, los, las* (7.1):

1. ¿Toma Ud. *el autobús* para llegar al centro? **2.** ¿Para qué necesita Ud. *sus llaves*? **3.** ¿Tienen Uds. *su piano* en la sala? **4.** ¿Dónde ve Ud. *televisión*, en la sala o en su dormitorio? **5.** ¿Cada cuándo riega Ud. *sus plantas*? **6.** ¿Pintan Uds. *su casa* cada verano? **7.** ¿Quién limpia *tu cuarto*? **8.** ¿Dónde escuchas *la radio*? **9.** ¿En qué cuarto de su casa hace Ud. *la tarea*? **10.** ¿Dónde pone Ud. *la leche* cuando llega a casa?

2. Complete las frases con una preposición sólo si es necesaria (7.2):

1. Cuando estoy solo, pienso _____ mis amigos. **2.** ¿_____ qué consiste el plato principal de su país? **3.** Salimos _____ casa antes de las ocho. **4.** ¿Qué piensas _____ la nueva directora? **5.** Cuando hace frío, siempre sueño _____ la playa. **6.** Tienes que entrar _____ la casa por la otra puerta. **7.** Vamos _____ casa un poco más tarde. **8.** Voy a pagar _____ el coche muy lentamente. **9.** ¿_____ qué piensas ahora? **10.** Tengo que buscar _____ mi cartera. **11.** ¿Dónde se espera _____ el autobús? **12.** Siempre asistimos _____ clase cuando hay examen. **13.** Voy a la casa de Marisela para mirar _____ televisión. **14.** ¿_____ dónde vas a las ocho? **15.** Quiero escuchar _____ el discurso del presidente esta noche.

3. Conteste las preguntas, sustituyendo las palabras en itálica por un complemento directo pronominal; agregue los pronombres al infinitivo. Siga el modelo (7.3):

Modelo: ¿Quieres comer el pastel?
　　　　　Sí, quiero comerlo.

1. ¿Sabes tocar *el piano*? **2.** ¿Es difícil encontrar *tu casa*? **3.** ¿Quieres comprar *ese refrigerador*? **4.** ¿Quién va a limpiar *el baño*? **5.** ¿Piensas escuchar *el noticiero* esta noche? **6.** ¿Esperas vender *esos cuadros* pronto? **7.** ¿Dónde vas a esperar *el metro*? **8.** ¿Dónde prefieres comprar *tu ropa*? **9.** ¿Por qué debemos devolver *los libros* a tiempo? **10.** ¿Piensas estudiar *español* el año que viene?

4. (a) Escriba una *a personal* en el espacio en blanco sólo si es necesario (7.4):

1. ¿Conoces _____ María? **2.** Mi papá es _____ ingeniero. **3.** Veo _____ los árboles, pero no veo _____ las chicas. **4.** Miramos _____ unos cuadros de Goya. **5.** Un niño necesita _____ sus padres.

(b) Conteste las preguntas a continuación usando las expresiones entre paréntesis. Use una *a personal* sólo si es necesario (7.4):

1. ¿Qué miras tú? (las montañas) **2.** ¿Qué mira Gerardo? (las chicas) **3.** ¿Qué ves? (mi tía) **4.** ¿Qué llevan Uds. en el coche? (el televisor) **5.** ¿Qué lleva la Sra. Sánchez? (su bebé) **6.** ¿Qué buscan Uds.? (el doctor Alonso) **7.** ¿Qué espera el médico? (su cheque) **8.** ¿Qué busca María? (su cartera) **9.** ¿Qué espera Eduardo? (su esposa) **10.** ¿Qué escuchan Uds.? (mi nuevo disco)

5. Complete las frases con la forma correcta de *saber* o *conocer* (7.5):

1. ¿_____ Ud. a ese viejo que _____ la Biblia de memoria? **2.** Yo no _____ Nueva York bien, pero _____ llegar a la casa de mis primas. **3.** El profesor quiere _____ si sus alumnos _____ las palabras del vocabulario. **4.** ¿Quién _____ al Sr. Portillo? **5.** ¿No _____ tú la fecha de hoy? **6.** Esa chica _____ a Juan, pero no _____ que son vecinos. **7.** Nosotros _____ que tú _____ a todos los artistas de cine. **8.** ¿_____ Uds. todos los parques nacionales? **9.** Yo _____ a Lola, pero no _____ cuál es su número de teléfono. **10.** ¿_____ Ud. cocinar comida puertorriqueña? **11.** ¿_____ los alumnos los últimos cuadros de Picasso? **12.** Nadie _____ tocar la guitarra como José.

6. *(a)* Escriba el complemento directo pronominal *(me, te, nos, os, lo, la, los, las)* que corresponde a la palabra en itálica (7.6):

1. No conozco a *Jorge*, pero _____ reconozco cuando _____ veo. **2.** *Yo* soy la profesora de esta clase. Mis estudiantes _____ miran y _____ escuchan cuando hablo. **3.** ¿Dónde están mis *hermanos*? Nunca _____ encuentro cuando _____ necesito. **4.** *Paula y yo* somos estudiantes. El profesor _____ conoce bien, y _____ quiere mucho. **5.** ¿_____ espero en el coche, *Sr. Pérez*? **6.** No _____ reconozco, *señorita*. **7.** ¡Qué afortunado eres, *David*! Lola _____ quiere mucho y siempre _____ besa cuando _____ ve. **8.** ¿Son Uds. mis *tías*? No _____ reconozco. **9.** Admiro a *Teresa*, pero no _____ quiero. **10.** Tengo muchos *amigos* y _____ invito siempre a casa.

(b) Escriba de nuevo las frases sustituyendo complementos directos pronominales por las palabras en itálica. Si hay un infinitivo, ponga los complementos pronominales al final del infinitivo:

1. El niño no quiere besar *a su tía*. **2.** Juan lleva *a su abuela* al mercado. **3.** El cura visita *a los enfermos*. **4.** Paula debe llamar *al médico*. **5.** Juanita encuentra *a sus amigas* en la sala. **6.** No puedo ver *a mi primo* hoy. **7.** Roberto quiere acompañar *a Marina*. **8.** Alberto siempre abraza *a sus amigos*. **9.** Isabel debe visitar *a sus primas* en junio. **10.** Patricia detesta *las malas películas*.

7. *(a)* Complete las frases a continuación con una frase apropiada de énfasis o de clarificación. Siga el modelo (7.7):

Modelo: Yo lo veo ...
　　　　　Yo lo veo a él. o *Yo lo veo a usted.*

1. Tú me conoces ... **2.** Ellos nos quieren ... **3.** Puedo verte ... **4.** Nadie lo recuerda ... **5.** No la conocemos ... **6.** Los preferimos ... **7.** Os adoro ... **8.** Juan las reconoce ...

(b) Conteste las preguntas a continuación con frases completas:

1. ¿Quién te quiere a ti? **2.** ¿Lo conoces a él? **3.** ¿Quién lo/la llama a Ud. todas las noches? **4.** ¿Os saluda a vosotros su profesor/a cuando entra en la clase? **8.** ¿Quién nos toma en serio a nosotros? **6.** ¿Me conocen Uds. a mí? **7.** ¿Los/las mira a Uds. su profesor/a cuando explica la gramática? **8.** ¿Te esperan a ti tus amigos cuando sales de casa?

LECTURA
la casa tradicional hispana

Aunque muchas de las casas modernas en el mundo hispano son muy similares a las casas modernas de todos los países, todavía se conservan en cada país hispano algunos ejemplos de las casas tradicionales. La casa tradicional está detrás de altos **muros**. Si se pasa por la calle delante de una casa tradicional, no se puede ver nada interesante excepto el muro, las ventanas y la puerta. Si la casa es de dos pisos, tiene probablemente balcones de donde se puede mirar a la calle. Por fuera la casa tradicional es poco atractiva, pero por dentro, puede ser hermosa.

muro: una barrera alta alrededor de una casa antigua o de una ciudad

Cuando uno entra en una casa tradicional, se encuentra inmediatamente en un vestíbulo de donde se pasa a un patio. El patio es un espacio abierto, sin techo. En medio del patio hay por lo general una fuente o una pequeña escultura. Alrededor de la fuente, hay flores, árboles y toda clase de plantas. A veces la gente de la casa está sentada en el patio, debajo de un árbol, para leer y conversar—o solamente para escuchar el dulce **murmullo** de la fuente. La belleza del patio no es para impresionar a la gente que pasa por la calle; es para contentar a los habitantes de la casa.

murmullo: ruido suave

Los cuartos de la casa están alrededor del patio. En un rincón, por ejemplo, se encuentra la cocina donde se prepara la comida. Al lado de la cocina está el comedor donde se come. En otro rincón, se puede encontrar la sala con los mejores muebles de la casa: un sofá, uno o dos sillones, lámparas, cuadros, etc. En

El patio de una casa tradicional española

otras partes de la casa se encuentran los dormitorios, los baños y todos los demás cuartos. Casi todos los cuartos tienen una **vista** del patio—una vista reservada solamente para la gente de la casa. Si uno quiere leer en el jardín del patio, o tomar sol, puede hacerlo totalmente en privado. En la calle, la vida puede ser muy agitada, pero en el interior de la casa, con su hermoso patio y el murmullo del agua de la fuente, todo es tranquilidad.

vista: perspectiva

A veces, si hay una joven en la casa, su novio, o tal vez un joven que quiere ser su novio, llega a la calle delante de la casa para buscarla y conversar con ella. Esta tradición se llama "amor a la reja" porque cada ventana tiene una **reja** para proteger a la gente de la casa. Para llamar la atención de la chica, el joven la llama, o canta una canción. A veces, la chica lo escucha sin salir de la casa, pero **suele** salir al balcón para saludarlo. Para el cumpleaños de la chica, sus amigos suelen ir a su casa muy temprano por la madrugada para cantar una serenata especialmente para ella.

reja: barras de metal

soler (ue) + infinitivo: frecuente-mente

Las casas modernas del mundo hispano son similares a las casas de otras naciones de Europa y de Norteamérica. Las nuevas casas son más prácticas en algunos sentidos, pero hay muchas personas que recuerdan las casas tradicionales y las prefieren a las casas modernas porque están lejos del ruido y de los problemas del mundo. Sueñan con la tranquilidad de la vida tradicional que la casa típica simboliza.

preguntas

1. Si uno está en la calle, ¿qué puede ver de una casa tradicional? *2.* ¿Cómo se llama el primer cuarto que uno ve cuando entra en una casa tradicional? *3.* ¿Qué hay en medio del patio? *4.* ¿Para qué es el patio? *5.* ¿Cuáles son algunos de los otros cuartos de la casa? *6.* ¿Qué se puede hacer en el patio? *7.* Si un joven quiere conocer a una joven que vive en una casa tradicional, ¿qué puede hacer? *8.* Si el joven canta, ¿siempre sale la chica a escucharlo? *9.* ¿Qué es "el amor a la reja", y de dónde viene la expresión? *10.* ¿Por qué prefiere mucha gente las casas tradicionales a las casas modernas?

creación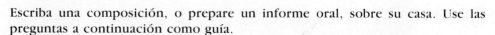

Escriba una composición, o prepare un informe oral, sobre su casa. Use las preguntas a continuación como guía.

¿Dónde está su casa? ¿Cuántos pisos tiene? ¿Cuáles son los cuartos principales? ¿Dónde se prepara la comida? ¿A qué cuarto van los miembros de su familia para ver televisión? ¿Dónde se duerme? ¿Qué hay en el jardín de su casa? ¿Va Ud. a su jardín a tomar sol? ¿A conversar? ¿A soñar con cosas exóticas y extravagantes? ¿Cuál es el equivalente en su vida del "amor a la reja"?

PRONUNCIACIÓN Y ORTOGRAFÍA

A. La letra **r** cuando está entre vocales representa el sonido [r]; este sonido se llama una **vibrante simple**. Imite la pronunciación de la **r** cuando está entre vocales en las palabras a continuación:

ahora	cero	cara
para	ópera	María

Quiero ir a la feria con Aurelio.
Queremos estudiar el vocabulario ahora.
¿Quieres escuchar un aria de ópera?

B. Cuando la letra **r** está después de una consonante, también es una vibrante simple. Escuche y repita:

frío	tres	droga	cuatro
drama	entre	detrás	promesa
gracias	libro	creo	pronto
previene	palabra	primo	crema

C. Muchas veces los hablantes nativos del inglés confunden los sonidos de la **r** y de la **d** cuando estas letras se encuentran entre vocales. Repase la pronunciación de **d** que se encuentra en las páginas 78–79. Esta confusión puede tener consecuencias muy graves. Compare y repita las palabras a continuación:

cedo/cero	dudo/duro	mido/miro	modo/moro
seda/sera	todo/toro	todos/toros	oda/hora

VOCABULARIO

los cuartos de la casa

baño	dormitorio	sala
cocina	garage (garaje)	vestíbulo
comedor		

cosas de la casa

cama	muebles (los)	sofá (el)
computadora	parlante	televisor
cuadro	piano	tocadiscos (el)
estéreo	radio	
estufa	refrigerador	
lámpara	sillón	
mesa		

actividades de la casa

barrer	dormir (ue)	recoger
cocinar	lavar	ver televisión
conversar	limpiar	visitar
coser	pintar	

otros verbos

buscar	escuchar	reconocer
conocer	esperar	soler (ue)
consistir	mirar	soñar (ue)
dejar	pagar	

otros lugares

parada de autobuses	aeropuerto	sala de espera

preposición

alrededor de

8.1 Aprendemos **a** hablar español.

8.2 ¿Qué **pides** en una florería?

    Pido flores en una florería.

8.3 Los estudiantes entregan la tarea **al profesor**.

    Los estudiantes **le** entregan la tarea.

8.4 ¿Te **dan** dinero tus padres?

    Sí, ellos me **dan** dinero, y yo les **doy** las gracias.

8.5 ¿**Me** hablas **a mí**, o **le** hablas **a él**?

    Le hablo **a usted**, señor.

8.6 ¿Cuándo **le** tiene Ud. que devolver el libro al profesor?

    Tengo que devolver**le** el libro el martes.

8.7 ¿Quién **te** abre la puerta?

    Cristina **me** abre la puerta.

8.8 Tengo ganas de hablar contigo.

vocabulario:

el comercio

EXPOSICIÓN GRAMATICAL

8.1 **Aprendemos a** hablar español.

Nadie **aprende a** hablar español sin esfuerzo. _effort_

Poco a poco **comenzamos a** comprender la política de este país.

Poco a poco **empiezo a** perder mi acento norteamericano.

La profesora nos **enseña a** pronunciar las palabras sin acento.

Susana siempre me **invita a** salir los fines de semana.

Nadie **va a** comprender tu explicación si no hablas más despacio. _slow_

¿**Vienes a** tomar un coctel después de la película?

La preposición **a** es necesaria delante de un infinitivo cuando se combina con **aprender, ayudar, comenzar (ie), empezar (ie), enseñar, invitar, ir** y **venir**. Es bueno aprender esos verbos con la preposición que requieren.

Estudie:

¿Por qué no **dejas de** fumar?

No **dejo de** fumar porque no quiero.

¿A qué hora **terminan de** estudiar Uds.?

Terminamos de estudiar a eso de _around_ las seis de la tarde.

¿**Tratas de** hablar español con tus amigos hispanos?

Sí, siempre **trato de** hablar español con ellos, y me ayudan mucho.

La preposición **de** es necesaria delante de un infinitivo cuando se combina con **dejar, terminar** y **tratar**.

Estudie:

¿**En** qué **consiste** aprender español?

Consiste en estudiar y practicar.

¿Por qué **insiste en** acompañarnos Pepe?

Insiste en acompañarnos porque no quiere estar solo.

La preposición **en** es necesaria delante de un infinitivo cuando se combina con **insistir** y **consistir**.

Estudie:

Tengo que ir al dentista esta tarde.

Hay que llegar a tiempo.

Como ya se sabe, **que** es necesario delante de un infinitivo cuando se combina con una forma de **tener** y **hay**.

Sinopsis:

Consiste en estudiar consists of studying
prep. + inf. = ing word

---

verbo + partícula (preposición o *que*) + infinitivo

aprender a *to leave / to stop*	dejar de	tener que	consistir en
ayudar a *to help*	terminar de	hay que	insistir en
comenzar a (ie)	tratar de		
empezar a (ie) *to try*			
enseñar a *to teach*			
invitar a			
ir a			
venir a			

impersonal – one must

dejar de – to stop, quit doing something

Ud. ya sabe varios verbos que se combinan directamente con el infinitivo:

Necesito escribir unas cartas este fin de semana.
Luis **desea comprar** una nueva mesa para la cocina.
Elena y yo **esperamos ser** médicos.
Pablo **piensa poner** un cuadro en la sala.

Queremos ir al campo durante el verano.
Mi padre **sabe cocinar** mejor que mi madre.
Debes devolver ese sofá a la tienda porque tiene un defecto.
No **podemos tocar** el piano en la sala después de las once.
Los estudiantes **suelen llegar** a tiempo. El profesor **suele llegar** antes.
Ellos siempre **deciden volver** antes que yo.
Yo **prefiero estar** fuera de la ciudad los fines de semana.

outside

Sinopsis:

---

verbo + infinitivo sin partícula

necesitar	querer (ie)	decidir
desear	saber	preferir (ie)
esperar	deber	
pensar (ie)	poder (ue)	soler (ue)

to be in habit of

Note que solamente el primero de los verbos se conjuga.

práctica ❄

A. Complete las frases a continuación usando un infinitivo:

1. A las nueve, comenzamos a …   *2.* Mis amigos van a mi casa a …   *3.* Mi profesor favorito me enseña a …   *4.* Quiero aprender a …   *5.* Mi mejor amigo me ayuda a …

6. Quiero dejar de ...   **7.** Mi mejor amiga me invita a ...   **8.** A medianoche, termino de ...   **9.** Sacar una buena nota consiste en ...   **10.** En la clase de español siempre tratamos de ...

B. Ud. quiere explicar sus planes de vacaciones a un grupo de amigos. Use las frases a continuación como punto de partida:

1. Este verano *(quiero ..., pienso ...,)*
2. Antes de ir, *(tengo que ..., necesito ..., debo ..., hay que ...)*
3. Para llegar a mi destino, *(voy a ir en ..., pienso viajar en ...)*
4. Durante mis vacaciones *(quiero ..., voy a ..., prefiero ...)*
5. Después de volver *(tengo que ..., voy a ..., debo ...)*

8.2 ¿Qué **pides** en una florería?
Pido flores en una florería.

¿Qué **pide** Ud. en una librería?
Pido libros en una librería.

¿Dónde se **pide** información sobre coches nuevos?
Se **pide** información sobre coches nuevos en una agencia de coches.

¿Qué **pides** en una farmacia?
Pido medicamentos en una farmacia.

¿Qué **piden** Uds. en una pastelería?
Pedimos pasteles en una pastelería.

¿Qué **pedís** vosotros en una carnicería?
Pedimos carne en una carnicería.

¿**Repites** las preguntas del profesor?
No, no las **repito**; las contesto.

¿Por qué **repiten** Uds. ese poema tantas veces?
Lo **repetimos** mucho porque queremos aprenderlo de memoria.

el lechero   el carnicero   la panadera   el portero   el mozo
                                              el cartero

El mercado de flores en la ciudad de México

¿Se **sirve** buena comida en ese restaurante?	Sí, se **sirve** muy buena comida allí.
¿Qué **sirven** Uds. en una fiesta de cumpleaños?	**Servimos** pastel y champaña.

Los verbos **pedir, repetir** y **servir** sirven de modelo para los verbos que tienen el cambio **e → i** en la última sílaba de la raíz. Igual que los otros verbos con cambios de raíz, estos verbos *no* cambian en las formas que corresponden a *nosotros* y a *vosotros*. Observe que el cambio **e → i** sólo ocurre en verbos de la tercera conjugación *(verbos terminados en -ir)*.

el peluquero   la librera   la banquera   el farmacéutico   la dependiente

to ask for

pedir (i)		*repetir (i)*		*servir (i)*	
pido	pedimos	repito	repetimos	sirvo	servimos
pides	pedís	repites	repetís	sirves	servís
pide	piden	repite	repiten	sirve	sirven

Observe que cuando **pedir** se usa con un complemento directo, no necesita una preposición.

Estudie:

¿Tienes un perro?

Sí, tengo un perro que me **sigue** a todas partes.

¿Vienes conmigo al banco?

Sí, te **sigo** en mi coche. *(seguir: ir detrás)*

¿Dónde **consigues** esos pasteles tan ricos?

Los **consigo** en una pastelería que está a la vuelta.

¿Dónde **consiguen** Uds. ese perfume?

Lo **conseguimos** en una farmacia que está a dos puertas de aquí. *(conseguir: obtener)*

¿Qué pasa con Pepe?

Está muy paranoico. Cree que alguien lo **persigue**. *(perseguir: seguir con mala intención; tratar mal)*

Una feria de domingo en Madrid

Los verbos **seguir**, **conseguir** y **perseguir** también tienen el cambio de raíz, **e → i**. Observe que la *u* de la raíz no es necesaria en la primera persona singular. **Seguir** es el verbo básico:

seguir (i)	
sigo	seguimos
sigues	seguís
sigue	siguen

Estudie:

¿Por qué **ríes** cuando me ves?

Río cuando te veo porque me pones de buen humor.

¿Por qué no **ríen** Uds. cuando habla ese cómico?

No **reímos** porque ese cómico no es nada cómico. *(reír: reacción a algo alegre o cómico)*

¿Por qué **sonríe** ese muchacho tanto?

Sonríe tanto porque está enamorado.

¿Por que no **sonríen** Uds.?

No **sonreímos** porque estamos tristes. *(sonreír: una expresión de la cara)*

Reír y **sonreír** también tienen el mismo cambio **e → i**. Observe el uso del acento escrito en el infinitivo y también en las formas conjugadas. **Reír** es el verbo básico:

reír (i)	
río	reímos
ríes	reís
ríe	ríen

Estudie:

¿Siempre **dices** tú la verdad?

Claro que sí. Siempre **digo** la verdad, toda la verdad y nada menos que la verdad.

¿Qué **dicen** Uds. de mí?

Decimos que eres un tipo espléndido.

¿Qué **dice** Pepe de sus clases?

Dice que todas son buenas.

Pedro es un tipo que **cuenta** muchos chistes y siempre está contento. Mis abuelos **cuentan** muchas historias interesantes sobre su infancia.

Decir tiene el cambio de raíz **e → i**, pero también es irregular en la primera persona singular: **digo**, dices, dice, decimos, decís, dicen.

Observe que **contar (ue)** es el verbo que se usa generalmente con una historia, un chiste, o una anécdota.

práctica ✳

Conteste las preguntas a continuación usando las palabras de la segunda columna como guía:

1.	¿Dónde consigues carne?	una florería
2.	¿Dónde consiguen papel los estudiantes?	una panadería
3.	¿Dónde pides pan?	una carnicería
4.	¿Dónde se consiguen libros?	una pastelería
5.	¿Dónde se ríe mucho?	un teatro
6.	¿Dónde se sirve buena comida?	una librería
7.	¿Dónde se consiguen flores?	una peluquería
8.	¿Dónde sirven pasteles?	una papelería
9.	¿Qué pides en una dulcería?	un restaurante
10.	¿Dónde trabaja un peluquero?	una farmacia

8.3 Los estudiantes entregan la tarea **al profesor**.
 Los estudiantes **le** entregan la tarea.

El carnicero vende carne **a mi mamá**.

El panadero vende pan **a sus clientes**.

Josefina manda muchos paquetes **a sus hijas que estudian en México**.

El carnicero **le** vende carne.

El panadero **les** vende pan.

Josefina **les** manda muchos paquetes.

Las palabras en negrilla son **complementos indirectos**. **Le** y **les** son **complementos indirectos pronominales**; generalmente un complemento indirecto pronominal **precede** al verbo.

El complemento indirecto es la **persona** o **cosa** que **recibe** el complemento directo. Es decir *(en otras palabras)*, el complemento indirecto contesta la pregunta *¿A quién?* después del complemento directo.

Estudie:

¿Quién **le** enseña a jugar al tenis, senora?

¿Quién **te** sirve el desayuno, Timoteo?

Me enseña un joven de la universidad.

Me sirve el desayuno el mesero.

¿Quién **les** explica la gramática?

Nos explica la gramática nuestra profesora.

¿Quién **os** presta dinero cuando lo necesitáis?

Nos prestan dinero los padres de mi esposa.

Los complementos indirectos pronominales **me, te, nos** y **os** son iguales que los correspondientes complementos directos pronominales.

Observe que el sujeto suele estar al final de la frase cuando hay un complemento indirecto pronominal.

Compare:

complementos directos pronominales	
me	nos
te	os
lo, la	los, las

complementos indirectos pronominales	
me	nos
te	os
le	les

Nota: En algunas partes del mundo hispano, sobre todo en España, se usa **le** y **les** como complemento directo. Para un estudiante principiante, es mejor no confundirlos.

Estudie:

¿Qué te **parece** el nuevo profesor?

Me **parece** estupendo.

¿Qué le **parecen** las películas de Buñuel?

Me **parecen** buenas.

¿Qué os **parece** la comida mexicana?

Nos **parece** deliciosa.

¿Qué te **parece** el examen?

Me **parece** que es muy difícil.

¿Qué les **parecen** los nuevos jugadores?

Nos **parece** que juegan bien.

to seem **Parecer** es un verbo que casi siempre se usa con el complemento indirecto pronominal. Compare las equivalencias a continuación:

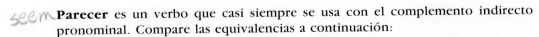

¿Qué te parece mi coche? = ¿Qué piensas de mi coche?
¿Qué les parecen los frijoles? = ¿Qué opinan Uds. de los frijoles?
Me parece muy bueno. = Pienso que es muy bueno.
Me parece que tocas muy bien. = Pienso que tocas muy bien.

práctica ✳

Haga preguntas para la clase usando los elementos a continuación. Las respuestas posibles le pueden servir de guía:

1. ¿Qué te (les) parece? *(esta universidad, la universidad X, la vida social de aquí, la música en los ascensores, la comida china, nuestro equipo de fútbol, mi gato, etc.)*
2. ¿Qué te (les) parecen? *(los chicos de esta universidad, los coches alemanes, los jugadores de baloncesto, las flores de plástico, etc.)*

Respuestas posibles:

Me (nos) parece(n) *bueno (a), sensacional(es), horrible(s), etc.*
Me (nos) parece que *son buenos, tienen razón, son increíbles, etc.*

8.4 ¿Te **dan** dinero tus padres?
Sí, ellos me **dan** dinero, y yo **les** doy las gracias.

¿Qué me **das** tú para mi cumpleaños?	Yo te **doy** un gran beso y nada más.
¿Qué profesor les **da** más tarea?	Nuestro profesor de química nos **da** más tarea.
¿**Dan** Uds. dinero a alguna obra de caridad?	Sí, **damos** dinero a la Cruz Roja.

Los palabras en negrilla son formas del verbo **dar**. **Dar** es el contrario de **recibir**. **Dar** es irregular sólo en la primera persona singular y sus formas riman con las formas de **ir**: **doy**, das, da, damos, dais, dan.

to give

Estudie:

Los invitados **dan las gracias** a la madre de Juan.
Lupita **da una bofetada** a su pobre hermanito.
Mi jefe me **da la mano** cuando me saluda.
El político **da golpes** en la mesa cuando habla.
La cocinera nos **da de comer** todos los días.
Si mi gato tiene sed, le **doy de beber**.
Ese olor me **da asco**.

Se usa el verbo **dar** en muchas expresiones idiomáticas.

práctica ✳

Describa su reacción a las situaciones a continuación con una expresión con **dar**. Siga el modelo:

Modelo: ¿Qué hace Ud. cuando alguien le presta dinero?
Le doy las gracias.

1. ¿Qué hace Ud. cuando alguien le da un regalo? *2.* ¿Qué hace Ud. cuando alguien insulta a su madre? *3.* ¿Qué hace Ud. cuando saluda a alguien? *4.* ¿Qué hace Ud. cuando alguien tiene hambre? *5.* ¿Qué hace Ud. cuando su gato tiene sed? *6.* ¿Qué debe hacer otra persona cuando tú le prestas dinero? *7.* ¿Qué debe hacer otra persona cuando tú tienes hambre? *8.* ¿Qué debe hacer otra persona cuando tú le das una bofetada?

8.5 ¿**Me** hablas **a mí**, o **le** hablas **a él**?
Le hablo **a usted**, señor.

¿Cuentas chistes a tu padre?	Sí, **le** cuento chistes **a él**.
¿Presta Ud. dinero a su hermana?	Sí, **le** presto dinero **a ella**.
¿**Me** explica Ud. esa regla?	Con todo gusto **le** explico esa regla **a usted**, señora.
¿Presta Ud. su coche a sus vecinos?	No, no **les** presto nada **a ellos**.
¿Mandas una carta por semana a tus hijas?	No, no **les** mando tantas cartas **a ellas**.
¿**Nos** da Ud. las llaves?	No, no **les** doy las llaves **a ustedes**.

Cuando el significado de **le** o **les** es ambiguo, es posible clarificarlo con **a Ud.**, **a él**, **a ella**, **a Uds.**, **a ellos** o **a ellas**. No es posible omitir **le** o **les**.

Estudie:

¿**Les** mandas tarjetas postales **a tus amigos** cuando estás de vacaciones?	Sí, **les** mando algo **a mis amigos**.
¿Qué **le** dices **a tu profesor** cuando lo ves?	**Le** digo ''Hola'' **a mi profesor** cuando lo veo.
¿**A quién le** regalas ese reloj?	**Le** regalo el reloj **a mi novio**.
¿**A quiénes les** muestras esas fotos?	**Les** muestro estas fotos sólo **a mis mejores amigos**.

Muchas veces un sustantivo se usa para clarificar un complemento indirecto pronominal.

Estudie:

¿**Me** hablas **a mí**, o **le** hablas **a él**?	**Te** hablo **a ti**.
¿**Me** prestas el dinero **a mí** o **le** prestas el dinero **a ella**?	**Le** presto el dinero **a usted**, señor.
¿**Nos** escribe Juan?	Juan **te** escribe **a ti**, pero nunca **me** escribe **a mí**.
¿No **nos** dice el secreto **a nosotros**?	Sí, **a vosotros os** digo el secreto; **a ellos** no **les** digo nada.

A mí, a ti, a nosotros y **a vosotros** se usan para **énfasis**.

Sinopsis:

los complementos indirectos pronominales

of, by, for

pronombre simple	*frase de clarificación o énfasis*	*ejemplo*
me ⟶	a mí	Ana **me** trae la ropa **a mí**.
te ⟶	a ti	Ana **te** trae la ropa **a ti**.
nos ⟶	a nosotros/a nosotras	Ana **nos** trae la ropa **a nosotros**.
os ⟶	a vosotros/a vosotras	Ana **os** trae la ropa **a vosotros**.
le ⟶	a Ud.	Ana **le** trae la ropa **a Ud**.
	a él	Ana **le** trae la ropa **a él**.
	a ella	Ana **le** trae la ropa **a ella**.
les ⟶	a Uds.	Ana **les** trae la ropa **a Uds**.
	a ellos	Ana **les** trae la ropa **a ellos**.
	a ellas	Ana **les** trae la ropa **a ellas**.

El pronombre simple es obligatorio. La frase preposicional nunca puede reemplazar el pronombre simple.

práctica

A. Complete las frases a continuación con una frase de clarificación o de énfasis. En algunas frases, hay varias posibilidades:

1. Le doy las gracias ...   ***2.*** Me regalan un televisor ...   ***3.*** Les explico el problema ...
4. Te vendo el coche ...   ***5.*** Nos entregan los papeles ...   ***6.*** Os enseño la lección ...

B. Complete las frases a continuación con el pronombre simple indicado:

1. _____ presto mis apuntes a mis amigos. **2.** El profesor _____ explica el problema a nosotros. **3.** _____ doy la mano a la amiga de mi madre. **4.** _____ doy las gracias a Ud. **5.** _____ entregan el coche a mí. **6.** _____ regalamos estos discos a vosotros.

8.6 ¿Cuándo **le** tiene que devolver Ud. el libro al profesor?
   Tengo que devolver**le** el libro el martes.

¿**Me** vas a prestar tus apuntes?	Claro que voy a prestar**te** mis apuntes.
¿**Nos** vas a escribir muchas cartas?	Sí, voy a escribir**les** todos los días.
¿**Me** puede Ud. mostrar su nuevo cuadro?	Puedo mostrar**le** mi nuevo cuadro y muchas otras cosas también.
Mami, ¿no **me** vas a leer otro cuento?	No, mi amor. No quiero leer**te** más cuentos hasta mañana.
¿**Nos** vais a prestar el dinero?	No podemos, pero el banco puede prestar**os** el dinero que necesitáis.

Igual que con los complementos directos pronominales, los complementos indirectos se pueden agregar a un infinitivo, o pueden preceder al verbo conjugado.

práctica ❊

Suponga que Ud. es San Nicolás o Santa Claus, y tiene que seleccionar un regalo para las personas a continuación. Siga el modelo:

Modelo: a su hermano menor
         Quiero regalarle una camisa a mi hermano menor.

1. a su madre **2.** a su mejor amigo/a **3.** a sus compañeros/as de cuarto **4.** a su profesor/a de química **5.** a su novia/o **6.** a sus abuelos **7.** al presidente del país **8.** a su peor enemiga/o

---

8.7 ¿Quién **te** abre la puerta?
   Cristina **me** abre la puerta.

El mecánico me repara el coche. = *El mecánico repara mi coche.*
Mis hijos van a pintarme el cuarto = *Mis hijos van a pintar mi cuarto.*

El complemento indirecto se usa a veces para expresar posesión.

Estudie:

¿Quién **le** corta las uñas a Ud.? **Me** corta las uñas la manicurista.
¿Quién **les** corta el pelo a sus hijos? **Les** corta el pelo el peluquero.

Con las **partes del cuerpo**, el complemento indirecto es **obligatorio** para expresar posesión.
Nota importante: *El peluquero corta mi pelo.* es totalmente incorrecto.

Estudie:

El portero **nos** abre la puerta cuando no tenemos llave.
Voy a tocar**les a ustedes** una sonata de Mozart.
El empleado puede envolver**te** esas camisas.
Yo **le** lavo los platos **a mi madre**.
Nadie **me** escribe las composiciones; las escribo sin ayuda.

Note que en las frases anteriores se usa un complemento indirecto pronominal, y no una frase preposicional con **para**. Observe también que las frases de clarificación comienzan con **a**.

Estudie:

Hay que quitar**les** los fósforos **a esos niños**.
Si no cierras con llave la puerta de tu casa, alguien va a robar**te** el televisor.

Con verbos como **quitar** y **robar**, el complemento indirecto generalmente se refiere a la persona que **pierde** el objeto.

Compare:

Le compro pan **a una señora** del barrio. = *El pan es para la señora.*
Le compro pan **a una señora** del barrio. = *La señora vende pan.*

En algunos casos el complemento indirecto pronominal y la frase de clarificación son ambiguos. El contexto indica la intención del hablante.

práctica ❊

Describa su reacción a las circunstancias a continuación. Siga el modelo:

Modelo: Una señora que lleva muchas cosas llega a la puerta. (abrir)
Yo le abro la puerta.

1. Su vecina está de vacaciones y sus plantas necesitan agua. (regar) *2.* Un amigo necesita su coche para una cita importante. (prestar) *3.* Un niño juega con un cuchillo.

(quitar) **4.** Su padre quiere venderle un rifle a Ud. (comprar) **5.** Un amigo le pide sus apuntes. (dar) **6.** Ud. es mecánico y el coche de un amigo no funciona. (reparar) **7.** Es el cumpleaños de su novio/a. (regalar) **8.** Un vecino quiere comprarle su coche a Ud. (vender) **9.** Su hijo tiene el pelo demasiado largo. (cortar) **10.** Su madre está enferma y no puede lavar los platos. (lavar)

8.8 Tengo ganas de hablar contigo.

Tengo (mucho) **calor**. Voy a poner el aire acondicionado.
Tengo (bastante) **frío**. ¿Dónde está mi suéter?
Tengo (poco) **sueño**. No quiero dormir ahora.
Tenemos (mucha) **sed**. ¿Nos traes un poco de agua, por favor?
Tengo (mucho) **miedo** cuando estoy en casa solo.
Adolfo cree que **tiene razón**. Cree que su análisis es correcto.
Tenemos (mucha) **prisa** porque no queremos llegar tarde.
David **tiene éxito** porque estudia mucho. No tiene malas notas.
Lulú gana cuando juega en Las Vegas; **tiene** (mucha) **suerte**.
Nunca gano en póker porque **tengo mala suerte**.

Hay varios **modismos** *(expresiones idiomáticas)* que consisten en el uso de **tener + un sustantivo**.

Estudie:

No **tengo ganas de** ir al dentista.
¿Qué **tienen ganas de** hacer?
¿**De** qué **tienes miedo**?

Tengo ganas de estar en casa.
Tenemos ganas de ir al teatro.
Tengo miedo de estar en casa solo.

Tener ganas de + infinitivo: *querer, desear*
Tener miedo de + infinitivo: *creer que uno está en peligro, temer*

Estudie:

Las películas de Drácula me **dan miedo**.
El calor nos **da sed**.
Hacer mucho ejercicio me **da hambre**.
Esos vientos del norte nos **dan frío**.
Mi esposa no puede tomar esa medicina porque le **da sueño**.
El sol de invierno no nos **da** mucho **calor**.
La presencia de mi novia me **da suerte**.
Un gato negro nos **da mala suerte**.
Tu ejemplo me **da ganas de** trabajar.

El verbo **dar** se combina con muchos de los mismos sustantivos que se usan con **tener** para indicar un **cambio** o una **consecuencia**.

práctica ✳

A. Complete las frases a continuación con un modismo de **tener**. Siga el modelo:

Modelo: Cuando hace calor ...
Cuando hace calor, tengo mucha sed.

1. Cuando hago mucho ejercicio ...   **2.** Durante el invierno ...   **3.** Cuando necesito dormir ...   **4.** Cuando juego a las cartas ...   **5.** Cuando estoy en clase ...   **6.** Cuando estoy solo/a en una noche oscura ...   **7.** Defiendo mi opinión cuando ...   **8.** Cuando hace mucho sol ...   **9.** Cuando tengo mucho trabajo y poco tiempo ...

B. Describa su reacción a los elementos a continuación con **dar** y un sustantivo. Siga el modelo:

Modelo: el sol
El sol me (nos) da calor.

1. el viento   **2.** una película aburrida   **3.** un buen abrigo   **4.** un monstruo de otro planeta   **5.** el número trece   **6.** el calor   **7.** el deseo de sacar buenas notas   **8.** el olor de un buen bistec

EJERCICIOS ESCRITOS

1. (a) Escriba **a, de, que** o **en** en el espacio en blanco, sólo si es necesario (8.1):

1. ¿Sabes _____ patinar?   **2.** Este señor insiste _____ ver al doctor.   **3.** Hay _____ pensar antes de hablar.   **4.** José comienza _____ entender mejor el inglés.   **5.** Tengo _____ volver a la biblioteca.   **6.** Pablo aprende _____ tocar la guitarra.   **7.** Los chicos terminan _____ trabajar a las cinco.   **8.** Espero _____ ir al baile con Teresa.   **9.** ¿Puedes _____ enseñarme _____ bailar tango?   **10.** Vamos a la panadería _____ comprar pan.   **11.** ¿Vas _____ ayudarme _____ pintar la sala?   **12.** Necesito _____ aprender _____ hablar árabe.   **13.** Mis primos vienen _____ verme.   **14.** Quiero _____ invitar _____ Olivia _____ salir conmigo.

(b) Conteste las preguntas a continuación con frases completas:

1. ¿Qué hay que hacer para aprender español?   **2.** ¿Qué tienes que hacer esta tarde?   **3.** ¿A qué hora dejas de estudiar?   **4.** ¿Quién te enseña a pronunciar bien?   **5.** Cuando vas a un baile, ¿invitas a tus amigos a ir contigo?

(c) Escriba una frase original con los elementos a continuación:

1. dejar/llegar   **2.** aprender/jugar   **3.** enseñar/tocar   **4.** terminar/estudiar   **5.** comenzar/entender   **6.** ayudar/preparar

2. (a) Escriba la forma correcta del verbo que está entre paréntesis (8.2):

1. La cena se (servir) a las siete.   **2.** Yo (pedir) pan en una panadería.   **3.** Mis padres (decir) que no puedo ir con Uds.   **4.** Yo (seguir) las instrucciones del médico.   **5.** Pablo (conseguir) cigarrillos en esa tienda.   **6.** Nosotros (sonreír) cuando estamos contentos.   **7.** Yo nunca (decir) mentiras.   **8.** Muchas veces los niños (repetir) las cosas que sus padres (decir).   **9.** Yo siempre (conseguir) dinero cuando lo (pedir).   **10.** Vosotros (reír) demasiado.

(b) Conteste las preguntas a continuación con frases completas:

1. ¿Siempre siguen Uds. las instrucciones de sus profesores?   **2.** ¿Piden Uds. pan en una carnicería?   **3.** ¿Qué dices cuando ves a tu mamá?   **4.** ¿Cuándo ríen Uds. en la clase?   **5.** ¿Cuándo sonríes?   **6.** ¿Qué pide Ud. cuando va a una farmacia?   **7.** ¿Dónde consigues libros nuevos?   **8.** ¿Sonríe Ud. cuando saca una mala nota?   **9.** ¿Dónde se sirven buenos pasteles en tu ciudad?   **10.** ¿Te sigue alguien cuando vienes a clase?

3. (a) Escriba las frases a continuación de nuevo, reemplazando los complementos indirectos con pronombres. Siga el modelo (8.3):

Modelo: Mando dinero a mi madre.
            Le mando dinero.

1. Javier presta su coche a Adriana.   **2.** El profesor explica la lección a sus alumnos. **3.** Mi madre sirve cocteles a sus amigas.   **4.** Entrego la tarea al profesor.   **5.** El librero vende libros a sus clientes.   **6.** Mi hermano y yo vendemos flores a los turistas.   **7.** No presto mis apuntes a mi novia.   **8.** Mi hija cuenta un chiste a mi esposo.   **9.** El presidente manda el informe a los senadores.   **10.** Escribo una carta a mis padres todos los días.

(b) Reescriba las frases a continuación dos veces. En la primera frase, reemplace el complemento directo con un pronombre. En la segunda frase, reemplace el complemento indirecto con un pronombre. Siga el modelo:

Modelo: Mandamos los libros a nuestros hijos.
            Los mandamos a nuestros hijos.
            Les mandamos los libros.

1. Nosotros entregamos la tarea al profesor.   **2.** Uds. prestan el coche a sus amigos. **3.** Traigo los pasteles a los niños.   **4.** La librería vende los libros de texto a los alumnos. **5.** Mando la carta a mi mejor amigo.

(c) Conteste las preguntas a continuación con frases completas:

1. ¿Quién te explica la gramática?   **2.** ¿Quién te manda dinero?   **3.** ¿Quién te presta un coche cuando lo necesitas?   **4.** ¿Quién os dice ''Hola'' cuando entráis en la clase? **5.** ¿Quién os pide la tarea cuando comienza la clase?

4. Conteste las preguntas a continuación con frases completas (8.4):

1. ¿Da Ud. sangre a la Cruz Roja?   **2.** ¿Te da asco el olor del tabaco?   **3.** ¿A quién das dinero?   **4.** ¿Quién te da de comer en tu casa?   **5.** ¿Qué dan Uds. al profesor cuando la clase comienza?   **6.** ¿Qué vas a dar a tu madre para su cumpleaños?

5. (a) Complete las frases a continuación con frases de énfasis o de clarificación. Siga el modelo (8.5):

Modelo: Les explicamos la lección _____.
            Les explicamos la lección a ellos.

1. No me prestan sus apuntes _____.   **2.** No les regalamos los cuadros _____. **3.** Nadie nos trae dinero _____.   **4.** Le mando regalos _____.   **5.** No te muestran nada _____.

(b) Complete las frases a continuación con el pronombre correcto. Siga el modelo:

Modelo: María _____ presta el coche a mí.
María me presta el coche.

1. ¿ _____ traigo algo a Uds.? **2.** Sí, ¿por qué no _____ traes unas cervezas a nosotros? **3.** ¿Quién _____ regala esos libros a ti? **4.** Yo _____ leo cuentos a mi hermano. **5.** Siempre _____ digo la verdad a mis padres. **6.** ¿Quién _____ explica los conceptos a Uds.? **7.** Si te cuento un secreto _____, deja de ser secreto. **8.** ¿Quién _____ sirve la comida a los niños? **9.** Su papá _____ regala muchas cosas a ellos. **10.** _____ quiero contar una historia a vosotros.

6. Conteste las preguntas a continuación con frases completas. No cambie la posición del complemento indirecto pronominal (8.6):

1. ¿Quieres contarme algo? **2.** ¿Vas a traernos un pastel mañana? **3.** ¿Qué compañía va a ofrecerte un buen trabajo? **4.** ¿Qué vas a regalarle a tu novio/a para su cumpleaños? **5.** ¿Crees que el próximo año van a vendernos libros a un precio más razonable? **6.** ¿Cuándo va el profesor a devolverles el examen a Uds.? **7.** ¿Cuándo vas a mostrarme tu nuevo cuadro? **8.** ¿Va vuestro/a profesor/a de español a daros buenas notas a todos vosotros?

7. Conteste las preguntas a continuación con frases completas (8.7):

1. ¿Crees que los hombres deben abrirles las puertas a las mujeres? **2.** ¿Por qué sí? ¿Por qué no? **3.** ¿Por qué les dan tarea sus profesores? **4.** ¿Quién te presta sus apuntes cuando no puedes asistir a clase? **5.** ¿Quién nos quita dinero? ¿Los amigos? ¿Los hijos? ¿El gobierno? **6.** ¿Quién te corta el pelo? **7.** ¿Quién nos lava la ropa? **8.** ¿Quién te repara el coche cuando no funciona? **9.** ¿Qué le vas a comprar a tu mejor amigo para su cumpleaños? **10.** ¿Qué le vas a regalar a tu mejor amigo para su cumpleaños?

8. (a) Complete las frases a continuación con una expresión con **tener**. Siga el modelo (8.8):

Modelo: Necesito un suéter ...
Necesito un suéter porque tengo frío.

1. Necesito comer ... **2.** No cometo errores; siempre ... **3.** Estamos solos en una casa oscura donde se escuchan ruidos raros; ... **4.** Marisa quiere ir al cine, pero yo no ... con ella. **5.** Quiero una cerveza fría; ... **6.** Necesitas dormir más porque siempre ... **7.** Debes trabajar mucho si quieres ... **8.** Siempre pierdo dinero cuando juego póker; ... **9.** ... porque no quiero llegar tarde.

(b) Conteste las preguntas a continuación con frases completas:

1. ¿Cuándo tienen los alumnos suerte? **2.** ¿Qué tienes ganas de hacer esta noche? **3.** ¿Qué te da miedo? **4.** ¿Qué te da ganas de trabajar mucho? **5.** ¿Qué haces cuando tienes sueño? **6.** Si sabes que tienes razón, ¿toleras otras opiniones? **7.** ¿Qué libros te dan sueño? **8.** ¿Qué haces para tener éxito? **9.** ¿Qué te da mala suerte? **10.** ¿Qué te da hambre?

LECTURA
una carta de Amy Thompson

Amy es una antigua alumna del Profesor Pérez. En este momento
está en España donde estudia historia del arte en un programa
especial para estudiantes extranjeros. La carta a continuación es
de ella; la destinataria es su amiga Claudia, una joven española
que ahora reside en los Estados Unidos y que **conversaba** mucho con Amy en español antes de su viaje a España. Vamos a ver
qué dice Amy a su amiga:

conversaba:
tiempo
pasado de
conversar

6 de noviembre de 19—

Querida Claudia,

Por fin encuentro un momento libre para escribirte una carta
sobre mi viaje a España. Primero quiero darte las gracias por toda
tu ayuda con el español. Cada vez que converso en español,
recuerdo cuánto te debo. Gracias por tu paciencia conmigo.
Tienes razón: el verdadero placer de saber otra lengua es que se
puede comunicar con personas que no saben inglés. Saber otra
lengua es una llave mágica que nos abre la puerta a miles de
experiencias nuevas. De nuevo, te doy las gracias.

Aquí todo va muy bien. Mis clases en la universidad son ex-
celentes, **aunque** a veces los profesores nos piden demasiado
trabajo. Los profesores son iguales en todo el mundo; creen que
no tenemos ganas de hacer más que estudiar—y estudiar y estudiar. Estoy muy contenta en Madrid. La gran **ventaja** de estudiar arte aquí es que tenemos a mano todos los **recursos** del
Museo del Prado y de la Biblioteca Nacional. Es fabuloso.

aunque:
although

ventaja:
advantage /
recurso:
resource

Mi vida personal es tan interesante como mi vida académica.
No te cuento todos los detalles porque recuerdo muy bien que
tienes un interés algo excesivo en la vida amorosa de tus amigos.
Pero sí te puedo decir que tengo un novio español, un estudiante
de derecho que es de Toledo. Es un muchacho muy estudioso
con un excelente sentido del humor. Me trata escandalosamente
bien, y no tiene nada que ver con ese estereotipo del *Latin
Lover*. Es atento, amoroso, generoso, guapo, inteligente, sensible, estupendo y ... ¿Para qué acumular **datos**? Estoy locamente
enamorada. ¿Por qué tengo tanta suerte con los hombres?

datos:
información

Bueno, es muy tarde, tengo sueño, pero no puedo dormir
mucho porque tengo que entregar un trabajo que no está terminado. Es la misma historia de siempre. Si tienes tiempo, ¿por

qué no me escribes una carta? Sin más por el momento, te da un gran **abrazo** esta amiga que nunca te olvida,

abrazo: un tipo de saludo muy común en el mundo hispano, *embrace*

PD Les mando saludos a todos mis compañeros de allí.

preguntas

1. ¿Quién es Amy Thompson? *2.* ¿Por qué está en España? *3.* ¿Por qué dice que todos los profesores son iguales? *4.* ¿Cree Ud. que Amy tiene razón? *5.* ¿Por qué dice que Madrid es un excelente sitio para estudiar la historia del arte? *6.* ¿Por qué no quiere contarle demasiados detalles de su vida amorosa a su amiga Claudia? *7.* Según Amy, ¿cómo es su novio español? *8.* ¿Cree Ud. que ella es totalmente objetiva y confiable? *9.* ¿Por qué no puede dormir mucho Amy? *10.* ¿Por qué le da las gracias a su amiga Claudia?

creación

1. Escriba una carta a un/a amigo/a real o imaginario/a sobre sus experiencias de estudiante. Use las preguntas a continuación como guía:

¿Dónde vives? ¿Cuáles son tus cursos más interesantes? ¿Menos interesantes? ¿Por qué? ¿Quiénes son tus amigos? ¿Con qué tienes buena suerte? ¿Con qué tienes mala suerte? ¿Quién te quiere? ¿A quién quieres? ¿Quién te manda cartas? ¿Cuáles son las ventajas de tu universidad? ¿Las desventajas? ¿Qué profesor te demanda demasiado en tu trabajo?

2. Escriba una carta satírica sobre las impresiones posibles de un estudiante extranjero en su universidad. Use las preguntas de arriba como guía.

PRONUNCIACIÓN Y ORTOGRAFÍA

A. Generalmente la **n** en español se pronuncia [n], igual que en inglés. Pero a veces cambia de sonido.

Estudie:

Cuando una **n** precede a las letras **b, v, p** o **m** se pronuncia [m]. Escuche y repita las palabras y frases a continuación:

n + **b** → [mb]: un beso, un banco, están borrachos, Juan bebe.
n + **v** → [mb]: envuelve, envidia, invitación, convenio, Juan viene
n + **p** → [mp]: un peso, un pájaro, sin problemas, es tan poco, Juan pierde
n + **m** → [m]: inmoral, inmediatamente, en marzo, sin mujeres, Juan mira

Identifique la pronunciación correcta de cada **n** en las frases a continuación. Después, lea las frases en voz alta con buena pronunciación:

¡Juan Pérez es un muchacho tan bueno y tan pobre!
Un borracho que conduce es un problema y un peligro.
Gracián puede invertir un millón de dólares en mayo.
Julia baila tan bien. Es un verdadero talento.

B. Cuando la **n** precede a los sonidos [g] *(ga, go, gu)*, [k] *(ca, co, cu, que, qui)*, [x] *(j, ge, gi)* o [w] *(hue)*, se pronuncia como **ng** en inglés. Escuche y repita las palabras y frases a continuación:

n + [k] = [ngk]: tanque, tronco, banco, un coche, sin camión, Juan copia
n + [g] = [ng]: lengua, inglés, un guante, sin ganas, Juan galopa
n + [x] = [ng]: ángel, ingeniero, en general, un joven, Juan jura
n + [w] = [ngw]: un huevo, en Huelva, en huelga, Juan huele bien

C. Estudie las frases a continuación. Identifique la pronunciación correcta de cada **n**. Después lea las frases en voz alta con buena pronunciación:

Gracián Gil es un joven tan bueno y tan guapo.
Es increíble como ese viejo tiene un cuerpo tan joven.
Un general es un jefe en el ejército.
En general, un buen vino tiene un precio inmoralmente alto.
Juan viene en coche con un primo de Julián García.
Si no tienen coche, pueden caminar conmigo.

VOCABULARIO

negocios y casas de comercio

agencia de viajes	panadería	restaurante
banco	papelería	tienda
carnicería	pastelería	
farmacia	peluquería	
librería		

más profesiones y oficios

agente de viajes	librero	peluquero
banquero	manicurista	portero
carnicero	mozo = mesero	vendedor
cocinero	panadero	
dependiente		
farmacéutico		

verbos asociados con el complemento indirecto

comprar	mandar	regalar
contar (ue)	mostrar (ue)	robar
dar	parecer	vender
devolver (ue)	prestar	
entregar	quitar	
explicar		

expresiones con *dar*

dar asco	dar ganas de	dar sueño
dar calor	dar hambre	dar suerte
dar de beber	dar la mano	dar sed
dar de comer	dar las gracias	dar una bofetada
dar frío	dar miedo	
dar golpes		

sustantivos

apunte	obra de caridad	tema (el)
carta	paquete	ventaja
chiste	tarjeta postal	
desventaja		

expresiones con *tener*

tener calor	tener interés en	tener sueño
tener éxito	tener miedo (de)	tener suerte
tener frío	tener razón	
tener ganas de + *inf.*		

otras expresiones verbales

ayudar a + *inf.*	insistir en + *inf.*	tratar de + *inf.*
consistir en + *inf.*	invitar a + *inf.*	
dejar de + *inf.*	terminar de + *inf.*	
enseñar a + *inf.*		

SEGUNDO REPASO

A. Complete las frases a continuación con la forma correcta del verbo que está entre paréntesis *(5.1, 5.2, 5.4, y 5.5)*:

1. Mis amigos (comer) pescado los viernes.
2. Yo (poner) el plato en la mesa.
3. Nosotros (aprender) español con nuestros amigos.
4. Nadie (comprender) los problemas que yo (tener).
5. Yo (saber) que tú (saber) mucho.
6. Nosotros (ir) a la cocina ahora.
7. Yo (hacer) mi tarea por la noche.
8. ¿Adónde (ir) tú?
8. Yo (traer) la comida en mi coche.
9. Yo (venir) de la casa de un amigo.
10. Vosotros (beber) demasiado.
11. Nosotros no (venir) con mucha frecuencia.
12. Javier (ir) conmigo a las montañas.

B. Ponga las frases en el futuro con **ir + a + infinitivo**. *(5.7)*:

1. Estoy en la casa de Carlos. *2.* Los chicos van al teatro. *3.* Hablamos con el jefe.
4. Tienes que limpiar la casa. *5.* Dorotea estudia para abogada.

C. Complete las frases con **hay** o una forma de **tener, ser** o **estar** *(2.6, 2.9, 5.3, y 5.8)*:

1. Nosotros _____ de Nueva York, pero ahora _____ en París. *2.* Mi abuela _____ ochenta y dos años, pero _____ muy bien. *3.* La boda va a _____ en ese hotel que _____ al lado del restaurante chino. *4.* _____ treinta personas aquí. *5.* Tú _____ un perro, ¿verdad? *6.* La farmacia _____ cerrada ahora. *7.* Mi bolsa _____ de cuero. *8.* ¿Dónde _____ las reuniones de tu club? *9.* ¿De qué _____ tu abrigo? *10.* Yo _____ republicano. *11.* _____ mucha gente en la sala. *12.* Esa silla _____ de mis abuelos. *13.* Yo _____ calor. *14.* _____ que salir temprano para llegar a tiempo. *15.* Vosotros _____ estudiantes, ¿verdad? *16.* ¿Qué día _____ hoy? *17.* _____ la una y media. *18.* Nadie _____ ausente.

D. Complete las frases con una expresión meteorológica apropiada *(5.3)*:

1. En la primavera ... *2.* Durante el mes de marzo ... *3.* Durante el invierno ...
4. ...mucho durante el mes de abril. *5.* Voy a la playa cuando ... *6.* No vamos a la playa hoy porque ...

E. Complete las frases a continuación con la forma correcta del verbo que está entre paréntesis *(6.1, 6.4, 6.5 y 6.6)*:

1. Yo (pensar) mucho en mis amigos.
2. Se (jugar) fútbol durante el otoño.
3. Nosotros (vivir) en la calle Suárez.
4. Tú no (poder) trabajar esta noche.
5. Debo (devolver) los libros mañana.

6. Yo (escribir) varias cartas por semana.

7. Yo (salir) de mi trabajo a las cinco.

8. Uds. no (entender) mi situación.

9. ¿Qué (querer) decir esa palabra?

10. Mis hijos (dormir) diez horas por día.

11. ¿Cuánto (costar) esas flores?

12. Nosotros (jugar) ajedrez cuando (poder).

13. Yo no (recordar) dónde se (encontrar) la casa de Roberto.

14. Nuestro equipo nunca (perder) contra la universidad X.

15. Vosotros (dormir) poco.

F. Complete las frases con la forma correcta de **jugar, tocar** o **poner** *(6.6)*:

1. Voy a _____ un disco. **2.** ¿Por qué no _____ Ud. el estéreo? **3.** Sé _____ el piano un poco. **4.** Nosotros _____ al béisbol durante el verano. **5.** Yo _____ la flauta en la banda. **6.** ¿Qué deportes _____ tú?

G. Ponga las frases en negativa *(6.8)*:

1. Hay alguien en la calle. **2.** Tengo algo en el bolsillo. **3.** Viene una chica conmigo. **4.** A veces vamos a la playa los miércoles. **5.** Tengo que hablar con alguien. **6.** Tengo varios amigos. **7.** Siempre quiero hablar con él. **8.** Busco algunas blusas. **9.** Tengo el pan y el vino. **10.** Alguien siempre dice algo.

H. Conteste las preguntas con un complemento directo pronominal *(7.1, 7.3, 7.6 y 7.7)*:

1. ¿Sabes mi número de teléfono? **2.** ¿Vas a visitarme mañana? **3.** ¿Nos reconoces? **4.** ¿Cuándo quieres ver mis fotos? **5.** ¿Cada cuándo riegas tus plantas? **6.** ¿Dónde tienes tu dinero? **7.** ¿Dónde tienen Uds. el coche? **8.** ¿Tocas el piano? **9.** ¿Conoces a María? **10.** ¿Lo/la conoce Juana a Ud.?

I. Complete las frases con **que** o una preposición si es necesario *(7.2, 7.4, 8.1 y 8.2)*:

1. No veo _____ nadie cuando veo _____ televisión. **2.** ¿Qué piensas _____ la nueva amiga de Teresa? **3.** Si voy _____ bailar contigo, tienes _que_ aprender ___a___ bailar bien. **4.** No podemos _____ invitarte _____ cenar esta noche. **5.** Debes _____ tratar _de_ dejar _de_ fumar. **6.** ¿_____ qué consiste este plato? **7.** Asisto _____ clase para aprender _____ hablar mejor. **8.** Esperamos _____ el taxi en la esquina. **9.** Busco _____ mi abrigo cuando salgo _____ clase. **10.** Vamos _____ escuchar _____ discos esta noche. **11.** ¿Quién paga _____ el vino hoy? **12.** Pienso _____ ir _____ España este verano. **13.** Quiero mucho _____ mis hermanos. **14.** Comienzo _____ estudiar después _____ cenar. **15.** Quiero _____ conocer ___a___ tus primos.

J. Complete las frases con una frase de clarificación o de énfasis *(8.5)*:

1. Mis padres van a prestarme el dinero ... **2.** Nadie le explica el problema ... **3.** Deben darnos las gracias ... **4.** Tengo que prepararle la cena ... **5.** Voy a regalarles una bicicleta ...

K. Conteste las preguntas con un complemento indirecto pronominal en la respuesta *(8.3, 8.5 y 8.7)*:

1. ¿Quién te presta dinero cuando lo necesitas?   *2.* ¿A quién le prestas dinero cuando lo necesita?   *3.* ¿Quién te prepara la comida en tu casa?   *4.* ¿A quién le pides ayuda cuando la necesitas?   *5.* ¿Vas a darme una bofetada?   *6.* ¿Qué vas a tocarnos en tu guitarra?   *7.* ¿A quién le compran pan Uds.?   *8.* ¿Quién te lava la ropa?   *9.* ¿Quién le corta el pelo a su padre?   *10.* ¿Qué haces si un niño juega con un cuchillo?

9.1 Voy a **pedir**le el coche a mi papá.

Voy a **preguntar**le a mi papá cuánto cuesta el coche.

9.2 El examen **incluye** preguntas sobre los capítulos anteriores.

¿**Oye** usted el canto de los pájaros? Sí, lo **oigo** bien.

9.3 ¿Tienes que escribir **toda la composición** esta noche?

¿Vas a hacer **todos los ejercicios** también?

9.4 —¿**Qué** es tu padre?

—Mi padre es ingeniero.

—¿**Cuál** es tu padre?

—Mi padre es ese hombre alto.

9.5 ¿Les **gusta** este restaurante?

Sí, nos **gusta** mucho.

9.6 ¿Qué te **duele**?

Me **duele** la cabeza.

9.7 ¿Qué es **lo que** dices?

Lo que digo no te va a gustar.

9.8 ¿Cuál es la mejor cualidad de este autor?

Lo mejor de este autor es su estilo.

9.9 ¿Qué **está haciendo** Ud. en este momento?

En este momento, **estoy estudiando** química.

vocabulario:

la información, molestias y desastres

EXPOSICIÓN GRAMATICAL

9.1 Voy a **pedir**le el coche a mi papá.
Voy a **preguntar**le a mi papá cuánto cuesta el coche.

Ana: Pablo, ¿a qué hora empieza el concierto?

Ana le **pregunta** a Pablo **a qué hora** empieza el concierto.

Lola: ¿Dónde se consigue un mapa?

Lola **pregunta dónde** se consigue un mapa.

Lupe: ¿Vives cerca de aquí?

Lupe le **pregunta** a su amigo **si** vive cerca de aquí.

Miguel: ¿Puedo ver tus apuntes?

Miguel me **pregunta si** puede ver mis apuntes.

Se usa el verbo **preguntar** para **reportar una pregunta**. **Preguntar** siempre se combina con una **expresión interrogativa** o con **si**. Note que se conserva el acento en la expresión interrogativa.

Estudie:

Jorge les **pide dinero** a sus padres cada mes.
Los profesores le **piden ayuda** a la secretaria.
Susana **pide un mapa** en el Departamento de Turismo.
Rafael le **pide información** a la telefonista.

Pedir se combina con sustantivos. Se usa para **solicitar** algo a alguien. Entre **pedir** y el sustantivo, no se usa **preposición**.

práctica ✳

Describa la acción de su profesor/a. Siga el modelo:

Modelo: Maestro: *(Al Alumno A)* ¿Me quiere dar el libro?
                      (Al Alumno B) ¿Qué hago yo?
         Alumno B: Ud. le pide el libro.
         Maestro: *(Al Alumno C)* ¿Dónde vive Guillermo?
                      (Al Alumno D) ¿Qué hago yo?
         Alumno D: Ud. le pregunta dónde vive Guillermo.

Use las preguntas como guía. Si es posible, un estudiante puede hacer el papel del profesor.

1. ¿Me prestas cinco dólares? ¿Qué hago yo?   *2.* ¿Cuánto gana Ud. por hora? ¿Qué hago yo?   *3.* ¿Dónde está tu papá? ¿Qué hago yo?   *4.* ¿Me das las llaves por favor? ¿Qué hago yo?   *5.* ¿Quién es Don Juan? ¿Qué hago yo?   *6.* ¿Nos prestas tu coche para esta noche? ¿Qué hago yo?   *7.* ¿Quién es la persona más famosa de nuestra clase? ¿Qué hago yo?   *8.* ¿Quiere Ud. darme más tiempo? ¿Qué hago yo?

9.2 El examen **incluye** preguntas sobre capítulos anteriores.

¿**Oye** usted el canto de los pájaros?   Sí, lo **oigo** bien.

¿Cuando Uds. hacen una fiesta, **incluyen** a todos sus amigos?

¿Se **incluye** el servicio en el precio del coche?

¿Me **incluyes** a mí en tus planes para el verano?

No, no los **incluimos** a todos porque la casa es muy pequeña.

No, no se **incluye** el servicio. Cuesta extra.

Claro que te **incluyo**. ¿Qué son las vacaciones si no estás tú?

Sinopsis:

incluir to include	
incluyo	incluimos
incluyes	incluís
incluye	incluyen

El verbo **incluir** sirve de modelo para los pocos verbos que terminan en **-uir**. Otros verbos así son **concluir, contribuir, construir, destruir, disminuir, huir** e **influir**. Ejemplos:

Concluyo mis estudios aquí en junio. *(concluir = terminar)*

Mi tío **contribuye** mucho a la vida intelectual de la familia.
   (contribuir = dar)

Las casas que se **construyen** de ladrillo resisten a los incendios.
   (construir = hacer)

A veces una tormenta fuerte **destruye** las casas y otros edificios.
   (destruir ≠ construir)

Los refugiados **huyen de** las persecuciones. *(huir = evadir)*

La situación económica **influye en** la vida artística.
   (influir en = tener influencia sobre)

Observe que **huir** se usa con **de** e **influir** se usa con **en** o con **sobre** cuando se combinan con un sustantivo.

Estudie:

¿Qué **oye** Ud.?

¿**Oyes** tú esa sirena?

¿**Oyen** Uds. las campanas de la iglesia aquí?

Oigo el ruido de la tormenta.

Sí, la **oigo**; debe ser una ambulancia.

Sí, las **oímos** todos los domingos.

to hear

Oír se conjuga casi igual que los verbos terminados en **-uir**. Note que la primera persona singular **oigo** es irregular, y que la primera persona plural **oímos** lleva acento: **oigo**, oyes, oye, **oímos**, oís, oyen.

práctica ✳

A. Cambie las frases según los sujetos entre paréntesis:

1. Ellos incluyen la cuenta en la carta.
   (el banquero, los abogados, la directora, yo, nosotros)
2. Nosotros oímos las campanas por la mañana.
   (los curas, vosotros, tú, yo, el alumno)

B. Conteste las preguntas a continuación:

1. ¿Qué oyes por la mañana? *2.* ¿Qué incluyes en las cartas que escribes a tu novio/a? *3.* ¿Quién influye mucho en tu vida? *4.* ¿Qué destruye más: la guerra, los incendios o los diluvios? *5.* ¿A qué obra de caridad contribuyes? ¿Por qué? *6.* ¿A qué hora concluye la clase? *7.* ¿Qué oyen Uds. en este momento? *8.* ¿Cómo se llama la persona que construye casas?

all; every

9.3 ¿Tienes que escribir **toda la composición** esta noche?
¿Vas a hacer **todos los ejercicios** también?

¿Tienes que escribir **todo el reporte** esta noche?

Sí, tengo que escribirlo **todo** ahora, y para terminarlo a tiempo voy a trabajar **toda la noche**.

¿Vas a limpiar **toda tu casa** esta tarde?

Sí, quiero limpiarla **toda** antes de mañana.

¿Dónde está **todo vuestro dinero**?

Todo está en el banco.

Creo que **toda esa gente** va al mismo teatro que nosotros.
Debemos leer **todo este libro**.

En singular, el adjetivo **todo** indica **la totalidad de una cosa** o de un **período de tiempo**. Tiene el sentido de **entero**: *toda la noche = la noche entera*.

Todo y **toda** se combinan con el artículo definido *(el, la)*, con un adjetivo posesivo *(mi, tu, nuestro, etc.)*, o con un adjetivo demostrativo *(este, ese, aquella, etc.)* y un sustantivo en singular.

Observe que en algunas de las respuestas de la segunda columna de arriba, **todo** y **toda** funcionan como **pronombres**.

Nota importante: No se usa **de** después de **todo/toda**.

Estudie:

¿Vas a hacer **todos los ejercicios** ahora?	Sí, tengo que hacerlos **todos** ahora.
¿Van **todas las chicas** a la exposición?	Sí, creo que **todas** quieren ir.
¿Les mandas regalos de Navidad a **todos tus parientes**?	Claro que sí. Les voy a mandar algo a **todos**.

En plural, **todos** y **todas** indican la **totalidad de un grupo** de personas, de cosas, de ideas, etc. Igual que **todo** y **toda**, se combinan con artículos definidos *(los, las)*, con adjetivos posesivos *(mis, tus, etc.)* o con adjetivos demostrativos *(esos, aquellas, etc.)*, y con un sustantivo.

Nota importante: No se usa **de** después de **todos/todas**.

Observe que en algunas de las respuestas de la segunda columna de arriba, **todos** y **todas** funcionan como pronombres.

Estudie:

En mi clase de arte **todo** es interesante; nada es aburrido.
Carlos es muy inteligente; (lo) sabe **todo**.
Esta sopa contiene un poco de **todo**.

Cuando se usa solo, **todo** generalmente significa **todas las cosas**.

Estudie:

everyone

Este pastel es para **todos**.	= Es para **todo el mundo**.
Todos trabajan de noche.	= **Todo el mundo** trabaja de noche.

Cuando se usa solo, **todos** generalmente significa **todo el mundo**.

práctica

Conteste las preguntas a continuación según el modelo:

Modelo: ¿Cuántos estudiantes están aquí?
         Todos los estudiantes están aquí.

1. ¿Cuántos libros son nuevos?   *2.* ¿Cuántos alumnos quieren terminar temprano hoy?
3. ¿Cuánto dinero quieres darme?   *4.* ¿Cuántas luces en la clase están prendidas?
5. ¿Cuántas sinfonías de Beethoven conocen Uds.?   *6.* ¿Dónde están los políticos nacionales?

9.4 —¿**Qué** es tu padre?
    —Mi padre es ingeniero.
  —¿**Cuál** es tu padre?
    —Mi padre es ese hombre alto.

¿**Qué** es esto?	Es mi nuevo diccionario de filosofía.
¿**Qué** son estos?	Son folletos de la agencia de turismo.
¿**Qué** es un folleto?	Es un libro pequeño que se usa en la promoción comercial.

¿**Qué?** se usa para pedir una **definición** o una **descripción**.

Estudie:

¿**Cuál** de las tres chicas es tu hermana?	Mi hermana es la muchacha que está al lado de la puerta.
Hay tres hombres en esta foto. ¿**Cuáles** son tus tíos?	Los dos hombres rubios son mis tíos.
Aquí tengo varios sacos. ¿**Cuál** quiere Ud. probar?	Quiero probar ese saco negro.
¿**Cuáles** de tus primos están en la universidad?	Susana y Rubén están en la universidad.

¿**Cuál?** y ¿**cuáles?** se usan para seleccionar entre los miembros de un grupo.

Estudie:

¿**Cuál** es la fecha de hoy?	*Se usa **cuál** porque todas las fechas posibles forman un grupo.*
¿**Cuál** es tu número de teléfono?	*Se usa **cuál** porque todos los números de teléfono forman un grupo.*

práctica ✳

Invente una pregunta para las respuestas usando **qué** o **cuál**:

1. El hombre alto y guapo es mi padre. *2.* La fuerza eléctrica es un fenómeno natural.
3. Un tren es un medio de transporte. *4.* El coche blanco es de mi hermano. *5.* La iglesia que está a la izquierda es la iglesia anglicana. *6.* Un partido es una organización política. *7.* Mi número de teléfono es 396-2317. *8.* Un sindicato es una organización de trabajadores. *9.* El fútbol es un deporte divertido. *10.* La dirección de Ana es Avenida Mitre 311.

9.5 ¿Les **gusta** este restaurante?
Sí, nos **gusta** mucho.

¿Le **gusta** este poema, señora?	Sí, ese poema me **gusta** mucho.
¿Te **gusta** la cerveza, Pablo?	No, no me **gusta** nada la cerveza.
¿A Uds. les **gusta** esta película?	Sí, nos **gusta** mucho.
¿A ellos les **gusta** la poesía de Neruda?	Sí, les **gusta** mucho.
¿A Ud. le **gustan** las novelas modernas?	No, no me **gustan**.
¿Te **gustan** los gatos?	Sí, me **gustan**, pero me **gustan** más los perros.
¿A Uds. les **gustan** los frijoles?	Sí, nos **gustan** muchísimo.
¿A ellas les **gustan** los vinos españoles?	¡Claro que sí! Les **gustan** mucho.

El verbo **gustar** normalmente se conjuga solamente en la tercera persona singular y plural (gusta, gustan), y se usa con un complemento indirecto pronominal (me, te, le, nos, os y les).

El sujeto de **gustar** generalmente está **después del verbo**.

Un niño mexicano

complemento indirecto	verbo	sujeto
Me		el café.
Te	gusta	este restaurante. la música clásica.
Le		la comida mexicana. ir de compras.
Nos		los tacos.
Os	gustan	los perros. esas casas.
Les		estos cuentos. las tortillas.

Estudie:

Me gusta **ir** a la playa los domingos.
Obviamente te gusta **cocinar**, pero no te gusta **limpiar** la cocina.
Nos gusta **nadar** y **correr**.

Un infinitivo también puede ser el sujeto de **gustar**. Note que con uno o más infinitivos, se usa solamente la forma singular *(gusta)* del verbo.

Estudie:

Me gusta **la** leche más que **el** café.
Nos gusta **la** poesía más que **la** prosa de ese escritor.
¿No te gustan **las** obras de teatro?
Me gustan **las** perras más que **los** perros.

Cuando se habla de algo **en general** o **en totalidad** se usa un artículo definido.
El verbo **gustar** se refiere casi siempre a las cosas en general.

Estudie:

A mí me gustan los dulces.
¿**A ti** no te gusta la música clásica?
A **Rosa** no le gustan las carteras de plástico.
¿**A Ud.** le gustan las casas viejas?
A **Juan y a mí** nos gusta ir de compras al centro.
¿**A vosotros** os gusta la comida mexicana?
A **José y a Teresa** les gusta bailar flamenco.
A mis hermanos les gusta jugar tenis.

Es posible y a veces necesario usar una frase preposicional para clarificar o para dar énfasis. Note que la frase preposicional generalmente precede al pronombre simple *(me, te, le, etc.)*.

Estudie:

> *Lisa:* ¿Les gusta el hígado?
> *Lola:* No. **No** me gusta **nada**.
> *Lupe:* Pues a mí me gusta **mucho**.
> *Laura:* A mí me gusta **sólo un poco**.
> *Lena:* Me gusta **más que** los riñones pero **menos que** el rosbif.

En esta conversación, hay algunos ejemplos de expresiones adverbiales que modifican el verbo **gustar**.

Estudie:

> A Ricardo le **va a gustar** esa camisa.
> A mis compañeros les **va a gustar** mucho mi nuevo coche.
> Te **van a gustar** mis discos folklóricos.
> A mamá no le **van a gustar** esas noticias.

Observe el uso de **ir** con **gustar**. Note que **ir** es el verbo que se conjuga.

práctica ❋

A. Cambie la frase a continuación según los nuevos sujetos:

A mí me gusta estudiar.
(los dulces, los chistes, la cerveza, la música moderna, el café)

B. Cambie la frase según las nuevas frases de énfasis y de clarificación:

A nosotros nos gusta la carne.
(a ellos, a la cocinera, a mi madre, a los jóvenes, a mí, a ti)

C. Invente una pregunta para un/a compañero/a usando los contrastes a continuación. Siga el modelo:

Modelo: los perros o los gatos
> *¿Qué te gustan más: los perros o los gatos?*
> *Me gustan más los gatos.*

1. el español o el francés   *2.* el cine o el teatro   *3.* la ropa europea o la ropa americana   *4.* los coches extranjeros o los coches nacionales   *5.* la televisión o la radio   *6.* el tenis o el golf   *7.* el otoño o la primavera   *8.* la política o el arte   *9.* el cine o el teatro   *10.* ir a museos o ir de compras

9.6 ¿Qué te **duele**?
Me **duele** la cabeza.

¿Qué le **duele**?
¿Qué tiene Ricardo?
¿Qué hace Ud. cuando le **duelen** los ojos?

Me **duele** el brazo izquierdo.
A Ricardo le **duelen** los pies.
Cuando me **duelen** los ojos, trato de descansar un poco.

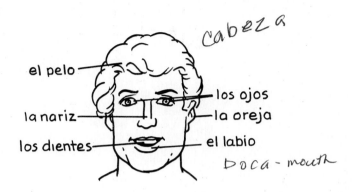

el pelo

cabeza

la nariz

los dientes

los ojos
la oreja
el labio

boca – mouth

Hay muchos verbos como **gustar**. **Doler** es uno de ellos. Otros verbos que requieren la misma estructura son **convenir, encantar, faltar, fascinar, importar, interesar, molestar** y **repugnar**. Ejemplos:

to cause pain

advantageous / right   lacking
enchant

Nos **conviene** estudiar más.
  No me **conviene** estar mucho con mi ex-novio.
Nos **encanta** el nuevo diccionario.
  Me **encantan** las enchiladas de mi mamá.
Me **falta** un mapa de la ciudad.
A la sopa le **falta** sal.
Me **fascinan** los deportes.
A mi mamá le **importan** mucho mis notas.
  No me **importa** la opinión de esa gente.
Me **repugna** la comida mal preparada.
Nos **molesta** el ruido de la calle.
  ¿Te **molesta** el humo de tabaco?
Nos **interesa** la historia latinoamericana.
  Esa chica me **interesa**.

= *(Nos hace bien estudiar más.)*

(encantar = gustar mucho)

= *(Necesito un mapa de la ciudad.)*
= *(La sopa necesita sal.)*
(fascinar = interesar mucho)
= *(Mis notas son importantes para mi mamá.)*

(repugnar = no gustar nada)

(molestar = irritar)

= *(Tenemos interés en la historia latinoamericana.)*

Note bien la fórmula para los verbos como **gustar** cuando se usan con el nombre de una persona:

> **A** + nombre de la persona/personas + **le/les** + verbo + sujeto
> **A** + Roberto + **le** + encantan + las mujeres.
> **A** + Mariana + **le** + duelen + los pies.

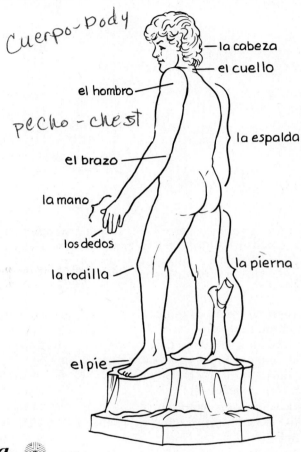

Cuerpo - body
pecho - chest

- la cabeza
- el cuello
- el hombro
- el brazo
- la mano
- los dedos
- la rodilla
- la espalda
- la pierna
- el pie

práctica ✳

Pregunte a sus compañeros cuáles son sus intereses, sus pasiones, sus preferencias, sus fobias, sus problemas, etc. Use las preguntas de la primera columna como guía. En la segunda columna se encuentran algunas respuestas posibles:

¿Qué te encanta?   *tu familia, los jugadores de fútbol,*
                                      comer

¿Qué te falta?   *el dinero, el amor, un nuevo coche,*
                                      un amigo rico

¿Qué te fascina?	la ópera, el cine, el teatro, el ballet
¿Qué te importa?	los estudios, el futuro, la religión
¿Qué te interesa?	la política, la música, los deportes
¿Qué te molesta?	los políticos, los estudios, los amigos falsos
¿Qué te repugna?	la comida fría, las flores de plástico

that which

9.7 ¿Qué es **lo que** dices?
Lo que digo no te va a gustar.

¿Qué hace tu hermano?	**Lo que** hace es un misterio.
¿Qué quiere hacer Mario?	Quiere hacer **lo que** siempre hace.
¿Qué es **lo que** Ud. entiende?	Entiendo **lo que** Ud. dice.
¿Qué es **lo que** a él le gusta?	**Lo que** le gusta es el fútbol.
¿Qué repiten Uds.?	Repetimos **todo lo que** el profesor dice.
¿Te gusta **todo lo que** ese autor escribe?	Sí, me gusta **todo lo que** escribe.

Lo que es un **pronombre neutro** que se refiere a un concepto, a una idea, o a algo abstracto. Compare las equivalencias a continuación:

lo que me gusta = *la idea, el concepto, el asunto que me gusta*
lo que no comprendo = *la cosa, la idea que no comprendo*

Observe también que con **todo lo que** no se usa preposición entre **todo** y **lo que**.

Compare:

¿Qué es lo que Ud. dice?	= *¿Qué dice Ud.?*
¿Qué es lo que ellos hacen?	= *¿Qué hacen ellos?*
¿Qué es lo que Uds. quieren?	= *¿Qué quieren Uds.?*

¿Qué es lo que? es una expresión interrogativa muy común.

Estudie:

Lo que me molesta **son** esos coches que hacen mucho ruido.
Lo que no comprendo **son** esas teorías abstractas.
Lo que me gusta **son** las películas extranjeras.

Si **lo que** se combina con un **predicado plural**, el verbo está en plural. **El predicado** es la parte de la frase que viene después del verbo.

práctica ✳

Exprese una reacción a las frases con **lo que**. Las frases de la segunda columna le pueden servir de punto de partida. Siga los modelos:

Modelo: Luisa baila en el cuerpo de ballet.
          Me gusta lo que hace Luisa.
          Javier dice que Ud. trabaja poco.
          No me importa lo que dice Javier.

1. El profesor dice que Ud. es una excelente persona. *Me gusta ...*
2. Los niños creen que la luna es de queso. *Me parece absurdo ...*
3. Josefina tiene mucho dinero. *No me interesa ...*
4. Hay una linda exposición en el museo municipal. *Nos fascina ...*
5. José dice que eres muy inteligente. *Me parece correcto ...*
6. Luisa dice que sólo te interesan los hombres. *No me importa ...*
7. Santiago piensa que el tabaco no es peligroso. *No comprendo ...*
8. Gumersinda Muevelalengua dice que tienes mil novias. *Me molesta ...*

9.8   ¿Cuál es la mejor cualidad de este autor?
       Lo mejor de este autor es su estilo.

¿Cuál es la peor característica de aquel libro?

Lo peor de aquel libro es la bibliografía.

¿Cuál es la única cosa que te gusta del club?

Lo único que me gusta del club es la piscina.

¿Cuál es el asunto más notable de tu relación con tu cuñado?

Lo más notable de nuestra relación es nuestro desacuerdo político.

La expresión **lo + adjetivo masculino singular** funciona como sustantivo. Estudie las equivalencias a continuación:

la parte interesante	= **lo interesante**
la peor característica	= **lo peor**
la mejor cualidad	= **lo mejor**
la única consideración	= **lo único**
la cosa más lógica	= **lo más lógico**

la guerra

el terremoto

el diluvio

el humo

el incendio

el choque

la tormenta

Estudie:

> Lo peor de esa zona **son** los terremotos y los diluvios.
> Lo difícil del curso **son** los exámenes.

Cuando **lo** + **adjetivo** se combina con **ser** y un **predicado plural** el verbo está en plural.

Estudie:

> Lo más lógico es **comprar** un coche usado barato.
> Lo difícil es **encontrar** y **reconocer** un buen coche usado.

Cuando **lo** + **adjetivo** se combina con un infinitivo o con varios infinitivos, el verbo está en singular.

práctica ✳

¿Qué opina Ud. sobre los temas de la segunda columna? Use los elementos de la primera columna como guía. Siga el modelo:

Modelo: Lo mejor del cine norteamericano
Lo mejor del cine norteamericano es la técnica.

1. lo más lógico	del español
2. lo mejor	de la moda europea
3. lo peor	de esta universidad
4. lo más absurdo	de la música moderna
5. lo más interesante	de mi compañero/a de cuarto
6. lo bueno	de la clase de español
7. lo malo	de nuestro equipo de fútbol
8. lo más difícil	de mi vida

9.9 ¿Qué **está haciendo** Ud. en este momento?
En este momento, **estoy estudiando** química.

¿Qué **está comiendo** Ud. en este momento?	**Estoy comiendo** una pera.
¿Qué **estás haciendo**?	**Estoy escribiendo** a máquina.
¿Qué **está haciendo** Pepito?	**Está jugando** en el patio.
¿Qué **están haciendo** tus padres?	Mi padre **está leyendo** en la sala, y mi madre **está viendo** televisión en su cuarto.

Las palabras en negrilla son ejemplos del **presente progresivo**. Los tiempos progresivos consisten en una forma de **estar** y el **gerundio**. Se usa el tiempo progresivo para indicar una acción que está **en progreso**. Estudie la formación del gerundio:

El gerundio de los verbos en **-ar**
termina en **-ando**:   hablar→habl**ando**
El gerundio de los verbos en **-er**
termina en **-iendo**:   com**er**→com**iendo**
El gerundio de los verbos en **-ir**
termina en **-iendo**:   sub**ir**→sub**iendo**

Si la raíz de un verbo en **-er** o en **-ir** termina en una vocal, la terminación es **-yendo**. Ejemplos:

leer→le**yendo**   constr**uir**→constru**yendo**   o**ír**→o**yendo**

Estudie:

Creo que estás **pidiendo** demasiado. No puedo darte tanto.
Ese chico no está **diciendo** la verdad; está **mintiendo**.
Estamos **siguiendo** tu ejemplo y **repitiendo** lo que dices.
¡Cómo ronca ese señor! No sé si está **durmiendo** o **muriendo**.

Los verbos en **-ir** que tienen cambios de raíz en el presente también tienen un cambio de raíz en el gerundio. Ejemplos:

e→i:
mentir→m**i**ntiendo   seguir→s**i**guiendo
pedir→p**i**diendo   decir→d**i**ciendo

o→u:

dormir→d**u**rmiendo   morir→m**u**riendo

Estudie:

¿**Me** estás escuchando?   Sí, estoy escuchándo**te**.

¿**Lo** están buscando?   Sí, estamos buscándo**lo**.

Un pronombre puede estar antes del verbo conjugado o conectado al gerundio. Note que se usa un acento escrito para conservar el énfasis original.

Compare:

Marisa llega el año que viene.   Marisa está llegando en este momento.

Vamos a ver la exposición esta tarde.   Estamos viendo televisión ahora.

Se usa el presente simple o **ir** + **infinitivo** para indicar planes futuros. El presente progresivo se usa *solamente* para eventos en progreso.

Estudie:

Es difícil la clase, pero **seguimos** trabajando.

Vamos aprendiendo poco a poco.

Los chicos **vienen** cantando porque están contentos.

Varios verbos se combinan con el gerundio para indicar eventos en progreso. Entre los más importantes están **seguir, continuar, ir, andar** y **venir.**

Estudie:

Estoy fumando menos ahora que antes.

Fumar es peligroso.

Quiero dejar **de fumar.**

Estamos aprendiendo mucho.

Aprender me gusta.

Después **de aprender** una palabra, me gusta usarla con mis amigos.

Nota importante: El gerundio **nunca** puede ser el sujeto de una frase ni tampoco el objeto de una preposición. En tales casos se usa el infinitivo.

práctica ✳

Pregunte a un/a compañero/a sobre las actividades de sus amigos y parientes. Use las frases a continuación como punto de partida. Estudie el modelo:

Modelo: su madre   trabajar en su oficina
           Alumno I: *¿Qué está haciendo su madre?*
           Alumno II: *Está trabajando en su oficina.*

1. los estudiantes   escuchar una conferencia
2. tus padres   hablar de sus hijos
3. tu novio   tomar sol en la playa
4. tu novia   estudiar en la biblioteca
5. nuestro profesor   hablar por teléfono

EJERCICIOS ESCRITOS

1. Complete las preguntas con la forma correcta de **pedir** o de **preguntar** (9.1):

1. Anita me _____ las llaves del coche.   *2.* ¿Por qué no le _____ tú a tu padre a qué hora comienza el concierto?   *3.* Juan le _____ un beso a su novia.   *4.* Le voy a _____ al jefe si podemos usar el salón.   *5.* Quiero _____ si vas al bar con nosotros.   *6.* Javier le _____ a Isabel su dirección.   *7.* Si nosotros no le _____ dinero, no podemos comprar las entradas.   *8.* Su mejor amigo le _____ dónde vive.

2. Invente una frase con los sujetos y verbos a continuación (9.2):

1. yo/oír   *2.* el carpintero/construir   *3.* Uds./oír   *4.* nosotros/incluir   *5.* la televisión/influir   *6.* nosotros/oír   *7.* una bomba/destruir   *8.* las clases/concluir

3. Ayude a solucionar una absurda disputa entre novios completando las frases con **todo, toda, todos** o **todas** (9.3):

— _____ los hombres son animales, igual que tú.
—Pues _____ las mujeres que yo conozco son tan tontas como tú.
—Ya veo que para ti _____ es simplista.
—Me vas a perdonar, pero _____ esta conversación es simplista.
—Pues tú tienes _____ la culpa y no yo. Yo quiero hablar inteligentemente pero no me dejas.
—¿Cuándo vas a terminar con _____ esas idioteces que dices?
—Prefiero _____ mis idioteces a _____ tu inteligencia.
—¿Por qué son tan negativos _____ tus comentarios?
— _____ mis comentarios no son negativos. Son realistas. ¡¡¡BASTA!!!

4. Complete las preguntas con **qué, cuál,** o **cuáles** según la información en la respuesta (9.4):

1. _____ es un teléfono? *Es un instrumento de comunicación.*   *2.* ¿_____ día es hoy? *Es martes.*   *3.* ¿_____ es tu número de teléfono? *Es 436-2135.*   *4.* ¿_____ es la fecha? *Es el 25 de noviembre.*   *5.* ¿_____ es un profesor? *Es una persona inteligente y simpática.*   *6.* ¿_____ es tu profesor? *Es ese señor alto que está al*

lado de la ventana. **7.** ¿ _____ es una capital? *Es el centro político de un país.*
8. ¿ _____ es la capital de la Argentina? *Es Buenos Aires.* **9.** ¿ _____ son los libros de Chela? *Son ésos que están allí.* **10.** ¿ _____ amigos tienes en Quito? *Miguel y Martín están en Quito.*

5. (a) Complete las frases a continuación con la forma correcta de **gustar** (9.5):

1. Me _____ los hombres morenos. **2.** ¿Qué clase de comida te _____? **3.** No nos _____ trabajar los sábados. **4.** ¿A tu novia le _____ esquiar? **5.** A mi madre no le _____ mis discos. **6.** ¿Te _____ el helado en invierno? **7.** A Ana y a Marisa les _____ los rubios. **8.** ¿A vosotros os _____ los cuentos de Borges?

(b) Complete las frases a continuación con el pronombre correcto del complemento indirecto:

1. A Javier _____ gusta trabajar en el banco. **2.** A nosotros no _____ gusta la nueva enciclopedia. **3.** A mí no _____ gusta la gente agresiva. **4.** A los estudiantes _____ gusta tener un diccionario a la mano. **5.** A ti no _____ gusta estudiar en la biblioteca, ¿no? **6.** ¿Qué _____ gusta a vosotros?

(c) Conteste las preguntas a continuación con frases completas:

1. ¿Qué te gusta hacer los sábados?
2. ¿Qué diccionario te gusta usar cuando escribes una composición?
3. ¿A cuáles de tus amigos les gustan los deportes?
4. ¿A Uds. les gusta ir al cine todas las noches?
5. ¿A quién le gusta hablar de política?
6. ¿A sus profesores les gustan los estudiantes que no estudian?
7. De todas las enciclopedias en la biblioteca, ¿cuál te gusta más?
8. ¿Adónde les gusta a tus amigos ir los fines de semana?

6. (a) Conteste las preguntas con frases completas (9.6):

1. ¿Adónde vas cuando te duele un diente?
2. ¿A cuál de tus amigos le fascinan los coches?
3. ¿A quién le molesta el humo de cigarro?
4. ¿Qué clase de ruido le molesta a Ud.?
5. ¿A quién en tu familia le interesa la política?
6. ¿A cuáles de tus amigos les encantan los deportes?
7. ¿Cuándo les conviene estudiar a los estudiantes?
8. ¿Cuándo te duelen los ojos?
9. ¿Qué te falta en este momento?
10. ¿Te importan mucho las notas?

(b) Escriba una frase equivalente a las frases a continuación usando el verbo que está entre paréntesis. Siga el modelo:

Modelo: Juana debe trabajar más. (convenir)
   A Juana le conviene trabajar más.

1. Necesito estudiar. (faltar) **2.** Creo que esa música es fabulosa. (fascinar) **3.** Tenemos mucho interés en la religión. (interesar) **4.** Tengo dolor de cabeza. (doler) **5.** Detesto la pornografía. (repugnar) **6.** Los niños están muy contentos con esa pelota. (encantar) **7.** Eduardo no puede dormir a causa del ruido. (molestar) **8.** Marisa piensa mucho en la política. (importar) **9.** Debes venir. (convenir)

7. *(a)* Conteste las preguntas según el modelo (9.7):

Modelo: ¿Qué hace Juan? No sé ...
              No sé lo que hace.

1. ¿Qué dicen ellos? No oigo ...   *2.* ¿Qué pasa allí? No puedo ver ...   *3.* ¿Qué tiene Mario? Prefiero no decirte ...   *4.* ¿Qué vas a hacer? No sé ...   *5.* ¿Qué van a traer? No se sabe ....

(b) Conteste las preguntas a continuación usando **lo que** en su respuesta:

1. ¿Qué es lo que le gusta más de su ciudad natal?   *2.* ¿Qué es lo que Uds. prefieren hacer mañana?   *3.* ¿Qué es lo que les gusta a los jóvenes de la música moderna?   *4.* ¿A Ud. le interesa lo que hacen los médicos?   *5.* ¿Entiende Ud. lo que dicen los abogados?   *6.* ¿Qué es lo que haces cuando estás triste?

8. Invente una frase original con **lo** y los adjetivos dados. Siga el modelo (9.8):

Modelo: más importante
              Lo más importante de la vida es el amor.

1. bueno   *2.* malo   *3.* peor   *4.* absurdo   *5.* ridículo   *6.* más lógico   *7.* principal *8.* más interesante

9. *(a)* Cambie las frases al presente progresivo (9.10):

1. Hablo con mis amigos.   *2.* Sonrío porque hace buen tiempo.   *3.* Mamá pasa la carta a máquina.   *4.* Le leo un cuento a mi hermanito.   *5.* Mi hermano me repara el coche.   *6.* Seguimos al jefe.

(b) Escriba una frase con los elementos dados en el presente progresivo:

1. papá/ver   *2.* algunos alumnos/leer   *3.* yo/escribir a máquina   *4.* el bibliotecario/ describir unos folletos   *5.* yo/reír porque   *6.* el perro/dormir

PRONUNCIACIÓN Y ORTOGRAFÍA

A. Ud. ya sabe que la letra **r** en palabras como *cara, para, tres* y *pronto* representa el sonido [r], que es una vibrante simple *(capítulo seis)*. Hay otro sonido asociado con la letra **r** que es una **vibrante múltiple** que se representa con [rr]; [rr] es obligatorio en dos casos:

1. Cuando una palabra comienza con la letra **r**. Escuche y repita las palabras y frases a continuación:

rama, rico, repita, reina, renta, rojo, ron, rumba, ruso
Repito que no reconozco a Ronaldo.
Ese ron es muy rico.
La rica Raimunda parece una reina.

2. Cuando se encuentra la letra **rr**. Escuche y repita las palabras a continuación:

pizarra, ocurre, perro, borro, carro, ahorra, gorro, barro

B. Es muy importante distinguir entre [r] y [rr] porque muchas veces esa diferencia determina el significado de una palabra. Compare y repita:

pero/perro; caro/carro; foro/forro; vara/barra; fiero/fierro

C. Antes de una consonante o al final de una frase (no necesariamente al final de una palabra), la letra **r** se puede pronunciar [r] o [rr]. Escuche y repita:

carta, gordo, cerca, verdad, parque, Argentina, tarde, viernes, largo
hablar con, ir pronto, estudiar más tarde, venir con Carlos

LECTURA
en una peletería de Tijuana

Una de las viejas tradiciones del mundo hispano es el **regateo**, una especie de juego entre el vendedor y su cliente. En las tiendas tradicionales, los clientes frecuentemente discuten los precios con el vendedor—y no pocas veces consiguen precios más bajos. Ese tipo de discusión se llama *regatear*; le conviene a todo turista saber regatear un poco. Vamos a ver cómo se hace:

Dependiente: Muy buenos días, señor. ¿En qué puedo servirle? Tengo muy buenos precios, y la mejor calidad de la ciudad. Aquí sólo se vende lo mejor.

Cliente: ¿Puedo ver ese saco ahí?

El mercado de Otavalo, Ecuador. Las telas de los indios otavaleños son famosas en todo el mundo.

Dependiente:	¡Cómo no! Se nota que Ud. tiene excelente gusto porque es uno de los mejores sacos que tengo. *(Le pone el saco al cliente).* ¡Se ve muy bien! ¿No le gusta?	
Cliente:	Claro que me gusta. ¿Cuánto cuesta?	
Dependiente:	A Ud. le doy un precio especial. Por lo general, cuesta $300, pero a Ud. le **cobro** solamente $285. ¡Qué barato!	**cobrar**: determinar un precio
Cliente:	¡285! ¿Eso le parece barato a Ud.? A mí me parece una barbaridad. No le doy más que $150 por ese saco.	
Dependiente:	Obviamente Ud. tiene un gran sentido del humor y piensa que este negocio es una agencia de caridad. Le vendo el saco en $250, y éste es mi último precio. No puedo venderlo en menos.	
Cliente:	Pero, ¿cómo es posible? En la tienda de enfrente, venden el mismo saco por casi la **mitad** del precio que me pide Ud.	**mitad**: el cincuenta por ciento (50%)
Dependiente:	Perdóneme, señor, pero no es el mismo saco. A ellos les interesa vender sólo a los turistas y a los gringos. No les importa la calidad de las cosas.	
Cliente:	Bueno, yo voy a ver lo que tienen. Si no me gustan las cosas de allí, vuelvo más tarde.	
Dependiente:	Aquí lo espero con una absoluta tranquilidad porque sé que le conviene comprar aquí. Lo que tienen ellos no le va a gustar.	
	(Un poco más tarde en la misma peletería)	
Cliente:	Buenas tardes, señor. ¿Todavía tiene Ud. mi saco?	
Dependiente:	Me parece mal eso de "mi saco". Hay que comprarlo primero.	
Cliente:	Es cierto. ¿Cuánto cuesta? Si no recuerdo mal, son $180, ¿no?	
Dependiente:	Se nota que Ud. tiene una memoria creativa. Le dejo el saco en $250.	
Cliente:	Me parece que Ud. no comprende mi situación. No soy un gringo rico lleno de dólares. Soy un pobre estudiante que trabaja para vivir. Le doy $200.	
Dependiente:	Bueno, como Ud. es tan excelente persona, le dejo el saco en $235. Salgo perdiendo, pero es para **guardar** la buena voluntad de los clientes.	**guardar**: retener
Cliente:	Le doy $210.	
Dependiente:	Acepto $225.	
Cliente:	Está bien. ¿Me acepta un cheque de **viajero**?	**viajero**: alguien que viaja
Dependiente:	Con mucho gusto.	

preguntas

1. ¿Dónde está el cliente? 2. ¿Qué es lo que busca? 3. Según el dependiente, ¿cuánto cuesta el saco por lo general? 4. ¿Cree Ud. que ése es el precio común? 5. ¿Por qué dice el dependiente que el cliente tiene un gran sentido del humor? 6. ¿Adónde va el cliente depués del primer encuentro? ¿Por qué? 7. ¿Por qué vuelve el cliente? 8. ¿Por qué dice el dependiente que el cliente tiene una memoria creativa? 9. ¿Por qué dice el dependiente que sale perdiendo? 10. ¿Existe algo como el regateo en los Estados Unidos?

creación

Con un/a compañero/a de clase, prepare un corto sainete sobre el regateo. Uno de Uds. puede ser el vendedor, el otro el cliente. Use la lectura como modelo.

VOCABULARIO

la información

apunte
artículo
bibliotecario
catálogo
diccionario
enciclopedia

escribir a máquina
ficha
folleto
guía telefónica
máquina de escribir

mapa (el)
telefonista
tomar apuntes

el regateo y el comercio

agencia de turismo
barato
buen gusto/mal gusto
buena voluntad
calidad
caro
cheque de viajero

cliente
comprar
cuenta
dependiente
negocio

precio
tienda
vendedor
vender

verbos

convenir (ie)
doler (ue)
encantar
faltar
fascinar
gustar

importar
molestar
pedir (i)
preguntar

regatear
repugnar
roncar

molestias y desastres

diluvio
guerra
humo

incendio
persecución
ruido

terremoto
tormenta

10.1 ¿Por qué **se mira** Narciso en el agua?

Narciso **se mira** porque **se ama**.

10.2 ¿A qué hora **se levanta** Ud.?

Yo **me levanto** a las siete.

10.3 Juan **se acuesta** temprano.

El padre **acuesta** a su niño.

10.4 ¿De qué **se jacta** Jorge?

Se jacta de sus buenas notas.

10.5 ¿A qué hora **te duermes**?

Me duermo a las once y media en punto.

10.6 ¿Cuándo **vas a lavarte** los dientes?

Voy a lavarme los dientes después de comer.

10.7 Sinopsis de la construcción reflexiva.

10.8 No voy **porque** mi hija está enferma.

No voy **a causa de** mi hija.

vocabulario:

la higiene y algunas partes del cuerpo

EXPOSICIÓN GRAMATICAL

10.1 ¿Por qué **se mira** Narciso en el agua?
Narciso **se mira** porque **se ama**.

¿Por qué **te miras** en el espejo?	**Me miro** en el espejo porque **me encuentro** guapo.
¿Se consideran Uds. inteligentes?	No **nos consideramos** brillantes, pero somos buenos y capaces.
¿Con quién **se identifican** los niños?	Depende. Al principio **se identifican** con sus padres.
¿Para qué **os preparáis**?	**Nos preparamos** para un examen.
¿Qué pasa con Miguel?	Está preocupado porque **se encuentra** en una situación delicada.
¿Cómo están tus abuelos?	Están bien, pero tienen que **cuidarse** mucho por los años que tienen.

Las palabras en negrilla de arriba son ejemplos de la **construcción reflexiva**. La construcción reflexiva consiste en **un sujeto, un pronombre reflexivo** y **un verbo** que son todos de la misma persona. Estudie su formación:

sujeto	*pronombre reflexivo*	*verbo*
Yo	me	miro en el espejo.
Tú	te	miras en el espejo.
Ud. El Ella	se	mira en el espejo.
Nosotros	nos	miramos en el espejo.
Vosotros	os	miráis en el espejo.
Uds. Ellos Ellas	se	miran en el espejo.

Estudie:

Tienes que defender**te** mejor.	**Te** tienes que defender mejor.
No puedo explicar**me** con él.	No **me** puedo explicar con él.
Estamos preparándo**nos** para mañana.	**Nos** estamos preparando para mañana.

Igual que con los complementos pronominales, el pronombre reflexivo puede preceder al verbo o agregarse a un **infinitivo** o a un **gerundio**.

Estudie:

Yo me miro **a mí mismo/a mí misma**.
Tú debes defenderte **a ti mismo/a ti misma**.
El/la chico/a se mira **a sí mismo/a sí misma**.
Nosotros/nosotras nos queremos **a nosotros mismos/a nosotras mismas**.
Vosotros/vosotras os miráis **a vosotros mismos/a vosotras mismas**.
Ellos/ellas se aman **a sí mismos/a sí mismas**.

A veces se usan las frases de clarificación *a mí misma, a ti mismo, a sí misma, a nosotros mismos, a vosotras mismas, a sí mismos, etc.* cuando la acción es reflexiva—es decir, cuando el sujeto literalmente hace y recibe la acción.

práctica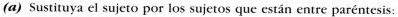

(a) Sustituya el sujeto por los sujetos que están entre paréntesis:

María se mira en el espejo.
(tú y yo, nosotros, tu mamá, los chicos, yo, vosotros)

(b) Haga una descripción personal usando las frases dadas como punto de partida:

1. Me considero *(inteligente, guapo, capaz, maravillosa)*
2. Me identifico con *(mi madre, mis profesores, una actriz de cine)*
3. Estoy preparándome para *(un examen, una cita, un baile)*
4. Debo controlarme cuando *(estoy enojado, cuando manejo)* ᵈʳⁱᵛᵉ
5. No me creo demasiado *(tonto, brillante, diligente)*
6. Tenemos que limitarnos cuando *(estamos enfermos, no hay dinero)*
7. Me defiendo cuando *(hablo español, juego béisbol)*

Usando los mismos verbos de las frases de arriba, describa a alguien en la clase o a alguien que Ud. conoce.

10.2 ¿A qué hora **se levanta** Ud.?
Me levanto a las siete.

¿A qué hora **te despiertas**?   **Me despierto** a las siete.
¿Cuándo **se acuesta** tu papá?   **Se acuesta** a medianoche.
¿Dónde **se duchan** los futbolistas?   **Se duchan** en el gimnasio.
¿Quién **se está bañando**?   Papá **está bañándose**.
¿A qué hora **van a despertarse?**   Si **nos acostamos** temprano, **nos despertamos** temprano.

En las frases de arriba la **construcción reflexiva** indica que los verbos son **intransitivos**. Un **verbo transitivo** tiene **complemento directo**. Un **verbo intransitivo** no tiene complemento directo. Observe que con un verbo intransitivo no se puede usar las frases de clarificación *a mí misma, a ti mismo, a sí mismos, etc.*

Algunos verbos intransitivos que comúnmente se usan en construcciones reflexivas:

lie down; go to bed	
acostarse (ue):	**Me acuesto** a medianoche. *acostarse = reclinarse en una cama, en un sofá, en el piso, etc.*
sentarse (ie): *to sit down*	**Me siento** en esa silla para ver televisión. *sentarse = tomar asiento - seat*
despertarse (ie): *to wake up*	**Me despierto** a las seis. *despertarse = dejar de dormir*
levantarse: *to get up; lift up*	Marisa **se levanta** temprano. *levantarse ≠ acostarse, sentarse*
bañarse: *to bathe*	Mi hija **se baña** dos veces al día. *bañarse = lavarse todo el cuerpo.*
ducharse: *to shower*	Los atletas **se duchan** en el gimnasio. *ducharse = lavarse todo el cuerpo de pie en una ducha*
afeitarse: *to shave*	Generalmente los jóvenes empiezan a **afeitarse** a los diecisiete o dieciocho años. *afeitarse = cortarse el pelo de la cara*
peinarse: *to comb*	Pablo **se peina** delante del espejo. *peinarse = arreglarse el pelo*
vestirse (i): *to dress*	**Se visten** los muchachos después de bañarse. *vestirse = ponerse la ropa*

práctica

A. Describa su rutina diaria usando las preguntas a continuación como punto de partida:

1. ¿A qué hora te acuestas? *2.* ¿A qué hora te despiertas? *3.* ¿Te levantas inmediatamente después de despertarte? *4.* ¿Te bañas o te.duchas? *5.* ¿Te duchas en casa o en el gimnasio? *6.* ¿Cada cuándo te afeitas? *7.* ¿Te conviene desvestirte antes de bañarte? *8.* ¿Te peinas una vez al día o muchas veces durante el día? Etc.

B. Pregúntele a un/a compañero/a de clase sobre su rutina diaria usando las preguntas de arriba como guía.

10.3 Juan **se acuesta** temprano.
El padre **acuesta** a su niño.

El paciente **se baña** sin ayuda.
Yo **me afeito** por la mañana.
Los chicos **se despiertan** temprano.
Anita ya puede **vestirse** sola.

Mi mamá **baña** a mi hermanito.
El barbero **afeita** a mi papá.
Mi madre **me despierta** temprano.

Tengo que **vestir a mi niño**.

A. Sara se mira.

B. Sara mira a Javier.

A. Ricardo se levanta.

B. Ricardo levanta pesas.

A. Pepito se baña.

B. Pepito baña el perro.

A. ¡Se quema la sopa!

B. Papá quema la basura.

Vamos a **levantarnos** tarde
   mañana. ~~get up~~
El coche **se para** cuando uno
   menos lo espera.
Esos vasos son frágiles y **se
rompen** fácilmente.
¡La comida **se está quemando**!

Levantamos el coche para
   repararlo.
La policía en la frontera **para todos
los coches** para revisarlos.
¡Esos niños van a **romper todos
los platos**! to break
Paco **está quemando la basura.** trash
             Burning

En las frases de la primera columna de arriba la **construcción reflexiva** indica
que los verbos son **intransitivos** y que el sujeto actúa **sin influencia exterior**.
En las frases de la segunda columna de arriba, los mismos verbos se usan con
complementos directos, es decir, en sentido transitivo. En frases transitivas, el
sujeto actúa **sobre** otro objeto u otra persona, y no se usa la construcción
reflexiva.

Una madre ecuatoriana baña a su hijo.

práctica ✳

A. Conteste las preguntas a continuación según el modelo:

Modelo: ¿Te afeitas? (el peluquero)
      No, no me afeito; el peluquero me afeita.

1. ¿Se baña Pablito sin ayuda? (su madre) *2.* ¿Se despierta tu hermano solo? (yo) *3.* ¿Se
visten los niños sin ayuda? (sus padres) *4.* ¿Se acuestan sin ayuda los pacientes? (las
enfermeras)

B. Cambien las frases a continuación de forma transitiva a forma intransitiva. Siga el modelo:

Modelo: Yo acuesto al niño después de la cena.
   Yo me acuesto después de la cena.

1. El niño baña el gato.   *2.* María despierta a su novio.   *3.* Van a levantar el coche.
4. Mamá viste a Paquito antes de salir.   *5.* Luisa acuesta a su hijo.   *6.* El barbero afeita a mi padre.   *7.* Yo siento al bebé en la silla.   *8.* Vamos a despertarte temprano.

10.4 ¿De qué **se jacta** Jorge?
   Se jacta de sus buenas notas.

¿De qué **se queja** Hortensia?   **Se queja** del frío.
¿De qué **se jactan** tus padres?   **Se jactan** de su hijo brillante.
¿Qué hace un satírico?   Un satírico **se burla** de las
                                          pretensiones de la gente.

¿Te portas bien con tu novia?   Claro. **Me porto** como un ángel.

Quejarse de, jactarse de, burlarse de y **portarse** son verbos que siempre se usan en una construcción reflexiva. Definiciones:

> **quejarse de**: *hablar con descontentamiento*   complain
> **jactarse de**: *hablar con orgullo*   Pride; boast, brag
> **burlarse de**: *satirizar; poner en ridículo*   ridicule; make fun of
> **portarse bien**: *actuar correctamente*
> conduct; behave

práctica

Investigue las reacciones de sus compañeros usando las frases a continuación como punto de partida:

1. ¿De qué (quién) te quejas? Respuestas posibles: *los chicos de la clase, los precios de la ropa, las malas películas, la música del supermercado, este ejercicio*
2. ¿De qué (quién) te jactas? Respuestas posibles: *mi coche, mis notas, mi inteligencia, mi novio, mis hijos, mi casa, mi buen gusto, mi belleza natural*
3. ¿De qué (quién) te burlas? Respuestas posibles: *los políticos del otro partido, los alumnos de la universidad X, la ropa de mi hermana, la gente snob*
4. ¿Con quién te portas bien? Respuestas posibles: *con mis padres, con mis profesores, con mi novia cuando no tengo otra alternativa*

Repita las mismas preguntas pero con referencia a otras personas.

10.5 ¿A qué hora **te duermes**?
Me duermo a las once y media en punto.

¿Cuándo **te vas** a Buenos Aires? **Me voy** la semana próxima.
¿Por qué **se siente** mal María? **Se siente** mal porque tiene hambre.
¿Tienes hambre? Claro. Voy a **comerme** tres
  hamburguesas esta noche.
¿Cómo **me veo**? Ay, señora. **Se ve** Ud. muy
  elegante.

Algunos verbos cambian de significado cuando se usan en una construcción reflexiva.

Compare:

comer:	Como todos los días a mediodía. *comer: ya se sabe*
comerse:	Esos jóvenes **se comen** todo lo que preparo. *comerse: comer con mucha intensidad, vorazmente*
dormir:	Trato de dormir ocho horas por día. *dormir: ya se sabe*
dormirse:	Los chicos **se duermen** inmediatamente cuando están cansados. *dormirse: empezar a dormir*
ir:	Voy a la cocina a prepararme un sandwich. *ir: ya se sabe*
irse:	**Me voy** de aquí, y nunca voy a volver. *irse: partir; abandonar un lugar por otro; contrario de ''llegar''*
llamar:	Tengo que llamar a mis padres esta noche. *llamar: ya se sabe*
llamarse:	Vivo en un pueblito que **se llama** San Juan de los Ríos. *llamarse: tener un nombre*
quedar:	¿Dónde **queda** la biblioteca? *quedar: un equivalente de ''estar'' para lugares*
quedarse:	No quiero salir; prefiero **quedarme** en casa. *quedarse: permanecer; seguir en el mismo lugar; contrario de ''salir''*
sentir:	El gato **siente** la vibración de las máquinas. *sentir (ie): percibir*
sentirse:	No **me siento** bien hoy. Creo que estoy enfermo. *sentirse (ie): percibir una emoción o un estado físico personal*
ver:	Veo a mis hermanos cada mes. *ver: ya se sabe*
verse:	**Te ves** muy bien hoy. Con esa ropa **te ves** muy elegante. *verse: tener la apariencia de*

práctica ✣

Conteste las preguntas a continuación:

1. ¿Cómo te sientes hoy? *2.* ¿Cuándo se ve Ud. mejor, por la mañana o por la noche?
3. ¿Quién se queda en el campus durante las vacaciones? *4.* ¿Adónde te vas para las
próximas vacaciones? *5.* ¿A qué hora se duermen tus compañeros/as de cuarto?
6. ¿Qué hacen Uds. con una pizza: comen la pizza o se comen la pizza?

10.6 ¿Cuándo vas a **lavarte los dientes**?
Voy a **lavarme los dientes** después de comer.

¿Cuándo **se arregla** el pelo tu mamá?	**Se arregla** el pelo antes de salir de casa.
¿Vas a **ponerte tu nuevo abrigo**?	No, no quiero **ponerme el abrigo** porque no hace frío.
¿Por qué **se quitan el sombrero** Uds. cuando entran en una iglesia?	**Nos quitamos el sombrero** por respeto.

En las frases de arriba, la construcción reflexiva indica **posesión** de un artículo
de ropa, de una parte del cuerpo, o de un objeto personal. A continuación se
encuentran algunos verbos que comúnmente se usan así:

afeitarse:	No me gusta **afeitarme** las piernas.
arreglarse:	Irene **se arregla** el cabello cada mañana.
cortarse:	**Me corto** las uñas cada semana.
lavarse:	Susana **se lava** la cara con un jabón especial.
limpiarse:	Tienes que **limpiarte** las uñas después de trabajar.
ponerse:	Debes **ponerte** un suéter porque hace fresco. Voy a **ponerme** más perfume porque quiero ser irresistible.
quitarse:	**Me quito** el saco cuando entro en la casa.
secarse:	Yo **me seco** las manos con una toalla. ¿Por qué no **te seca**s la cara con este pañuelo?

Nota importante: Con las partes del cuerpo y con la ropa, la construcción
reflexiva es **obligatoria** para indicar **posesión**.

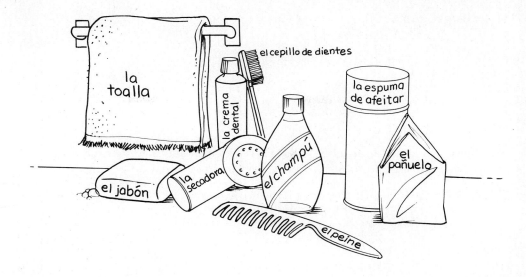

la toalla

el cepillo de dientes

la crema dental

la espuma de afeitar

la secadora

el champú

el pañuelo

el jabón

el peine

práctica ✳

Complete las frases a continuación con la palabra adecuada de la columna a la derecha:

1. Me lavo las manos con ...
2. Me lavo el cabello con ...
3. Me seco el pelo con ...
4. Me afeito las piernas con ...
5. Me lavo los dientes con ...
6. Me arreglo el pelo con ...
7. Me lavo los dientes con ...
8. Me limpio los zapatos con ...
9. Me seco las manos con ...

champú
una navaja y espuma de afeitar
jabón
una toalla
un peine
un trapo
una secadora
un cepillo de dientes y crema dental
un peine y un cepillo

10.7 Sinopsis de la construcción reflexiva:

I. **La construcción reflexiva** consiste en un sujeto, un pronombre reflexivo y un verbo que son todos de la misma persona.

> Yo me defiendo.
> Tú te defiendes.
> Nosotros nos defendemos.
> Vosotros os defendéis.
> El, (Ud., ella, etc.) se defiende.
> Ellos, (Uds., ellas, etc.) se defienden.

II. Los pronombres reflexivos son:

me	nos
te	os
se	se

III. Posición del pronombre reflexivo: el pronombre reflexivo puede preceder a un **verbo conjugado** o estar adjunto a un **infinitivo** o a un **gerundio**:

> Yo me baño.
> Quiero bañarme. *o* Me quiero bañar.
> Estoy bañándome. *o* Me estoy bañando.

IV. Usos de la construcción reflexiva:

A. Para indicar que la acción es reflexiva: el sujeto literalmente hace y recibe la acción (10.1); solamente en estos casos se usan frases preposicionales de clarificación:

> Javier se mira a sí mismo en el espejo.
> Debo aprender a amarme a mí misma.

B. Para indicar que el verbo es intransitivo: la acción ocurre sin influencia exterior (10.2 y 10.3):

> Me despierto relativamente temprano.
> Las hojas de los árboles se caen durante el otoño.

C. Para verbos que siempre ocurren en construcciones reflexivas: (10.4):

> Los alumnos se quejan de la tarea.
> Los niños maleducados se burlan de sus compañeros.
> Un padre orgulloso se jacta de sus hijos.
> Me porto como un ángel cuando estoy con mi novia.

D. Para indicar un cambio de significado (10.5):

> Duermo ocho horas por día.
> Me duermo a las once y media.
> La biblioteca queda en aquella esquina.
> No pienso quedarme en casa esta noche.

E. Para indicar posesión (10.6):

> Me lavo las manos con jabón.
> Elena se seca el cabello con una secadora.
> Mario se quita la ropa y se pone un piyama para dormir.

V.   El contraste transitivo: muchas veces los verbos de una construcción reflexiva intransitiva pueden usarse en frases transitivas:

> Me despierto a las siete.
> Despierto a mi hermano a las siete.
> Mamá se prepara para salir.
> Mamá prepara la cena.

10.8   No voy **porque** mi hija está enferma.
No voy **a causa de** mi hija.

> Vamos a la playa **porque** hace calor hoy.
> Vamos a la playa **a causa de** la temperatura.
> El coche no anda **porque** está muy viejo.
> El coche no anda **a causa de** los años que tiene.
> Quiero levantarme temprano **porque** tengo mucho que hacer.
> Quiero levantarme temprano **a causa de** mi trabajo.

Porque se usa antes de **una cláusula**. Una cláusula es un grupo de palabras con un sujeto y un verbo dentro de otra frase más grande. **A causa de** se usa antes de **un sustantivo**.

práctica

Complete las frases a continuación de forma creativa:

1. Me pongo ropa elegante porque ...   *2.* Me pongo ropa elegante a causa de ....
3. Javier se despierta temprano porque ...   *4.* Javier se despierta temprano a causa de ...   *5.* Me gusta hablar español porque ...   *6.* Me gusta saber español a causa de ...

EJERCICIOS ESCRITOS

1. (a) Escriba las frases a continuación en plural (10.1):

1. Él se considera muy capaz.   *2.* Me estoy preparando para el examen de mañana.
3. Ud. puede verse bien en esta foto.   *4.* Te crees más inteligente que nosotros.   *5.* Ella está mirándose en el agua.   *6.* Tengo que cuidarme mucho cuando hace frío.

(b) Complete las frases con una construcción reflexiva. Siga el modelo:

Modelo: Narciso (mirar) en el lago.
Narciso se mira (o está mirándose) en el lago.

1. Nosotros (creer) muy inteligentes.   *2.* Mis jefes (considerar) capaces.   *3.* Tú (encontrar) en una situación difícil.   *4.* Mis vecinos (preparar) para las vacaciones.   *5.* El chico (ver) en el espejo del coche.   **6.** Tú debes (cuidar) si estás enfermo.   **7.** El abogado no (explicar) bien.   **8.** Mi padre (defender) muy bien en una discusión.

2. (a) Usando los elementos a continuación, escriba frases según el modelo (10.2):

Modelo: Yo (levantarse) temprano, pero mi hermano ...
Yo me levanto temprano, pero mi hermano se levanta tarde.
1. Nosotros (acostarse) a las once, pero nuestros padres ...
2. Marisa (despertarse) tarde, pero nosotros ...
3. Los atletas (ducharse) en el gimnasio, pero yo ...
4. Mi padre (afeitarse) todos los días, pero mi hermano menor ...
5. Tú (bañarse) por la tarde, pero nosotros ...

(b) Conteste las preguntas a continuación con frases completas:
1. ¿A qué hora se acuestan los buenos estudiantes?
2. ¿A qué hora te despiertas los sábados?
3. ¿Cada cuándo se afeita tu mejor amigo?
4. ¿Dónde se bañan Uds, en casa o en el gimnasio?
5. ¿Qué te gusta más, bañarte o ducharte?
6. ¿Te miras en el espejo cuando te peinas?
7. ¿Cuándo se visten los alumnos de forma muy elegante?
8. ¿Te acuestas siempre a la misma hora?

3. (a) Conteste las preguntas con frases completas (10.3):
1. ¿Te acuestas sin ayuda o te acuesta tu mami?
2. ¿Te despierta el sol por la mañana o te despiertas solo/sola?
3. ¿Se visten los niños pequeños sin ayuda, o los visten sus padres?
4. ¿Qué se rompe fácilmente?
5. ¿Qué hace tu familia si se quema la comida?
6. ¿Cada cuándo queman Uds. la basura?

(b) Escriba dos frases para cada par de frases a contiuación. La primera frase debe ser reflexiva e intransitiva; la segunda debe ser una frase transitiva. Siga el modelo:

Modelo: quemar, quemarse
Javier está quemando todos sus viejos papeles.
¡Se está quemando la comida! Tenemos que comer fuera.

1. acostar, acostarse   *2.* despertar, despertarse   *3.* levantar, levantarse   *4.* vestir, vestirse   *5.* bañar, bañarse   *6.* afeitar, afeitarse   *7.* peinar, peinarse   *8.* parar, pararse

4. (a) Conteste las preguntas con frases completas (10.4):
1. ¿De qué se están quejando ustedes?
2. ¿De qué se jacta su profesor/a de español?
3. ¿De qué clase de persona te burlas?
4. ¿Cuándo se portan bien los niños?

(b) Usando los verbos *portarse, burlarse, jactarse* y *quejarse*, describa a las personas a continuación:

1. un santo   *2.* un arrogante   *3.* un satirista   *4.* un pesimista

5. Conteste las preguntas. Note que las preguntas se encuentran en pares; la segunda pregunta de cada par es de una construcción reflexiva (10.5):
   1. ¿Duermes mejor cuando estás cansado/a? ¿A qué hora te duermes los fines de semana?
   2. ¿Siente Ud. frío en el cuarto ahora? ¿Cómo se siente Ud. ahora?
   3. ¿Cuándo vas a la pizarra en la clase de español? ¿Adónde te vas durante las vacaciones?
   4. ¿Qué comes para el desayuno? ¿Tienes ganas de comerte todo un bistec hoy?
   5. ¿Dónde queda la biblioteca? ¿Quiénes se quedan en casa los fines de semana?
   6. ¿Qué estás viendo en este momento? ¿Cómo se ve tu mejor amiga hoy?

6. (a) Conteste las preguntas con frases completas (10.6):
   1. ¿Cada cuándo te lavas los dientes?
   2. ¿Qué champú usas para lavarte el cabello?
   3. ¿Cuándo deben los hombres quitarse el sombrero?
   4. ¿Con qué se lavan Uds. las manos?
   5. Cuando hace calor, ¿qué ropa te pones? ¿Y cuándo hace frío?
   6. ¿En qué deporte puede un deportista lastimarse un hombro—en la natación o en el fútbol?
   7. ¿Con qué se seca Ud. las manos?
   8. ¿Cada cuándo se corta Ud. el pelo?

7. Escriba una corta composición sobre su rutina diaria. Incluya los verbos a continuación (10.1 a 10.7):

despertarse, levantarse, bañarse, lavarse, secarse, vestirse, desayunarse, irse, acostarse, dormirse

8. Complete las frases a continuación con **porque** o **a causa de**:

   1. Me voy _____ el ruido. *2.* Me despierto temprano _____ tengo que empezar a trabajar. *3.* A los tenores les gusta esa ópera _____ tiene buenas arias para tenor. *4.* No me gusta ese coche _____ el motor. *5.* Este capítulo me parece difícil _____ los verbos, pero debo aprenderlos _____ son necesarios.

PRONUNCIACIÓN Y ORTOGRAFÍA

A. La entonación española difiere mucho de la entonación inglesa. Generalmente, en una frase normal (que no es ni pregunta ni exclamación) el tono más agudo se da en la primera sílaba tónica (la primera sílaba que recibe el énfasis). Esa entonación es muy distinta de la entonación inglesa. Compare y repita:

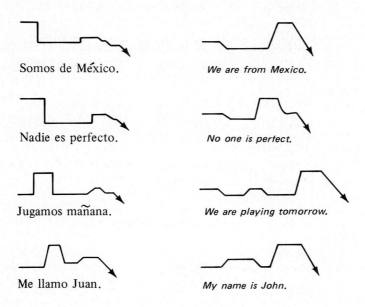

Somos de México.

We are from Mexico.

Nadie es perfecto.

No one is perfect.

Jugamos mañana.

We are playing tomorrow.

Me llamo Juan.

My name is John.

B. La entonación de una pregunta en español que comienza con una palabra interrogativa es casi igual que la entonación de la frase normal de la sección anterior. Compare y repita:

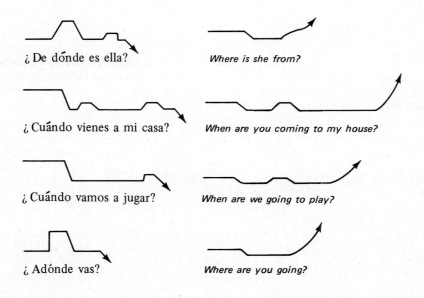

¿De dónde es ella?

Where is she from?

¿Cuándo vienes a mi casa?

When are you coming to my house?

¿Cuándo vamos a jugar?

When are we going to play?

¿Adónde vas?

Where are you going?

C. En una pregunta que no comienza con una palabra interrogativa, la entonación es más o menos como en inglés. Compare y repita:

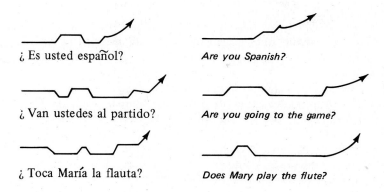

¿ Es usted español?

Are you Spanish?

¿ Van ustedes al partido?

Are you going to the game?

¿ Toca María la flauta?

Does Mary play the flute?

D. En inglés, la duración de cada sílaba varía mucho. En español, cada sílaba, incluso las sílabas átonas (que no reciben el énfasis), tienen más o menos la misma duración. Lea las frases a continuación, poniendo atención especial a la entonación y la duración de las sílabas:

Nadie debe levantarse antes de mediodía después de una noche difícil.
Mis hijos se duchan en el gimnasio después de la práctica de fútbol.
Tenemos que trabajar diligentemente para salir adelante.
Duermo bien si me bebé no se despierta demasiado temprano.
Esta noche voy a dormir como un tronco porque tengo mucho sueño.

LECTURA

retrato de David Candelaria

David Candelaria es un joven de veinte años que vive en el centro de Los Angeles con su abuela. Su abuela es una mujer muy vieja que ya no puede cuidarse sola. Los padres de David murieron *(tiempo pasado de morir)* en un accidente cuando David apenas tenía *(tiempo pasado de tener)* dos años. Desde entonces, la abuela es la única madre que David y su hermana conocen.

La situación económica de la familia es precaria. David recibe una pequeña pensión por la muerte de sus padres, pero eso va a terminar dentro de un año. La abuela también recibe dinero del Seguro Social, pero aun con eso David tiene que trabajar varias horas por día.

En un día típico, David se levanta a las cinco de la madrugada. Se baña y se afeita rápidamente porque quiere estudiar un par de horas **mientras** su abuela sigue durmiendo. Quiere ser médico, pero no sabe si **más adelante** lo van a aceptar en una buena **facultad** de medicina porque a veces llega a clase sin preparar, y algunas de sus notas no son de las mejores.

A las 7:00 David despierta a su abuela. La ayuda a caminar al baño donde ella se sienta en la ducha en una silla especial. David le deja su ropa en el baño, y mientras ella termina de bañarse y vestirse, David prepara el desayuno para los dos. Después del desayuno, David la lleva a la casa de su hermana que ya está casada y tiene tres hijos. La hermana, Susana, cuida a la abuela mientras David trabaja y asiste a clases.

A las 8:00 de la mañana, David entra a trabajar en un hospital donde es asistente de enfermeras. Tiene muchos deberes. Primero tiene que bañar a los pacientes que no pueden bañarse sin ayuda, y en algunos casos los afeita también. Muchos de los pacientes están aburridos con la vida en el hospital, y por eso, si hay tiempo, David los levanta, los viste con una **bata**, y los ayuda a caminar un poco por los pasillos del hospital. Después de esos pequeños paseos, David los acuesta de nuevo, y a veces les da un masaje.

A las 2:00 de la tarde, David sale del hospital y se va directamente a la universidad donde sigue cursos de química, física y biología para prepararse para una carrera de medicina. Muchos de los cursos requieren también largas horas de laboratorio, y en muchas ocasiones, David no se va de la universidad hasta las ocho o las nueve de la noche cuando recoge a su abuela para llevarla de nuevo a casa.

En casa, David cena rápidamente, acuesta a su abuela, y después empieza a estudiar. Se acuesta entre medianoche y la una; se duerme inmediatamente porque está muy cansado. Duerme poco porque a las cinco de la madrugada tiene que levantarse y comenzar **de nuevo** la rutina del día anterior.

No se sabe si van a aceptar a David en una facultad de medicina. Tiene buenas notas, pero no son de las más altas porque su vida dificulta mucho su estudio. Sin embargo, algunos dicen que una B en el caso de David indica más inteligencia, más deseo, más devoción y más trabajo que una A en el caso de un estudiante que vive con relativamente pocas preocupaciones. ¿Qué piensa Ud.?

Posdata: David es amigo de uno de los autores. En este momento está especializándose en pediatría en una de las mejores facultades de medicina del país.

mientras: cuando, durante el mismo período / **más adelante**: en el futuro / **facultad**: centro de estudios avanzados

bata: ropa informal que se usa antes de vestirse

de nuevo: otra vez

Me defiendo bien con las computadoras.

preguntas

1. ¿Por qué vive David con su abuela?
2. ¿Por qué no puede cuidarse la abuela?
3. ¿Qué carrera quiere seguir David?
4. ¿Qué título tiene David en el hospital?
5. ¿Qué hace David si un paciente no puede bañarse o afeitarse?
6. ¿Adónde va David cuando sale del trabajo?
7. ¿Por qué requieren tanto tiempo los cursos de David?
8. ¿Siempre tiene tiempo para prepararse bien David?
9. ¿Cuántas horas por día tiene David para estudiar y dormir?
10. ¿Cómo compara su día con el horario de usted?
11. ¿Cree Ud. que David tiene derecho a estudiar medicina si no tiene las mejores notas?
12. ¿Por qué?

creación

Prepare una composición o un informe oral sobre los deberes de un/a enfermero/a. Use las preguntas a continuación como guía:

1. ¿Dónde trabaja un/a enfermero/a? 2. ¿Cuántas horas por día trabaja? 3. ¿Qué hace si un paciente no puede levantarse solo? 4. ¿Qué hace si un paciente no puede bañarse o afeitarse sin ayuda? 5. ¿Se van los pacientes del hospital antes de poder cuidarse solos? 6. ¿Qué hace un/a enfermero/a para prepararse para su carrera? 7. ¿Quién sirve la comida en un hospital? 8. ¿Quiere Ud. prepararse para un carrera de enfermería? ¿Por qué?

VOCABULARIO

verbos que se usan en construcciones reflexivas

acostar, acostarse (ue)
afeitar, afeitarse
arreglar, arreglarse
bañar, bañarse
burlarse de
comer, comerse
considerar, considerarse
cortar, cortarse
cuidar, cuidarse
desayunar, desayunarse
despertar, despertarse (ie)
desvestir, desvestirse (i)
dormir, dormirse (ue)

duchar, ducharse
ir, irse
jactarse de
lastimar, lastimarse
lavar, lavarse
levantar, levantarse
limpiar, limpiarse
mirar, mirarse
olvidar, olvidarse de
parar, pararse
quedar, quedarse

quejarse de
quemar, quemarse
quitar, quitarse
romper, romperse
secar, secarse
sentar, sentarse (ie)
ver, verse
vestir, vestirse (i)

artículos de higiene

cepillo
cepillo de dientes
champú
crema dental
dentífrico
desodorante

jabón
loción
pañuelo
peine
perfume

secadora eléctrica
toalla
trapo

algunas partes del cuerpo

barba
bigote
boca
brazo
cabello
cabeza
cuello

espalda
hombro
labio
mano (la)
nariz (la)
ojo

oreja
pelo
pie (el)
pierna

frases útiles

a causa de

porque

11.1 ¿Cuándo **terminaste** con tu novia?
　　　　Terminamos la relación anoche.

11.2 ¿Quíen **escribió** las palabras que Uds. **aprendieron?**
　　　　Ud. **escribió** las palabras que **aprendimos.**

11.3 ¿Adónde **fuiste** anoche?
　　　　Fui al cine con unos amigos.

11.4 ¿Cuánto tiempo **hace que** escribiste a tus padres?
　　　　Hace una semana **que** les escribí.

11.5 ¿Con quién **necesitabas** hablar tú?
　　　　Yo **necesitaba** hablar con el jefe.

11.6 ¿Dónde **vivías** tú cuando **tenías** cuatro años?
　　　　Cuando yo **tenía** cuatro años, **vivía** en Chile.

11.7 ¿Qué **estaban haciendo** Uds. anoche?
　　　　Nosotros **estábamos divirtiéndonos** mucho.

11.8 ¿De qué nacionalidad **era** tu abuelo materno?
　　　　Mi abuelo materno **era** portugués.

11.9 Algunos usos del pretérito.

11.10 Algunos usos del imperfecto.

vocabulario:

expresiones para hablar en pasado

EXPOSICIÓN GRAMATICAL

11.1   ¿Cuándo **terminaste** con tu novia?
   Terminamos la relación anoche.

¿A qué hora te **acostaste** anoche?	Me **acosté** a la una de la mañana.
¿Quién te **lavó** el coche?	Me **lavó** el coche mi hermano ayer por la mañana.
¿Llamaste a María?	No, no la **llamé** porque la **encontré** anteayer en el centro.
¿Qué **tomaron** Uds. en la fiesta?	**Tomamos** vino tinto y jerez.
¿Dónde **compraron** ellos ese cuadro tan lindo?	Lo **compraron** en una exposición la semana pasada.

En español hay dos tiempos pasados, el **pretérito** y el **imperfecto**. Los verbos en negrilla en las frases de arriba son del **pretérito**. **Tomar** y **recordar** sirven de modelo para los verbos de la primera conjugación *(los verbos que terminan en -ar)*:

		desinencias	*formas completas*	
yo		**-é**	tom**é**	record**é**
tú		**-aste**	tom**aste**	record**aste**
ella		**-ó**	tom**ó**	record**ó**
nosotros		**-amos**	tom**amos**	record**amos**
vosotros		**-asteis**	tom**asteis**	record**asteis**
ellos		**-aron**	tom**aron**	record**aron**

El pretérito no conserva los cambios de raíz del presente. Con muy pocas excepciones, la raíz del pretérito es igual a la raíz del infinitivo. Ejemplos: *cerrar: cierro/cerré; recordar: recuerda/recordó.*

Note que las formas que corresponden a *nosotros* son iguales en el presente y en el pretérito. Ejemplos: *tomamos/tomamos; cerramos/cerramos.* El contexto indica el significado.

Estudie:

Expresiones para hablar en pasado:

Lo compré **ayer.**
Me acosté **ayer por la mañana.**
Te llamamos **ayer por la tarde.**
Mis padres llegaron **anteayer.**
Lo encontré **anoche** en el parque.
Mis tías me mandaron un paquete **la semana pasada.**

[anotación manuscrita al margen:]
ver
vi
viste
vio
vimos
vieron

Empezaron a estudiar español **el año pasado**.
Colón llegó a América **en el siglo XV** (quince).
Tomé un café con Tomás **anteanoche**.

práctica ❋

A. Haga todos los cambios necesarios en la frase a continuación según los sujetos que están entre paréntesis:

Mis vecinos compraron un nuevo coche.
(Tú, ella, Javier, vosotros, los García, yo)

B. Complete las frases a continuación usando un verbo de la segunda columna (o algún otro verbo de la primera conjugación):

Ayer ...	hablar con
Anoche ...	trabajar
Anteayer ...	estudiar
El año pasado ...	ganar
La semana pasada ...	comprar
El sábado ...	entrar
Esta mañana ...	despertarse
Ayer por la mañana ...	acostarse
En el siglo quince ...	llegar

11.2 ¿Quién **escribió** las palabras que Uds. **aprendieron**?
Ud. **escribió** las palabras que nosotros **aprendimos**.

¿Qué **comiste** tú anoche?
¿A qué hora **volvieron** Uds. anoche?
¿Quién te **escribió** esa carta tan cómica?
¿Por cuánto tiempo **vivisteis** vosotros en España?

Yo **comí** unas enchiladas fabulosas.
Nosotros **volvimos** a medianoche.
Ana me **escribió** esa carta.
Vivimos en España por cuatro años.

Los verbos regulares de la segunda y tercera conjugaciones *(verbos terminados en -er y en -ir)* tienen las mismas desinencias en el pretérito. Ejemplos:

	desinencias	*formas completas*	
yo	**-í**	volv**í**	escrib**í**
tú	**-iste**	volv**iste**	escrib**iste**
él	**-ió**	volv**ió**	escrib**ió**
nosotras	**-imos**	volv**imos**	escrib**imos**
vosotros	**-isteis**	volv**isteis**	escrib**isteis**
ellas	**-ieron**	volv**ieron**	escrib**ieron**

Los verbos de la segunda conjugación *(infinitivos terminados en -er)*, no conservan los cambios de raíz del presente. Ejemplos: *vuelvo/volví; enciende/encendió, etc.*

Las formas que corresponden a **nosotros** en la tercera conjugación *(verbos terminados en -ir)* son iguales en el presente y en el pretérito. Ejemplos: *vivimos/vivimos; escribimos/escribimos.*

práctica ❋

A. Haga todos los cambios necesarios en la frase a continuación según los sujetos que están entre paréntesis:

Ana María salió de la oficina a mediodía y volvió a la una.
(los empleados, mi tió, tú, nosotros, yo)

B. Usando los fragmentos a continuación, describa sus actividades:

Ayer yo	despertarse	a las _____, demasiado tarde, temprano.
Entonces	levantarse	inmediatamente, dos horas más tarde.
	bañarse	
	afeitarse	
	desayunar	
	salir de casa	a las _____
Después de eso	caminar	a la biblioteca, a la casa de un amigo.
	llegar	a mi clase de, a la casa de _____
En ese momento	encontrar	a un amigo, a mi profesor.
	hablar	del amor, de cosas grandes y profundas.
	comer	a las _____ con _____ en _____
Por la tarde	aprender	mucho acerca de _____
Anoche	cenar	a las _____ con _____
	acostarse	a las _____

11.3 ¿Adónde **fuiste** anoche?
Fui al cine con unos amigos.

¿**Fuiste** al parque ayer?	Sí, **fui** con mi novio.
¿**Fueron** Uds. al concierto?	Sí, **fuimos** todos en mi coche.
¿**Fue** Luis a hablar con el profesor?	No, no **fue**.
¿**Fuisteis** vosotros al museo?	Sí, **fuimos** anteayer.

Roberto y yo **fuimos** compañeros de escuela durante tres años.
Mis clases del año pasado **fueron** muy interesantes.
Fui el primer hijo de mis padres.

Ir y **ser** usan exactamente las mismas formas en el pretérito. El contexto determina el significado.

Sinopsis:

ir/ser	
fui	fuimos
fuiste	fuisteis
fue	fueron

práctica

Pregunte a un/a compañero/a de clase:

—adónde fueron él/ella y sus amigos anoche
—adónde fueron los alumnos después de la última clase
—si fue al cine anoche
—con quién fue a comer ayer
—si fue el primer/la primera hijo/a de sus padres
—si fue difícil el último examen de la clase
—quiénes fueron a Europa el año pasado

11.4 ¿Cuántos años **hace que** escribiste a tus padres?
Hace una semana **que** les escribí.

¿Cuántas horas **hace que** terminaste tu composición?

¿Cuánto tiempo **hace que** Uds. vieron esa película?

¿Cuántos meses **hace que** fueron Uds. a ver a sus padres?

Hace dos horas **que** la terminé.

Hace más de tres años **que** la vimos.

Hace tres meses **que** fuimos a verlos.

Hace ... que se usa para indicar **un período de tiempo** entre el presente y un evento pasado.

Estudie cómo se forma una pregunta con **hace ... que**:

¿Cuánto tiempo		usted compró aquel libro?
¿Cuántos meses	**hace que**	José dejó de fumar?
¿Cuántas horas		llegaron tus padres?

Estudie cómo se forma una respuesta con **hace ... que**:

Hace	tres años		compré aquel libro.
	dos meses	**que**	José dejó de fumar.
	una hora		llegaron mis padres.

Estudie:

Compré aquel libro		tres años.
José dejó de fumar	**hace**	dos meses.
Mis padres llegaron		una hora.

Se omite **que** cuando **hace + el período de tiempo** está después del verbo.

práctica ❋

Complete las frases a continuación con **hace ... que**:

1. ... yo fui a la casa de mi abuela.   *2.* ... nosotros conocimos a nuestro/a profesor/a.
3. ... yo nací.   *4.* ... Colón descubrió América.   *5.* ... la clase de hoy empezó.   *6.* ...
vimos una película que nos gustó.   *7.* Me bañé ...   *8.* Mis amigos y yo fuimos a tomar
una cerveza ...

11.5   ¿Con quién **necesitabas** hablar tú?
Yo **necesitaba** hablar con el jefe.

¿Dónde **estaban** Uds. ayer a las cinco?	Nosotros **estábamos** en casa a las cinco.
¿Cómo se **llamaba** tu abuelo materno?	El se **llamaba** Gustavo González Monegal.
¿**Deseabas** tú hablar con él?	Sí, yo **deseaba** hablar con él.
¿**Estabais** vosotros enfermos ayer?	No, **estábamos** bien.

El segundo tiempo pasado en español es el **imperfecto**. Las formas del imperfecto son las más fáciles de la lengua. Para los verbos teminados en *-ar* se sustituye *-aba* por la **primera vocal** de la desinencia del presente.

Compare:

formas del presente	formas del imperfecto	desinencias del imperfecto
tomo	tom**aba**	**-aba**
tomas	tom**abas**	**-abas**
toma	tom**aba**	**-aba**
tomamos	tom**ábamos**	**-ábamos**
tomáis	tom**abais**	**-abais**
toman	tom**aban**	**-aban**

Estar y **pensar** sirven de modelo para el imperfecto de los verbos de la primera conjugación. Note que no hay cambios de raíz en el imperfecto.

estar		*pensar*	
estaba	estábamos	pensaba	pensábamos
estabas	estabais	pensabas	pensabais
estaba	estaban	pensabas	pensaban

Solamente las formas de **nosotros** llevan acento.
Las formas de la primera persona singular y la tercera persona singular (*yo, Ud., él* y *ella*) son iguales. El contexto indica el significado.

práctica

Haga todos los cambios necesarios en la frase a continuación según los sujetos que están entre paréntesis:

Ellos hablaban mientras yo trabajaba.
(yo ... tú, mi jefe ... sus empleados, nosotros ... vosotros, tú ... yo)

11.6 ¿Dónde **vivías** tú cuando **tenías** cuatro años?
Cuando yo **tenía** cuatro años, **vivía** en Chile.

¿**Sabían** Uds. hablar dos lenguas cuando **vivían** en Chile?

Sí, nosotros **sabíamos** inglés y español.

¿Te **parecía** interesante el muchacho venezolano?

Sí, ese muchacho me **parecía** muy interesante.

¿**Podían** Uds. ver el volcán desde su ventana?

Sí, **podíamos** verlo muy bien.

¿**Hacía** mucho frío ayer?

Sí, **hacía** un frío horrible.

Para formar el imperfecto de los verbos terminados en **-er** y en **-ir** se sustituye **-ía** por la primera vocal de las desinencias del presente. **Vivís → vivíais** es la única excepción.

Compare:

presente	*imperfecto*	*presente*	*imperfecto*
como	comía	vivo	vivía
comes	comías	vives	vivías
come	comía	vive	vivía
comemos	comíamos	vivimos	vivíamos
comeis	comíais	vivís	vivíais
comen	comían	viven	vivían

Las desinencias del imperfecto para la segunda y la tercera conjugaciones *(verbos terminados en -er y en -ir)* son:

-ía	-íamos
-ías	-íais
-ía	-ían

Las formas de **yo** y de **él** son idénticas: *yo tenía/él tenía.* El contexto indica el significado.

práctica ✳

Cambie la frase a continuación según los sujetos que están entre paréntesis:

Yo comía mientras Isabel dormía.
(Nosotros … ellos, tú … yo, Miguel … vosotros)

11.7 ¿Qué **estaban haciendo** Uds. anoche?
Estábamos divirtiéndonos mucho.

¿Con quién **estabas estudiando** en la biblioteca?

¿Dónde **estaba trabajando** Guillermo anoche?

Yo **estaba estudiando** con mi novio.

Estaba trabajando en su negocio.

Los verbos en negrilla en las frases de arriba son ejemplos del **imperfecto progresivo**. El imperfecto progresivo es muy fácil; consiste en **estar** en el imperfecto con **un gerundio**.

práctica ✳

Conteste las preguntas a continuación según el modelo:

Modelo: ¿Está estudiando Miguel?
No, no está estudiando ahora, pero estaba estudiando antes.

1. ¿Están trabajando Uds. ahora? **2.** ¿Estás escribiendo ahora? **3.** ¿Está hablando su profesor/a ahora? **4.** ¿Están cantando las chicas ahora? **5.** ¿Estoy jugando mal ahora?

11.8 ¿De qué nacionalidad **era** tu abuelo materno?
Mi abuelo **era** portugués.

¿De dónde **eran** tus abuelos paternos?

¿**Eras** tú un niño muy bueno?

Mis abuelos paternos **eran** de Rusia.

No, yo **era** un niño terrible.

¿**Eran** Uds. los guardianes de ese muchacho?	Sí, nosotros **éramos** sus guardianes.
¿Quién **iba** a hablar con el profesor?	Todos nosotros **íbamos** a hablar con él.
¿Qué **iban** ellos a hacer anoche antes de la conferencia?	**Iban** a tomarse unos tragos en un bar.
¿Qué **ibas** a estudiar en lugar del español?	Yo no **iba** a estudiar más que español.
¿Cómo se **veía** tu hermano el año pasado?	Se **veía** muy bien.
¿Te **veías** bien en el vestido de tu hermana?	No, me **veía** horrible.
¿Cómo se **veían** Uds. con sus nuevos trajes?	Nos **veíamos** muy elegantes.

En el imperfecto, hay solamente tres verbos irregulares: **ir, ser** y **ver**. Sinopsis de sus formas:

ser		*ir*		*ver*	
era	éramos	iba	íbamos	veía	veíamos
eras	erais	ibas	ibais	veías	veíais
era	eran	iba	iban	veía	veían

En el imperfecto, las formas de **nosotros** de ser y de ir llevan acento: *éramos* e *íbamos*. Todas las formas de **ver** llevan acento. Observe que, igual que con todos los otros verbos del imperfecto, las formas de **yo** y de **él** de los verbos irregulares son iguales.

práctica

A. Usando los sujetos que están entre paréntesis, haga todos los cambios necesarios en las frases a continuación:

1. Esos niños eran estupendos. (el sofá, las oficinas, tú, los perros, nosotros, yo)
2. Ellos iban a dormirse temprano. (yo, mis hermanos, el pobre señor, nosotros, tú)
3. Isabel se veía muy elegante. (tú, ellas, yo, nosotros, la esposa del presidente)

B. Usando los fragmentos a continuación como guía, describa a una persona según sus recuerdos:

Cuando yo (ser) niño/a, mi persona favorita (ser)...
(Ser) mi persona favorita porque ...
(Ser) alto, bajo, simpático... y (tener) ojos azules... y el pelo ...
Siempre se (ver) elegante, guapo, horrible porque ...

11.9 Algunos usos del pretérito.

El pretérito se usa para describir en el pasado:
A. El comienzo de una acción o de un estado:

El presidente **habló** a la una.	*(La acción de hablar comenzó a la una.)*
La familia **cenó** a las seis anoche.	*(La acción de cenar comenzó a las seis.)*
Conocí a Teresa ayer.	*(Mi conocimiento de ella comenzó ayer.)*
Entraron en el cuarto y **vieron** a su hermano enfermo.	*(La acción de "ver a su hermano" comenzó después de que entraron en el cuarto.)*
La chica salió al balcón y **miró** hacia la calle.	*(La acción de "mirar hacia la calle" comenzó después que salió al balcón.)*

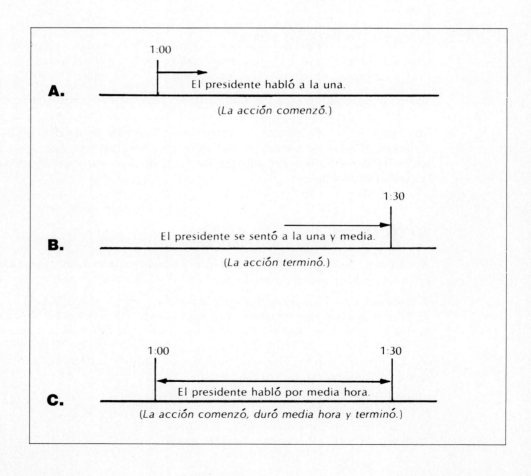

A. 1:00
El presidente habló a la una.
(La acción comenzó.)

B. 1:30
El presidente se sentó a la una y media.
(La acción terminó.)

C. 1:00   1:30
El presidente habló por media hora.
(La acción comenzó, duró media hora y terminó.)

B. El fin de una acción:

Los bancos **cerraron** a las tres.

(La acción de "cerrar" terminó a las tres.)

Salimos de casa a las siete.

(La acción de "salir" terminó a las siete.)

Compré un coche ayer.

(La acción de "comprar un coche" terminó.)

C. La totalidad de una acción o de un estado:

Esperé cinco minutos.

(La acción de esperar comenzó, duró cinco minutos y terminó.)

Lo **llamé** cinco veces por teléfono.

(La acción de llamar, comenzó, se repitió un número determinado de veces y terminó.)

Mi tatarabuela **vivió** 96 años.

(La acción de vivir comenzó, duró 96 años y terminó.)

11.10 Algunos usos del imperfecto.

El imperfecto se usa para describir en el pasado:

I. Un estado o una acción habitual:

Mi padre estaba enfermo porque **fumaba** demasiado.

(Mi padre tenía el hábito o la costumbre de fumar demasiado durante un período de tiempo indefinido.)

Mis padres **iban** a la escuela cinco días por semana.

(Habitualmente, mis padres iban a la escuela.)

Cada vez que nos **visitaba** nuestro tío, nos **traía** regalos.

(La frase "cada vez que" indica hábito o costumbre.)

II. Una acción o un estado que en un momento dado estaba en progreso:

Anoche a las nueve, yo **escuchaba** música.

(A las nueve, la acción de "escuchar música" ya estaba en progreso; "escuchaba" en esta frase es el equivalente de "estaba escuchando".)

Juan llegó cuando **cenábamos**.

(La acción de cenar ya estaba en progreso cuando Juan llegó; la llegada de Juan interrumpió la cena.)

Mientras algunos estudiantes **estudiaban**, otros **charlaban** con sus amigos.

(las acciones de "estudiar" y de "charlar" estaban en progreso simultáneamente.)

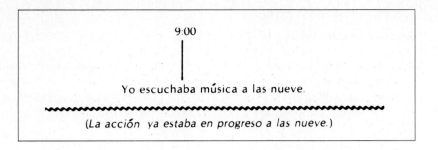

9:00

Yo escuchaba música a las nueve.

(La acción ya estaba en progreso a las nueve.)

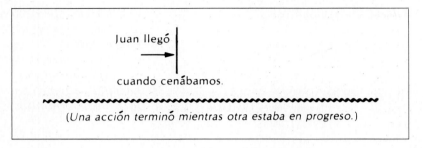

Juan llegó

→

cuando cenábamos.

(Una acción terminó mientras otra estaba en progreso.)

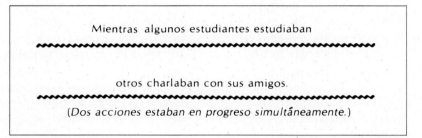

Mientras algunos estudiantes estudiaban

otros charlaban con sus amigos.

(Dos acciones estaban en progreso simultáneamente.)

A. Muchas veces un estado en progreso es emocional o mental:

> **Quería** comprarte un regalo pero no tenía suficiente dinero.
> **Pensaba** Isabel en su hija enferma cuando sonó el teléfono.

B. A veces un estado en progreso indica una intención o un deseo incompleto:

Íbamos a salir cuando empezó a llover.	*(Nuestra intención era salir cuando la lluvia empezó.)*
El regalo **era** para mi madre, pero me lo robaron en la calle.	*(La destinación del regalo era la madre; esa destinación no se completó.)*

C. Muchas veces una descripción es una especie de estado en progreso:

> Mi abuela **era** alta y **tenía** ojos azules.
> El cielo **estaba** nublado y **hacía** un frío increíble.

III. La hora, la fecha, la estación del año, la edad, las etapas de la vida, etc.

Era el dos de abril cuando llegó mi abuela a casa.
¿Qué hora **era** cuando llegaste?
Mi sobrino **tenía** apenas dieciséis años y ya **era** un adolescente
   monumental.

práctica ✳

A. Invente una pequeña historia sobre su infancia usando los fragmentos a continuación como guía. Todos los fragmentos indican estados en progreso, descripciones, acciones habituales, o etapas de la vida; es decir, todos los verbos pueden ser del imperfecto:

Cuando yo tenía _____ años, iba mucho a ...
Mi mejor amigo/amiga allí era ...
Él/ella tenía _____ años y era ... *una descripción de esa persona*
Durante el día ... *¿qué hacían Uds. de día?*
Pero por la noche ... *¿qué hacían Uds. de noche?*
Todos los días ... *¿qué hacían Uds. todos los días?*
Los fines de semana ... *¿qué hacían Uds. los fines de semana?*
Cuando estaba en su casa ...
Pensaba que ...
Decía que ...
Cada domingo ...

B. Complete las frases a continuación con un verbo en pretérito. Siga el modelo:

Modelo: Comíamos cuando de repente ...   [*suddenly*]
   Comíamos cuando de repente sonó el teléfono.

1. Yo estaba estudiando cuando ...   **2.** Javier conversaba con su novia cuando ...   **3.** El profesor de física explicaba la bomba atómica cuando ...   **4.** Mi padre dormía cuando de repente ...   **5.** Yo caminaba por la calle cuando ...   **6.** Yo estaba locamente enamorado/a de mi novio/a cuando ...   **7.** Íbamos a ir al cine cuando ...   **8.** Quería salir de casa cuando ...

C. Complete las frases a continuación con un verbo en imperfecto. Siga el modelo:

Modelo: Mi hermano me prestó su coche porque ...
   Mi hermano me prestó su coche porque mi coche andaba mal.

1. Mi compañero de cuarto me prestó diez dólares porque ...   **2.** El profesor abrió la ventana porque ...   **3.** Me acosté temprano porque ...   **4.** Compré un nuevo abrigo porque ...   **5.** No me gustó la película de anoche porque ...   **6.** Marisa llegó tarde a clase porque ...   **7.** El profesor explicó la solución otra vez porque ...   **8.** Compré este libro porque ...

EJERCICIOS ESCRITOS

1. Escriba las frases a continuación en el pretérito (11.1):

1. Termino mi clase a las cinco y media. **2.** Fumas demasiado. **3.** El coche cuesta cinco mil dólares. **4.** Juan llega tarde a clase. **5.** Compramos mil y una cosas para la fiesta. **6.** Los chicos entregan su tarea después de clase. **7.** La reunión de la facultad comienza a las tres de la tarde. **8.** Mis amigos cantan muchas canciones viejas en la fiesta. **9.** Llegamos al centro por tren porque el coche no arranca. **10.** ¿Almuerzas en la cafetería hoy? **11.** No compro el libro porque mi hermano me lo regala. **12.** ¿Hablas con tu novio a la hora del almuerzo?

2. (a) Escriba las frases a continuación en el pretérito (11.2):

1. ¿Qué escribes en la pizarra? **2.** ¿Dónde aprenden Uds. español? **3.** La novia de mi hermano vive en Francia. **4.** ¿A qué hora vuelven Uds.? **5.** Alguien come mis bombones. **6.** Leo una cantidad enorme de revistas nuevas. **7.** ¿Comprendes el problema? **8.** No entienden la lección Uds. **9.** Ellos no salen a la hora indicada. **10.** Llueve mucho en abril. **11.** ¿Subes tú o sube él? **12.** Nosotros comemos en ese nuevo restaurante mexicano.

(b) Conteste las preguntas a continuación con frases completas (11.1 y 11.2):

1. ¿A qué hora llegaron Uds. a clase hoy? **2.** ¿Quién comenzó la clase—Uds. o el profesor? **3.** ¿Con quién cenaste anoche? **4.** ¿A qué hora te levantaste esta mañana? **5.** ¿Te despertaste antes o después de llegar a la clase de español? **6.** ¿Dónde viviste el año pasado? **7.** ¿En qué año naciste? **8.** ¿En qué año nació tu padre? **9.** ¿Quién descubrió América primero—Cristóbal Colón o los vikingos? **10.** ¿Qué tomaron los estudiantes después del último partido de fútbol? **11.** ¿Qué leíste en el periódico esta mañana? **12.** ¿Dónde comieron Uds. ayer a mediodía? **13.** ¿Qué te compraron tus padres el año pasado? **14.** ¿Qué presidente de los Estados Unidos escribió la Declaración de la Independencia? **15.** ¿Qué clase de música escucharon Uds. en el baile? **16.** ¿Quiénes llegaron tarde a clase hoy? **17.** ¿Comprendieron todos los estudiantes la formación del pretérito? **18.** ¿Oíste la buena noticia? **19.** ¿Te gustó la clase de hoy? **20.** ¿Es cierto que a todos los estudiantes les parecieron muy fáciles las formas del pretérito?

3. Escriba de nuevo las frases a continuación en el pretérito (11.3):

1. Vamos al parque. **2.** ¿Quién es ese señor? **3.** Voy a la oficina del jefe. **4.** María y sus amigas van a ver una película. **5.** ¿Vas al picnic con ellos? **6.** Los exámenes son muy difíciles. **7.** Yo soy muy amigo de Hipólito. **8.** Desde ese momento, somos amigos.

4. (a) Usando la construcción **hace … que**, escriba una frase basada en la información dada. Siga el modelo (11.4):

Modelo: Mi abuela fue a Los Angeles el año pasado.
Hace un año que mi abuela fue a Los Angeles.

1. Colón descubrió América en 1492. **2.** Las clases comenzaron en septiembre. **3.** Fuimos a la Florida en noviembre. **4.** Los conquistadores españoles llegaron a México en 1519. **5.** Aprobaron una nueva ley en 1979. **6.** Te llamé la semana pasada.

(b) Conteste las preguntas a continuación con frases completas:

1. ¿Cuánto tiempo hace que las clases de este semestre comenzaron?
2. ¿Cuántos meses hace que fuiste de vacaciones?
3. ¿Cuántos siglos hace que llegaron los colonos ingleses a América?
4. ¿Cuántas horas hace que te levantaste?

(c) Invente una pregunta con **hace ... que** para las respuestas a continuación:

1. Me mudé a esta ciudad hace diez años.
2. Los chicos se despertaron hace tres horas.
3. Compré esa máquina de escribir hace dos meses.
4. Hace varios siglos que los colonos españoles asentaron sus primeras colonias en el Caribe.

5. Escriba las frases a continuación en el imperfecto (11.5):

1. Yo hablo demasiado. *2.* Ellos piensan que tú no tomas. *3.* Nosotros necesitamos el coche que ellos manejan. *4.* ¿Cómo se llama esa chica que está con Roberto? *5.* Pensamos que la película comienza a las siete y media. *6.* Deseo conocer a ese muchacho tan guapo que te acompaña. *7.* Recuerdo que ellos están en el auditorio del teatro nacional. *8.* No estudio en la biblioteca porque todo el mundo charla demasiado.

6. Escriba la frases a continuación en el imperfecto (11.6):

1. Quiero conocer a tu nueva amiga. *2.* Nadie puede aprender mientras se oye aquel ruido. *3.* Para ahorrar tiempo, comemos al mismo tiempo que leemos. *4.* Los chicos comprenden lo que Ud. dice. *5.* Mientras yo pongo la mesa, Isabel barre el piso. *6.* Tengo treinta años y me siento muy bien. *7.* Cada vez que me ve, me dice algo lindo. *8.* Debo hablar con mi jefe, pero no tengo tiempo.

7. Conteste las preguntas a continuación con frases completas (11.7):

1. ¿Qué estabas haciendo tú anoche a medianoche?
2. ¿Quiénes estaban viendo televisión anoche en vez de estudiar?
3. ¿Dónde estaban jugando tus compañeros ayer por la tarde?
4. ¿Sobre qué estaban conversando Uds. al comienzo de la clase?

8. Complete las frases con la forma correcta del imperfecto de los verbos entre paréntesis (11.8):

1. Cuando yo (ser) _____ muy joven, (ir) _____ al parque todos los días con mi abuela materna. *2.* Nosotros (tener) _____ la única casa de la cuidad que (tener) _____ una piscina. *3.* ¿(Ver) _____ a tu novia cuando (ir) _____ a la casa de su tía? *4.* ¿Con quién (vivir) _____ tus hermanos cuando (trabajar) _____ en Alaska? *5.* Nosotros (ser) _____ muy jóvenes cuando (ir) _____ a México a pasar las vacaciones. *6.* Cuando (hacer) _____ mucho calor, mis amigos y yo (dormir) _____ al aire libre. *7.* Juan no (poder) _____ comprender por qué su novia (preferir) _____ la compañía de su mejor amigo. *8.* Cuando mi abuela (estar) _____ enferma, (leer) _____ tres novelas por día.

9. A continuación se encuentra una pequeña historia sobre las aventuras de un muchacho precoz. Estudie el contexto de cada verbo y seleccione la forma más indicada del pretérito o del imperfecto de los verbos que están entre paréntesis (11.9 y 11.10):

amor, belleza y religión

Cuando yo (ser) _____ niño, mi abuela, que (ser) _____ una fanática incansable, me (hacer) _____ asistir a la iglesia con ella todos los domingos. No me (gustar) _____ las reuniones de la iglesia porque, para decirlo francamente, me (parecer) _____ mucho más interesante el pecado original que la salvación.

Un día mientras ella y yo (caminar) _____ hacia la iglesia, yo (notar) _____ que una chica bellísima que (asistir) _____ a mi escuela (caminar) _____ en la misma dirección que nosotros. Yo no la (conocer) _____ y por esta razón le (preguntar) _____ a mi abuela si ella (saber) _____ qúién (ser) _____. Pero mi abuela me (contestar) _____ que yo (deber) _____ estar pensando en la salvación de mi alma y no en las mujerzuelas que (andar) _____ sueltas por la calle.

Nosotros (llegar) _____ a la iglesia, y (entrar) _____ por la puerta mayor. (Encontrar) _____ dos asientos cerca de donde el cura (ir) _____ a pronunciar su sermón. Yo (anticipar) _____ una hora entera de aburrimiento total cuando, de repente, *(¡¡¡O dulce visión!!!)* (notar) _____ que una chica con pelo largo y hermoso (buscar) _____ dónde sentarse. ¡¡¡(Ser) _____ ella!!!, la mujer de mis sueños, o por lo menos de mis sueños más recientes.

Yo (pasar) _____ la hora que (durar) _____ el servicio mirándola. Después de la reunión mi abuela me (preguntar) _____ qué opinión (tener) _____ yo del servicio. Le (contestar) _____ que yo (estar) _____ muy emocionado por el servicio y que ahora yo (comprender) _____ más que nunca el significado de la salvación.

10. A continuación se encuentra una pequeña historia sobre un excelente amigo de la humanidad. Complete la historia con las formas correctas del pretérito o del imperfecto de los verbos que están entre paréntesis (11.9 y 11.10):

una historia canina

Cuando yo (tener) _____ cuatro años, (vivir) _____ en México. Yo (estar) _____ muy contento allí, porque generalmente (hacer) _____ muchas cosas interesantes. Casi todos los días (ir) _____ con mis amigos al campo a jugar. A veces nosotros (nadar) _____ en el río, y recuerdo que una vez yo (lograr) _____ capturar un pez. (Ser) _____ muy sabrosos los pescados de México.

Yo (vivir) _____ con una familia muy simpática, pero un día (pasar) _____ una cosa muy rara. Mientras yo (tomar) _____ sol en el patio, la señora de la casa (llegar) _____ y (empezar) _____ a hablarme en ese idioma extraño que ella y su familia siempre (hablar) _____. Ella me (explicar) _____ algo que yo no (entender) _____ y entonces me (agarrar) _____ de la cabeza, me (abrir) _____ la boca y me (obligar) _____ a tomar una medicina. Entonces me (dejar) _____.

(Pasar) _____ unos cinco minutos, y de repente yo (dormirse) _____. Entonces (llegar) _____ la señora y su esposo, ellos me (despertar) _____ y me (llevar) _____ al coche. Yo me (sentir) _____ tan mal que no (poder) _____ caminar.

Nosotros (viajar) _____ toda la noche. Cada dos horas ellos me (obligar) _____ a tomar más medicina. Por fin, nosotros (llegar) _____ a una pequeña oficina con una bandera. (Salir) _____ un hombre que (usar) _____ un uniforme gris. El hombre me (mirar) _____ por la ventana y le (preguntar) _____ algo a la señora. La señora (contestar) _____:

—No hay problema con él. Es un excelente perro.

PRONUNCIACIÓN Y ORTOGRAFÍA

A. La **p** en español se pronuncia **sin aspiración**. Una aspiración es un pequeño sopladito de aire que se oye en inglés entre la **p** y la vocal que la sigue. Tal aspiración no existe en español. Escuche e imite la pronunciación de la letra **p** en las palabras a continuación:

papaya, papagayo, poco, popote, pan, propio, pupitre, Pepe, preparas

Popocateptl y el Pico de Orizaba son montañas mexicanas.
El pobre de Pepito come papas y papaya.

B. Igual que la **p**, en español la [k] se pronuncia sin aspiración. Escuche e imite la pronunciación de [k] *(ca, que, qui, co y cu)* en las palabras y frases a continuación:

El cacao y el coco se cultivan en Colombia.
El cocodrilo come carne con poca etiqueta.
¿De quién es el quinqué?
El quinqué es del Sr. Carlos Quintana.

C. Al principio de una frase y después de la letra **n** la **g** es oclusiva, igual que en inglés. Escuche e imite la pronunciación de la **g** en las palabras a continuación:

Un gringo desprevenido puede engordar con la comida de aquí.
Goya fue un gran pintor.
Guardo un gran recuerdo de mis años en Granada.

D. Si la **g** no se encuentra al principio de una frase o después de una **n**, es fricativa y se pronuncia [ǥ]. Escuche e imite la pronunciación de la **g** en las palabras a continuación:

El lago está lleno de agua.
La agricultura depende de la irrigación.
Regar e irrigar son sinónimos.
La huelga va a ser larga y amarga.

LECTURA
la conquista de México: un suicidio religioso

Sin duda la historia del **descubrimiento** y de la conquista de México por los españoles es una de las aventuras más emocionantes de toda la historia occidental. Sin embargo, muchos detalles de la conquista no reciben la atención que **merecen**. Por ejemplo, un aspecto de mucha importancia que muchos olvidan tiene que ver con el **papel** decisivo que la religión azteca **desempeñó** en la conquista de México—a favor de los españoles.

Es lícito preguntarnos cómo **logró** Cortés conquistar toda la nación azteca con **apenas** 400 soldados. El emperador azteca era Moctezuma, un hombre que poseía un poder absoluto en todo su imperio y que **contaba con** miles y miles de soldados que muy fácilmente podían matar a Cortés y a sus hombres en **cualquier** momento. Sin embargo, había algo que no ayudó a Moctezuma: su propia religión.

Para entender **cuán** extraño fue el papel de la religión azteca en la conquista, debemos considerar el papel tradicional de la religión en una sociedad. Si examinamos la religión desde un punto de vista totalmente sociológico, vemos que su función

descubrimiento: acción de descubrir
merecer: meritar
desempeñar un papel: *to play a role* /
lograr: tener éxito en algo /
apenas: *barely, hardly* /
contar con: tener, depender de /
cualquier: *any* / **cuán**: *how*, cuando intensifica un adjetivo o un adverbio

La pirámide del Sol, México

Subiendo la pirámide.

social casi siempre consiste en reforzar los valores y las esperanzas de sus devotos. Es por eso que durante la segunda guerra mundial, los jefes religiosos de los dos lados enseñaban que Dios estaba con ellos y en contra de sus enemigos—cosa curiosa en el caso de Alemania y los Estados Unidos **ya que** las dos naciones invocaban el nombre del mismo dios cristiano. Existe un axioma que dice que "Todas las guerras son santas". Esto quiere decir que históricamente la religión casi siempre confirma espiritualmente las intenciones de los **guerreros**. Sin embargo, la religión azteca era otra cosa.

En la religión azteca se creía que en un momento futuro iban a llegar a México desde el este hombres **barbudos** que iban a ser los nuevos líderes del país, así reemplazando a los gobernantes **actuales**. Naturalmente, cuando los **espías** de Moctezuma vieron a Cortés y a sus hombres, recordaron esa vieja profecía. Más adelante cuando Moctezuma escuchó las noticias de sus espías, le entraron las mismas **dudas**: no sabía si los españoles eran enemigos o los gobernantes de una nueva era, según decía la profecía. Para determinar quiénes eran los españoles, Moctezuma consultó con sus sacerdotes que **rogaron** a sus dioses y oráculos para saber si los españoles debían ser destruidos o adorados. Y aquí es donde se encuentra lo verdaderamente sorprendente de esta historia.

ya que: a consecuencia de

guerrero: una persona que hace guerra, un soldado
barbudo: con barba

actual: del momento /
espía: del verbo espiar, un agente secreto /
duda: inseguridad
rogar (ue): pedir con fervor

Los sacerdotes aztecas, **en vez de cumplir** con la función social que la religión casi siempre desempeña, recibieron la impresión de sus dioses de que los españoles iban a conquistar la nación azteca e iniciar una nueva era. Por eso, Octavio Paz, uno de los principales intelectuales mexicanos de nuestros días, afirma en su libro, *El laberinto de la soledad,* que la conquista española no fue, realmente, una conquista; fue **más bien** un suicidio religioso a escala nacional—tal vez el único que registra la historia humana. Paz también sugiere que dentro de la psicología de los mexicanos hay un profundo pesimismo que se explica en parte por la experiencia de la conquista: su propia religión los **traicionó.**

en vez de: en lugar de / **cumplir**: satisfacer

más bien: *rather*

traicionar: fallar, no ser leal

preguntas ✳

1. ¿Cuál es el papel que la religión suele desempeñar cuando hay una guerra?
2. ¿Qué sugiere el axioma "Todas las guerras son santas"?
3. ¿Qué profecía había entre los aztecas y cómo explica esa profecía la ambivalencia que los aztecas manifestaron ante los españoles?
4. ¿De qué forma no cumplió la religión azteca con la función usual de la religión?
5. Según Octavio Paz, ¿cómo afectó a los mexicanos la experiencia religiosa de la conquista?

VOCABULARIO

expresiones para hablar en pasado

ayer	anoche	la semana pasada
ayer por la mañana	anteanoche	el año pasado
ayer por la noche	anteayer	
ayer por la tarde		

expresiones para narrar

a favor de ≠ en contra de	de repente	sin duda
a principios de	en fin	sin embargo
a fines de	en vez de	tal vez
aunque	hacia	
cada vez que	mientras	
de costumbre	por lo menos	

adjetivos

actual ≠ anacrónico
bendito ≠ maldito
cortés ≠ maleducado
cosmopolita
definitivo
desastroso
divino

extraño ≠ conocido, familiar
habitual
histórico
lícito ≠ ilícito
materno

original
paterno
simultáneo
valiente

verbos

adorar
afirmar
agarrar
arrancar
confirmar
consultar
convencer
existir
fijar, fijarse en

imaginar, imaginarse
iniciar
interrumpir
invocar
merecer
meritar
obligar
permitir

registrar
rogar (ue)
sorprender
sugerir (ie)
torturar
traicionar

sustantivos

aprecio
auditorio
aventura
axioma (el)
capilla
comienzo
descubrimiento
era
escala
fanático

gobernante
guardián
hábito
imperio
intención
ocasión
pesimismo
profecía

salvación
sermón
suicidio
tipo
uniforme
volcán

12.1 **Llegué** a casa y **toqué** el timbre.

12.2 Se **reconstruyó** la cajita después de que se **cayó** del escritorio.

12.3 Carlos **hizo** un pastel, lo **puso** en una caja, y lo **trajo** a clase.

12.4 Los chicos no **mintieron** porque **siguieron** el buen ejemplo de sus mayores.

12.5 **Quise** entrar pero no **pude**.

12.6 ¿**Vieron** Uds. el regalito que le **dimos** a nuestro profesor de química?

12.7 Antes **había** una linda casa en la esquina, pero **hubo** un incendio que la destruyó.

vocabulario:

expresiones para narrar

EXPOSICIÓN GRAMATICAL

12.1 Llegué a casa y toqué el timbre.

¿A qué hora llegaste? Llegué a mediodía.
¿Quién sacó el pan del horno? Lo saqué yo.
¿Con quién almorzó Ud.? Almorcé con un viejo amigo.

Los infinitivos que terminan en **-gar**, **-car** y **-zar** tienen los siguientes cambios ortográficos en la primera persona singular del pretérito:

A. -gar → -gué

   Llegar: Yo **llegué** depués de que llegaron Uds.
   Madrugar: Yo **madrugué** esta mañana porque tenía mucho que hacer.

B. -car → -qué

   Tocar: En el concierto de anoche, yo **toqué** muy bien, pero María tocó mejor.
   Sacar: Yo **saqué** el pan del horno porque se estaba quemando.

C. -zar → -cé

   Comenzar: **Comencé** a correr en el parque precisamente cuando comenzó a llover.
   Forzar: **Forcé** la puerta porque no tenía la llave.

Todas las demás formas de estos verbos son regulares en el pretérito.

12.2 Se reconstruyó la cajita después de que se cayó del escritorio.

¿Le **leíste** el cuento a tu hermanito? No, Mamá le **leyó** el cuento.
¿Dónde **leyeron** Uds. eso? Lo **leímos** en el diario.
¿**Oyeron** ellos la buena noticia? Sí, la **oyeron** pero no la **creyeron**.
¿Cómo se **destruyó** la ciudad antigua? Se **destruyó** en un terremoto.

Si la raíz de un verbo de las segunda o tercera conjugaciones termina en vocal *(caer, creer, leer, oír, destruir, construir, etc.)*, cambian la **i** de la desinencia del pretérito por **y** en la tercera persona singular y plural.

Estudie:

¿Qué **leíste** anoche? **Leí** un cuento de Cortázar.
¿**Creíste** lo que **oíste**? **Creí** una parte solamente.
¿Por qué os **reísteis**? Nos **reímos** porque estabas muy chistoso.

¿Cuándo te **caíste**? Me **caí** ayer por la tarde.

Si la raíz del infinitivo termina en una vocal fuerte (**a, e,** y **o**) *(caer, creer, leer, reír, oír, etc.)*, todas las formas de primera y segunda persona llevan acento.

Sinopsis:

caer		*leer*		*instruir*	
caí	caímos	leí	leímos	instruí	instruimos[1]
caíste	caísteis	leíste	leísteis	instruiste[1]	instruisteis[1]
cayó	cayeron	leyó	leyeron	instruyó	instruyeron

[1]**Instruiste, instruimos** e **instruisteis** no llevan acento porque la raíz del infinitivo termina en una vocal débil.

practica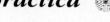

A. Cambie las frases a continuación según los sujetos que están entre paréntesis (12.1 y 12.2):

1. Mario llegó, sacó sus materiales y empezó a trabajar.
(tú, yo, los novios, Jaime y yo, nuestro amigo)
2. Leí la carta y después la destruí.
(los chicos, tú, nosotros, vosotros, mi hermana)

B. Pregúntele a un/a compañero/a de clase:

—qué novelas leyó el verano pasado
—qué oyó esta mañana en el momento de despertarse
—si su novio/a creyó todo lo que Ud. le dijo
—con quién almorzó ayer
—si apagó la luz cuando salió de casa
—si se cayó alguna vez de su bicicleta
—a qué hora empezó a estudiar anoche

12.3 Carlos **hizo** un pastel, lo **puso** en una caja, y lo **trajo** a clase.

Por lo general, vengo a pie.
¿Vienes a clase mañana?
Generalmente, Juan viene a las ocho.
Venimos a ayudarte con el trabajo.
¿Venís vosotros esta noche?
Mis primos vienen durante las vacaciones.

Esta mañana yo **vine** en coche.
¿**Viniste** tú a clase ayer? No te vi.
Anoche no **vino** hasta las nueve.

Vinimos ayer pero no estabas.
¿Por qué no **vinisteis** ayer?
No **vinieron** el verano pasado.

Hay un pequeño número de verbos irregulares que siguen exactamente el mismo patrón: una raíz irregular con desinencias regulares *excepto* en la primera y tercera persona singular. Estudie su formación:

infinitivo	*raíz irregular*	*desinencias*	
andar	anduv-	-e	-imos
hacer	hic- (hiz-)	-iste	-isteis
poner	pus-	-o	-ieron
satisfacer	satisfic- (satisfiz-)		
venir	vin-		

Note que las desinencias de estos verbos en el pretérito son iguales que para los verbos terminados en **-er** y en **-ir** excepto en la primera y en la tercera persona singular. La **c** en **hic-** y **satisfic-** se convierte en **z** en la tercera persona singular para conservar la pronunciación original de la raíz. Sinopsis de los verbos representativos de este tipo:

andar		*hacer*		*poner*	
anduve	anduvimos	hice	hicimos	puse	pusimos
anduviste	anduvisteis	hiciste	hicisteis	pusiste	pusisteis
anduvo	anduvieron	hizo	hicieron	puso	pusieron

Una vista de la Ciudad Universitaria, México

práctica ✳

Cambie la frase a continuación según los sujetos que están entre paréntesis:

Mamá hizo un pastel y lo puso en la mesa.
(yo, Margarita y yo, tú, los muchachos, vosotros)

Estudie:

¿Qué **dijeron** los muchachos?
¿Quiénes **tradujeron** ese cuento?

Dijeron que tenían hambre.
Lo **tradujeron** unos amigos de Juan.

¿**Trajeron** Uds. algo para comer?
¿Cuándo se **produjeron** esos cambios?

Claro que sí. **Trajimos** un pastel.
Se **produjeron** en el siglo XIX.

Decir, producir, traducir y **traer** también tienen una raíz irregular en el pretérito:

infinitivo	raíz irregular	desinencias	
decir	dij-	-e	-imos
producir	produj-	-iste	-isteis
traducir	traduj-	-o	-eron
traer	traj-		

Note que si la raíz irregular termina en **j**, la desinencia de la tercera persona plural es **-eron** en vez de **-ieron**.

Sinopsis:

decir		*traer*	
dije	dijimos	traje	trajimos
dijiste	dijisteis	trajiste	trajisteis
dijo	dijeron	trajo	trajeron

práctica ✳

A. Cambie la frase a continuación según los nuevos sujetos:

Ellos dijeron que lo trajeron.
(yo, tú, Juana y Beatriz, Paco y yo, vosotros, Mario)

B. Conteste las preguntas a continuación:

1. ¿Qué trajiste a clase hoy? **2.** ¿Quién hizo mucho ruido cuando entró en la clase? **3.** ¿Dónde pusieron Uds. sus libros cuando se sentaron? **4.** ¿Qué dijiste cuando te despertaste esta mañana? **5.** ¿Qué hiciste antes de bañarte hoy? **6.** ¿Qué trajo su profesor/a a clase hoy? **7.** ¿Quiénes dijeron que el español es difícil? **8.** ¿Tradujiste algo del inglés al español alguna vez? **9.** ¿Cuándo se hizo la última fiesta en tu casa? **10.** ¿Qué estado produjo más petróleo el año pasado—Texas o Alaska?

Estudie:

> Beethoven **compuso** nueve sinfonías y Brahms **compuso** cuatro.
> Los delegados **expusieron** su punto de vista con gran elocuencia.
> El Senador Jenkins **propuso** una nueva tarifa.
> Oí un ruido; **supuse** que era mi esposo.

Verbos como **componer, exponer, proponer** y **suponer** se conjugan igual que **poner** en el pretérito.

12.4 Los chicos no **mintieron** porque **siguieron** el buen ejemplo de sus mayores.

¿Durmió Ud. bien anoche?	Sí, dormí como un tronco.
¿En qué año murió Beethoven?	Creo que **murió** en 1827.
¿Sintieron Uds. el terremoto de anoche?	No, no sentimos nada.
¿Por qué mintió Ud.?	No mentí; sólo dije la verdad de forma creativa.
¿Pidieron Uds. un préstamo?	No, no pedimos un préstamo porque no nos faltaba dinero.

Los verbos de la tercera conjugación (-**ir**) con cambios en la raíz en el presente también cambian de raíz en la tercera persona singular y plural del pretérito. El cambio consiste en la primera letra del cambio en el presente.

Compare:

Presente:	él duerme	ellos mueren	ella siente	él pide	ellos piden
	↓	↓	↓	↓	↓
Preterito:	él durmió	ellos murieron	ella sintió	él pidió	ellos pidieron

Sinopsis:

ue→u		ie→i		i→i	
dormí	dormimos	sentí	sentimos	repetí	repetimos
dormiste	dormisteis	sentiste	sentisteis	repetiste	repetisteis
durmió	durmieron	sintió	sintieron	repitió	repitieron

Nota: Estos cambios de raíz en el pretérito *sólo* ocurren en la **tercera conjugación**. Verbos como **volar, pensar, volver, perder, entender**, etc. *no* cambian en el pretérito. Observe también que el cambio explicado arriba también ocurre en el gerundio (véase 9.9):

dormir:	**du**rmiendo
mentir:	**mi**ntiendo
morir:	**mu**riendo
seguir:	**si**guiendo
sentir:	**si**ntiendo

práctica ✳

Complete las frases a continuación según el modelo:

Modelo: Me dormí tarde porque mis hijos también …
            Me dormí tarde porque mis hijos también se durmieron tarde.

1. Mentí porque mis amigos también …
2. Seguí el coche porque todo el mundo lo …
3. Sentí el ruido cuando los otros lo …
4. Murió el general poco después que sus dos soldados …
5. Me dormí después de que mi esposa …

12.5   **Quise** entrar pero no **pude**.

Yo no sabía la noticia ayer.	Yo la **supe** anoche.
¿Por qué no entró Ud.?	**Quise** entrar, pero no **pude**.
¿Por qué no vino Juan?	No vino porque **no quiso**.
Lola tenía dos cartas en su bolsa.	**Tuvo** una carta de su novio ayer.
Enrique estaba en casa cuando llegué.	Tere **estuvo** a la una en punto.
No conocíamos a Juan el año pasado.	Lo **conocimos** este año.

Estar, poder, querer, saber y **tener** siguen exactamente el mismo patrón que los verbos de la sección 12.3. Estudie su formación:

estar	*poder*	*querer*	*saber*	*tener*
estuve	pude	quise	supe	tuve
estuviste	pudiste	quisiste	supiste	tuviste
estuvo	pudo	quiso	supo	tuvo
estuvimos	pudimos	quisimos	supimos	tuvimos
estuvisteis	pudisteis	quisisteis	supisteis	tuvisteis
estuvieron	pudieron	quisieron	supieron	tuvieron

Los verbos **conocer, estar, poder, querer, saber** y **tener** son verbos que generalmente indican **estados**. En el pretérito, sin embargo, indican el <u>comienzo</u> de un estado que muchas veces se entiende como una **acción** o un **evento**. Estudie las comparaciones a continuación:

Conocer:

Mario **conocía** a Susana. = *Mario sabía quién era; eran amigos.*
Mario **conoció** a Susana anoche. = *Su conocimiento de ella comenzó.*

met

Estar:

Luis **estaba** aquí a las ocho. = *Luis se encontraba en casa a las ocho.*
Luis **estuvo** aquí a las ocho. = *Luis llegó a las ocho.*

arrived

Poder:

Podía entrar pero no quería. = *Tenía permiso o la capacidad para entrar.*
Después de varios intentos, **pude** entrar. = *Tuve éxito.* made effort & did it
Trataron de abrir la puerta, pero no **pudieron**. = *No tuvieron éxito.*

Querer:

Quería entrar. = *Tenía ganas de entrar.*
Quise entrar. = *Traté de entrar.* tried
No **queríamos** ir. = *No teníamos ganas de ir.*
No **quisimos** ir. = *Rehusamos ir. Dijimos que no.*

Podía entrar.

Pudo entrar.

Quería entrar.

Quiso entrar.

Saber:

Yo no **sabía** que Ud. estaba aquí. = *No tenía esa información.*
Ayer, **supe** que Ud. estaba aquí. = *Me informé que estaba aquí.* found out

Tener:

> Juan **tenía** una carta en la mano. = *Había una carta en su mano.*
> Juan **tuvo** otra carta de su novia ayer. = *Recibió otra carta ayer.* ~~received, got~~
> Irma **tenía** dos hijos. = *Era madre de dos hijos.*
> Irma **tuvo** otro hijo ayer. = *Irma dio a luz.*
> Yo **tenía que** hablar con mi jefe. = *Tenía la obligación de hablar con mi jefe.*
> Yo **tuve que** hablar con mi jefe. = *Tenía la obligación de hablar con mi jefe y en efecto hablé con él.*

práctica ❋

Haga las preguntas a continuación a un/a compañero/a de la clase:
1. ¿Cuándo supiste que Santa Claus no existía?
2. ¿Quién no quiso venir a clase hoy?
3. ¿Cuándo conociste al profesor?
4. ¿Cuándo no pudiste llegar a clase a la hora?
5. ¿Cuántos hijos tuvo tu mamá?
6. ¿Qué tuviste que hacer anoche antes de acostarte?
7. ¿Quién propuso la cancelación de todas las clases esta semana?
8. ¿Te conoció alguien interesante ayer?
9. ¿Pudiste sacar buenas notas el año pasado?
10. ¿Quiso alguien robarte el coche?

Estudie:

> Dos policías **detuvieron** al ladrón que me robó el coche.
> Durante quince años esa señora **mantuvo** a su familia sin ayuda.
> Yo **obtuve** el primer premio en un concurso de natación.

Los verbos como **detener, mantener** y **obtener** se conjugan como **tener** en el pretérito.

12.6 ¿**Vieron** Uds. el regalito que le **dimos** a nuestro profesor de química?

¿**Viste** al Papa en su última visita?	Sí, lo **vi** por televisión.
¿Qué nota te **dio** el profesor?	Me **dio** una A porque soy estupenda.
¿Te **vio** Juan con su novia?	Sí, me **vio** y me **dio** una bofetada.
¿Qué le **dieron** Uds. a su papá?	Le **dimos** un día de descanso.
¿Qué le **diste** a tu novia cuando cumplió años?	Le **di** una nueva blusa y un beso.

Los verbos de una sola sílaba no necesitan acento: **vi, vio, di, dio, fui, fue**, etc.

En el pretérito, el verbo **dar** usa las desinencias de la segunda y tercera conjugaciones:

di	dimos
diste	disteis
dio	dieron

Estudie:

¿Cuándo **te diste cuenta de que** Elena estaba enferma?

Nos dimos cuenta de que el coche no andaba bien cuando oímos el ruido.

¿Sabes que hay un problema con la calefacción?

Me di cuenta cuando la vi ayer.

Javier está triste porque **se dio cuenta de que** su novia quiere a otro.

Sí, **me di cuenta del** problema cuando sentí el frío.

Realicé un sueño anoche cuando vi el Ballet Bolshoi.

Los padres de Miguel **realizaron** una meta importante cuando su hijo se graduó con honores.

Darse cuenta de + sustantivo y **darse cuenta de que + una cláusula** son expresiones de descubrimiento. Siempre se usan en reflexivo.
Realizar significa **lograr**.

Realizó su meta.

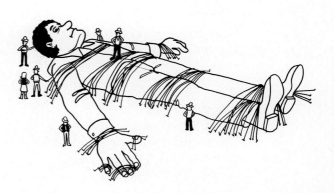

Se dio cuenta de que tenía un problema.

práctica ❋

Pregunte a un/a compañero/a de clase:

1. ¿A quién viste primero cuando entraste en la clase hoy?
2. ¿Quién te vio primero cuando llegaste hoy?
3. ¿Quién te dio tu primer beso?
4. ¿Qué te dieron tus padres para tu último cumpleaños?
5. ¿Qué les diste a tus padres para su aniversario?
6. ¿Cuándo te diste cuenta del nombre de tu profesor/a de español?
7. ¿Cuándo se dieron cuenta Uds. de que el español era fácil y divertido?
8. ¿Quién se dio cuenta de que el presidente X iba a ser el presidente del país?

12.7 Antes **había** una linda casa en la esquina, pero **hubo** un incendio que la destruyó.

Había mucha gente en la reunión.
Cerca del río, **había** tres enormes árboles con flores.
Había ciertos rumores acerca de la nueva novia de Jorge.
Había un libro fascinante en la mesa.

El imperfecto de **hay** es **había**. **Había** se usa en singular y en plural, casi siempre con descripciones.

Estudie:

Hubo tres incendios en esta cuadra el año pasado.
Hubo un choque de automóviles en esa esquina.
Hubo una tremenda fiesta en mi casa anoche.

El pretérito de **hay** es **hubo**. **Hubo** se usa en singular y en plural, casi siempre con incidentes.

práctica ❋

Complete las frases a continuación con **hubo** o **había** según el contexto:

1. _____ un horrible incendio anoche. *2.* _____ tres hermosas mujeres en esa película. *3.* _____ una reunión en el auditorio ayer. *4.* _____ cinco dormitorios en la nueva casa de mis abuelos. *5.* _____ un accidente en el aeropuerto.

EJERCICIOS ESCRITOS

1. Conteste las preguntas a continuación, prestando atención especial a la ortografía (12.1):

1. ¿Le explicaste la lección a tu hermano? *2.* ¿A qué hora llegaste? *3.* ¿Quién sacó ese libro de la biblioteca? *4.* ¿Con quién almorzaste ayer? *5.* ¿Marcaste los pasajes importantes de tu libro? *6.* ¿A qué hora empezaste a hacer la tarea anoche? *7.* ¿Te fatigaste mucho jugando baloncesto? *8.* ¿Te secaste bien después de bañarte?

2. Escriba de nuevo las frases a continuación en el pretérito (12.2):

1. Juan lee muchos libros. *2.* Nosotros no creemos nada de eso. *3.* Ella oye nuestra conversación. *4.* Ellos leen un par de buenos artículos en ese diario. *5.* ¿Quiénes construyen esa casa? *6.* El niño se cae del árbol. *7.* Se oyen unos chismes muy sabrosos aquí. *8.* Los estudiantes creen que el profesor les instruye bien. *9.* Creo que me equivoco. *10.* ¿Tú crees eso?

3. *(a)* Reescriba las frases a continuación usando el sujeto que está entre paréntesis (12.3):

1. Yo me puse mi abrigo. (ellos) *2.* Nadie vino. (mis amigos) *3.* Miguel trajo a tres amigos. (yo) *4.* Puse la mesa ayer. (nosotros) *5.* ¿Qué propuso Ud.? (Uds.) *6.* Dije muchas verdades. (ellos) *7.* Esa fábrica produjo muchos muebles. (esas fábricas) *8.* No vinieron. (yo) *9.* Traje vino. (él) *10.* Yo no hice la tarea. (ella)

(b) Conteste las preguntas a continuación con frases completas:

1. ¿Me dijiste la verdad?
2. ¿Dijiste que el presidente es tu pariente?
3. ¿Dijeron Uds. que les gustó la clase?
4. ¿Quién vino con el vino?
5. ¿Quién dijo que yo estaba enamorado/a?
6. ¿Cuántas sinfonías compuso Beethoven?
7. ¿Pusiste la mesa en tu casa ayer?
8. ¿Anduvieron Uds. en Europa el año pasado?
9. ¿Trajiste el traje?
10. ¿Qué hizo tu padre anoche?
11. ¿Qué dijeron tus compañeros después de la clase de ayer?
12. ¿Tradujeron Uds. las frases del ejercicio anterior al inglés?

4. Escriba las frases a continuación en el pretérito (12.4):

1. Los niños se duermen en seguida. *2.* Caperucita entra en el cuarto y siente la presencia del lobo. *3.* Mis amigos nunca mienten. *4.* Los estudiantes repiten las frases en voz alta. *5.* Muchos soldados mueren en la guerra. *6.* Ellos vuelven temprano. *7.* Mis abuelos no vuelan nunca. *8.* Los niños me piden bombones. *9.* ¿Duermes bien en el hotel? *10.* Les sirvo la cena.

ir verbs have 3rd person change
not er & ar

5. Usando la información que está en itálica, complete las frases a continuación con el pretérito o el imperfecto de los verbos que están entre paréntesis (12.5):

1. Los niños (querer) _____ vender bombones en el mercado central. *trataron de vender bombones* **2.** Yo no (saber) _____ la dirección. *el hablante no tenía conocimiento de la dirección* **3.** Ellos no me (conocer) _____ cuando yo vivía en Michigan. *no éramos amigos* Me (conocer) _____ en Chicago. *nos presentó un amigo mutuo* **4.** Después de una larga investigación, la policía (saber) _____ el nombre del criminal. *antes de la investigación no sabían el nombre del criminal* **5.** Dijo María que (poder) _____ ir al cine, pero que no le interesaba. *María tenía permiso para ir al cine* **6.** Hicimos un esfuerzo épico, y por fin (poder) _____ abrir la ventana. *el intento tuvo éxito* **7.** Rubén llamó a la casa, pero María no (querer) _____ hablar con él y su madre improvisó un pretexto. *María tuvo la oportunidad y la rechazó.* **8.** Yo (saber) _____ que estabas enfermo en una conversación que tuve con tu mamá. *antes de esa conversación, no sabía que estabas enfermo* **9.** Violamos todas las leyes de tránsito, pero no (poder) _____ llegar a tiempo. *hicimos un intento pero sin éxito* **10.** Yo (saber) _____ que tu cena iba a ser un gran éxito. *pensaba antes de la cena que iba a ser un éxito.* **11.** Jorge y Martín (tener) _____ que tomar un taxi. *su coche dejó de funcionar* **12.** Graciela (estar) _____ en casa anoche. *Graciela se encontraba en casa* **13.** Nosotros (estar) _____ en el concierto a las ocho en punto. *llegamos* **14.** Mi padre (tener) _____ una buena noticia ayer. *recibió una buena noticia*

6. Conteste las preguntas a continuación con frases completas (12.6):

1. ¿Qué te dieron tus padres para tu último cumpleaños?
2. ¿Nunca le diste una bofetada a alguien?
3. ¿Te dio alguien la mano cuando llegaste a clase ayer?
4. ¿Cómo se llamaba la última película que viste?
5. ¿Cuánto tiempo hace que Ud. y sus amigos vieron una buena obra de teatro?
6. ¿Qué le dieron Uds. a su profesor/a después de clase ayer?

7. Complete las frases a continuación con **hubo** o **había** (12.7):

1. Hace tres años que _____ un incendio en ese edificio. **2.** La semana pasada _____ un accidente enfrente de mi casa. **3.** _____ casi treinta personas en la reunión. **4.** No _____ ningún árbol en esa parte de la sierra. **5.** El jueves _____ una reunión para los estudiantes. **6.** _____ un hermoso cuadro en casa.

8. A continuación se encuentra la versión auténtica de una vieja historia. Estudie el contexto de cada verbo y seleccione la forma más indicada del pretérito o del imperfecto de los verbos que están entre paréntesis (11.1 a 12.7):

la verdadera historia de Caperucita Roja

Erase una vez una niña que se (llamar) _____ Caperucita Roja. Sus amigos le (dar) _____ ese nombre porque siempre (usar) _____ una enorme caperuza que casi le (tapar) _____ la cara.

Todos los sábados, Caperucita (ir) _____ a la casa de su abuela que (vivir) _____ al otro lado de un gran bosque donde (haber) _____ muchos animales. Casi todos los animales (ser) _____ amigos de Caperucita, y por esa razón, ella no les (tener) _____ ningún miedo. El único animal que le (dar) _____ miedo (ser) _____ un lobo maleducado que (tener) _____ la incivilizada costumbre de comerse a todos los niños que (poder) _____.

Un sábado, muy temprano, Caperucita (salir) _____ de su casa y (comenzar) _____ a caminar hacia la casa de su abuela. Mientras (cruzar) _____ el bosque, (hablar) _____ con sus amigos los pájaros, las ardillas y todos los otros animales que (estar) _____ en su camino. Por fin, (llegar) _____ a la casa de su abuela. (Tocar) _____ la puerta, pero no (contestar) _____ nadie. Por fin la niña se (cansar) _____ de esperar, y (entrar) _____ en la casa.

—Hola, abuelita, (llamar) _____. ¿Dónde estás? Soy yo, Caperucita.

—Aquí estoy en el dormitorio, (contestar) _____ una voz muy rara. Caperucita (cruzar) _____ la sala, y (abrir) _____ la puerta del dormitorio donde (ver) _____ que alguien (estar) _____ en la cama, alguien que no (parecer) _____ ser su abuela.

—Pero abuelita, (decir) _____ Caperucita. ¡Qué grandes orejas tienes!

—Para escucharte mejor, mi hija.

—Y ¡qué enorme nariz tienes!

—Para olerte mejor, mi querida.

—Y ¡Dios mío! ¡Qué gigantescos dientes tienes!

—Para comerte mejor, mi dulce bombón.

Y con eso (saltar) _____ de la cama...¡¡¡El Lobo!!!

Pero en ese momento, (salir) _____ la abuela del armario y cuando (ver) _____ lo que (pasar) _____ (gritar) _____:

—¡Lobo desgraciado! ¡Animal imbécil! ¡Salvaje infiel! Eres igual que todos los hombres. Si te encuentras con una chica más joven, te olvidas inmediatamente de la única mujer que te quiere.

Y con eso, (sacar) _____ una pistola antigua, y con tres tiros, (matar) _____ al desafortunado lobo.

9. A continuación se encuentra la historia de un hombre noble y valiente, Juan Sinluces, el Matamoscas. Estudie el contexto de cada verbo y seleccione la forma más indicada, o del pretérito o del imperfecto, de los verbos que están entre paréntesis (11.1 a 12.7):

la maravillosa historia de Juan Sinluces, El Matamoscas

Érase una vez un pobre vago que se (llamar) _____ Juan Sinluces. Juan (ser) _____ muy devoto a la religión de Baco, y se (dedicar) _____ religiosamente a una dieta líquida, de cerveza, de vino o, en casos de extrema emergencia, de agua.

Un día mientras Juan (estar) _____ sentado en la calle, se le (caer) _____ unas pocas gotas de cerveza al suelo. De repente (llegar) _____ unas moscas que (empezar) _____ a aprovecharse de las gotas de cerveza, sin pedir permiso a Juan. Furioso, Juan les (dar) _____ un fuerte golpe y (matar) _____ varias de ellas. Las (contar) _____ y (ver) _____ que (ser) _____ muchas las moscas muertas, y con eso (empezar) _____ a gritar: "Soy un hombre valiente, matador de animales feroces." Cuando la gente de la ciudad (saber) _____ de su extraordinaria valentía, le (poner) _____ el nombre de don Juan Sinluces, el Matamoscas.

Cerca de la ciudad, (haber) _____ un enorme bosque donde (vivir) _____ un lobo feroz. (Según entendemos, no (ser) _____ el novio de la abuela de Caperucita porque, como ya sabemos, (morir) _____ en el otro cuento.) Cada vez que el lobo (tener) _____ hambre de carne humana, (entrar) _____ en la ciudad donde (matar) _____ y (comer) _____ a mucha gente. El lobo no (tener) _____ miedo a nadie, y una vez (matar) _____ a un soldado del rey y se lo (comer) _____ entero.

El rey (estar) _____ desesperado a causa del lobo, y cuando le (llegar) _____ noticias del valiente Don Juan Sinluces, el Matamoscas, lo (mandar) _____ inmediatamente al bosque en busca del terrible lobo.

Fortificado por el buen vino del rey, Juan (entrar) _____ sin miedo en el bosque. El lobo (sentir) _____ la presencia del intruso, y (salir) _____ corriendo para matarlo. El señor Sinluces (comenzar) _____ a correr a toda velocidad hacia el palacio, y el lobo lo (seguir) _____ rugiendo. Juan (llegar) _____ al palacio primero y se (esconder) _____ debajo de una mesa. El lobo, que ahora (estar) _____ furioso, (entrar) _____ corriendo detrás de Juan, pero los soldados del rey lo (estar) _____ esperando, y le (dar) _____ muerte con una catapulta.

El rey (estar) _____ tan contento con Juan que le (dar) _____ un título de noble. Mientras tanto, la princesa (enamorarse) _____ locamente del hombre valiente e (insitir) _____ en ser su esposa. Pero más importante que nada, el rey le (dar) _____ a Juan la llave de su bodega de vino.

Juan y su esposa (tener) _____ muchos hijos, todos tan valientes como su padre el Hidalgo Don Juan Sinluces, el Matamoscas.

PRONUNCIACIÓN Y ORTOGRAFÍA

A. Escuche e imite la pronunciación de la **l** en las palabras a continuación:

El elemento más elemental puede ser el más esencial.
El filósofo eligió hablar sobre la moral de Vasconcelos.
El señor Sandoval vive en una zona rural.
La linda Lolita tiene rulos en el pelo.

La **l** en español se pronuncia con la lengua en una posición más alta y más tensa que en inglés.

B. Escuche e imite la pronunciación de **y** y de la **ll** en las frases a continuación:

Y me llamo Yolanda Villanueva y soy bella.
La señora Lavalle se desmayó cuando vio a su yerno.
La leyenda de la llorona se oye en todo México.

En casi todos los dialectos del español, la **ll** y la **y** cuando comienzan una sílaba se pronuncian de la misma manera. Por lo general, la pronunciación es [y], más o menos como la **y** en inglés, pero más fuerte. En el Río de la Plata (Argentina y Uruguay) se pronuncian [ž] más o menos como la **z** en *azure*. En algunas zonas, se distingue entre **y** y **ll**; por ejemplo, en algunas partes de España y de Hispanoamérica, la **ll** se pronuncia [ly], y la **y** se pronuncia [y].

LECTURA
retrato de Mrs. Jensen

La señora Jensen es una estudiante de español que difiere bastante de los demás estudiantes. Su historia es interesante.

La Sra. Jensen tiene sesenta y nueve años. Su esposo se murió **inesperadamente** de un ataque cardíaco cuando ella tenía apenas treinta y cuatro años, dejándola sola con cuatro hijos y ningún **oficio** para ganarse la vida. Sus padres estaban muertos y no tenía parientes para ayudarla. **En efecto**, la muerte de su esposo le destruyó la vida y pronto supo que tenía que repensar todos sus planes y rehacer su vida sobre otras bases.

Recibió algún dinero del **seguro** de su esposo, y con esos **fondos** se matriculó en una facultad de enfermería. Muy pronto se dio cuenta de que el dinero del seguro no era suficiente, así que vendió su casa y **se mudó** con sus cuatro hijos a un pequeño departamento en un barrio pobre de la ciudad. Allí consiguió un trabajo como mesera en un pequeño restaurante donde trabajaba cinco días a la semana, desde las seis de la mañana hasta las dos de la tarde. Siguió estudiando de tarde y de noche, y también los fines de semana. Su hijo mayor, que en ese momento tenía apenas catorce años, cuidaba a sus hermanos menores mientras su madre asistía a clases.

Después de cuatro años difíciles, la Sra. Jensen por fin se recibió de enfermera; se graduó de la universidad en el mismo año que su hijo mayor se graduó de la secundaria. Obtuvo su primer trabajo en un hospital universitario donde pronto llegó a ser una de las enfermeras más respetadas de todo el hospital. Después de poco tiempo la hicieron supervisora, y más adelante, bajo los estímulos de varios de los médicos, empezó a estudiar de nuevo, esta vez para conseguir la **maestría** en enfermería pediátrica. Recibió la maestría a los cuarenta y dos años, y casi inmediatamente la nombraron a un **puesto** en el que dividía su tiempo entre enfermería aplicada, donde atendía a pacientes, y la enseñanza donde ayudaba a preparar a futuros enfermeros y enfermeras.

Ocupó ese puesto hasta los sesenta y cinco años cuando le dijeron que tenía que **jubilarse**. Mientras tanto, ella ayudó a sus hijos a terminar sus estudios. Todos se graduaron de la universidad, y dos de ellos, un hijo y una hija, siguieron sus estudios y ahora son médicos.

Después de una vida tan activa, la Sra. Jensen no pudo acostumbrarse a la vida retirada. Empezó a buscar trabajo, pero todo el mundo le decía que era demasiado vieja. Por fin comenzó a

inesperadamente: de sorpresa, sin anticipación / **oficio**: profesión, especialidad, *skill* / **en efecto**: en realidad / **seguro**: póliza de seguro; *insurance* / **fondos**: dinero / **mudarse**: cambiar de casa

maestría: título entre el BA y el PhD / **puesto**: responsabilidad o carga dentro del trabajo /

jubilarse: retirarse, dejar de trabajar

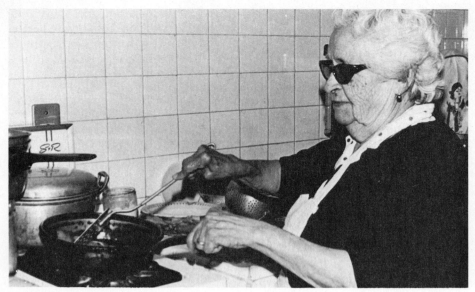

Una señora mayor

trabajar como enfermera voluntaria en una clínica pública en el barrio hispano de su ciudad. Estuvo muy poco tiempo ahí cuando se dio cuenta de que para servir bien a sus nuevos pacientes, sobre todo a los niños, tenía que aprender español.

Se puso a estudiar inmediatamente y así terminó en la clase del profesor González. Al principio, los estudiantes jóvenes no sabían qué hacer con esa nueva alumna que tenía tantos años como muchos de sus abuelos. Sin embargo, cuando vieron su dedicación y su entusiasmo, concluyeron que en muchos sentidos la Sra. Jensen era la persona más joven de la clase.

Nota: La Sra. Jensen es una persona real que estudió español con uno de los autores.

preguntas

1. ¿Cuántos años tenía la Sra. Jensen cuando su esposo se murió?
2. ¿Por qué tuvo que rehacer su vida sobre otras bases?
3. ¿Cómo se ganaba la vida la Sra. Jensen mientras estudiaba?
4. ¿Quién cuidaba a sus hijos mientras ella estudiaba?
5. ¿Dónde obtuvo la Sra. Jensen su primer trabajo?
6. ¿En qué campo recibió la maestría?
7. ¿Cuántos años tenía la Sra. Jensen cuando se jubiló?
8. ¿Por qué no pudo la Sra. Jensen conseguir trabajo después de jubilarse?
9. ¿Cómo se dio cuenta de que debía aprender español?
10. ¿Cree Ud. que "ser joven" es sólo cuestión de años?

creación ✳

Prepare un informe, oral o escrito, sobre alguien que Ud. admira, usando "El Retrato de Mrs. Jensen" como guía. Las preguntas a continuación pueden serle útiles:

¿Cómo se llamaba la persona?   ¿Dónde y cuándo nació?   ¿Quiénes fueron sus padres? ¿Cómo era físicamente?   ¿Cómo, dónde y cuándo conoció Ud. a esa persona?   ¿Era casada, divorciada o soltera?   ¿Cómo era su familia?   ¿Hasta qué grado estudió?   ¿Dónde estudió?   ¿En qué trabajaba?   ¿Pasó por una crisis alguna vez?   ¿Cómo reaccionó a la crisis?   ¿Pudo solucionar el problema con mucho o poco esfuerzo?   ¿Cuáles son las cualidades que Ud. más admira en esa persona?   ¿Se ven esas cualidades en un detalle específico de su vida?

VOCABULARIO

más expresiones para narrar

a toda velocidad	en seguida	por fin
cada vez más	hoy día	
cada vez menos	mientras tanto	
en efecto		

adjetivos

activo	extático	monumental
civilizado	hostil	mundial
decente	humano	útil
desafortunado	incivilizado	valiente
desesperado	infiel	voluntario
desgraciado	líquido	
devoto		

sustantivos

asalto	estímulo	puesto
autopista	gota	seguro
bodega	incendio	serie (f.)
bosque	intento	término
choque	marinero	timbre
contexto	mosca	tiro
costa	oficio	tormenta
cultura	ordinario	tráfico
dieta	patrón	tronco
emergencia	pelea	valentía
empresa	perdición	velocidad
enfermería	pistola	
enseñanza	pueblo	
entusiasmo		

verbos

aplacar = calmar
atender a (ie)
cancelar
capturar
colaborar
componer
conducir
contentar
cumplir ≠ fallar
deducir
detener
dividir

elegir (i) = escoger, seleccionar
escaparse
esconder, esconderse
establecer
explorar
fatigar, fatigarse
fracasar ≠ tener éxito
ganarse la vida
graduarse
gritar
jubilarse = retirarse
inspirar

interpretar
manipular
matar
mudarse
posponer
proponer
respetar
retener
sobrevivir
suponer
traducir

TERCER REPASO

A. Conteste las preguntas a continuación con un complemento directo pronominal en la respuesta *(7.1, 7.3 y 7.5)*:

1. ¿Quién te saludó cuando entraste en la clase ayer?
2. ¿Dónde pusiste tu cartera esta mañana?
3. ¿Cuándo estudiaron Uds. el capítulo siete?
4. ¿Aprendieron Uds. bien las formas pronominales del complemento directo?
5. ¿Cuándo conociste a tus dos mejores amigos?
6. ¿Cuándo te conoció tu profesor/a de español?
7. ¿Dónde dejaste tu coche esta mañana?
8. ¿Quieres ver mis fotos?

B. Complete las frases con una frase de clarificación o de énfasis *(7.7)*:

1. Mis padres me quieren ... **2.** Lo saludé ... **3.** Voy a verla ... **4.** Tuve que llamarlos ... **5.** Te quiero ver ... **6.** Iban a ayudarnos ... **7.** Os estaba describiendo ... **8.** Todos los días las recordaba ...

C. Complete las frases con un complemento indirecto pronominal según las palabras en itálica *(8.3, 8.5, 8.6 y 8.7)*:

1. _____entregaron las composiciones *al profesor*. **2.** _____expliqué el problema *a mi hermano*. **3.** Mis amigos _____mandaron esa carta *a mí*. **4.** Pensaba dar _____las llaves *a ti*. **5.** _____quité los fósforos *al niño*. **6.** Javier _____abrió la puerta *a nosotros*.

D. Escriba las frases dos veces. En la primera frase, reemplace el complemento directo con un pronombre. En la segunda frase, reemplace el complemento indirecto con un pronombre *(7.1, 7.7, 8.3 y 8.6)*:

1. Entregamos los papeles al dependiente.
2. Pedí la cuenta al mesero.
3. Compré ese abrigo a mi tío.
4. El cartero dio el telegrama a mi madre.
5. Las chicas llevaron las frutas a sus vecinas.
6. Javier leyó la historia a su hermano.
7. Yo traje los muebles a mis padres.
8. Yo dejé las llaves a mi hermano.

E. Conteste las preguntas a continuación *(8.3 y 9.6)*:

1. ¿Te gustó la última película que viste?
2. ¿Qué les gusta más a los alumnos, jugar o estudiar?
3. ¿A Uds. les parecieron difíciles los exámenes del semestre/trimestre pasado?
4. ¿A tus padres les gustan tus amigos?
5. ¿Qué te parecen tus clases?
6. ¿Qué te pareció el último libro que leíste?
7. ¿A quién no le gusta trabajar?
8. Cuando eras niño/a, ¿qué te gustaba hacer durante las vacaciones?

F. Escriba una frase equivalente a las frases dadas usando el verbo que está entre paréntesis *(9. 7)*:

1. Necesitábamos un nuevo coche. (faltar)
2. Yo tenía un dolor en el pie. (doler)
3. Mis padres tenían interés en mi vida escolar. (interesar)
4. Mi hermano menor tiene un interés excesivo en las mujeres. (fascinar)
5. Detesto los huevos crudos. (repugnar)
6. Lola debe estudiar más. (convenir)
7. Ese ruido es horrible. (molestar)
8. Estoy muy contento con mi nuevo coche. (fascinar)

G. Conteste las preguntas a continuación *(10.1 y 10.6)*:

1. ¿A qué hora se levantó Ud. esta mañana?
2. Por lo general, ¿se baña Ud. o se ducha?
3. ¿A qué hora se despiertan sus amigos los sábados?
4. ¿Cuántos años tienen los jóvenes por lo general cuando empiezan a afeitarse?
5. ¿Siempre te lavas las manos antes de comer?
6. ¿Con qué se lava Ud. el cabello—con jabón o con champú?

H. Invente una frase original con cada par de verbos. La primera frase debe ser reflexiva, y la segunda transitiva *(10.3)*:

1. despertarse, despertar *2.* acostarse, acostar *3.* lavarse, lavar *4.* levantarse, levantar *5.* bañarse, bañar

I. Conteste las preguntas con **hay** o una forma de **ser, estar, hacer** o **tener** *(2.2, 2.3, 2.6, 2.9, 4.3, 5.3 y 5.8)*:

1. ¿Isabel? ¿Enferma? *2.* ¿Hoy? ¿Frío? *3.* ¿Javier? ¿Calor? *4.* ¿Hoy? ¿Nublado?
5. ¿El Sr. Sánchez? ¿Abogado? *6.* ¿Un elefante? ¿Debajo de la mesa? *7.* ¿Esos chicos? ¿Estudiantes? *8.* ¿Roberto? ¿Sesenta años? *9.* ¿La boda? ¿En esa iglesia? *10.* ¿Esos vasos? ¿Sucios? *11.* ¿Nadie? ¿En la casa? *12.* ¿Los papeles? ¿En el portafolio?
13. ¿Ninguna chica? ¿En la clase? *14.* ¿Lloviendo? ¿Ahora? *15.* ¿Miguel y Jorge? ¿Morenos?

J. Escriba la forma correcta en el presente de los verbos, usando el sujeto dado:

1. yo/poner *2.* ellos/encontrar *3.* yo/decir *4.* nosotros/cerrar *5.* yo/venir *6.* él/reír *7.* ella/construir *8.* yo/salir *9.* tú/defender *10.* yo/seguir *11.* yo/conocer *12.* yo/obtener

13.1 ¿Quién te dio ese anillo?
      Me lo dio mi novia.

13.2 Sinopsis de los usos de **se**.

13.3 La nieve es bonita, **pero** no me gusta por el frío.
      La nieve **no** es negra **sino** blanca.

13.4 Entré en el cuarto **sin ver** a nadie.

13.5 ¿**Te enojaste** cuando te despidieron de tu trabajo?
      Primero **me enojé** pero después **me calmé**.

13.6 ¿Cuánto tiempo hace que viste a tu hermano?
      Acabo de verlo en este momento.

13.7 ¿**Para** quién compraste ese vestido?
      Lo compré **para** mi esposa.

13.8 ¿**Por** cuánto dinero vendiste el coche?
      Lo vendí **por** cinco mil dólares.

vocabulario:

el trabajo y el dinero

EXPOSICIÓN GRAMATICAL

13.1 ¿Quién te dio ese anillo?
Me lo dio mi novia.

¿Quién les regaló ese jamón a Uds.?	**Nos lo** regaló el jefe de mi marido.
Mi secretaria me envió las cartas.	Mi secretaria **me las** envió.
¿Quién os regaló aquellas plantas?	**Nos las** regaló nuestra hija.
Le dieron el ascenso a Roberto ayer.	**Se lo** dieron ayer.
Ana les dio la llave a los vecinos.	Ana **se la** dio.
¿Quién me explica las reglas del imperfecto?	Yo **se las** explico **a Ud.**
¿Quiénes les dieron esas flores a ellas?	Sus múltiples admiradores **se las** dieron.
¿Nos trajeron Uds. esos hermosos bizcochos?	Sí, **se los** trajimos nosotros para la fiesta de fin de año.

Cuando se emplean en la misma oración dos complementos pronominales, el complemento indirecto siempre precede al complemento directo. Si los dos complementos pronominales son de la tercera persona (*le/les* con *lo/la/los/las*), el complemento indirecto se convierte en **se**.

Estudie:

Nunca se lo voy a decir a Ud.	= Nunca voy a **decírselo** a Ud.
Te lo debo dar.	= Debo **dártelo**.
Renata me lo estaba contando esta tarde.	= Renata estaba **contándomelo** esta tarde.
Nos la están reparando ahora.	= Están **reparándonosla** ahora.

Es posible agregar dos complementos pronominales a un **infinitivo** o a un **gerundio**. Observe el uso del **acento escrito** para conservar el énfasis original.

Sinopsis:

complementos indirectos	complementos directos	frases de énfasis o de clarificación
me	me	a mí
te	te	a ti
nos	nos	a nosotros (a nosotras)
os	os	a vosotros (a vosotras)
le (se)	lo	a él, a Ud.
	la	a ella, a Ud.
les (se)	los	a ellos, a Uds.
	las	a ellas, a Uds.

práctica ✲

A. Responda a las situaciones dadas según el modelo:

Modelo: Un amigo necesita tu calculadora. ¿Qué haces?
　　　　 Se la presto. o *No se la presto.*
　　　　 o *Se la doy.* o *No se la doy.*

1. Tu jefe necesita tu coche. ¿Qué haces?
2. Un compañero de clase necesita tu máquina de escribir. ¿Qué haces?
3. Tu hermana quiere llevar tus discos a una fiesta. ¿Qué haces?
4. Un compañero perezoso no hizo su tarea anoche y quiere copiar tu tarea. ¿Qué haces?
5. Un hombre que te parece un borracho te pide dos dólares para comprar comida. ¿Qué haces?
6. Un/una rival te pide la dirección y el número de teléfono de tu novia/o. ¿Qué haces?

B. Usando el verbo *deber*, describe las obligaciones de las personas que se encuentran en las situaciones a continuación. Siga el modelo:

Modelo: El hermanito de Clara le pide fósforos. ¿Qué debe hacer Clara?
　　　　 Debe dárselos. o *No debe dárselos.*

1. Un niño le pide a Rosa dinero para la Cruz Roja. ¿Qué debe hacer Rosa?
2. Una persona que no es de tu religión te pide una contribución para construir una nueva iglesia. ¿Qué debes hacer?
3. Tú me pides mis apuntes de la clase de ayer. ¿Qué debo hacer?
4. Uds. le piden a su profesor/a mejores notas. ¿Qué debe hacer su profesor/a?
5. Un amigo que quiere dejar de fumar te pide un cigarrillo. ¿Qué debes hacer?
6. Yo estoy de dieta y te pido cinco dólares para comprar un helado colosal. ¿Qué debes hacer?

13.2 Sinopsis de los usos de **se**:

1. Se usa **se** como sujeto humano no-especificado *(6.7)*.

   Se come bien en un restaurante que se llama El Rincón Mexicano.
   Se nota que ella es extranjera por su acento.
   Se venden fabulosos bizcochos en la Panadería García.

Vamos a envolvérselo así.

2. Se usa **se** como pronombre reflexivo de la tercera persona singular y plural *(10.1 a 10.7).*

   Mi marido **se** acuesta a las once y **se** duerme en seguida.
   No **se** quedaron hasta muy tarde; **se** fueron relativamente temprano.

3. Se usa **se** como reemplazo de **le** o de **les** en combinaciones con **lo, la, los** o **las** *(13.1).*

¿Quién le regaló esas flores a Rosario?	**Se las** regaló ese chico que la está persiguiendo.
¿Cuándo tienes que devolver la máquina de escribir a tus padres?	Tengo que devolvér**sela** mañana por la mañana.

13.3 La nieve es bonita **pero** no me gusta por el frío.
La nieve **no** es negra **sino** blanca.

José quiere ser gerente, **pero** no tiene ganas de trabajar.
José **no** quiere ser empleado **sino** gerente.

Uds. llegaron tarde, **pero** no fueron los últimos.
Uds. **no** llegaron temprano **sino** tarde.

Fuimos a cobrar el cheque, **pero** estaba cerrado el banco.
No fuimos a cobrar el cheque **sino** a depositarlo.

Fui a la feria con mi padre, **pero** no compré nada allí.
No fui con mi novio **sino** con mis amigas.

El televisor cuesta mucho, **pero** si lo pago a plazos, me lo dan ahora.
No me lo vendieron **sino que** me lo regalaron.

Conocí a un hombre guapísimo, **pero** tenía poca personalidad.
No sólo me abrazó, **sino que** también me dio un beso.

Pero expresa una **ampliación** o una **reserva** relacionada con una idea expresada anteriormente.

Sino y **sino que** expresan una **contradicción absoluta** de una idea **negativa** expresada anteriormente.

Note que las contradicciones con **sino** y **sino que** siempre son paralelas: sustantivo con sustantivo, infinitivo con infinitivo, cláusula con cláusula, etc.

práctica ✳

A. Conteste las preguntas a continuación según el modelo:

Modelo: ¿Es simpática Gumersinda? (antipática)
No, no es simpática sino antipática.

1. ¿Es rico/a el/la profesor/a? (pobre)   *2.* ¿Era feliz el lobo de Caperucita Roja? (triste)
3. ¿Era mexicano Miguel? (cubano)   *4.* ¿Es feo Ernesto? (guapo)   *5.* ¿Es rojo tu sombrero? (blanco)

B. Complete las frases de una forma creativa, usando **sino** o **sino que**:

1. No fui al cine ...   *2.* No me dijo una mentira ...   *3.* Mis amigos no eran republicanos
...   *4.* No me gustó la comida ...   *5.* Ella no es mi novia ...   *6.* Nuestro profesor no
habla inglés ...   *7.* Mis padres no compraron un condominio ...   *8.* Snoopy no mató
al Barón Rojo ...

13.4   Entré **sin ver** a nadie.

¿Te acostaste anoche **sin cenar**?	No, cené **antes de acostarme**.
¿Por qué te fuiste **sin saludarme**?	Me fui **sin saludar** a nadie porque no me sentía bien.
¿Qué hiciste **después de jugar** tenis?	Me acosté **para descansar.**
¿Qué hacen Uds. a la hora **de salir** del trabajo?	A la hora **de salir** del trabajo, hacemos planes para la noche.

Después de una preposición, se usa un infinitivo.

Compare:

Al salir del teatro, vi a Elsa.	= Cuando salí del teatro, vi a Elsa.
Al verlos, les di la mano.	= Cuando los vi, les di la mano.

Al + **infinitivo** corresponde más o menos a **cuando** + **verbo**.

práctica ✳

Complete las frases a continuación según sus experiencias personales, o las experiencias de otra persona. Siga el modelo:

Modelo: Al nacer ...
Al nacer, empecé a llorar porque el mundo me pareció raro.

1. Al empezar a hablar ...   *2.* Al comenzar a caminar ...   *3.* Al entrar en la primaria
...   *4.* Al conocer a mi primer/primera novio/a ...   *5.* Al terminar mis estudios primarios ...   *6.* Al llegar a esta clase por primera vez ...   *7.* Al ir a mi primer baile ...
8. Al ver mi primer partido de fútbol ...

13.5 ¿**Te enojaste** cuando te despidieron de tu trabajo?
Primero **me enojé** pero después **me calmé**.

¿Cuándo **se enfermó** tu hijo?	**Se enfermó** el lunes, pero ya **se curó** y está bien.
¿Cuánto tiempo hace que Miguel y Adriana **se casaron**?	**Se casaron** hace tres años, después **se divorciaron**, y ahora van a **casarse** de nuevo.
¿**Se acostumbraron** tus padres a Nueva York sin problema?	**Se están acostumbrando** poco a poco.

La construcción reflexiva *(10.1 y 10.2)* frecuentemente se usa para indicar un **cambio** o una **transformación**.

Las construcciones reflexivas con *enojarse, calmarse, enfermarse, curarse, casarse, divorciarse* y *acostumbrarse* indican un **cambio** de tipo mental, físico, emocional o social de parte del sujeto. Otros verbos similares son:

aburrirse:	Los alumnos **se aburrieron** durante la conferencia. *(aburrirse: perder interés)*
cansarse:	Los chicos **se cansaron** de los juegos. *(cansarse: perder energía)*
convertirse (i):	Jorge **se convirtió** al catolicismo de joven.
descomponerse:	No podemos usar mi tocadiscos; **se descompuso** anoche. *(descomponerse: dejar de funcionar)*
emocionarse:	**Me emocioné** mucho cuando me dieron el ascenso. *(emocionarse: sentir emoción)*
enamorarse de:	**Me enamoré** de mi esposo poco después de conocerlo. *(enamorarse: empezar a amar)*
enfadarse:	Nuestro jefe **se enfadaba** si no trabajábamos bien. *(enfadarse: enojarse)*
molestarse:	Silvia **se molestó** cuando el banco no quiso cambiar su cheque.
preocuparse:	**Me preocupé** cuando el gerente dijo que quería hablarme.

Igual que muchos otros verbos en construcciones reflexivas, estos verbos también tienen un contraste transitivo *(10.3)*. Observe que en el contraste transitivo, la **causa** de la transformación es el **sujeto**.

¡¡¡Grr!!!	¡Qué mal me siento!	Esa medicina es una maravilla.	Ahora estoy tranquila.	¿Qué hago ahora?
enojarse	enfermarse	curarse	calmarse	aburrirse

to get angry

Compare:

reflexivo intransitivo	construcción transitiva
Me enfermo si como demasiado.	La pornografía **me enferma**.
Hace un año que **nos casamos**.	Un sacerdote **nos casó**.
María estaba nerviosa, pero después **se calmó**.	Sus amigos **la calmaron**.
Los chicos **se aburren** si no juegan.	La música de fondo **me aburre** cósmicamente.
Algunas personas **se emborracharon** en la fiesta.	No me emborraché; **me emborracharon** mis compañeros.

get drunk

práctica ✳

A. Complete las frases a continuación según su propia experiencia. Use los elementos de la segunda columna como guía. Siga el modelo:

Modelo: Yo me enojo cuando …
Yo me enojo cuando mi hermano no limpia nuestro cuarto.

Yo me aburro cuando …	estoy en una fiesta, en mi clase de ….
Me enojo cuando …	mis amigos hablan de política, de amores, de …
Me emociono cuando …	un profesor anuncia un examen, las notas, …
Me enfermo cuando …	alguien se jacta de su hijo, de sus notas, de ….
Me calmo cuando …	escucho música, corro, estoy con mi novio/a, …
Me canso cuando …	estoy con mi jefe, pienso en cosas profundas, …
Me preocupo cuando …	mi hermano tiene mi coche, un policía me sigue, …
	pago impuestos, hay una huelga, estoy sin empleo, …
	se descompone mi coche, mi radio, mi catapulta, …

Usando los mismos verbos, describa la reacción de otras personas. Por ejemplo:
Mi madre se preocupa cuando llego a casa muy tarde.

B. Conteste las preguntas a continuación con frases completas:

1. ¿Vas a casarte antes de los treinta años? *2.* ¿Quién te va a casar, un sacerdote, un ministro, un rabino o un juez civil? *3.* ¿Te cansas mucho cuando estudias? *4.* ¿Qué te cansa más, correr o nadar? *5.* ¿Con quién te enojas con frecuencia? *6.* ¿Te enojan los impuestos, o los pagas con gusto y alegría? *7.* ¿Cuánto hace que te enfermaste? *8.* ¿Qué te enferma?

13.6 ¿Cuánto tiempo hace que viste a tu hermano?
Acabo de verlo en este momento.

¿Cuándo terminaste tu composición?

¿A qué hora vino la secretaria?

¿Hace mucho tiempo que Uds. llegaron?

La **acabo de terminar** ahora.

Acaba de venir en este momento.

No, **acabamos de llegar.**

Acabar de + **infinitivo** indica un evento muy reciente. Las frases a continuación son más o menos equivalentes:

Acabo de llegar.	= Llegué hace muy poco tiempo.
Acaban de nombrarlo presidente.	= Lo nombraron presidente hace muy poco.
Acabamos de ver esa película.	= Vimos esa película hace muy poco.

práctica ✳

Explique el estado de ánimo de la gente a continuación. Siga el modelo:

Modelo: María está de muy buen humor.
Acaba de sacar una buena nota en un examen de química.

1. Miguel está muy contento.
2. Mi profesor de psicología está enojado.
3. Beatriz está cantando en la esquina.
4. A José le duele el estómago.
5. Raimunda está alegre.
6. Jorge está muy nervioso.
7. Los jugadores de fútbol están extáticos.
8. Gumersinda está debajo de la mesa en un estado inconsciente.

13.7 ¿**Para** quién compraste ese vestido?
Lo compré **para** mi esposa.

Usos de **para**:

I. La preposición **para** casi siempre indica un **destino** o una **destinación**. Hay varios tipos de **destino**:

    A. **El destino es geográfico** *(para = hacia)*:

¿**Para** dónde iba José?	Iba **para** la plaza.
¿**Para** dónde miraba Ana?	Miraba **para** las montañas.
¿**Para** dónde sales mañana?	Salgo **para** Guadalajara.

    B. **Una persona (o un grupo de personas) es el destino de un objeto:**

¿**Para** quién era la rosa?	Era **para** Inés.
¿**Para** quiénes son esas entradas?	Son **para** mis hijos.

    C. **Una persona (o un grupo de personas) es el destino de una acción:**

¿**Para** quién limpias la casa?	La limpio **para** mi hermana.
¿**Para** quiénes preparaste la comida?	La preparé **para** mis hijos.

    D. **El destino es el propósito de un objeto**:

Esas verduras son **para** la sopa.
Esa composición es **para** mi curso de literatura comparada.
Tengo un cuadro **para** esa pared.

    E. **Empleo (destino del trabajo):**

¿**Para** quién trabajas?	Trabajo **para** la Sra. López.
¿**Para** qué compañía trabajas?	Trabajo **para** la IBM.

    F. **Carrera (destino de los estudios)**:

¿**Para** qué carrera estudias?	Estudio **para** abogado.

    G. **Un infinitivo es el destino (o el propósito) de un objeto o de una acción**:

Este trapo es **para** limpiar zapatos.
Esa caja fuerte es **para** guardar dinero y documentos importantes.
Trabajo **para** ganar dinero **para** pagar el depósito.
Ana trabaja con esa señora **para** aprender el oficio de costurera.

H. **Destino en el tiempo** (tiempo límite):

¿Para cuándo piensas terminar el informe?

Lo tengo que terminar **para** el martes a las ocho.

¿Para cuándo tenemos que saber esas palabras?

Tenemos que saberlas **para** mañana.

II. Hay dos sentidos de **para** que *no* corresponden a la idea de destino:

A. **Comparación desigual con una norma**:

Para un estudiante, Ronaldo tenía mucho dinero.

(Según la norma, los estudiantes no suelen tener mucho dinero.)

B. **En la opinión de** *(para = según)*:

Para mí, mi esposa es la mujer más linda del mundo.

III. Observe que **para** se usa en la pregunta cuando el hablante anticipa una respuesta correspondiente a una de las categorías de arriba:

¿Para qué compraste ese abrigo?
¿Para cuándo tenemos que terminar el informe?
¿Para dónde sale el tren?
¿Para quién trabajas?

práctica ✳

A. Complete las frases a continuación con **para** + **un infinitivo**:

Modelo: Un lápiz es ...
Un lápiz es para escribir.

1. Vamos al parque ... *2.* Mi jefe existe ... *3.* Mi novio/a existe .... *4.* Un refrigerador es ... *5.* Una clase es ... *6.* Estudio mucho ... *7.* Jugamos ... *8.* Compro un disco ... *9.* Voy a España ... *10.* El sindicato es ...

B. Ud. es San Nicolás y tiene regalos para las personas a continuación. ¿Qué regalos tiene Ud. para ...

1. su mamá *2.* su hermanito menor *3.* su novio/a *4.* su ex-novio/a *5.* su profesor/a de español *6.* Gumersinda *7.* su peor enemigo/a

13.8 **¿Por** cuánto dinero vendiste el coche?
Lo vendí **por** mil quinientos dólares.

Usos de **por**:

A. A cambio de:

Me dieron cinco mil dólares **por** mi coche usado.
Cambié mi falda **por** una nueva blusa.
Me dieron gato **por** liebre.

B. Agente o medio:

Lo llamé **por** teléfono esta mañana.
Escuché la noticia anoche **por** radio.
Quiero viajar de California a Nueva York **por** tren.

C. En lugar de:

Tengo que trabajar **por** Marisa porque está enferma.
En la corte, mi abogado habla **por** mí.

D. Causa o motivo:

Prefiero vivir en una ciudad **por** la vida cultural.
No pagué el depósito **por** no tener mi chequera.

¿A qué hora vienes **por** mí?
Paso **por** ti a las nueve.

E. Duración de tiempo:

Estuvimos tomando el examen **por** tres horas.
El senador habló **por** media hora.

F. A beneficio de, por el bien de:

Lo hice **por** tu familia.
Mi madre trabaja mucho **por** sus hijos.

Nota: Este es el único uso de **por** que se confunde a veces con **para**.

G. Medidas:

Viajábamos a cincuenta y cinco millas **por** hora.
Voy al laboratorio tres veces **por** semana.
El noventa **por** ciento de los estudiantes llegan temprano.

H. Tiempo impreciso:

Allá **por** los años veinte, hubo una epidemia de influenza.
Estudio mis lecciones **por** la noche.

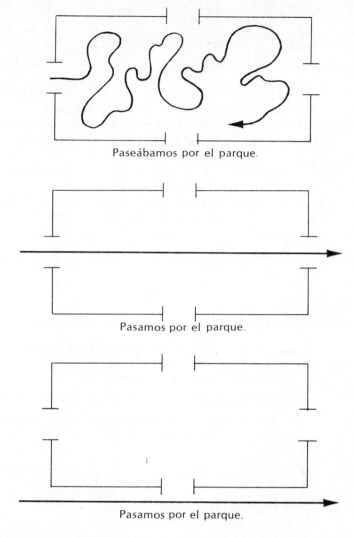

Paseábamos por el parque.

Pasamos por el parque.

Pasamos por el parque.

I. **Movimiento o acción dentro o sobre un espacio determinado**:

Caminábamos **por** la calle cuando te vi **por** la ventana.
Los chicos corrían **por** el parque.
El túnel pasaba **por** la montaña.
Viajamos **por** todo el estado de Veracruz.
Los coches corren rápidamente **por** la nueva autopista.
Se llega a Lima **por** ese camino.

J. **Cerca de, alrededor de:**

Hay muchos árboles **por** mi casa.
Por mi casa hay una farmacia nueva.

K. Expresiones idiomáticas:

por ahora:	No tengo nada que hacer **por ahora**. *(por el momento)*
por ejemplo:	Tengo excelentes alumnos. Juan, **por ejemplo**, siempre viene preparado.
por favor:	Repita la frase más despacio, **por favor**.
por fin:	**Por fin** llegamos al final de esta sección. *(finalmente)*
por lo general:	**Por lo general**, la gente sale menos en invierno. *(generalmente)*
por lo menos:	Tengo **por lo menos** veinte dólares y tal vez más. *(como mínimo)*
por supuesto:	**Por supuesto** voy a tu fiesta. *(claro que sí)*

práctica

A. Indique con qué frecuencia se participa en las siguientes actividades. Siga el modelo:

Modelo: los chicos nadan
Los chicos nadan cinco veces por semana.

1. leo una novela **2.** mi hermano limpia su cuarto **3.** mi padre prepara la cena **4.** vamos al cine **5.** compro un disco **6.** estudio toda la noche **7.** hacemos una fiesta **8.** bebo vino

B. Indique cuánto pagó Ud. (u otra persona) por los artículos a continuación. Siga el modelo:

Modelo: la raqueta de tenis
Pagué cincuenta y cinco dólares por mi raqueta de tenis.

1. un disco **2.** el coche **3.** el cuaderno **4.** nuestra casa **5.** el libro de español **6.** las entradas de teatro **7.** el periódico **8.** el televisor

C. Indique cuánto tiempo duraron las actividades a continuación. Siga el modelo:

Modelo: Anoche estudié ...
Anoche estudié por tres horas y media.

1. Asistí a la escuela primaria ... **2.** Mi familia vivió en ... **3.** Ayer miramos televisión ... **4.** En diciembre estuve de vacaciones .... **5.** Tuve que esperar al médico ... **6.** Ayer estuve fuera de casa ... **7.** Hablé con mi novio/a ... **8.** Anoche mis amigos y yo ...

EJERCICIOS ESCRITOS

1. (a) Reemplace las palabras en negrilla con pronombres (13.1):

1. El jefe dio **la llave a su nueva secretaria**. *El jefe se la dio.*
2. Mariana leyó **el cuento a su hermano**. *se lo re*
3. Los chicos nos devolvieron **el coche** ayer.
4. El representante de los obreros explicó **el problema al gerente**.
5. Mario contó **el chisme a sus amigos**. *s*
6. Mis padres vendieron **su casa a mi tío**.
7. Javier le regaló **el anillo** a ella.
8. Les vamos a llevar **el pastel** esta noche.

(b) Conteste las preguntas a continación con frases completas. Responda a cada pregunta con dos complementos pronominales:

1. ¿Quién te dio el dinero para estudiar?
2. ¿Cuándo le entregaste esa composición a tu profesora?
3. ¿Quién le vendió el cepillo a tu mamá?
4. ¿Quiénes le borraron la pizarra al profesor?
5. ¿Quién te regaló ese perfume?
6. ¿Quién les sirvió la cena a Uds. anoche?
7. ¿Quién le prestó sus apuntes a Miguel?
8. ¿Quieres regalarme tu coche?

2. Conteste las preguntas a continuación con frases completas. Ponga atención al uso de **se** (13.2):

1. ¿Dónde se consigue buena comida mexicana en esta ciudad?
2. ¿A qué hora se despertaron Uds. esta mañana?
3. Su hermana tiene un lindo anillo. ¿Quién se lo dio?
4. ¿En qué profesiones se gana bien en este país?
5. ¡Qué lindo cuadro! ¿Alguien se lo regaló a Ud.?
6. ¿Por qué se lavan las manos antes de comer?
7. ¿De qué se quejan los empleados?
8. ¿Piensa Ud. quedarse en casa este fin de semana?

3. Complete las frases con **pero, sino** o **sino que** (13.3):

1. Joel no quiere ser dentista _____ psiquiatra. 2. Trabajaron muy duro _____ no pudieron terminar. 3. No te llamaron a ti _____ a él. 4. No me lo vendió _____ me lo regaló. 5. Le mandé tres cartas a mi antigua novia _____ nunca me las contestó. 6. No salí con mis amigos _____ con mis padres. 7. Ese coche es lindo _____ me gusta más el otro. 8. No fui por tren _____ volé por avión.

4. (a) Escriba de nuevo las frases, sustituyendo **al + infinitivo** por las palabras en negrilla (13.4):

1. **Cuando llegaron** a América, los españoles encontraron una civilización avanzada.
2. **Cuando consiguió** ese empleo, dejó un depósito para un nuevo coche.
3. **Cuando descubrió** América, Colón pensó que estaba en el oriente.
4. **Cuando salí de casa**, me di cuenta de que hacía frío.

(b) Combine las frases a continuación con **sin**. Siga el modelo:

Modelo: Entré en el cuarto. No vi nada.
    Entré en el cuarto sin ver nada.

1. Las chicas se fueron temprano. No desayunaron.
2. Hice el viaje. No gasté mucho dinero.
3. Me acosté. No me di cuenta de la hora.
4. Lola salió de casa. No apagó las luces.
5. Me bañé. No me lavé el cabello.

5. *(a)* Conteste las preguntas a continuación (13.5):

1. ¿Te emocionaste durante la última película que viste? ¿Por qué (no)?
2. ¿Cuándo se enojaron los jugadores de fútbol? ¿Por qué?
3. ¿Cuándo se cansan los estudiantes más—durante la semana o durante los fines de semana?
4. ¿Piensas casarte pronto? ¿Por qué (no)?
5. ¿Cuántos años tenías cuando te enamoraste por primera vez?
6. ¿Cuándo se preocupan tus padres?
7. ¿Se preocupan Uds. antes de los exámenes de español? ¿Por qué (no)?
8. ¿Qué haces cuando se descompone el televisor?

(b) Escriba una frase completa para cada verbo a continuación. Note que la primera frase de cada par debe ser del reflexivo intransitivo y la segunda del transitivo. Siga el modelo:

Modelo: molestarse, molestar
    Los alumnos se molestaron cuando oyeron la noticia.
    La noticia me molestó mucho.

1. aburrirse, aburrir   2. casarse, casar   3. enfermarse, enfermar   4. cansarse, cansar
5. calmarse, calmar

6. Conteste las preguntas a continuación con **acabar de** + **infinitivo**. Siga el modelo (13.6):

Modelo: ¿Cuándo llegaron Guillermo y Anastasio?
    Acaban de llegar.

1. ¿Cuándo terminaste tu tarea?   2. ¿Cuándo comiste?   3. ¿Cuándo volvieron Uds. a casa hoy?   4. ¿Cuándo salieron los alumnos de clase?   5. ¿Cuándo se casaron tus amigos?   6. ¿Cuándo compró Mario ese libro?   7. ¿Cuándo vendieron los García su casa?   8. ¿Cuándo apagaste el televisor?

7. Complete el párrafo con **para** o **por** (13.7 y 13.8):

Mañana salgo _____ España. Voy _____ avión. Iba a ir _____ barco, pero _____ tener muy poco tiempo, decidí viajar _____ avión. Tengo que llegar al aeropuerto _____ las seis de la tarde. Un amigo va a pasar _____ mí mañana temprano _____ llevarme al aeropuerto. _____ ahora tengo que preparar mis maletas _____ el viaje. Anoche llamé a Irma _____ decirle adiós. Hablamos _____ casi tres horas. Me van a cobrar una fortuna _____ esa llamada. Ella trabaja _____ una agencia de viajes y me consiguió el pasaje _____ relativamente poco dinero. Quiero comprar un regalo _____ ella _____ darle las gracias. Voy a estar en España _____ casi tres semanas.

Iba a viajar _____ todo el país, pero _____ un viaje corto, eso es demasiado ambicioso. La última vez que fui a España viajé _____ el sur del país, así que esta vez
quiero conocer el norte. _____ mí, España es un país fascinante, y tambíen me gusta
pasar tiempo allí _____ practicar un poco el español. _____ supuesto, éste no va
a ser mi último viaje. Ya tengo planes _____ varios viajes más.

8. Complete las frases a continuación con **para** o **por** (13.7 y 13.8):

1. Vendieron la casa _____ ochenta mil dólares. *2.* Fuimos temprano _____ la
mañana _____ llegar temprano. *3.* Iba a salir de casa cuando mi madre me llamó
_____ teléfono. *4.* Me dijo que _____ las tres iba a estar en casa. *5.* Tengo una
pelota _____ mi hermanito. *6.* _____ ir a Nueva York _____ tren, tienes que
pasar _____ varios estados. *7.* Tenemos que trabajar mucho _____ terminar el
trabajo _____ las ocho. *8.* Nos alquilaron el departamento _____ $350 _____
mes. *9.* Mi sobrina estudia _____ abogada. *10.* Javier está muy triste _____ la
muerte de su perro. *11.* _____ una niña de diez años, Inés es una fabulosa pianista.
12. Paso _____ ti a las siete, y después nos vamos _____ el cine. *13.* Mis abuelos
estuvieron en Rusia _____ cuarenta años antes de pedir permiso _____ venir a
este país. *14.* ¿ _____ cuánto tiempo conversaste con tus amigos? *15.* ¿ _____
quién es ese pastel?

LECTURA
retrato de Ana

Ana Martínez es una mujer mexicana que durante varios años
vivió en los Estados Unidos. Mientras estaba en los Estados Unidos, siguió un curso de inglés con uno de los autores. Incluyo
su historia aquí porque me parece admirable:

Ana nació en un rancho cerca de un **pueblito** del estado de
Guanajuato en México. Era la menor de once hijos. La madre de
la familia murió cuando Ana tenía cuatro años, y Ana apenas la
recuerda.

Aunque la familia de Ana era pobre, en comparación con otras
familias del campo, vivían relativamente bien. Cultivaban maíz,
frijoles y algunas legumbres y también tenían gallinas, puercos,
dos cabras, un burro y una vaca. Pero aun con eso, el rancho no
producía suficiente comida para la familia. **Por lo tanto**, su padre
y sus hermanos mayores trabajaban cuando podían en otros ran-
chos, sobre todo en una gran hacienda que **pertenecía** a un
hombre rico de la ciudad. La familia no vivía bien, pero tampoco
pasaba hambre. Ana aprendió a trabajar muy de niña. Estudió,
pero sólo hasta el tercer grado. Sin embargo, aprendió a leer y
a escribir. Aunque la vida en el rancho era dura, Ana tiene buenos
recuerdos de su infancia, de los amigos de sus primeros años, y

pueblito: una
pequena
población

por lo tanto:
de manera
que, conse-
cuentemente /
pertenecer:
ser propiedad
de

de su familia. Conmigo, hablaba del rancho con cierta nostalgia, pero en ningún momento dijo que quería volver.

Los hermanos de Ana no pudieron quedarse en el campo porque no había ni trabajo ni tierra. Por lo tanto, todos abandonaron el rancho cuando tenían dieciséis o diecisiete años para buscar trabajo en el Distrito Federal, la capital del país. Sus tres hermanas, **en cambio**, se casaron con hombres del pueblo y siguen viviendo allí.

en cambio: en contraste

La torre latinoamericana, México, D.F.

Cuando Ana tenía catorce años, se murió su papá, y por un detalle legal que Ana nunca comprendió bien, la familia perdió el rancho. Con eso, Ana también fue a la capital a vivir con un hermano.

En la capital, Ana quiso estudiar más, pero no pudo porque tenía que trabajar. **Se hizo** asistente de una **costurera** y allí aprendió a coser. Más adelante, consiguió un trabajo con una **modista** que le enseñó a hacer ropa fina. Por tener un **oficio**, Ana se consideraba mucho más afortunada que la mayoría de sus amigas.

Cuando Ana tenía dieciocho años, se casó con un muchacho del barrio y al año tuvo una hija. Para cuidar a su hija, Ana dejó de trabajar, aunque era difícil vivir con lo poco que ganaba su esposo. Dos años después de casarse, se murió su esposo en un accidente, dejando a Ana sola, con una hija pequeña y con pocas posibilidades de trabajar en México.

Después de la muerte de su marido, Ana volvió al rancho, pero pronto se dio cuenta de que allí no tenía futuro. Por fin, decidió irse a Estados Unidos a buscar trabajo. **Se puso** muy triste al tener que dejar a su hija con una hermana en el rancho, y antes de irse **prometió** que iba a volver pronto.

Como no tenía visa, se pasó a Estados Unidos clandestinamente. Al principio, consiguió empleo en una pequeña fábrica de vestidos que empleaba exclusivamente a extranjeros como Ana—gente sin protección legal o sindical. Para sus jefes, los indocumentados (obreros sin documentos) eran una buena fuente de **mano de obra** barata, y si alguien no quería trabajar, había diez otros para reemplazarlo. Le pagaban poco, y no le daban beneficios médicos. Sin embargo, le sacaban de su cheque **quincenal** impuestos y cuotas para el seguro social—dinero que Ana nunca iba a recuperar ni en servicios ni en jubilación. Más adelante, una amiga que trabajaba de sirvienta para una señora norteamericana la puso en contacto con otra señora que también necesitaba ayuda doméstica. Después de poco tiempo, Ana encontró trabajo en varias casas. De día trabajaba, y de noche estudiaba inglés. Fue en el curso de inglés que yo la conocí.

Al principio, Ana ganaba unos cuatrocientos dólares al mes. De ese dinero ahorraba cien, mandaba ciento cincuenta a su hermana en México para mantener a su hija, y se quedaba con solamente ciento cincuenta por mes para pagar la renta, comprar comida y otras necesidades. Su gran ambición era ganar suficiente dinero para volver a México y poner una pequeña costurería; por eso ahorraba. Más adelante, cuando las señoras norteamericanas se dieron cuenta de que era una excelente costurera, empezó a ganar más, haciendo vestidos para las señoras y sus

hacerse: llegar a ser, *to become* / **costurera**: una persona que cose y hace ropa / **modista**: diseñadora de ropa / **oficio**: habilidad

ponerse: comenzar a sentirse (+ adjetivo) / **prometer**: dar su palabra **como**: *since* en una secuencia lógica

mano de obra: obreros en conjunto / **quincenal**: de cada quince días

amigas. Todo iba bien hasta que un día, la detuvo un oficial del servicio de inmigración de los Estados Unidos.

Ana sabía que algunas personas la consideraban una criminal porque trabajaba en los Estados Unidos sin visa, pero no se preocupaba demasiado por esa opinión. Su punto de vista era bien claro: quería vivir mejor, quería una independencia que muchas mujeres de su clase social no podían tener, y quería darle a su hija ciertas oportunidades que ella nunca tuvo. **Por otra parte**, sabía que pocos norteamericanos estaban **dispuestos** a hacer el trabajo que ella hacía por el salario que ella cobraba. Y sobre todo, sabía que su trabajo era honesto: ganaba porque trabajaba. Lo único que pedía ella era la oportunidad de trabajar. No buscaba nada **gratis**.

por otra parte: también / **dispuestos**: *willing*

gratis: que no cuesta dinero

Durante los dos años que Ana estudió conmigo, la policía la detuvo y la expulsó del país cuatro o cinco veces, pero cada vez, ella logró volver, a veces después de una ausencia de solamente cuatro o cinco días. Para ella, la policía era una inconveniencia menor. Siguió trabajando y aprendió inglés bastante bien.

Al terminar el curso, se fue a vivir en San Diego y durante un **lapso** de tres o cuatro años, perdimos el contacto. Sin embargo, durante una visita reciente a Tijuana, en una de las coincidencias más notables de mi vida, tuve la linda sorpresa de verla en la calle. Me reconoció inmediatamente y allí, en una esquina de Tijuana, **me enteré** del resto de la historia.

lapso: período de tiempo

enterarse: informarse de algo / **clientela**: grupo de clientes

En San Diego, hizo contacto con varias personas que trabajaban en costurería y también consiguió una **clientela** algo extensa de señoras norteamericanas para quienes hacía toda clase de ropa. Por fin, ella y una amiga pudieron poner una costurería en Tijuana. El negocio prosperó y ahora tienen clientes de **ambos** lados de la frontera. Su hija ahora vive con ella y estudia en una escuela privada donde, según Ana, es una de las mejores alumnas.

ambos: los dos

preguntas

1. ¿Cómo conoció el autor a Ana?
2. ¿Dónde nació Ana?
3. Describa la infancia de Ana.
4. ¿Por qué fue Ana a vivir en el Distrito Federal?
5. ¿Qué oficio aprendió Ana en el Distrito Federal?
6. Después de la muerte de su esposo, ¿por qué decidió Ana no quedarse en el rancho?
7. ¿Por qué vino Ana a vivir en los Estados Unidos?
8. ¿En algún momento pensó Ana quedarse en los Estados Unidos? ¿Por qué?
9. ¿Qué opina Ud. de la situación legal de Ana? ¿Le parece que Ana es una criminal?
10. ¿Qué hizo Ana con el dinero que ganó en los Estados Unidos?
11. ¿Conoce Ud. a alguien como Ana? ¿Cómo es la historia de esa persona?

creación ✳

Escriba una composición o prepare un informe oral sobre el problema legal de Ana. Use las preguntas a continuación como guía:

¿Es cierto que Ana acepta empleos que no les interesan a muchos obreros norteamericanos?   ¿Es fácil comprender las ambiciones de Ana?   ¿Contribuye Ana a la economía de los Estados Unidos?   ¿Es lógica la actitud de Ana hacia las leyes de los Estados Unidos? ¿Es Ana distinta de otros inmigrantes que vinieron a los Estados Unidos en otras épocas?

VOCABULARIO

el trabajo

beneficios médicos	miembro del sindicato	salario bruto
fábrica	obrero	salario neto
formación	oficio	seguro social
impuesto	preparación	sindicato
jubilación	salario	
mano de obra		

puestos profesionales

administrador	gerente	subgerente
asistente	jefe	supervisor
colega (el/la)	secretaria	
dependiente		
ejecutivo		

expresiones verbales asociados con el trabajo

cambiar un cheque	dar un ascenso	estar sin empleo
cobrar un cheque	dejar un depósito	ganarse la vida
cobrar un salario	descontar (ue) algo de los	pagar una factura
comprar al contado	impuestos	plazo mensual (semanal)
comprar a plazos	despedir (i)	renunciar
conseguir (i) empleo	estar en huelga	

verbos de tranformaciones y procesos

aburrir, aburrirse	emborrachar, emborracharse	llegar a ser
acostumbrar a, acostumbrarse a	emocionar, emocionarse	molestar, molestarse
calmar, calmarse	enamorar, enamorarse de	ponerse
cansar, cansarse	enfermar, enfermarse ≠ curar,	ponerse a + *infinitivo*
casar, casarse ≠ divorciar,	curarse	preocupar, preocuparse
divorciarse	enojar, enojarse = enfadar,	
convertir, convertirse (ie)	enfadarse	
descomponer, descomponerse	hacerse	

14.1 Quiero votar en las elecciones.
Quiero que Uds. **voten** en las elecciones.

14.2 **Sé** que tú **hablas** español, y **espero** que tus amigos también lo **hablen**.

14.3 **Me alegro** de que no **gastes** dinero en cosas inútiles.

14.4 No permite la cocinera que algunos **coman** más que otros.

14.5 No quiero que **vayas** a la manifestación.

14.6 **Es evidente** que tú no **quieres** ir, pero **es importante** que me **acompañes**.

14.7 No quiero que **haya** nadie en la sala después de las once.
Ojalá que todo el mundo lo **sepa**.

vocabulario:

la política y la guerra

EXPOSICIÓN GRAMATICAL

14.1 Quiero votar en las elecciones.
Quiero que Uds. **voten** en las elecciones.

Prefiero no fumar en tu coche.
Prefiero que tú no **fumes** en mi coche.

Miguel quiere estudiar en la biblioteca.
Miguel quiere que nosotros **estudiemos** en la biblioteca.

Ana quiere contar la historia.
Ana quiere que yo le **cuente** un chiste.

Espero recordar la dirección de su amiga.
Espero que Uds. **recuerden** la dirección de su amiga.

Los verbos en negrilla en las frases de arriba son del **presente del subjuntivo**. Todos los verbos presentados hasta ahora son del **indicativo**. Para los verbos regulares de la primera conjugación, el subjuntivo se forma sustituyendo la primera vocal de la desinencia del presente del indicativo con una **e**. Estudie su formación:

presente del indicativo	*presente del subjuntivo* e ↓	*presente del indicativo*	*presente del subjuntivo* e ↓
fum o	fum e	cuent o	cuent e
fum as	fum es	cuent as	cuent es
fum a	fum e	cuent a	cuent e
fum amos	fum emos	cont amos	cont emos
fum áis	fum éis	cont áis	cont éis
fum an	fum en	cuent an	cuent en

Estudie:

Espero que Uds. no **lleguen** demasiado temprano.
Queremos que tú **toques** algo en el piano.
Prefiero que **almuerces** conmigo mañana.

Para conservar el sonido de la raíz, los verbos terminados en **-gar**, **-car** y **-zar** se escriben de la siguiente manera en el presente del subjuntivo:

-gar

pagar: pague, pagues, paguemos, etc.
llegar: llegue, llegues, llegue, etc.

-car

marcar   marque, marquemos, marques, etc.
sacar   saque, saques, saquemos, etc.

-zar

almorzar   almuerce, almorcemos, almuercen, etc.
empezar   empiece, empieces, empecemos, etc.

---

práctica

Complete las frases con los elementos dados:

1. Juana quiere que	(yo, tú, nosotros, los alumnos)	almorzar con ella
2. Mario necesita que	(nosotros, yo, la profesora, tú)	votar por él
3. La ley prohibe que	(yo, tú, nosotros, ellos)	fumar aquí
4. No quiero que	(tú, Uds., mis hijos, vosotros)	pensar en eso

---

14.2   **Sé** que tú **hablas** español, y **espero** que tus amigos también lo **hablen**.

Recuerdo que él no **toma** vino.

Sé que tú me **cuentas** buenos chistes.

Oigo que **suena** el teléfono.

El profesor **sabe** que Uds. **fuman**.

Veo que mis hijos **compran** demasiados dulces.

No **quiero** que él **tome** más vino.

Te **pido** que no me **cuentes** más chistes.

Espero que **suene** el teléfono pronto.

El profesor no **permite** que Uds. **fumen** durante la clase.

No voy a **permitir** que **compren** más.

Cada frase anterior consiste en dos elementos principales: una cláusula principal y una cláusula subordinada. La cláusula subordinada casi siempre empieza con **que**. El sujeto de la cláusula subordinada es por lo general diferente del sujeto de la cláusula principal. Se usa el subjuntivo en la cláusula subordinada cuando una de las cláusulas **influye**, o **sugiere el deseo de influir**, sobre la otra.

Las frases de la segunda columna de arriba sugieren influencia de una cláusula sobre la otra, y se usa el subjuntivo en la cláusula subordinada.

Las frases de la primera columna de arriba son neutrales; es decir, no sugieren influencia de una cláusula sobre la otra, y se usa el indicativo en la cláusula subordinada.

Ángel oye que el teléfono suena.

Ángel espera que el teléfono suene.

Mamá ve que Pepito compra bombones.   Mamá prohibe que Pepito compre bombones.

Algunos verbos que suelen sugerir influencia de la cláusula principal sobre la cláusula subordinada son:

may use inf. if subject doesn't change

demandar	mandar *order*	preferir
desear	necesitar	prohibir
esperar	pedir (i)	querer (ie)
exigir	permitir	rogar (ue)

Estudie:

La madre dice que su hijo saca buenas notas. *(decir = reportar)*
La madre le dice a su hijo que saque buenas notas. *(decir = mandar)*
Insisto que mis alumnos no fuman. *(insistir = afirmar vigorosamente)*
Insisto en que mis alumnos no fumen. *(insistir en = mandar)*

Según el contexto, algunos verbos pueden ser neutrales o sugerir influencia.

práctica

A. Combine los fragmentos a continuación según los números indicados por su profesor/a. Cambie el verbo de la tercera columna según la información en las primeras dos columnas. Siga el modelo:

Modelo: 2-4-1
Mi padre espera que nosotros dejemos de fumar.

1. Mi abuela sabe que	1. yo	1. dejar de fumar
2. Mi padre espera que	2. los soldados	2. luchar por una causa justa
3. El gobierno quiere que	3. tú	3. volar a Venezuela
4. Julia espera que	4. nosotros	4. trabajar por la paz
5. Ellos reportan que	5. el joven	5. acostarse pronto
6. Gumersinda prohibe que	6. vosotros	6. cortarse el pelo

B. Pregúntele a un/a compañero/a de clase:

—quién quiere que él/ella saque una buena nota
—quién quiere que gane en las próximas elecciones
—si él/ella necesita que las clases comiencen más temprano
—si espera que el gobierno aumente los impuestos
—si sus padres prohiben que él/ella fume en casa
—quién exige que los alumnos entreguen tarea todos los días
—quién le pide que él/ella almuerce en la cafetería

14.3 **Me alegro** de que no **gastes** dinero en cosas inútiles.

> **Me alegro** de que Uds. siempre **paguen** la cuenta.
> **Siento** mucho que no **piensen** Uds. venir conmigo mañana.
> No me **gusta** que esos muchachos **jueguen** con cosas peligrosas.
> **Me molesta** que **cierren** los bancos los fines de semana.
> **Temo** que **suelten** una bomba atómica.
> *drop*

Cuando hay un **verbo de emoción** en la cláusula principal, se usa el subjuntivo en la cláusula subordinada. Observe que el evento de la cláusula subordinada es la **causa** de la emoción; es decir, la cláusula subordinada **influye** sobre la cláusula principal. La dirección de la influencia no importa. Si una cláusula influye sobre la otra, se requiere el subjuntivo en la cláusula subordinada.

Las expresiones a continuación indican emociones que frecuentemente requieren el subjuntivo en una cláusula subordinada:

may use inf. if subject doesn't change

alegrarse de que	quejarse de que
gustar	sentir (ie)
lamentar	temer *fear*
molestar	tener miedo de que

práctica

Complete las frases a continuación según el modelo:

Modelo: Me alegro de que Julia (sacar) ...
          Me alegro de que Julia saque tan buenas notas.

1. Temo que ese policía me (mirar) ...   **2.** Me gusta que mi novio/a me (regalar) ... **3.** Me molesta que mi coche (necesitar) ...   **4.** Tenemos miedo de que el/la profesor/a no (llegar) ...   **5.** Mis padres se alegran de que yo (estudiar) ...   **6.** Los profesores se quejan de que la administración (pagar) ...   **7.** Mi novio/a lamenta que yo (trabajar) ... **8.** A nosotros nos gusta que el equipo de fútbol (ganar) ...

Compare:

> **Yo** quiero terminarlo ahora.
> **Yo** quiero que **tú** lo termines ahora.
>
> **Juan** espera llegar a tiempo.
> **Juan** espera que **nosotros** lleguemos a tiempo.
>
> **Nosotros** nos alegramos de jugar con Uds.
> **Nosotros** nos alegramos de que **Uds.** jueguen con nosotros.

Por lo general, si no hay un cambio de sujeto, un infinitivo se usa en lugar de una cláusula subordinada.

práctica ❄

Cambie las frases a continuación según el modelo:

Modelo: Yo quiero explicar algo. (que Juan)
   Yo quiero que Juan explique algo.

1. Quiero estudiar. (que mis hijos)   *2.* Espero acostarme temprano. (que mi compañero/a de cuarto)   *3.* No me gusta llegar tarde. (que los alumnos)   *4.* Temo manejar en la nieve. (que mi hija)   *5.* Necesito reparar el coche. (que tú)   *6.* Quiero contar un chiste. (que Marisa)

14.4 No permite la cocinera que algunos **coman** más que otros.

El profesor quiere que nosotros **aprendamos** español.
Prefiero que **vuelvas** esta noche.
No me gusta que mis hijos **vivan** tan lejos.
Me alegro de que Uds. **quieran** ayudarme.
Sentimos mucho que los niños no **puedan** ver el espectáculo.
Se prohíbe que nos **durmamos** en clase.
No es bueno que nosotros **mintamos**.

Para formar el presente del subjuntivo de los verbos de la segunda y de la tercera conjugaciones, se sustituye una **a** por la primera vocal de la desinencia del presente del indicativo. Estudie su formación:

presente del indicativo	*presente del subjuntivo* a ↓	*presente del indicativo*	*presente del subjuntivo* a ↓
com o	com a	pued o	pued a
com es	com as	pued es	pued as
com e	com a	pued e	pued a
com emos	com amos	pod emos	pod amos
com éis	com áis	pod éis	pod áis
com en	com an	pued en	pued an

Los verbos de la tercera conjugacion (terminados en **-ir**) que también tienen un cambio de raíz, conservan la primera vocal del cambio en las formas de **noso-**

tros y **vosotros**: ie→i, ue→u y i→i. Estudie el presente del subjuntivo de **mentir, dormir** y **pedir**:

mienta	duerma	pida
mientas	duermas	pidas
mienta	duerma	pida
mintamos	durmamos	pidamos
mintáis	durmáis	pidáis
mientan	duerman	pidan

Nota: El mismo cambio de raíz se observa en el gerundio y en la tercera persona singular y plural del pretérito de los mismos verbos:

	gerundio	*pretérito*		*subjuntivo*	
morir:	muriendo;	murió,	murieron;	muramos,	muráis
dormir:	durmiendo;	durmió,	durmieron;	durmamos,	durmáis
mentir:	mintiendo;	mintió,	mintieron;	mintamos,	mintáis
pedir:	pidiendo;	pidió,	pidieron;	pidamos,	pidáis
repetir:	repitiendo;	repitió,	repitieron;	repitamos,	repitáis

Estudie:

Prefiero que **vengas** temprano para ayudarme.
Necesitamos que tú nos **hagas** un favor.
Pedro quiere que nosotros **conozcamos** al candidato.
Me alegro de que mi primo **tenga** tanto éxito en la política.

Los verbos de la segunda y tercera conjugaciones que terminan en **-go** y en **-co** en la primera persona singular del presente del indicativo usan la raíz irregular de esa forma para formar el presente del subjuntivo:

tengo	tenga	**pongo**	ponga	**hago**	haga	**conozco**	conozca
teng-	tengas	*pong-*	pongas	*hag-*	hagas	*conozc-*	conozcas
	tenga		ponga		haga		conozca
	tengamos		pongamos		hagamos		conozcamos
	tengáis		pongáis		hagáis		conozcáis
	tengan		pongan		hagan		conozcan

Estudie:

¿A quién van a elegir para presidente?

No sé. Espero que **elijan** a alguien de mi partido.

¿Escogieron al candidato para las próximas elecciones?

Todavía no. Espero que **escojan** a alguien en la próxima reunión.

En el subjuntivo, la raíz de los verbos terminados en **-ger** y en **-gir** termina en **j-**. Estudie las formas de **escoger** y **elegir**:

escojo:	escoja	**elijo**:	elija
escoj-:	escojas	*elij-*:	elijas
	escoja		elija
	escojamos		elijamos
	escojáis		elijáis
	escojan		elijan

práctica

A. Combine los elementos de las tres columnas según los números indicados por su profesor/a. Siga el modelo:

Modelo: 1-1-3

A mi padre no le gusta que yo me duerma en clase.

1. A mi padre no le gusta que	1. yo	1. no hacer nada
2. Mis padres piensan que	2. tú	2. pedir comida
3. Mario teme que	3. Ud.	3. dormirse en clase
4. Mis amigos sienten que	4. los jóvenes	4. ponerse ropa vieja
5. La policía entiende que	5. nosotros	5. seguir la misma política
6. Ellos prefieren que	6. vosotros	6. seguir al candidato

B. Ud. es el presidente del país. Exprese sus deseos, molestias y gustos siguiendo el modelo:

Modelo: Yo como presidente quiero que todos los profesores ...

Yo como presidente quiero que todos los profesores, sobre todo los profesores de español, reciban mejores salarios.

1. A mí como presidente me gusta mucho que ...   ***2.*** Yo como presidente siento mucho que ...   ***3.*** A mí como presidente me molesta mucho que ...   ***4.*** Yo como presidente voy a prohibir que ...   ***5.*** Yo como presidente voy a pedir al congreso que ...   ***6.*** Yo como presidente temo mucho que ...   ***7.*** Yo como presidente prefiero que los demócratas ... y que los republicanos ...   ***8.*** Yo como presidente mando que los estudiantes de español ...

14.5 No quiero que **vayas** a ver esa película.

Te ruego que tú le **des** más dinero a ese pobre individuo.
Me alegro de que el camionero **sepa** manejar bien.
La abuela quiere que todos **vayamos** con ella a la iglesia.
Necesitamos que Uds. **estén** aquí a las cinco en punto.
Quiero que el peluquero me **dé** un descuento porque estoy calvo.

Los verbos que no terminan en **-o** en la primera persona singular del presente del indicativo son irregulares en el subjuntivo. Estudie las formas de **ir, ser, saber, dar** y **estar** en el presente del subjuntivo:

ir	ser	saber	dar	estar
vaya	sea	sepa	dé	esté
vayas	seas	sepas	des	estés
vaya	sea	sepa	dé	esté
vayamos	seamos	sepamos	demos	estemos
vayáis	seáis	sepáis	deis	estéis
vayan	sean	sepan	den	estén

Note que las formas de *yo* y de *él* de **dar** llevan acento. Todas las formas de **estar** llevan acento excepto **estemos**.

Dos guardas peruanos

práctica ❋

Conteste las preguntas a continuación con frases completas:

1. ¿Qué quieres que tus padres te den para tu cumpleaños?
2. ¿Qué quieren tus padres que tú les des para su aniversario?
3. ¿Dónde quieres que tu novio/a esté esta noche a las nueve?
4. ¿Quién quiere que los estudiantes sean diligentes?
5. ¿Quién quiere que sepas español?
6. ¿Necesitas que alguien vaya al centro contigo?

14.6 Es evidente que tú no quieres ir, pero es importante que me acompañes.

Es obvio que no **conoces** bien al alcalde.
Es necesario que lo **conozcas** mejor.

Es cierto que este señor no **es** de mucha confianza.
Es difícil que este señor **sea** de mucha confianza.

Es verdad que ella siempre **dice** la verdad.
Es imposible que ella no **diga** la verdad.

Es evidente que los ciudadanos **quieren** mucho al gobernador.
Es probable que los ciudadanos **quieran** mucho al gobernador.

Es + adjetivo + que es **una expresión impersonal.** Se usa el indicativo con expresiones impersonales que expresan **certeza absoluta.** Por ejemplo, **es obvio, es cierto, es verdad,** y **es evidente** no requieren el subjuntivo.

El subjuntivo se emplea después de **una expresión impersonal** en todos los demás casos. Algunas de las expresiones impersonales más comunes que requieren el subjuntivo en la cláusula subordinada son:

es bueno	es imposible	es malo	es natural
es raro	es difícil	es fácil	es probable
es absurdo	es importante	es necesario	es triste
es lógico	es posible	es trágico	es increíble
es preciso	está bien	es una lástima	*etc.*

Reactions [handwritten note in left margin]

Estudie:

general expression – ing. [handwritten note]
subject – subjunctive [handwritten note]

Me parece cierto que Javier no lo **sabe.**
Me parece increíble que Javier no lo **sepa.**
Nos parece evidente que ninguno de nuestros alumnos **es** millonario.
Nos parece difícil que uno de nuestros alumnos **sea** millonario.

Parecer + **adjetivo** + **que** funciona como una expresión personal. El adjetivo determina el uso del indicativo o del subjuntivo en la cláusula subordinada.

práctica ✳

Complete las frases a continuación de forma creativa:

1. Es necesario que los políticos ... *2.* Es muy malo que mis compañeros ... *3.* Es cierto que los republicanos ... *4.* Es importante que mi senador ... *5.* Está bien que nosotros ... *6.* Es bueno que mis amigos ... *7.* Me parece natural que los demócratas ... *8.* Es evidente que yo ... *9.* Es probable que el presidente ... *10.* Está bien que los estudiantes de la Universidad X ...

14.7 No quiero que **haya** nadie en la sala después de las once.
Ojalá que todo el mundo lo sepa.

Es imposible que no **haya** buenos soldados en el ejército.
Prefiero que no **haya** ningún problema durante las vacaciones.
Me alegro de que **haya** gente honesta en el gobierno.

Haya es el presente del subjuntivo de **hay** (del verbo *haber*).

la guerra

el soldado/
el militar

el marinero

el ejército

la fuerza aérea

la bala — tirar

la marina

Estudie:

Ojalá venga más gente esta noche.
Ojalá que mis amigos no **estén** equivocados.

Ojalá y **ojalá que** son equivalentes a **espero que**.

práctica

Conteste las preguntas a continuación con **ojalá** u **ojalá que**. Siga el modelo:

Modelo: ¿Vienen tus compañeros al partido?
Ojalá que vengan.

1. ¿Saben ellos la respuesta? **2.** ¿Está abierta la casa? **3.** ¿A tu novio/a le gusta el regalo? **4.** ¿Te están esperando tus amigos? **5.** ¿Entienden ellos el subjuntivo? **6.** ¿Hay suficiente gente honesta en el gobierno? **7.** ¿Están tus amigos de acuerdo contigo? **8.** ¿Lucha el gobernador X contra la corrupción?

EJERCICIOS ESCRITOS

1. Complete las frases a continuación con la forma correcta del verbo que está entre paréntesis. Todas las formas son del subjuntivo (14.1):

1. Prefiero que tú (votar) _____ por mi candidato. **2.** ¿A qué hora quieren Uds. que nosotros (llegar) _____? **3.** No se permite que los menores de edad (comprar) _____ bebidas alcóholicas. **4.** Necesito que alguien me (llevar) _____ al supermercado. **5.** Obviamente, tú no quieres que nadie (almorzar) _____ contigo. **6.** ¿No quieres que nosotros te (contar) _____ lo que nos pasó anoche? **7.** Después de una hora, quiero que Uds. (sacar) _____ el pan del horno. **8.** Isabel prefiere que su novio no (pensar) _____ en otras chicas. **9.** El profesor exige que sus alumnos le (entregar) _____ la tarea al principio de la clase. **10.** Prefiere que nosotros nos (levantar) _____ antes de mediodía. **11.** No quiero que vosotros (pensar) _____ que no os quiero. **12.** Prohibo que ellos te (visitar) _____ después de medianoche.

2. Complete las frases a continuación con la forma correcta del verbo que está entre paréntesis. Estudie bien el contexto para determinar si se requiere el subjuntivo o el indicativo (14.2):

1. Recuerdo que ellos (necesitar) _____ una nueva casa. **2.** Te pido que tú (cerrar) _____ la ventana. **3.** Necesitamos que Uds. nos (reparar) _____ el coche. **4.** Mamá no quiere que nosotros (llegar) _____ tarde a casa. **5.** Veo que muchos jóvenes nunca (caminar) _____ a la universidad. **6.** Si suena el teléfono, espero que tú no (informar) _____ a nadie que estoy en casa. **7.** El periódico dice que el presidente de México (llegar) _____ a Washington esta tarde. **8.** Mi madre va a pedir que yo (tocar) _____ el violín en la reunión. **9.** Prefiero que los estudiantes (conversar) _____ menos y (pensar) _____ más. **10.** Necesito que tú me (ayudar) _____ a resolver el problema.

3. Escriba nuevas frases según el modelo (14.3):

Modelo: María se levanta temprano. (me gusta que)
Me gusta que María se levante temprano.

1. Mi padre trabaja día y noche. (me molesta que) **2.** Javier se equivoca en eso. (temo que) **3.** Los profesores seleccionan a Pablo para el puesto. (me alegro de que) **4.** El candidato de la oposición gana las elecciones sin problema. (tengo miedo de que) **5.** Poca gente vota en las elecciones municipales. (el gobernador lamenta que) **6.** Ellos no luchan por una causa justa. (siento que) **7.** El banco cierra temprano los viernes. (mi madre se queja de que) **8.** Los ciudadanos no toleran la corrupción. (me gusta que)

4. Escriba una frase completa usando los elementos dados, sin cambiar el orden (14.4):

1. No querer que tú hacer **2.** Prohibir que poner **3.** Preferir que no venir **4.** Yo esperar que él me regalar **5.** Me molestar que tú tener **6.** Nosotros desear que nadie morir **7.** Nadie prohibir que dormir **8.** Dios mandar que nosotros no mentir **9.** Profesor permitir que decir **10.** Yo temo que tú escribir **11.** Elena desear que yo la conocer

5. Cambie las frases a continuación según el modelo (14.5):

Modelo: Quiero irme temprano. (que tú)
Quiero que tú te vayas temprano.

1. Necesito darle algo a Isabel. (que Uds.) **2.** Temo no estar allí. (que el médico) **3.** Me alegro de ser fabuloso. (de que mi novia/o) **4.** Irma quiere ir de compras. (que nosotros) **5.** Esperamos saber lo que pasa. (que el jefe) **6.** Se prohibe estar aquí después de medianoche. (que nosotros)

6. Complete las frases a continuación con la forma correcta del verbo que está entre paréntesis (14.6):

1. Es poco probable que los estudiantes (saber) _____ tanto español como el profesor. **2.** Es una tragedia que yo no (ser) _____ millonario. **3.** Es evidente que Uds. (hacer) _____ demasiado ruido en la biblioteca. **4.** Es muy interesante que tú (tener) _____ las llaves de la casa de mi novio. **5.** Es cierto que ellos (venir) _____ conmigo. **6.** Es imposible que los profesores siempre (estar) _____ de mal humor. **7.** Está bien que tú (poder) _____ ayudar a tu familia los sábados. **8.** Es imposible que vosotros (dormir) _____ día y noche. **9.** Es obvio que esos niños siempre (decir) _____ la verdad. **10.** Es natural que la gente no (querer) _____ trabajar los fines de semana.

7. Conteste las preguntas a continuación con **ojalá** u **ojalá que**. Siga el modelo (14.7):

Modelo: ¿Viene Julio esta noche?
No sé. Ojalá que venga.

1. ¿Hay muchos estudiantes en esa clase? **2.** ¿Tiene tu madre las llaves? **3.** ¿Va a ser presidente tu candidato? **4.** ¿Saben tus amigos la respuesta? **5.** ¿Hay un examen mañana? **6.** ¿Va a haber otra guerra en este siglo?

LECTURA
el nuevo recluta

Teresa y Javier están sentados en el restaurante estudiantil tomando un refresco cuando **se les acerca** Ricardo.

acercarse a: llegar, aproximarse

Javier: Hola, Ricardo. ¿Cómo estás? ¿Dónde estuviste esta mañana?

Ricardo: Estuve en la oficina de conscripción militar, presentándome para hacer mi servicio militar. Lo único que deseo ahora es que no haya una guerra. Prefiero la paz.

Javier: ¡Qué barbaridad! Yo creo que el gobierno no tiene ningún derecho a exigir que hagamos el servicio militar si no queremos. Eso me parece una violación imperdonable de los derechos humanos. Y es precisamente por eso que voy a votar en contra del presidente X. No quiero que gane en las próximas elecciones. Tenemos que elegir a oficiales pacifistas.

Un desfile militar en El Salvador

Ricardo: No estoy de acuerdo. Yo no tengo ganas de ir a la guerra, pero **a la vez**, el servicio militar es una obligación que todos tenemos por el hecho de vivir en una sociedad libre. Tenemos que estar preparados contra toda **amenaza** de los enemigos de la **patria** y de la democracia.

a la vez: al mismo tiempo

amenaza: peligro / **patria**: el país de uno

Javier: ¿Y se puede saber a qué amenazas te refieres? ¿No sabes que todas las guerras de la historia se hicieron por motivos económicos y políticos para defender los intereses de las clases altas? Los ricos hacen las guerras y nosotros, los jóvenes que estamos en la flor de nuestra juventud, peleamos y morimos por ellos. Me vas a perdonar, pero si yo tengo que morir, espero que no sea para defender los intereses egoístas de los **ricachos**. No podemos ser apáticos. Tenemos que ser conscientes de lo que realmente está pasando.

ricacho: nombre peyorativo para un rico

Teresa: Pero un momentito, Javier. Es cierto que algunos americanos tienen más dinero que otros, pero en ningún país se vive mejor que aquí. Por esa razón, todos los ciudadanos del país tienen que luchar contra las fuerzas que quieren destruir nuestra forma de vida. Los comunistas ya controlan más de un tercio del mundo, y a principios del siglo no tenían nada. No podemos permitir que sigan extendiendo su poder hasta dominar todo el mundo. El pueblo entero tiene que luchar para contenerlos.

Javier: No, señorita. Está Ud. muy equivocada. Después de la segunda guerra mundial, el establecimiento militar americano y todos sus **compinches** capitalistas no sabían qué hacer para prolongar la relación tan lucrativa que tenían. De manera que tuvieron que inventar otro enemigo para justificar su existencia, y fue entonces que comenzó toda la propaganda anticomunista—y eso en un momento cuando los soviéticos no representaban ningún peligro para nadie. Y esa propaganda es fruto de la histeria de nuestros jefes.

compinche: compañero

Ricardo: ¡Dios mío! ¡Qué talento tienes para revisar la historia! ¿Qué me vas a decir de Stalin que después de la segunda guerra mundial **se apoderó de** la mitad de Europa? ¿Y las invasiones por tropas soviéticas de Hungría en 1956, de Checoslovaquia en 1968 y de Afganistán en 1979? ¿Y el **lío** en Polonia? ¿Y el arsenal cada vez más grande de armas atómicas que

apoderarse de: conquistar, tomar el poder / **lío**: problema, pelea

tienen los soviéticos? Es muy difícil que todo eso sea producto de la imaginación de los capitalistas.

Javier: No, pero tienes que comprender el punto de vista de los soviéticos. Los Estados Unidos después de la segunda guerra mundial **se alió** con muchas naciones de Europa, del Medio Oriente y de Asia para poner bases militares alrededor de la Unión Soviética, casi sobre sus mismas fronteras. Pues claro que los soviéticos se sentían amenazados. Para comprender lo que sentían, debemos recordar que cuando los rusos consiguieron un solo aliado en este himisferio—Cuba—casi soltamos una bomba atómica y terminamos con el mundo. Los soviéticos, igual que nosotros, quieren proteger sus propias fronteras.

aliarse: hacerse aliado, unirse

Teresa: ¡Ay Javier! No comprendo cómo puedes pintar a los soviéticos así. No son nada inocentes. Ni Hungría, ni Checoslovaquia ni Afganistán podían invadir la Unión Soviética. Los rusos hicieron lo que hicieron para meter bajo su control todo el territorio posible. Y si no los detenemos, es probable que nos **venzan** a nosotros también sin **tirar** ninguna **bala**.

vencer: conquistar / **tirar**: usar un rifle o una pistola / **bala**: proyectil de un arma de fuego

Ricardo: Pues yo no soy izquierdista como Javier, pero tampoco soy derechista como esos fanáticos de ultraderecha que creen que su país siempre tiene razón. Pero aunque me considero un moderado, el reclutamiento **tal y como** funciona ahora me parece **sumamente** injusto porque no incluye a todo el mundo, sino solamente a los **varones** de diecinueve a veintiséis años. ¿Por qué debemos nosotros pelear por todos los **demás**? Ya sé que los jóvenes tenemos más fuerzas físicas que muchas mujeres y muchos viejos, pero es probable que haya en el ejército, en la marina y en las fuerzas aéreas algunos trabajos que los demás pueden hacer. Debemos tener soldados y soldadas, marineros y marineras, jóvenes y viejos. ¿No creen?

tal y como: exactamente como / **sumamente**: extremadamente / **varón**: hombre / **demás**: los otros, el resto

Teresa: Pues, sí. Aunque prefiero que no me llamen pronto porque quiero graduarme y comenzar mi carrera.

Javier: Pues ya saben Uds. que todo lo que tenga que ver con la guerra me parece inmoral. Y si me llaman, no voy a cumplir. Prefiero abandonar el país. Me parece un error obedecer una ley injusta.

Ricardo: Bueno, yo sí creo que es necesario que tengamos un ejército bien preparado, pero espero que cambien las leyes para distribuir mejor las responsabilidades.

preguntas

1. ¿Por qué no fue Ricardo a la clase de español esta mañana?
2. ¿Acepta Ud. la explicación de Javier de que todas las guerras tienen sus raíces en los intereses de las clases altas de una sociedad, o cree Ud. que Javier se equivoca?
3. ¿Cree Ud. que la idea de Teresa de contener a los comunistas es una política viable? ¿Por qué?
4. ¿Está Ud. de acuerdo con Javier cuando dice que el comunismo es un enemigo creado por los militares y los empresarios que ganan mucho dinero con contractos militares? ¿Por qué?
5. ¿Coincide Ud. con las explicaciones de Javier de que la guerra fría y la carrera armamentista son fruto de la política de los Estados Unidos? ¿Por qué sí/no?
6. ¿Cree Ud. que la Unión Soviética sólo está protegiendo sus fronteras, o le parece que es una nación expansionista? ¿Por qué sí/no?
7. ¿Por qué dice Ricardo que el reclutamiento de jóvenes varones es injusto? ¿Está Ud. de acuerdo?
8. ¿Cuál de las posiciones en la conversación le parece más convincente a Ud.? ¿Por qué?

creación

Prepare un debate con sus compañeros de clase sobre el tema a continuación:

Resolución: Las mujeres deben tener las mismas responsabilidades militares que los hombres.

Al preparar su debate, las siguientes preguntas pueden servirle de guía:

1. ¿Tienen las mujeres las mismas fuerzas físicas que los hombres?
2. ¿Pueden las mujeres resistir las presiones y los trabajos del combate?
3. En el campo de batalla, ¿pueden los hombres y las mujeres pelear juntos sin distraerse?
4. ¿Hay en la sociedad una ''división del trabajo'' en que las mujeres tienen responsabilidades especiales y exclusivas? ¿Son tan importantes esas responsabilidades como los deberes militares?
5. ¿Es posible la igualdad de los sexos si las mujeres no hacen el servicio militar, igual que los hombres?

VOCABULARIO

expresiones de guerra

sustantivos

aliado	carrera armamentista	marinero
amenaza	conscripción	piloto
arma (el arma, las armas)	ejército	rifle
arsenal	frontera	seguridad
bala	fuerza = potencia	servicio militar
base militar (la)	fuerza aérea	soldado
batalla	general	tiro
bomba atómica	guerra	tropas
campo de batalla	marina	

verbos

aliarse con
amenazar
apoderarse de
defender (ie)

herir (ie)
pegar un tiro
pelear
rendirse (i) ≠ resistir

tirar
vencer = conquistar

la política

adjetivos

apático
corrupto
extremo

honesto ≠ deshonesto
justo ≠ injusto
militante

moderado

expresiones

a favor de = en pro de
en contra de ≠ en pro de

menor de edad ≠ mayor de
edad
cámara de diputados

ser de confianza

sustantivos

candidato
congreso
corrupción
derecha ≠ izquierda
derechista ≠ izquierdista
derecho
elecciones

política
ley (la)
mayoría ≠ minoría
partido político
propaganda

senado
ultraderecha ≠ ultraizquierda
un político/una política
voto

verbos

elegir (i)
luchar

nombrar
protestar

votar

para conversar y discutir

a mi modo de pensar
apatía
coincidir = estar de acuerdo
consciente ≠ inconsciente

convincente ≠ inconvincente
equivocarse ≠ tener razón
estar equivocado ≠ tener
razón

hacer propaganda
perspectiva = punto de vista

algunas expresiones asociadas con el subjuntivo

alegrarse de (que)
demandar
desear
exigir
gustar
lamentar
mandar
molestar

necesitar
pedir (i)
permitir
preferir (ie)
prohibir
quejarse de que

querer (ie)
rogar (ue)
sentir (ie)
temer
tener miedo de que

15.1 **Venga** Ud. a mi casa esta noche a las siete.

15.2 **Despiértese** inmediatamente y **no se duerma** de nuevo.

15.3 **No lo hagamos** hoy.
  Hagámoslo mañana.

15.4 **No leas** esa página; **lee** la otra.

15.5 **Ven** a mi casa inmediatamente, pero **ten** cuidado del tráfico.

15.6 **No lo hagáis** vosotros mañana.
  Hacedlo hoy.

15.7 ¿Quieres ir a la tienda a comprar leche?
  Yo no puedo; **que vaya** Lulú.

15.8 Mario: —Javier, Venga en seguida.
  Mario le **dice** a Javier que **venga** en seguida.

15.9 Son las ocho; es la **hora** de irnos de aquí.
  Debemos estar contentos con el **momento** que nos toca vivir.
  Hablé con él varias **veces** durante el verano.

vocabulario:

ubicación y la propaganda comercial

EXPOSICIÓN GRAMATICAL

15.1 **Venga** Ud. a mi casa esta noche a las siete.

¿Qué marca de cerveza debo comprar?

Compre Carta Blanca, bien fría.

¿Puedo poner la radio ahora?

No, no la **ponga** ahora; **espere** un poco.

¿Podemos ir de compras?

Ahora no; **vayan** mañana.

¿Puedo comer más fideos?

No, no **coma** Ud. más; **deje** unos pocos para su hermano.

¿Podemos salir ahora?

No, no **salgan** hasta más tarde.

El mandato formal, singular y plural, utiliza las formas de la segunda persona formal *(de Ud. y de Uds.)* del presente del subjuntivo.

15.2 **Despiértese** inmediatamente y no **se duerma** de nuevo.

No **se siente** allí; **siéntese** aquí conmigo.

No **se bañen** Uds. ahora; **báñense** más tarde.

No **se lo dé** a Juan; **démelo** a mí.

No **me los traiga** Ud. ahora; **tráigamelos** esta tarde.

No **se lave** la ropa con detergentes inferiores; **váyase** al mercado ahora mismo y **compre** Blanconol, un detergente celestial.

Los complementos pronominales de todo tipo *(directo, indirecto y reflexivo)* *siempre* se agregan al **mandato afirmativo**. Note el uso del **acento** para conservar el énfasis original.

En un **mandato negativo**, los complementos **nunca** se agregan al verbo.

El uso de *Ud.* y de *Uds.* con un mandato comunica mayor cortesía pero, como otros pronombres sujetos, no son obligatorios. Observe también que en mandatos plurales con *nos*, hay dos *n*'s, una combinación poco común en español. Compare:

Tráiganoslo Ud.

Enséñenosla Ud.

Tráigannoslo Uds.

Enséñennosla Uds.

práctica ❋

A. ¿Qué le dice Ud. a una persona o a unas personas …

(Responda con un mandato):

—que no quiere poner la mesa

—que quiere salir con su novio/a

—que no mantiene la línea

—que quiere sentarse en el piso
—que no quiere bañarse todos los días
—que tiene un dólar y no quiere dárselo a Ud.
—que no quiere lavarse la cara
—que dice malas palabras en reuniones formales
—que hacen mucho ruido
—que tienen muchos dulces y no quieren dárselos a Uds.
—que se duermen y no trabajan
—que quieren acostarse debajo de la mesa

B. Ud. es el/la médico/a de otra persona en la clase y tiene que darle instrucciones. Use las expresiones a continuación como guía:

1. tomar _____ pastillas cada _____ horas   *2.* fumar   *3.* hacer ejercicio   *4.* bañarse con agua fría   *5.* dormir _____ horas por día   *6.* trabajar _____ horas por día   *7.* acostarse temprano   *8.* tomar bebidas alcohólicas   *9.* ir al hospital   *10.* volver a mi consultorio   *11.* evitar contacto con   *12.* darme _____ dólares

---

15.3 No lo **hagamos** hoy.
Hagámoslo mañana.

¿Vamos a la tienda?	Sí, **salgamos** ahora mismo.
¿A qué hora comenzamos?	**Comencemos** inmediatamente.
¿Debemos llevar el coche?	Sí, **llevémoslo**.
	No, no lo **llevemos**.
¿Podemos postergar la reunión?	Sí, **posterguémosla** hasta mañana.
	No, no la **posterguemos**.
¿A qué hora servimos la sopa?	**Sirvámosla** a las seis en punto.
¿Cuándo nos acostamos?	No **nos acostemos** ahora; **acostémonos** más tarde.
¿Quieres dormir?	Sí, **durmámonos**.
¿Dónde nos sentamos?	No **nos sentemos** aquí; **sentémonos** allí.

El mandato en primera persona plural corresponde a la construcción **vamos a + infinitivo** cuando se quiere mandar a un grupo que incluye al hablante. Compare las equivalencias a continuación:

Vamos a jugar tenis.	= Juguemos tenis.
Vamos a comprar una nueva plancha.	= Compremos una nueva plancha.

Las reglas para la posición de los complementos pronominales son las mismas que para todos los otros mandatos. Por ejemplo:

Escuchémoslos.   No los escuchemos.
Pongámosla aquí.   No la pongamos aquí.

Si el pronombre agregado es **se**, se suprime la **-s** final del mandato. Por ejemplo:

Digámoselo ahora mismo.
Enseñémoselo a ellos mañana.

La **-s** final del verbo también se suprime en el mandato de *nosotros* en los mandatos reflexivos y afirmativos. Por ejemplo:

Sentémonos.	No nos sentemos.
Levantémonos temprano.	No nos levantemos temprano.
Acostémonos en seguida.	No nos acostemos todavía.
Durmámonos, que estoy cansado.	No nos durmamos; no tengo sueño.

Nota: El mandato de *nosotros* para **ir** es **vamos** y su mandato reflexivo es **vámonos**. Por ejemplo:

Vamos a ir al cine.	= Vamos al cine.
Vamos a irnos de aquí pronto.	= Vámonos de aquí pronto.

práctica

Ud. está con un/a amigo/a que le hace varias preguntas. Conteste con un mandato afirmativo de *nosotros*; siga el modelo:

Modelo: ¿Compramos los refrescos aquí?
   Sí, comprémoslos aquí.

1. ¿Salimos ahora? *2.* ¿Almorzamos aquí? *3.* ¿Nos sentamos aquí? *4.* ¿Dejamos la mesa en casa? *5.* ¿Llevamos los materiales al profesor? *6.* ¿Nos acostamos ahora? *7.* ¿Nos levantamos ahora? *8.* ¿Servimos la cena?

B. Responda de nuevo a las preguntas en la sección A, pero con un mandato negativo de *nosotros*.

15.4 No **leas** esa página; **lee** la otra.

¿Te puedo servir más leche?	Sí, **sírveme** más.
	No, no **me sirvas** más.
¿Te puedo dar más café?	Sí, **dame** más.
	No, no **me des** más.
¿Quieres que te cuente algo?	Sí, **cuéntame** algo interesante.
	No, no **me cuentes** nada; estoy cansada.

El mandato afirmativo de *tú* utiliza la **tercera persona singular** del **presente del indicativo**. Como todos los mandatos afirmativos, los complementos pronominales se agregan al verbo, y se pone acento cuando es necesario. Compare los ejemplos a continuación:

tercera persona del indicativo	*mandato afirmativo de* **tú**
Él habla español.	**Habla** (tú) español.
Ella me la cuenta.	**Cuéntamela** (tú).
Juana se lava la cara.	**Lávate** la cara.
Mi madre me lo lee.	**Léemelo**.
El profesor se lo pide.	**Pídeselo**.

El mandato negativo de *tú* utiliza el verbo de *tú* del subjuntivo, sin excepción.
Como en otros mandatos negativos, los objetos pronominales preceden al verbo.
Ejemplos:

No compres esa marca sino la otra.
No me cuentes más historias tristes.
No te pongas ese perfume. No me gusta.
No salgas ahora.

No me lo pidas más.
No te vayas. Te necesito.
No se lo digas.
No me des más dulces. Estoy
    de régimen.

15.5 **Ven** a mi casa inmediatamente, pero **ten** cuidado del tráfico.

¿Puedo ir a tu casa hoy?
¿Puedo ponerme esa camisa?
¿Quieres que yo vaya a la tienda?

¿Quién va a hacerte el pastel, yo o
    Federico?
¿A qué hora debo salir?

¿Quieres que te diga la verdad?

Sí, **ven** ahora mismo.
Sí, **póntela** si quieres.
Sí, **ve** ahora mismo, pero **ten**
    cuidado al cruzar la calle.
Házmelo tú.

Sal a las siete si quieres llegar a
    tiempo.
Sí, **sé** bueno y **dímela**.

la ubicación

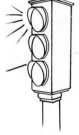

el semáforo

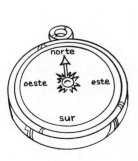

el ferrocarril

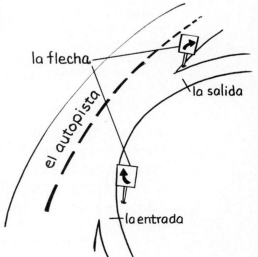

la flecha

la salida

el autopista

la entrada

la entrada

Algunos mandatos afirmativos de *tú* son irregulares. Observe que con las excepciones de **ir, decir** y **ser** el mandato afirmativo de estos verbos consiste en la raíz del infinitivo:

infinitivo	*mandato afirmativo de **tú***
poner	pon
salir	sal
tener	ten
venir	ven
hacer	haz *(la -c de la raíz se convierte en -z)*
decir	di
ir	ve
ser	sé

Nota: Estos verbos son irregulares sólo en el afirmativo. El mandato negativo usa las mismas formas del **presente del subjuntivo**: *no pongas, no salgas, no digas, no hagas, no vengas, no vayas, no seas, etc.*

práctica

A. Usando mandatos familiares, un/a estudiante da instrucciones a sus compañeros. Si el/la primer/a estudiante comete un error gramatical, el mando pasa a otro/a. Use las frases a continuación como punto de partida:

Modelo: hacer lo que digo
Haz lo que digo.

ser bueno/a con ...
decirme el nombre de ...
sentarse al lado de ...
ayudarme con ...
levantarse
contarme un chisme jugoso y sabroso
prestarme tu llave
salir de clase

repetir lo que digo
ponerse un abrigo
ir a ...
hacer lo que yo hago
darle la mano a alguien
servirle un refresco a alguien
abrir la puerta o la ventana
venir a ...

B. Ud. es la madre de alguien en la clase. Déle instrucciones con un mandato familiar sobre los grandes temas a continuación:

Modelo: ¿Qué debe hacer cuando maneja?
Respeta a la policía y no corras en tu coche.

¿Qué debe hacer ...   con hombres o mujeres guapos pero agresivos.
cuando una persona de buena (o mala) fama lo/la
invita a tomar una cerveza.

¿Qué debe hacer ...   cuando debe estudiar pero quiere ir a una discoteca.
cuando no come más que bombones y golosinas.
si cree que hay un monstruo debajo de su cama.
cuando está enamorado/a y el objeto de su amor no
    sabe que existe.
si es medianoche y no quiere acostarse.
cuando quiere dejar de estudiar para ganar dinero y
    comprar un coche.
cuando se pone un pantalón verde y rosado con flores
    amarillas.

LECTURA I

el viaje al aeropuerto con la Tía Lucrecia

Hace un par de meses que doña Lucrecia, la tía abuela de Mario
y tía de su padre, Jorge, llegó de México a los Estados Unidos.
Ahora se está preparando para volver a su país. Mario, la va a
llevar al aeropuerto.

Lucrecia: ¿Pero qué te pasa, Mario? Apúrate. No quiero perder el
avión. Si no te apuras, nunca vamos a llegar al aeropuerto.

Mario: No se preocupe tía. Tenemos mucho tiempo todavía.

Lucrecia: Pero uno nunca sabe cómo va estar el tráfico. Además,
es posible que nos perdamos por ahí y ... bueno ...
uno siempre tiene que estar **precavido** contra
cualquier eventualidad. ¿Estás seguro de que conoces bien el camino?

precavido:
preparado
contra algo
negativo o
peligroso

Mario: *(aburrido)* Sí, tía. Segurísimo.

Lucrecia: Bueno, **por las dudas**, pregúntale otra vez a tu padre.
(Al padre de Mario) Jorge, explícale al chico cómo
se llega al aeropuerto.

por las dudas:
para estar
seguro

Jorge: El conoce el camino mejor que nadie.

Lucrecia: Sí, pero explícaselo otra vez **de todas formas**. Yo también quiero escuchar. Si los dos conocemos las instrucciones, es menos probable que nos perdamos.

**de todas
formas**:
anyway

Jorge: *(resignado)* Bueno, primero tienen que llegar a esa esquina que está a una cuadra al oeste de la casa. Ahí,
den vuelta a la izquierda y sigan derecho por esa
misma calle hasta llegar a un puente que pasa sobre
el ferrocarril. Crucen el puente, y sigan derecho hasta
llegar a la primera esquina después que tiene semáforo. Allí, doblen a la derecha y esa calle los lleva a

la entrada de la autopista. Suban a la autopista, yendo hacia el norte, y bajen en la salida donde los letreros y las flechas indican "Aeropuerto". Así, van a llegar sin ningún problema. Se lo garantizo.

Lucrecia: ¿Escuchaste bien, Mario? ¿No quieres que tu papá te lo repita?

Mario: Por favor, tía.

Lucrecia: Ay, pero Mario. No te pongas impaciente conmigo. Tú sabes que una pobre vieja como yo, que está sola en el mundo, tiene que cuidarse. Ahora, ¿cuál de los coches llevamos? Mario, me parece que el coche de tu padre es más seguro que tu coche.

Mario: Perdóneme, tía, pero eso no es cierto. Mi coche está en mejores condiciones que el dinosaurio de mi padre, y además ...

Jorge: Un momento, Mario. Está bien que estés orgulloso de tu cochecito, pero no me gusta que hables mal de *mi* coche. Si no recuerdo mal, cuando no tenías coche, te encantaba ese dinosaurio.

Mario: Perdóname, papá. Es que yo respondí así porque la tía ...

Lucrecia: No me **eches la culpa** a mí, por favor. Uds. saben perfectamente que yo no pretendo saber nada de coches. Vámonos, que ya es tarde. Dame un abrazo, Jorge, y no dejes de escribir.

Jorge: Sí, tía, le voy a escribir. Le agradecemos la visita y esperamos que vuelva pronto. Salude de mi parte a mis tíos y a mis sobrinos. Y cuídese. Ya sabe Ud. que aquí tiene su casa.

Lucrecia: Gracias, Jorge. Hasta pronto.

Jorge: Adios. Que le vaya bien.

echar la culpa: culpar

preguntas ❊

1. ¿Quién es doña Lucrecia? *2.* Describa su personalidad. *3.* Analice las diferencias generacionales a base del uso del mandato formal y familiar en la lectura. *4.* ¿Qué forma usa Lucrecia cuando habla con Jorge y con Mario? *5.* ¿Qué forma usan ellos cuando hablan con ella?

creación ❊

Sin decir el nombre del lugar, dirija a una persona o a un grupo de personas a un lugar cerca de la clase. Si la clase sabe después de su explicación a qué lugar Ud. se refiere, significa que Ud. explicó bien. Un estudiante puede emplear mandatos formales y otro puede emplear mandatos informales. Use los elementos a continuación como guía:

dar vuelta	esquina	a la izquierda
doblar	puente	a la derecha
subir	camino	derecho
seguir	calle	al norte
bajar	ferrocarril	al sur
cruzar	autopista	al oeste
cuadra	al este	calle
semáforo	entrada	salida
flecha	letrero	

TERMINA AUTOPISTA
A 250 m

15.6 No **lo hagáis** vosotros mañana.
Hacedlo hoy.

Esperad un poco. No **tengáis** tanta prisa.
Volved a las siete; no **volváis** más tarde.
Salid por esa puerta; no **salgáis** sin apagar las luces.
Decídmelo, pero no **se lo digáis** a nadie más.

Los mandatos de *vosotros* son muy fáciles, en parte porque todos son regulares, sin excepción. Para formar el mandato afirmativo de *vosotros*, la **-r** final del infinitivo se reemplaza con **-d**. El mandato negativo usa la misma forma que el presente del subjuntivo. Los objetos pronominales se colocan igual que con todos los otros mandatos.

Estudie:

Despertaos y levantaos.
Acostaos y dormíos ahora mismo.
Miraos en el espejo.

En un mandato afirmativo reflexivo de *vosotros*, se suprime la **-d** final.

práctica ❄

A. Responda a las preguntas a continuación con un mandato afirmativo de *vosotros*:

1. ¿Podemos hacer la ensalada?   *2.* ¿Podemos ayudaros?   *3.* ¿Podemos decíroslo?
4. ¿Podemos enseñaros algo interesante?   *5.* ¿Podemos dároslos?   *6.* ¿Podemos sentarnos aquí con vosotros?   *7.* ¿Podemos dormirnos ahora?   *8.* ¿Podemos venir esta noche?

B. Responda a las mismas preguntas de la sección anterior pero con un mandato negativo de *vosotros*.

SINOPSIS DEL IMPERATIVO

	Afirmativo	*Negativo*
tú	*Tercera persona singular del presente del indicativo:* **habla, espera, cuenta, come, sube,** etc. *Excepciones:* **pon, sal, ten, ven, haz, di, ve** y **sé**	*Presente del subjuntivo:* **no hables, no digas, no vengas, no cuentes,** etc.
vosotros	La **r** final del infinitivo se convierte en **d**: **venid, hablad, decid, id, volved,** etc.	*Presente del subjuntivo:* **no vengáis, no habléis, no digáis, no vayáis, no volváis,** etc.
Ud. Uds.	*Presente del subjuntivo:* **hable, hablen, duerma, duerman, sepa, sepan, sea, sean, sirva, sirvan,** etc.	*Presente del subjuntivo:* **no hable, no hablen, no duerma, no duerman, no dé, no den, no sea, no sean,** etc.
nosotros	*Presente del subjuntivo:* **juguemos, toquemos, comencemos, mintamos, durmamos, pidamos, volvamos,** etc. *Excepción:* **vamos**	*Presente del subjuntivo:* **no juguemos, no toquemos, no comencemos, no mintamos, no durmamos, no pidamos,** etc.

Posición de los objetos pronominales:

Al final de los mandatos afirmativos y antes de los mandatos negativos: **hagámoslo, no lo hagamos; decídmelo, no me lo digáis; léelo tú, no lo leas; póngaselo, no se lo ponga,** etc.

Cambios en el verbo en la forma reflexiva:

1. La **d** final del mandato de *vosotros* se suprime en forma reflexiva: **levantaos, amaos, íos,** etc.

2. La **s** final del mandato afirmativo de **nosotros** se suprime en forma reflexiva: **sentémonos, acostémonos, durmámonos, vámonos,** etc.

Nota: Las formas del imperativo son muy fáciles de recordar porque, con la excepción de los mandatos afirmativos de *tú* y de *vosotros*, son idénticas a las formas correspondientes del presente del subjuntivo.

15.7 ¿Quieres ir a la tienda a comprar leche?
Yo no puedo; **que vaya** Lulú.

Quiero que Uds. laven los platos ahora mismo.

Nosotras no; que los **laven** los hombres.

Rodolfo no quiere quedarse.

Está bien; **que se vaya**.

Los niños van a una fiesta de cumpleaños.

Muy bien. ¡**Que se diviertan** en grande!

Tienes que pasar la aspiradora en la sala.

A mí no me toca; **que** lo **haga** Mario.

Las respuestas de arriba son ejemplos del **mandato indirecto**. El mandato indirecto se forma con **que** + **el presente del subjuntivo**. Observe que sólo se usa en tercera persona, singular y plural.

práctica

Responda a las oraciones a continuación según el modelo:

Modelo: María quiere hacer el pastel.
Muy bien; que lo haga.

1. Javier quiere comer la carne.   *2.* Los niños quieren ir a la playa.   *3.* Mi prima quiere quedarse.   *4.* Mi novia siempre quiere apagar la luz.   *5.* Mi tía quiere cantar en el festival.   *6.* Mi novio quiere lavar los platos.   *7.* Los estudiantes quieren discutir la cuestión.   *8.* Alejandro quiere traer más discos.

15.8 Mario: —Javier, venga en seguida.
Mario le **dice** a Javier que **venga** en seguida.

Isabel: —Roberto, no te pongas esa camisa; está sucia.

Isabel le **dice** a Roberto que no se **ponga** esa camisa.

Mamá: —Luisa, tráeme ese frasco, por favor.

Mamá le **manda** a Luisa que le **traiga** ese frasco.

Ricardo: —Papá, cómpreme un buen vino para la cena.

Ricardo le **pide** a su papá que le **compre** un buen vino para la cena.

Policía: —No salgan por esa puerta.

El policía **prohibe** que **salgamos** por esa puerta.

Se usa el **subjuntivo** para **reportar** un mandato.

Siga por esa calle hasta la esquina.

práctica ✳

Reporte a la clase los mandatos a continuación:

Modelo: Sandra: —Manolo, ven a la oficina.
Sandra le manda a Manolo que venga a la oficina.

1. Claudia: —Beto, acuéstate temprano.
2. Policía: —No dejen Uds. el coche aquí.
3. Profesor: —Queridos alumnos, prepárense bien para el examen.
4. Papá: —Hijo, no pongas el televisor ahora.
5. Luis: —Javier, da vuelta a la izquierda en la próxima esquina.
6. Teresa: —Marisa, préstame tus apuntes por favor.
7. Mamá: —Hijos, no vayan por mal camino y no anden con malos compañeros.
8. Roberto: —Jaime, sigue esa calle hasta el final.

15.9 Son las ocho; es la **hora** de irnos de aquí.
Debemos estar contentos con el **momento** que nos toca vivir.
Hablé con él varias **veces** durante el verano.

Ponga el televisor; es la **hora** de mi programa favorito.
La década del treinta fue un **momento** de mucha crisis.
Espérame un **momento** por favor.
No puedo hacerlo ahora porque no tengo **tiempo**.
La tarea me toma menos **tiempo** ahora que antes.
Es la primera **vez** que representan esa obra en Montevideo.
¿Cuántas **veces** hablaste con el jefe?
Ese edificio es tres **veces** más alto que el otro.

> **hora**: la hora del reloj
> **momento**: una época histórica; un período de tiempo
> **tiempo**: duración, extensión de tiempo, tiempo que se puede medir
> **vez**: repetición; comparaciones proporcionales

Estudie:

Vez y **veces** también se usan en varias expresiones idiomáticas.

otra vez: *otro intento, de nuevo*
Espero que representen esa obra **otra vez**.

muchas veces/pocas veces: *frecuentemente/raramente*
Fuimos **muchas veces** al teatro, pero **pocas veces** a la ópera.

de vez en cuando: *a veces, ocasionalmente*
De vez en cuando pongo el televisor sólo para descansar.

a la vez: *al mismo tiempo*
No puedo hacer dos cosas **a la vez**.

en vez de: *en lugar de*
Gambarini enseñó el curso **en vez de** Vecchini.
En vez de bailar, todos cantaron.

práctica ❋

Describa sus actividades (o las actividades de otra persona) usando una expresión con **vez**. Los elementos a continuación le pueden ayudar.

a veces   creer que hay un dinosaurio en mi garage
muchas veces   me (le, nos, etc.) convencen los anuncios
                                 de televisión

pocas veces	volar en escoba
rara vez	poner la televisión la noche antes del exa-men
de vez en cuando	esquiar en las montañas de Colorado
	comprar exactamente lo que dicen los anuncios
	hacer ejercicio para mantener la línea
	ponerse maquillaje

B. Combine cada par de verbos con **en vez de** o **a la vez**. Siga el modelo:

Modelo: estudiar/ver televisión
Mario estudia en vez de ver televisión.
o *Mario estudia y ve televisión a la vez.*

1. bailar/cantar   **2.** correr/escuchar música   **3.** lavar/planchar   **4.** comprar perfume/comprar comida   **5.** perfumarse/bañarse   **6.** poner un disco/tocar el piano

EJERCICIOS ESCRITOS

1. Responda a las preguntas a continuación con un mandato formal (15.1):

1. ¿Puedo ir a la tienda ahora?   **2.** ¿Debemos llegar temprano?   **3.** ¿Quiere Ud. que yo salga de la casa?   **4.** ¿Podemos jugar en el jardín?   **5.** ¿Debo practicar por la mañana o por la tarde?   **6.** ¿Prefiere Ud. que mintamos?   **7.** ¿Debemos hacer todos los ejercicios?   **8.** ¿Es necesario que seamos obedientes siempre?   **9.** ¿Qué puedo comer?   **10.** ¿Qué dice el profesor cuando un estudiante llega tarde?

2. (a) Conteste las preguntas a continuación con un mandato formal y afirmativo. Use en la respuesta todos los objetos pronominales que sean posibles (15.2):

1. ¿Quiere Ud. que yo se lo diga?
2. ¿Quiere Ud. que yo le ponga la mesa?
3. ¿Cuando debemos hacerlo?
4. ¿A qué hora debo levantarme?
5. ¿A qué hora debemos levantarnos?
6. ¿Quieren Uds. que les toque esa sonata de Beethoven?
7. ¿Crees que debo contárselo a María o a Elena?
8. ¿Qué quiere Ud. que les diga a mis padres?
9. ¿Puedo contarles a Uds. un chiste?
10. ¿Debo quedarme con los chicos?
11. ¿Cuándo puedo bañarme?
12. ¿Quiere Ud. que yo lo presente a esa chica?
13. ¿A qué hora debemos comenzar el juego?
14. ¿Qué debemos hacer con todas las nuevas formas verbales?

(b) Responda a las preguntas de la sección anterior en negativo.

3. *(a)* Escriba en el imperativo los equivalentes de las oraciones a continuación (15.3):

1. Vamos a hablarle. **2.** Vamos a decírselo. **3.** Vamos a salir. **4.** Vamos a comprarlos. **5.** Vamos a comprárselo. **6.** Vamos a sentarnos. **7.** Vamos a escucharlo. **8.** Vamos a tocarlo. **9.** Vamos a dormirnos. **10.** Vamos a acostarnos.

(b) Conteste las preguntas en el imperativo, primero en forma afirmativa y después en forma negativa. Estudie el modelo:

Modelo: ¿Vamos a hacerlo?
Sí, hagámoslo.
No, no lo hagamos.

1. ¿Vamos a meternos en el agua? **2.** ¿Debemos poner la mesa? **3.** ¿Debemos hacer la tarea? **4.** ¿Podemos sentarnos aquí? **5.** ¿Podemos llevar el coche? **6.** ¿Podemos tocarlo? **7.** ¿Debemos olvidarnos de él? **8.** ¿Entramos juntos? **9.** ¿Nos quedamos aquí? **10.** ¿A qué hora debemos irnos?

4. Reaccione a las situaciones a continuación con un mandato familiar (de *tú*), usando la forma contraria a los deseos expresados en la frase. Siga los modelos (15.4):

Modelo: Pepito quiere levantarse.
(Ud. reacciona en negativo porque el deseo de Pepito es afirmativo)
Pepito, no te levantes.

Modelo: Pepito no quiere levantarse.
(Ud. reacciona en afirmativo porque el deseo de Pepito es negativo)
Pepito, levántate.

1. Luisito no quiere acostarse. **2.** María quiere ver televisión. **3.** Javier no quiere estudiar química. **4.** Marta quiere quedarse con Lolita. **5.** Juanito no quiere lavarse la cara. **6.** Gertrudis quiere leerle un cuento a Ud. **7.** Gumersinda quiere contarles un chiste verde a sus amigas. **8.** Tu hermanito quiere llegar tarde.

5. Reaccione a las situaciones a continuación de la misma forma que en el ejercicio 4. Preste atención a los verbos irregulares (15.5):

1. Tu mejor amigo no quiere venir a tu casa esta noche.
2. Tu hermana no quiere poner la mesa ahora.
3. Tu novio/a no quiere decirte la verdad.
4. Tu hermano menor no quiere ponerse el abrigo.
5. Tu hijo no quiere hacer la tarea esta noche.
6. Tu esposo no quiere ir a la tienda ahora.
7. Tu perro no quiere salir de abajo del coche.
8. Tu compañero/a de cuarto no quiere ser bueno/a.
9. Tu madre va a cruzar la calle y hay mucho tráfico.
10. Tu hermanito menor quiere salir a jugar.
11. Tu prima no quiere hacer ruido.
12. Tu amigo quiere hablar y tú quieres dormir.

6. Conteste las preguntas a continuación con un mandato familiar plural (*de vosotros*), primero de forma afirmativa y después de forma negativa. Emplee complementos pronominales en la respuesta si es posible (15.6):

1. ¿Te cerramos la puerta? *2.* ¿Te lo contamos? *3.* ¿Podemos levantarnos ahora?
4. ¿Os lo decimos a vosotros? *5.* ¿Podemos dormirnos en el piso? *6.* ¿Te compramos los cuadros? *7.* ¿Nos acostamos por un rato? *8.* ¿Podemos ir al gimnasio esta tarde?
9. ¿Podemos ir al parque con nuestros amigos? *10.* ¿Podemos venir a la piscina mañana?

7. Conteste las preguntas a continuación según el modelo (15.7):

Modelo: ¿Con quién va a comer Elisa? (con nosotros)
Que coma con nosotros.

1. ¿Dónde va a quedarse Juan? (con Javier)
2. ¿Quién va a apagar las luces? (Marisela)
3. ¿Adónde se va Javier? (a la luna)
4. ¿A qué hora quieres que Francisco se levante? (a las ocho)
5. ¿Quién va a traer el periódico? (los niños)
6. ¿Quién va a comprar el vino? (las chicas)
7. ¿Quién quieres que lo sepa? (todos)
8. ¿Cuándo se van a casar Hugo y Margarita? (pronto)

8. Reporte los mandatos a continuación con **decir, mandar, pedir** o **prohibir**. Siga el modelo (15.8):

Modelo: Roberto a Nicolás: —Vaya al gimnasio ahora mismo.
Roberto le manda a Nicolás que vaya al gimnasio ahora mismo.

1. Gaby a David: —No pongas eso en la mesa.
2. Beto a Javier: —Ven temprano.
3. Miguel a Rosa y a Elsa: —No lleguen antes de las ocho.
4. El médico a su cliente: —No tome alcohol con este medicamento.
5. Mamá a Ricardito: —Vístete rápido.
6. Un profesor a sus alumnos: —No hagan ruido por favor.
7. Una chica a su novio: —No tardes mucho. Vuelve temprano.

9. *(a)* Complete las frases a continuación con **hora, tiempo, momento, vez** o **veces** según el contexto de la frase (15.9):

1. Soy tres _____ más guapo que ese actor. *2.* Voy a comprar dos _____ más comida porque vienen visitas. *3.* Era la _____ de empezar y no había nadie. *4.* Voy al gimnasio una _____ por semana. *5.* La década de los veinte fue un lindo _____ en la historia del país. *6.* Leí esa novela dos _____. *7.* No lo hice porque no tuve _____. *8.* Vámonos. Ya es la _____.

(b) Invente una frase original con las expresiones a continuación:

1. de vez en cuando *2.* en vez de *3.* a la vez *4.* otra vez *5.* pocas veces
6. muchas veces

LECTURA II

eterna primavera: el detergente de los matrimonios felices

El pequeño drama que sigue fue inspirado por los anuncios comerciales de televisión, que son, tal vez, el género mayor de nuestros días.

escena I

*(Una cocina. Clorinda, el ama de casa, lleva un vestido viejo y **soso**. Su cabello está desordenado un poco y no usa **maquillaje**. Está preparando el desayuno cuando entra su esposo, Miguel, en camiseta. Miguel está de mal humor y lleva una camisa en la mano).*

soso: sin gusto, aburrido / **maquillaje**: cosméticos

Miguel: Clorinda, tienes que lavar ropa hoy mismo. No tengo ninguna camisa limpia. Mira cómo está sucio el cuello de esta camisa. Mañana tengo una cita para hablar con mi jefe de oficina, y si no le dejo una buena impresión, nunca me va a dar un ascenso.

Clorinda: *(con animación **fingida**)* Cómo no, Miguel. Hoy mismo te lavo más camisas. No te preocupes.

fingida: falsa, disimulada

escena II

(Clorinda ahora se encuentra detrás de una mesa en la que se ven varias cajas y botellas de distintas marcas de detergentes. En el fondo hay una lavadora y una secadora de ropa. Clorinda lleva la misma vestimenta que en la primera escena, y tiene la camisa de Miguel en la mano).

Clorinda: ¡Ay de mí! ¿Qué voy a hacer? Acabo de lavar ropa, pero mi marido tiene razón. Esta camisa no está limpia, y además ... ¡**huele** mal! *(De repente se oye un **trueno**, se ve un **relámpago** y aparece un ser celestial vistiendo un resplandeciente **manto** blanco).*

Angel: Señora ...

Clorinda: Pero ... ¿Quién es Ud.?

Angel: Soy el ángel de los matrimonios felices y quiero ayudarla a Ud. ¡**Deshágase** de esos detergentes que nunca le dejan la ropa tan limpia como usted merece! *(Con un **manotazo** tira al piso la mitad de*

huele: dar olor / **trueno**: ruido asociado con una tormenta / **relámpago**: descarga eléctrica natural / **manto**: ropa de ángeles, como una toga / **deshacerse de**: no usar más / **manotazo**: golpe con la mano

los detergentes que están en la mesa.) ¡Renuncie a esos jabones que apenas **suavizan** y perfuman sus **prendas**! (*Con otro manotazo tira al piso la otra mitad de los detergentes. Muy ceremonioso, saca de su manto una caja de* **Eterna Primavera**). Cambie a **Eterna Primavera** y descubra lo que quiere decir verdadera blancura y limpieza. No permita más que su esposo lleve una camisa **indigna** de él. (*Le da la caja a Clorinda y desaparece. Clorinda se queda mirando la caja de* **Eterna Primavera** *con una expresión beatífica y* **agradecida.**

suavizar: hacer suave / **prendas:** palabra elegante para ropa

indigna: que no se merece

agradecida: de agradecer, llena de gracias

escena III

(*El día siguiente por la tarde, otra vez en la cocina. Clorinda está preparando la comida pero esta vez está bien arreglada con un vestido de colores. Entra Miguel vestido de traje con una camisa bien* **planchada** *y* **almidonada.** *Lleva un portafolio para dar la impresión de que apenas está llegando del trabajo.*)

planchada: de planchar / **almidonada:** de almidonar

Miguel: Mi vida, un beso por favor para el nuevo ejecutivo de nuestra oficina. (*Se abrazan y se besan; entonces Miguel levanta la tapadera de una de las ollas que están en la estufa y respira el olor de la comida*). Querida, cuando se trata de las cosas de la casa, tienes la mano de un ángel. (*La cámara se acerca a la cara de Clorinda y ella le* **guiña** *un ojo.*)

guiñar: cerrar un ojo en broma

escena IV

Aparece de nuevo el ángel de los matrimonios felices con una caja de **Eterna Primavera** *en cada mano. Al fondo se ven nubes y cielo.*)

Angel: Señora ama de casa, vaya hoy mismo al supermercado más cercano y cómprese **Eterna Primavera**—para el bien de Ud. y el bien de su familia. No **arriesgue** su felicidad con jabones inadecuados.

arriesgar: correr peligro, poner en peligro

preguntas

1. ¿Es cierto que el anuncio comercial es el género mayor de nuestros días? ¿Por qué?
2. Describa la relación entre Miguel y Clorinda. ¿Qué estereotipos tradicionales explota este anuncio comercial?
3. Según la persona que escribió el anuncio, ¿cuáles son los valores de un ama de casa y cómo pueden influir esos valores en su selección de detergente?
4. Comente este anuncio (u otros anuncios comerciales que Ud. conozca) como ejemplos de melodrama.

creación

Con un grupo de sus compañeros de clase, prepare un anuncio comercial para ser representado en su próxima clase. La lectura o un anuncio de televisión que todos conozcan puede servirle de modelo. El producto que Ud. y sus compañeros traten de vender puede ser, jabón, maquillaje, desodorante, una educación en su universidad, este libro, o cualquier otra cosa que se le ocurra.

VOCABULARIO

ubicación e información geográfica

sustantivos

autopista	ferrocarril	puente (el)
cuadra	flecha	semáforo
entrada ≠ salida	letrero	
esquina		

expresiones verbales

apurarse	dar vuelta	subir
bajar	doblar	
cruzar	seguir derecho	

los anuncios comerciales

sustantivos

aspirina	jabón	paquete (el)
botella	loción	pastilla
caja	maquillaje	perfume (el)
colonia	marca	valor
cosméticos	olor	
detergente (el)		
frasco		

expresiones verbales

coser	lavar en seco	perfumar, perfumarse
deshacerse (de)	mantener la línea	planchar
estar de dieta = estar de régimen	mantenerse en forma	ponerse de régimen
	maquillar, maquillarse	suavizar
garantizar	merecer	
hacer ejercicio		
lavar		

expresiones adjetivales

de categoría	de mal gusto	suave
de buen gusto	cercano	

16.1 ¿**Has terminado** tu composición?

No, no **he tenido** tiempo para terminarla.

16.2 ¿Quién **ha abierto** la puerta?

No sé; yo no **he visto** a nadie.

16.3 ¿Qué **han estado haciendo** Uds.?

Yo **he estado viendo** televisión, y Margarita **ha estado leyendo**.

16.4 ¿Es posible que nos **hayan visto**?

Sí, pero es probable que no nos **hayan reconocido**.

16.5 ¿**Habían probado** Uds. el vino español antes de ir a España?

No, nunca lo **habíamos probado** antes.

16.6 ¿Cuánto tiempo **hace que vives** en Caracas?

Hace casi diez años **que vivo** allí.

16.7 Cuando yo te conocí, ¿cuánto tiempo **hacía que** vivías en Cuba?

Hacía cinco años **que** vivía allí.

16.8 Sinopsis de las expresiones con **hacer ... que**.

vocabulario:

religión y creencias

EXPOSICIÓN GRAMATICAL

16.1 ¿Has terminado la composición?
No, no he tenido tiempo para terminarla.

¿Cómo **has estado** tú?
He estado muy bien, gracias.

¿Nunca **han probado** Uds. el mole?
Sí, lo **hemos probado** varias veces.

¿Por qué **ha tardado** Carlos tanto?
Ha tardado porque su coche anda mal.

¿**Habéis viajado** alguna vez en México?
Sí, pero **hemos viajado** con más frecuencia en Sudamérica.

¿Se **ha afeitado** Ud. hoy?
No, no me **he afeitado** todavía.

¿**Has aprendido** algo nuevo hoy?
Ay, sí. **He aprendido** una barbaridad.

¿Quién **ha sido** su ministro en estos últimos días?
Durante todo este mes, no **hemos tenido** ministro.

¿Ya **han comido** todos los invitados?
Sí, todos **han comido** y algunos se **han ido**.

¿En qué ciudades **has vivido**?
He vivido en Toledo y en Madrid.

¿Nunca **han ido** Uds. a misa en Nochebuena?
Sí, **hemos ido** varias veces.

Los verbos en negrilla son del **pretérito perfecto**. El pretérito perfecto indica un evento o un estado en el pasado reciente que se relaciona directamente con el presente.

El pretérito perfecto es un **tiempo compuesto** que consiste en un **verbo auxiliar** y un **participio**.

El verbo auxiliar es **haber**; se conjuga así:

Effects are still felt

he	hemos
has	habéis
ha	han

Los complementos pronominales se colocan antes del verbo auxiliar.

El participio para los infinitivos terminados en **-ar** se forma con **raíz + -ado**: cer**rado**, pens**ado**, termin**ado**, etc.

El participio para casi todos los infinitivos terminados en **-er** o en **-ir** se forma con **raíz + -ido**: entend**ido**, beb**ido**, viv**ido**, decid**ido**, etc.

Sinopsis:

sujeto	verbo auxiliar	participio	
Yo	**he**	estudi**ado**	en México.
Tú	**has**	aprend**ido**	casi toda la Biblia de memoria.
El cura	**ha**	predic**ado**	un buen sermón hoy.
Nosotros	**hemos**	asist**ido**	a los servicios de esa sinagoga.
Vosotros	**habéis**	conoc**ido**	la Basílica de San Pedro, ¿no?
Esos chicos	**han**	**sido**	excelentes alumnos.

Estudie:

¿Has **oído** la buena noticia?   No, no he **oído** nada. ¿Qué pasó?

¿Nunca ha **leído** Ud. esa novela?   La leí el año pasado, y nunca me he **reído** tanto.

Si la raíz del infinitivo termina en una vocal fuerte, **-ido** lleva acento: traer: **traído**; creer: **creído**; caer: **caído**, etc.

Estudie:

Parece que **ha habido** algún problema aquí.
Últimamente, **ha habido** actividad política en las iglesias.

Ha habido es el pretérito perfecto de **hay**, del infinitivo **haber**.

Expresiones que se usan frecuentemente con el pretérito perfecto:

Últimamente, ha llovido mucho aquí.
Recientemente, varios niños se han bautizado.
¿Alguna vez has viajado a Venezuela?
¿Nunca ha venido Javier a esta ciudad?
Jamás he creído en Santa Claus.

práctica ❋

A. Cambie las frases a continuación según los nuevos sujetos:

1. Nunca hemos viajado en vapor.
  (tú, yo, Marina y su novio, mi esposa y yo, vosotros)
2. He conseguido buenas entradas para el teatro.
  (Miguel, tú, nosotros, mis padres, Javier y Paco, yo)

el cura

la monja

el papa

la iglesia

la Virgen María

el rabino

la sinagoga

B. Explique la condición o el estado de ánimo de las personas a continuación. Siga el modelo:

Modelo: Carlos no se siente bien. (comer demasiado)
Carlos no se siente bien porque ha comido demasiado.

1. Marina está contenta. (sacar una buena nota)
2. Carlota está extática. (recibir una carta de su novio)
3. Los estudiantes están nerviosos. (escuchar una mala noticia)
4. Llegamos tarde. (venir a pie)
5. No tengo dinero. (ganar poco este mes)
6. Elena está cansada. (correr doce millas)
7. Mis padres no están. (irse al teatro)
8. No puedes dormir. (tomar demasiado café)
9. Mario no tiene la composición. (no poder terminarla)
10. Estamos preocupados. (haber un pequeño problema)

16.2 ¿Quién **ha abierto** la puerta?
       No sé. Yo no **he visto** a nadie.

Algunos verbos tienen **participios irregulares**. Estudie:

abrir → abierto:	He **abierto** la ventana porque hace calor.
decir → dicho:	¿Quién ha **dicho** que soy brillante?
descubrir → descubierto:	¿Has **descubierto** algo fabuloso recientemente?
escribir → escrito:	He **escrito** miles de composiciones este año.
hacer → hecho:	¿Quién ha **hecho** ese hermoso pastel?
morir → muerto:	Estoy triste porque se ha **muerto** mi perro.
poner → puesto:	¿Dónde has **puesto** mis gafas?
resolver → resuelto:	Parece que mi jefe ya ha **resuelto** el problema.
romper → roto:	Se han **roto** todos mis nuevos vasos.
satisfacer → satisfecho:	Has **satisfecho** todos los requisitos.
ver → visto:	Todavía no he **visto** esa película. ¿Es buena?
volver → vuelto:	Fui a Chile hace diez años, pero nunca he **vuelto**.

práctica ✳

A. Pregúntele a un/a compañero/a de clase sobre sus experiencias recientes:

Modelo: volver a casa hoy
       ¿Has vuelto a casa hoy?
       Sí, he vuelto a casa hoy. o No, no he vuelto a casa hoy.

1. resolver todos tus problemas **2.** siempre decir la verdad a tu novio/a **3.** abrir un nuevo negocio **4.** escribir una composición esta semana **5.** descubrir una gran verdad hoy **6.** hacer algo interesante hoy **7.** romper alguna vez algo de mucho valor **8.** ver una película extranjera esta semana **9.** volver a casa esta mañana **10.** hacer mucho dinero

B. Pregúntele a un/a compañero/a sobre sus experiencias vitales. Siga el modelo:

Modelo: leer toda la Biblia
       ¿Nunca has leído toda la Biblia?
       Sí, la he leído. o No, nunca la he leído.

1. decir una mentira   2. escuchar las noticias en español   3. hacer un pastel   4. creer en Santa Claus.   5. ir a misa en una catedral   6. ver al Papa en vivo   7. trabajar en una fábrica   8. probar vino chileno   9. tener ganas de ser cura   10. volver a tu ciudad natal

16.3 ¿Qué **han estado haciendo** Uds.?
Yo **he estado viendo** televisión, y María **ha estado leyendo**.

¿Qué **has estado bebiendo**?	He estado tomando un vino chileno.
¿Qué les **has estado diciendo**?	No les **he estado diciendo** nada.
¿**Has seguido viendo** a tu terapista?	No, no lo **he seguido viendo** porque es muy caro.

Los verbos de las frases de arriba son del **pretérito perfecto progresivo**. Se forma con **el presente de haber + estado (seguido, continuado, etc.) + el gerundio**.

práctica

Describa las actividades recientes de las personas a continuación con el pretérito perfecto progresivo. Siga el modelo:

Modelo: Marisa/nadar en la piscina del gimnasio
Marisa ha estado nadando en la piscina del gimnasio.

1. Javier/cantar en el coro   2. yo/ver un programa interesante   3. Jacobo/consultar con el rabino   4. nosotros/correr en el parque   5. mis tíos/vivir en el extranjero   6. Samir/leer el Alcorán

16.4 ¿Es posible que ellos nos **hayan visto**?
Sí, pero es probable que no nos **hayan reconocido**.

Mis padres están contentos de que yo **haya actuado** en esa obra.
Lamentamos que tú no **hayas terminado** el proyecto.
Me molesta que mi hermano me **haya juzgado** así.
Mamá se alegra de que nosotros **hayamos vuelto** a casa para las vacaciones.
Siento mucho que mis compañeros no **hayan venido** hoy.

El **pretérito perfecto del subjuntivo** se forma con el **presente del subjuntivo** de **haber** y el **participio**. Las reglas para el empleo del pretérito perfecto del subjuntivo son las mismas que para todo subjuntivo (ver 14.2 y 14.3). Sinopsis del presente del subjuntivo de **haber**:

haya	hayamos
hayas	hayáis
haya	hayan

Una monja

práctica ✳

Usando las palabras de la primera columna como punto de partida, exprese su reacción a los eventos de la segunda columna. Siga el modelo:

Modelo: Ha venido Gumersinda. Lamento...
Lamento que haya venido Gumersinda.

Me alegro de que ...	El/la profesor/a ha anunciado un examen para mañana.
No me gusta que ...	Nuestro equipo de fútbol ha perdido el partido.
Me molesta que ...	Mi jefe no ha aumentado mi salario.
Siento que ...	Elena ha hecho todo el trabajo sin ayuda.
No me preocupa que ...	Mi novio/a me ha visto con otra persona.
Me encanta que ...	Un estudiante ha traído su perro a clase.
Lamento que ...	Gumersinda ha dicho una mala palabra.
	El hombre/La mujer de mis sueños no ha querido salir conmigo.
	Mariana se ha convertido a otra religión.
	Mi mejor amigo ha vuelto anoche.

16.5 Nunca **habíamos probado** el vino español antes de ir a España.

Al entrar, vi que mi hermano ya **había vuelto** del seminario.
No te escribí porque no me **habías escrito**.
No quise salir porque **había nevado** la noche anterior.
Nos enfermamos porque **habíamos pasado** mucho tiempo en el frío.
Me dijo Isabel que sus invitados **habían llegado** temprano.

Los verbos en negrilla son del **pluscuamperfecto**. El pluscuamperfecto indica una acción o un estado que tuvo lugar antes de otro evento en el pasado. Se forma con **el imperfecto de** *haber* + el participio.

práctica

Conteste las preguntas a continuación según el modelo:

Modelo: ¿Por qué no probaste el vino?
Porque ya lo había probado.

1. ¿Por qué no escuchaste el disco? **2.** ¿Por qué no vieron Uds. la película? **3.** ¿Por qué no te saludó Roberto? **4.** ¿Por qué no leyó Marisa el libro? **5.** ¿Por qué no le contaste la historia? **6.** ¿Por qué no me explicaste el problema? **7.** ¿Por qué no pagaste la cuenta? **8.** ¿Por qué no saludaste al obispo?

16.6 ¿Cuánto tiempo **hace que vives** en Caracas?
Hace diez años **que vivo** allí.

¿Cuántas semanas **hace que tienes** tu coche? = ¿Por cuántas semanas has tenido tu coche?
Hace tres semanas **que lo tengo**. = Lo he tenido por tres semanas.
¿Cuánto tiempo **hace que viven** Uds. fuera del país? = ¿Por cuánto tiempo han vivido Uds. fuera del país?
Hace once años **que vivimos** fuera del país. = Hemos vivido fuera del país por once años.
¿Cuántos minutos **hace que** el caldo **está hirviendo?** = ¿Por cuántos minutos ha estado hirviendo el caldo?
Hace diez minutos **que está hirviendo.** = Ha estado hirviendo por diez minutos.

Se usa **hace ... que** y un **verbo del presente** para indicar la duración de una acción o un estado que continúa en el presente. Las frases de las dos columnas de arriba son equivalentes.

Estudie:

> Hace diez minutos que te espero.   = Te espero hace diez minutos.
> Hace días que no te veo.   = No te veo hace días.

Cuando **hace** + **una expresión de tiempo** se coloca después del verbo, no se usa **que**.

Estudie:

> Vivo aquí **desde hace** tres meses.
> Son amigos **desde hace** doce años.

Muchas veces cuando **hace** + **una expresión de tiempo** se coloca después del verbo, se usa la expresión **desde hace**. No se usa **que**.

práctica

A. Haga preguntas para las respuestas a continuación. Siga el modelo:

Modelo: Hace tres meses que escucho ese programa.
          ¿Cuánto tiempo hace que Ud. escucha ese programa?

1. Hace quince años que vivimos aquí.
2. Hace tres meses que asisto a esta clase.
3. Estamos casados desde hace cuatro años.
4. Hace dos semanas que trabajo en esta oficina.
5. Hace una hora que mi hijo está estudiando.
6. Juan y Lola son estudiantes graduados desde hace tres años.
7. La cena está lista desde hace una hora.
8. Hace más de media hora que mis hijos están nadando.

B. Ud. es sociólogo/a y necesita información sobre la vida de algunos de sus compañeros. Siga el modelo:

Modelo: Ud./vivir/en esta casa
          ¿Cuánto tiempo hace que Ud. vive en esta casa?
          Hace ... que vivo en esta casa.

1. Ud./trabajar/en el mismo sitio   *2.* Ud./tener/coche   *3.* Ud./estar/casado/a   *4.* sus hijos/ir/a la escuela   *5.* Uds./conocer/a sus mejores amigos   *6.* Uds./vivir/en este barrio *7.* Ud./residir/con (sin) sus padres   *8.* Ud./prepararse/para su carrera   *9.* su familia/ asistir (no asistir) a una iglesia   *10.* Ud./consentir (ie)/en contestar preguntas personales

---

16.7 Cuándo yo te conocí, ¿cuánto tiempo **hacía que vivías** en Cuba?
Hacía cinco años **que vivía** allí.

> ¿Cuánto tiempo **hacía que** tus padres **estaban** casados cuando naciste?   = ¿Por cuánto tiempo habían estado casados tus padres cuando naciste?

Hacía tres años **que** mis padres **estaban** casados cuando yo nací.

Hacía varios años **que** Colón **buscaba** apoyo económico cuando por fin lo consiguió en España.

= Mis padres habían estado casados por tres años cuando yo nací.

= Colón había buscado apoyo económico durante varios años cuando por fin lo consiguió en España.

Se usa **hacía ... que** y un **verbo del imperfecto** para indicar la duración de una acción o un estado que continuaba en el pasado. Las frases de las dos columnas de arriba son equivalentes.

Estudie:

Hacía tres años **que** vivía en ese pueblo cuando me mudé.

Vivía en ese pueblo **hacía** tres años cuando me mudé.

Vivía en ese pueblo **desde hacía** tres años cuando me mudé.

A veces se pone **hacía + tiempo** después del verbo y se omite **que**. En tales casos, a veces se usa **desde hacía**.

16.8 Sinopsis de **hace ... que**

A. hace que + un verbo del pretérito *(ver 11.4)*

¿Cuánto tiempo hace que vino tu abuelo?

Hace tres años que vino.

¿Cuántos minutos hace que llegaste?

Hace tres minutos que llegué.

= ¿Cuánto tiempo atrás vino tu abuelo?*

= Vino tres años atrás.*

= ¿Cuántos minutos atrás llegaste?*

= Llegué tres minutos atrás.*

B. Hace ... que con un verbo del **presente** o del **presente progresivo** *(ver 16.6)*

¿Cuánto tiempo hace que tocas piano?

Hace cinco años que toco piano.

¿Cuántos días hace que estás trabajando fuera de la ciudad?

Hace tres días que estoy trabajando fuera de la ciudad.

= ¿Por cuánto tiempo has tocado piano?

= He tocado piano por cinco años.

= ¿Por cuánto tiempo has estado trabajando fuera de la ciudad?

= He estado trabajando fuera de la ciudad por tres días.

*Las expresiones con *atrás* son regionales. No se usan por todo el mundo hispano.

C. Hacía ... que + un verbo del imperfecto:

¿Cuánto tiempo hacía que estudiabas en el seminario? = ¿Por cuánto tiempo habías estudiado en el seminario?

Hacía tres meses que estudiaba allí. = Había estudiado allí por tres meses.

¿Cuántos meses hacía que tu hermano actuaba en esa obra? = ¿Por cuántos meses había actuado tu hermano en esa obra?

Hacía un mes que mi hermano actuaba en esa obra. = Mi hermano había actuado en esa obra por un mes.

D. Posición de **hace ... que** y **hacía ... que**:

1. Antes del verbo:

Hace un año que se mudaron.
Hace tres meses que lo conocemos.
Hacía cuatro años que trabajaba en el mismo sitio.

2. Después del verbo sin **que**:

Se mudaron hace un año.
Lo conocemos hace tres meses.
Trabajaba en el mismo sitio hacía cuatro años.

3. Después del verbo con **desde hace** y **desde hacía** *(solo con el presente y el imperfecto)*:

Lo conocemos desde hace tres meses.
Trabajaba en el mismo sitio desde hacía cuatro años.

EJERCICIOS ESCRITOS

1. Escriba las frases a continuación en el pretérito perfecto (16.1):

1. Mis amigos compraron un cuadro para la sala. **2.** Trabajamos toda la noche. **3.** Marisa me presentó al nuevo jefe del banco. **4.** El autobús tardó mucho en llegar. **5.** Me contaron que Ud. estuvo en México. **6.** Pensé mucho en Uds. **7.** ¿Terminasteis el proyecto? **8.** La Sra. Chela vino anoche. **9.** ¿Qué es lo que aprendiste? **10.** Lola nunca leyó esa novela. **11.** ¿Quién trajo ese gato? **12.** Juana se fue con Javier. **13.** Me di cuenta de muchas cosas. **14.** Nunca creí en Santa Claus. **15.** Fue muy interesante la clase.

2. (a) Escriba las frases a continuación en el pretérito perfecto (16.2):

1. Margarita abrió la puerta. **2.** Murieron muchos en esa guerra. **3.** Escribí tres cartas. **4.** ¿Viste lo que se rompió? **5.** Me puse una corbata para la reunión con mi jefe. **6.** No dije nada. **7.** Yo descubrí una gran verdad. **8.** Jamás se descompuso mi tocadiscos. **9.** ¿Hiciste algo interesante? **10.** Sábato escribió tres novelas.

(b) Conteste las preguntas a continuación según el modelo:

Modelo: ¿Has llamado a tu mamá recientemente?
           Sí, la he llamado tres veces esta semana.

1. ¿En qué ciudades has vivido? **2.** ¿Qué novelas has leído este año? **3.** ¿Cómo se llama la última canción que has oído? **4.** ¿Qué has escrito últimamente? **5.** ¿Qué películas has visto recientemente? **6.** ¿Adónde han ido tú y tus amigos en estos días? **7.** ¿Ha habido una sorpresa en tu vida últimamente? **8.** ¿Qué has descubierto hoy? **8.** ¿Nunca has tenido ganas de ser poeta o novelista? **9.** ¿Qué ropa te has puesto hoy? **10.** ¿Qué has hecho de interesante últimamente?

3. Conteste las preguntas a continuación según el modelo (16.3):

Modelo: ¿Quieres dormir?
           No, no quiero dormir porque he estado durmiendo.

1. ¿Quieres leer? **2.** ¿Quieres tomar café? **3.** ¿Quieres ver televisión? **4.** ¿Quieres escuchar música? **5.** ¿Quieres correr en el parque?

4. Complete las frases con la forma correcta del verbo que está entre paréntesis en el pretérito perfecto del subjuntivo (16.4):

    1. No es posible que tú me (ver) antes.
    2. Me alegro de que mi perro pródigo (volver) a casa.
    3. Siento mucho que Uds. no me lo (decir) antes.
    4. Es poco probable que nuestros amigos se (ir) tan temprano.
    5. Espero que los bancos se (abrir) hoy.
    6. Temo que nosotros nos (levantar) demasiado tarde.
    7. Me gusta que tú (hacer) eso.
    8. Tengo miedo de que se (romper) algo.

5. Conteste las preguntas a continuación según el modelo (16.5):

Modelo: ¿Probaste el vino?
           No, no lo probé porque ya lo había probado antes.

1. ¿Viste esa película anoche? **2.** ¿Te llamó Javier anoche? **3.** ¿Leíste ese artículo ayer? **4.** ¿Fueron Uds. al mercado esta mañana? **5.** ¿Cambió tu papá el aceite de tu coche ayer? **6.** ¿Se resolvió el problema ayer? **7.** ¿Hicieron los chicos la tarea esta mañana? **8.** ¿Arreglaste tu calculadora anoche? **9.** ¿Hablaste al cura?

6. (a) Escriba el equivalente de las frases a continuación usando la construcción **hace ... que** (16.6):

1. Hemos vivido en Córdoba por ocho años. **2.** Inés ha estado aquí por mucho tiempo. **3.** José y Roberto han sido amigos por muchos años. **4.** Me ha dolido la cabeza por una hora. **5.** Ese señor ha tenido el mismo abrigo por tres años. **6.** Sandra ha estudiado ruso por cinco meses. **7.** Tú has conocido a Miguel por varios años, ¿no? **8.** He estado escribiendo por tres horas.

(b) Invente una pregunta con **hace ... que** para las respuestas a continuación:

1. Hace tres semanas que vivo aquí.   *2.* Hace tres años que mi papá trabaja en esa oficina.   *3.* Hace más de veinte años que mis padres están casados.   *4.* Hace veinte minutos que estoy viendo el programa.   *5.* Hace varios días que mi coche no anda.

(c) Conteste las preguntas a continuación con frases completas:

1. ¿Cuántos meses hace que estudias español?
2. ¿Cuántos años hace que eres estudiante?
3. ¿Cuánto tiempo hace que su profesor/a de español los conoce a Uds.?
4. ¿Cuántos minutos hace que estás trabajando en este ejercicio?
5. ¿Cuánto tiempo hace que tienes ganas de tomar unas buenas vacaciones?

7. Complete las frases a continuación según el modelo (16.7):

Modelo: Cuando salí de mi ciudad natal (cinco años/yo vivir allí)
Cuando salí de mi ciudad natal, hacía cinco años que yo vivía allí.

1. Cuando dejé de fumar, (hacer tres años/yo fumar)
2. Cuando llegamos al teatro, (diez minutos/nuestros amigos nos esperar)
3. Cuando Roberto me despertó, (tres horas/yo dormir)
4. Cuando vino Isabel a la fiesta, (tres horas/nosotros bailar)
5. Cuando por fin encontramos un taxi, (media hora/nosotros estar en la lluvia)
6. Cuando el profesor anunció el examen, (varias semanas/nosotros lo anticipar)

8. Conteste las preguntas a continuación con frases completas. Note bien las diferencias entre **hace que** + **presente** y **hace que** + **pretérito** (16.8):

1. ¿Cuánto tiempo hace que empezó a llover?   hace una hora
2. ¿Cuánto tiempo hace que está lloviendo?   Hace una hora que empezó a llover.
3. ¿Cuántos meses hace que vino Ud. por primera vez a clase?
4. ¿Cuántos meses hace que Ud. estudia español?
5. ¿Cuánto tiempo hace que tú y tu mejor amigo se conocieron?
6. ¿Cuánto tiempo hace que Uds. son amigos?
7. ¿Cuánto tiempo hace que Ud. compró (o empezó a rentar) la casa (o el departamento) donde vive?
8. ¿Cuánto tiempo hace que Ud. vive en el mismo lugar?

Hace una hora que está lloviendo.
Está lloviendo desde hace una hora.

LECTURA

la iglesia en el mundo hispano

En ninguna región del mundo ha **echado raíces** más **hondas** la Iglesia Católica que en España y en Hispanoamérica. Cuando muchos otros países europeos abrazaron el protestantismo, España no sólo se mantuvo fiel a sus tradiciones católicas, sino que lanzó una de las **empresas** religiosas más impresionantes de la historia: la catolización de México, Centroamérica y Sudamérica. La naturaleza de esa labor misional nos ayuda a comprender la extraordinaria vitalidad de la iglesia hispana.

echar raíz: arraigarse, establecer una base sólida / **hondo:** profundo / **empresa:** proyecto, intento

La catedral de Santiago de Compostela

En la vida diaria de los indígenas **precolombinos,** la religión hacía un papel central. El nacimiento, la muerte, la vida, las estaciones, las **cosechas,** los desastres naturales—todo tenía una explicación religiosa. El mundo podía ser un lugar hostil e inhospitalario, pero el indio no dudaba de su lugar en el cosmos.

La conquista española destruyó ese mundo equilibrado de los indígenas. Cuando los conquistadores **saquearon** los templos e **hicieron pedazos** los ídolos, no sólo dieron fin a las manifestaciones externas de una religión, sino también a una gran parte de la religión misma. Al indio la **derrota** de su religión también le quitó los **cimientos** de su identidad cultural. Sus dioses **todopoderosos** e inmortales se habían dejado vencer y ahora estaban muertos. A ese trauma psíquico y espiritual se agregaron otros: con los españoles también vinieron varias enfermedades contra las cuales los indios no tenían ninguna resistencia biológica, y se calcula que durante los primeros cincuenta años de la

precolombino: antes de Colón / **cosecha:** recolección de productos agrícolas

saquear: robar
hacer pedazos: romper
derrota: pérdida de una guerra / **cimientos:** fundamentos / **todopoderoso:** omnipotente

colonia, más de la mitad de los indios se murieron. **Asimismo,** los indios que sobrevivieron tuvieron que someterse a una cruel esclavitud bajo nuevos amos que hablaban de nuevos dioses y nuevos gobernantes en una lengua extranjera. Nadie conoce los sentimientos de infinito dolor y honda tragedia que sufrieron los indios, pero sí sabemos que las crónicas de la época hablan de muchos suicidios. El indio se veía aniquilado, deshumanizado y vencido. Como todos los pueblos, los indios habían pasado por momentos difíciles antes de la conquista, pero siempre habían encontrado algún consuelo en su religión. Depués de la conquista, aun eso se les negaba.

Sólo **tomando en cuenta** la crisis religiosa de los indígenas y el vigor de la iglesia española, podemos comprender el extraordinario éxito que tuvieron los misioneros católicos en las nuevas tierras. El indio, ya **huérfano** de su propia religión, **halló** refugio en el mensaje que los misioneros españoles con tanto **celo** le predicaban. Los misioneros intuían bien que los indios no querían una religión totalmente diferente sino un reemplazo de la que habían perdido, y por eso edificaron muchas de sus iglesias y catedrales en sitios que los templos indios habían ocupado antes. Por otra parte, el culto de los santos en la tradición católica fácilmente tomó el lugar de la religión politeísta de los indios. Además, igual que en España, la creencia en los santos hizo mucho para personalizar la religión; en los países hispanos cada día, cada persona, cada profesión, cada aldea y ciudad—casi todo tiene un santo patrón, un abogado que representa los intereses de cada uno ante Dios, un **vínculo** personal con lo divino que consigue milagros y bendiciones en momentos de necesidad. Con métodos que a veces parecían **heréticos,** los misioneros cultivaban esos **parentescos** con las religiones indígenas para hacer más conversos, y en algunos casos incorporaron en el culto católico elementos de los rituales indígenas. Aun hoy en día, muchas danzas y canciones folklóricas de los indios forman una parte importante de las fiestas religiosas en México, Centroamérica, Colombia, Ecuador, Perú y Bolivia. Aunque algunos clérigos contribuían a la subyugación y la explotación del indio, otros, como Bartolomé de las Casas, lucharon para protegerlo; **de hecho,** sólo en algunos religiosos encontraba el indio alguna defensa contra los abusos que sufría diariamente. Pero tal vez más importante, la iglesia le dio al indio una segunda oportunidad para **revestir** su vida de significado, de tener alguna esperanza en un mundo que en tantos otros contextos se manifestaba cruel e inhospitalario. **Es decir**, el indio encontró en el catolicismo lo mismo que todas las generaciones han buscado en la religión: orientación, justificación, consuelo y seguridad.

La iglesia también cumplía un importante papel social. Se decía

asimismo: también

tomar en cuenta: considerar

huérfano: sin padres / **hallar**: encontrar / **celo**: devoción, ánimo

vínculo: conexión

herético: contra la fe / **parentesco:** similaridad

de hecho: en verdad, en efecto

revestir: cubrir

es decir: en otras palabras

que tanto en España como en América, el rey gobernaba pero la iglesia reinaba. Esa frase aparentemente contradictoria sugiere que, mucho más que el gobierno, la iglesia siempre ha mantenido un contacto más directo con el pueblo. La iglesia en la sociedad hispana de los siglos XVI, XVII y XVIII estaba en todo. Toda ocasión desde el nacimiento hasta la muerte tenía, y hasta cierto grado todavía tiene, su ritual. Al **nivel** social, la iglesia se ocupaba de las escuelas para niños, de las universidades, de los hospitales, de los **manicomios,** de los hospicios para viejos y **desamparados,** de los **orfanatos** y de un sinnúmero de otras instituciones. En el sector económico, las misiones llegaron a ser importantes centros de pequeña industria y de agricultura. El gobierno tomaba las grandes decisiones, pero la iglesia estaba **involucrada** en los detalles de la vida. De hecho, en Paraguay, en uno de los más interesantes experimentos sociales que registra la historia, los jesuitas crearon un estado teocrático y socialista que rivalizaba con el poder del mismo rey.

> **nivel**: grado
>
> **manicomio**: asilo para locos /
> **desamparado**: necesitado /
> **orfanato**: asilo para húerfanos /
> **involucrar**: relacionar

Por desgracia, algunas de las órdenes religiosas no se contentaron con sus responsabilidades espirituales y sociales ni tampoco se limitaban a aquellas actividades que eran necesarias para su propio mantenimiento. Durante los siglos XVII y XVIII, la iglesia adquirió, a veces por donaciones y a veces por una agresiva política adquisitiva, una fabulosa riqueza—no sólo de suntuosos templos y palacios sino también de vastas tierras y fortunas. Se convirtió en una importante fuente de préstamos—con altos intereses—y entró en muchas otras actividades comerciales que difícilmente se pueden defender en nombre de la religión. Dominado por españoles, el alto clero de la iglesia se iba aliando cada vez más con los intereses de la **oligarquía,** y la misma iglesia que en algunos contextos defendía y **amparaba** al pobre, en otros lo explotaba. **A la larga,** el poder económico de la iglesia después de mucho tiempo hizo mucho para desacreditarla durante los fuertes debates anticlericales del siglo XIX.

> **oligarquía**: la clase con dinero /
> **amparar**: ayudar a una persona necesitada /
> **a la larga**: después de mucho tiempo /
> **choque**: conflicto/
> **amenaza**: peligro /
> **Ilustración**: la época de Locke, Voltaire y Rousseau /
> **libertad de culto**: libertad religiosa /
> **desafiar**: oponerse

En el movimiento independentista, comenzado en 1810, se vieron fuertes **choques** entre la iglesia y las fuerzas liberales que querían liberarse de España. Aunque varios jefes revolucionarios como Hidalgo en México y Pérez Castellanos en el Uruguay eran sacerdotes, el alto clero se opuso a la Independencia, en parte porque eran casi todos españoles. Pero también vieron en la retórica de la Independencia una gran **amenaza** a la sobrevivencia de la iglesia. Igual que en Estados Unidos y Francia, el movimiento independentista se nutría de la retórica de la **Ilustración.** Obviamente, la secularización de las escuelas, universidades y agencias de caridad, la libertad de prensa sin censura eclesiástica, la **libertad de culto,** y la exaltación de la ciencia **desafiaban** no sólo los privilegios terrenales de la iglesia sino también las mismas premisas de su doctrina. La lucha entre el liberalismo y la iglesia no ha terminado, pero sin duda, la iglesia es la que más ha sufrido. Aunque varía mucho de país en país, en ninguna nación hispana cuenta la iglesia con los privilegios y la riqueza que tenía antes.

Aunque la iglesia ha perdido mucha influencia, sigue siendo de gran importancia en la vida diaria de casi todos los hispanos. Aun los más vocíferos anticlericales suelen ser bautizados, casados y enterrados por la iglesia—y prefieren que sus hijos sigan el mismo camino. Aun las amistades llevan el **sello** eclasiástico **a través del** compadrazgo en que un amigo o una amiga acepta ser el **compadre** o la **comadre** de un niño cuando se bautiza. En la política, la iglesia en años recientes ha tomado una posición más activa después de una larga época de pasividad. Muchos se oponen a las actividades políticas de la iglesia, pero hay que reconocer que en algunos países la iglesia representa la única fuerza organizada contra la represión y las dictaduras. Varios clérigos han querido que la iglesia haga un papel aun más revolucionario frente a la injusticia social, e incluso se ha producido en Latinoamérica una importante **corriente** teológica llamada la "teología de la liberación" que predica que la revolución social es un deber cristiano.

La iglesia hispana ha experimentado muchos cambios y ha sobrevivido a muchas crisis. Si examinamos bien la historia eclesiástica, vemos en la iglesia una institución de extraordinaria flexibilidad—una flexibilidad que le ha permitido sobrevivir durante casi dos milenios y adaptarse a varios diferentes sistemas políticos y económicos. Sin duda, la iglesia es y va a seguir siendo un factor importante en la vida hispana.

sello: marca, señal / **a través de:** por / **compadre, comadre:** padrino, madrina

corriente: movimiento

preguntas ✳

1. ¿Cómo se explica el éxito extraordinario que tuvieron los misioneros españoles en Hispanoamérica?
2. ¿Hasta qué punto eran parecidas las religiones indígenas y el catolicismo? ¿En qué sentidos eran diferentes?
3. ¿Cómo ayudó el culto de los santos en la evangelización del indio?
4. ¿Por qué incorporaron los misioneros algunos elementos del culto indígena en la liturgia católica?
5. Describa las actividades sociales de la iglesia colonial.
6. Explique la frase: el gobierno gobierna pero la iglesia reina.
7. ¿Por qué fueron incompatibles la iglesia colonial y las bases del liberalismo (de la Ilustración)?
8. ¿Qué es el compadrazgo?
9. ¿Qué es la teología de la liberación?
10. El autor ha dicho que la iglesia católica es una organización muy flexible. ¿Está Ud. de acuerdo? ¿Por qué (no)?

creación ✳

Compare el papel del catolicismo en un país hispano con el papel de la religión en su país. Use la lectura como punto de partida para sus ideas.

VOCABULARIO

personas religiosas y seres sobrenaturales

arzobispo	ministro	sacerdote
católico	misionero	santo
converso	monje/monja	teólogo
clérigo	obispo	Dios
fraile	Papa (el)	Jesucristo
cura	profeta	Satanás
jesuita	protestante	la Virgen María
judío	rabino	

lugares

basílica	convento	seminario
catedral (la)	iglesia	sinagoga
cielo ≠ infierno	monasterio	templo

conceptos

alma (el alma/las almas)	gracia	pecado
bendición ≠ maldición	herejía	sacramento
creencia	inmortalidad	salvación
doctrina	libertad de culto	teología
esperanza	milagro	
eternidad	naturaleza	
fe (la)	obediencia	

ritos y reuniones

bautismo	confesión	misa
boda	confirmación	servicio
comunión	funerales (los)	

verbos

adorar	juzgar	rezar
bautizar	obedecer	salvar
convertir, convertirse (ie)	orar	tener fe
convencer	predicar	
creer	redimir	

adjetivos

fiel ≠ infiel	religioso	ortodoxo ≠ herético
devoto	omnipotente = todopoderoso	

A. Escriba los verbos en el pretérito *(11.1 a 11.3 y 12.1 a 12.5)*:

1. Mis padres leen que hay un horrible incendio que destruye el edificio. **2.** Llego a casa, saco una manzana del refrigerador, almuerzo, y me acuesto. **3.** Algunos políticos mienten pero otros dicen la verdad. **4.** Traen los platos, ponen la mesa, hacen la comida y empiezan a hablar de las actividades del día. **5.** Compran poco, comen poco, toman poco y se aburren como ostras. **6.** Vengo, veo y venzo.

B. A continuación se encuentra la versión auténtica y verdadera de "Juanito y los frijoles mágicos". Complete las frases con la forma correcta, del pretérito o del imperfecto, de los verbos que están entre paréntesis *(11.8, 11.9, 12.5 y 12.7)*:

Erase una vez una mujer muy pobre que (vivir) _____ en una casa humilde que (estar) _____ en las afueras de una gran ciudad. Su esposo (estar) _____ muerto y su único hijo (ser) _____ un muchacho perezoso que se (llamar) _____ Juanito. A Juanito no le (gustar) _____ trabajar; sólo (comer) _____ y (dormir) _____.

Un día lo (llamar) _____ su madre y le (decir) _____ que no (haber) _____ comida en la casa, y que por eso ella (querer) _____ vender la vaca para conseguir dinero y comprar comida.

El día siguiente Juanito se (poner) _____ su ropa más elegante, y (salir) _____ de casa para llevar la vaca a la ciudad donde la (ir) _____ a vender. Mientras (caminar) _____ por el camino, (ver) _____ a un señor que le (parecer) _____ muy raro. El señor (detener) _____ a Juanito y le (decir) _____:

—¡Qué hermosa vaca! ¿Quieres vendérmela?

—Sí, señor, (contestar) _____ Juanito. —Cuesta cincuenta dólares.

—Pues yo no tengo cincuenta dólares, pero tengo algo mucho más valioso.

—¿Qué cosa puede tener Ud.? (responder) _____ Juanito.

—Tengo unos fabulosos frijoles mágicos—los frijoles más mágicos del mundo.

—¡Frijoles mágicos! (reír) _____ Juanito. —¡Qué cosa más absurda!

Pero como ya sabemos, Juanito (ser) _____ un muchacho de pocas luces, así que después de regatear un poco, el señor lo (convencer) _____ y Juanito le (vender) _____ la vaca por un bolsillo lleno de frijoles que no (parecer) _____ nada mágicos.

Cuando Juanito (llegar) _____ a casa, su madre le (decir) _____:

—¡Pero qué rápido! ¿(Obtener) _____ tú el dinero?

—No, mamá, pero yo (conseguir) _____ algo mucho más valioso: frijoles mágicos. Y con eso Juanito le (dar) _____ los frijoles a su madre.

Cuando la pobre señora (saber) _____ de la simpleza de su hijo, (tirar) _____ los frijoles por la ventana y (empezar) _____ a darle unos buenos golpes a su hijo—en la cabeza para no lastimar nada. Juanito entonces (salir) _____ corriendo de la casa, y se (sentar) _____ debajo de un árbol donde (comenzar) _____ a llorar. Después de poco tiempo se (dormir) _____.

Al día siguiente cuando Juanito se (despertar) _____, (ver) _____ una cosa increíble: una enorme mata de frijoles que llegaba hasta las nubes. Un muchacho curioso, Juanito (comenzar) _____ a subir la mata y la (subir) _____ hasta llegar a las nubes. Allí (ver) _____ un enorme palacio—exactamente como en los cuentos de hadas. Pero muy pronto (oír) _____ una voz horrible que decía:

—Efí, efái, efó, efúm. Yo huelo la sangre de un niño sabroso.

Juanito (mirar) _____ hacia detrás, y ahí (haber) _____ ¡¡¡un terrible gigante!!! Juanito (querer) _____ escaparse corriendo hacia la mata, pero no (poder) _____ llegar a tiempo. El gigante lo (agarrar) _____ y se lo (comer) _____ entero. En la vida real, los más grandes suelen ganar.

C. Conteste las preguntas con una frase completa; emplee dos complementos pronominales en cada respuesta *(13.1)*:

1. ¿Quién te dio ese anillo? *2.* ¿Quién le mandó la carta a Isabel? *3.* ¿Quién les explicó ese problema a Uds.? *4.* ¿Quién te cortó el pelo? *5.* ¿Quiénes entregaron los trabajos al profesor ayer? *6.* ¿Quién regaló esa raqueta a tu papá? *7.* ¿Me prestas cinco dólares? *8.* ¿Quieres que te traiga mis apuntes?

D. Reescriba las frases usando el verbo que está entre paréntesis *(9.5 y 9.6)*:

1. Estamos muy contentos con nuestro coche. (gustar)
2. Los estudiantes necesitan tomar vacaciones y descansar. (faltar)
3. Debes tomar otro curso. (convenir)
4. Javier estuvo contento con la película. (gustar)
5. Mis hermanos querían caminar por el parque todos los días. (gustar)
6. Mi madre tiene un dolor en los pies. (doler)
7. Ese señor tiene demasiado dinero. (sobrar)
8. Los niños están muy contentos con sus nuevos juguetes. (encantar)

E. Escriba una frase con cada verbo a continuación. Con el primer verbo de cada par, muestre la función transitiva del verbo; en la segunda frase, muestre su función intransitiva usando una construcción reflexiva *(10.2 y 10.3)*:

1. despertar, despertarse *2.* levantar, levantarse *3.* acostar, acostarse *4.* lavar, lavarse *5.* mirar, mirarse

F. Complete las frases con una preposición o *que* si es necesario *(8.1)*:

1. Íbamos _____ ir _____ ver _____ nuestros abuelos pero comenzó _____ llover. *2.* No te voy _____ invitar _____ bailar si no quieres _____ aprender _____ bailar bien. *3.* Debes _____ ir al museo _____ ver _____ los cuadros de Goya. *4.* Tenemos _____ enseñarte _____ respetar _____ tus profesores. *5.* No puedo _____ ayudarte _____ dejar _____ fumar si insistes _____ comprar más cigarrillos. *6.* Necesito _____ buscar _____ un regalo _____ dar _____ mi novia. *7.* Voy a esperar _____ el ómnibus porque no tengo dinero _____ pagar _____ un taxi.

G. Escriba una comparación usando la información a continuación *(3.7, 4.5 y 6.3)*:

1. Yo corrí mucho. Juan corrió poco.
2. Yo corrí una milla, y Juana corrió una milla también.
3. Compré dos pantalones y mi hermano compró dos también.
4. Mi tía tiene cuatro hijas y mi madre tiene cuatro hijas también.
5. Yo tengo veintidós años pero mi novia tiene veintitrés años. *(use* **mayor** *o* **menor** *en su respuesta)*

6. Este libro es muy bueno y el otro es muy malo.
7. María canta bien y Gumersinda canta mal.
8. Los programas del Canal 13 son buenos y los programas del Canal 8 son malos.
9. Trabajamos mucho y Uds. trabajan mucho también.
10. Esas revistas son malas pero aquellas revistas son horribles.

H. Usando los elementos a continuación, escriba una frase en superlativo *(3.8)*:

1. Javier/viejo   2. mujer/bella   3. Lisa/joven   4. jugadores/fuertes   5. sopa/buena
6. equipo/malo   7. Isabel/inteligente   8. ejercicio/fácil

I. Escriba la forma correcta del adjetivo demostrativo que está entre paréntesis *(4.7)*:

1. Dígame el precio de (ese) coches.   2. Quiero conocer a (aquel) mujer.   3. ¿Dónde se consiguen (este) blusas?   4. ¿Cómo se llama (aquella) hombre?   5. Déme (esas) cuaderno, por favor.   6. ¿Quiénes son los padres de (aquella) chicos?   7. Prefiero dormir en (estas) cuarto.   8. Mis padres me regalaron (esta) plato.

17.1 ¿**Llegaremos** tarde al concierto?
No, **llegaremos** temprano.

17.2 ¿A qué hora **saldrá** el tren de Madrid a Barcelona?
Saldrá a las nueve de la mañana.

17.3 ¿**Habrás terminado** tu trabajo antes de las nueve?
Sí, creo que lo **habré terminado**.

17.4 ¿Qué **tendrá** Mario ahora?
No sé; **estará** enfermo.

17.5 ¿Con quién **habrá venido** Enriqueta?
No sé; **habrá venido** con Rubén.

17.6 ¿**Por** quién **fue descubierta** América?
Fue descubierta por Cristóbal Colón.

17.7 Hace mucho tiempo que la catedral **está** terminada.
La catedral **fue** terminada por un arquitecto español.

vocabulario:

los espectáculos

EXPOSICIÓN GRAMATICAL

17.1 **¿Llegaremos** tarde al concierto?
No, **llegaremos** temprano.

¿Me **despertarás** tú mañana?

Sí, con todo gusto yo te **despertaré.**

¿**Comprarán** Uds. el abono para la temporada del año que viene?

Sí, **compraremos** el abono para toda la familia.

¿Cuánto dinero se **gastará** en la producción de esa obra?

No sé. La escenografía sola **costará** una fortuna.

¿Cuánto tiempo **estará** en cartel esa película?

Si tiene éxito, **estará** en cartel varias semanas.

Mamá, ¿**seré** rico y famoso?

Que **será, será.**

Los verbos de las frases de arriba son del **tiempo futuro.** Las desinencias del tiempo futuro son muy fáciles de recordar porque, con la excepción de **-éis,** son iguales que el presente de **haber** sin la letra **h-.**

Compare:

el presente de **haber**		*las desinencias del futuro*	
he	hemos	-é	-emos
has	habéis	-ás	-éis
ha	han	-á	-án

Con muy pocas excepciones, el infinitivo sirve de raíz para los verbos del tiempo futuro. Ejemplos:

comprar: Yo **compraré** dos entradas para la función de las nueve.
sentarse: Tú te **sentarás** con nosotros, ¿no?
quedarse: Miguel se **quedará** en casa con los niños.
estar: Nosotros **estaremos** en la tercera fila.
ver: Vosotros **veréis** una obra espectacular el domingo.
actuar: Algunos de nuestros mejores actores **actuarán** el domingo.

Todas las formas del tiempo futuro llevan acento menos la forma correspondiente a *nosotros*.

El Palacio de Bellas Artes, México, D.F.

práctica

A. Cambie la frase según los sujetos entre paréntesis:

María comprará dos boletos para la función de mañana.
(yo, Javier y yo, tú, nuestros padres, vosotros, Marisa)

B. Usando los elementos a continuación como punto de partida, describa sus planes (o los planes de otra persona) para el futuro:

mañana	ir al cine, comprar una entrada para ..., llamar a ...
la semana que viene	estudiar para un examen, estar en casa
el mes próximo	actuar en una obra de teatro, ir al dentista
el año que viene	graduarse, tomar una clase de ..., trabajar en ...
dentro de tres años	casarse, conseguir otro ..., viajar a ...
dentro de diez años	ser horriblemente rico/a, famoso/a por ...

17.2 ¿A qué hora **saldrá** el tren de Madrid a Barcelona?
Saldrá a las nueve de la mañana.

Todos los verbos en el tiempo futuro usan las mismas desinencias, pero algunos (muy pocos) tienen raíces irregulares. Estudie:

A. Las raíces irregulares de cinco verbos se derivan suprimiendo la vocal de la desinencia del infinitivo:

caber	**cabr-:**	**Cabrán** cinco en mi coche.
haber	**habr-:**	**Habrá** un concierto en el Teatro Cervantes.
poder	**podr-:**	¿**Podremos** ver una ópera este fin de semana?
querer	**querr-:**	¿Cuántos **querrán** comprar el abono de esta temporada?
saber	**sabr-:**	Después de un año con ese profesor, **sabrás** mucho.

B. Otras cinco reemplazan la vocal de la desinencia del infinitivo con una **d**:

poner	**pondr-:**	Me **pondré** a trabajar mañana temprano.
salir	**saldr-:**	¿Cuándo **saldrá** el anuncio sobre la nueva temporada?
tener	**tendr-:**	**Tendrás** que trabajar mucho para competir con ellos.
valer	**valdr-:**	**Valdrá** la pena ver esa obra.
venir	**vendr-:**	¿A qué hora **vendrán** sus amigos?

C. Y dos verbos tienen raíces totalmente irregulares:

decir	**dir-:**	No les **diré** nada porque no sabré nada.
hacer	**har-:**	¿Quién **hará** el papel de Don Juan en esa función?

Observe que el futuro de **hay** es **habrá**. Igual que en el caso de **hay**, **habrá** se usa en singular y en plural.

Nota: Ud. ya conoce una construcción gramatical que indica futuridad en el presente: **ir a + infinitivo** *(ver 5.7)*. Compare las equivalencias a continuación:

Voy a tener muchos hijos.	=	Tendré muchos hijos.
Muchos van a venir.	=	Muchos vendrán.
Vamos a poner la mesa.	=	Pondremos la mesa.

práctica ✺

A. Cambie las frases según los sujetos entre paréntesis:

1. Yo vendré temprano pero no podré quedarme mucho tiempo.
(mi primo, Héctor e Isabel, mi esposa y yo, tú, vosotros)

2. ¿A qué hora **saldrás** tú del trabajo?

(yo, tus empleados, el coreógrafo, Javier y yo, las chicas)

B. Ud. es un profeta y puede prever el futuro. Usando los elementos a continuación, anuncie el futuro de algunos de sus amigos:

Modelo: volar en escoba

Gumersinda volará a la luna en una escoba.

1. llegar a la luna   **2.** hacerse rico/a y famoso/a   **3.** casarse con un/a millonario/a
4. tener diez hijos   **5.** llegar a ser un/a bailarín/a famoso/a   **6.** salir en una telenovela
7. encontrar un dragón debajo de su cama   **8.** vivir en otro planeta   **9.** ser presidente del país   **10.** comer bombones toda la vida

---

17.3 ¿**Habrás terminado** tu trabajo antes de las nueve?
Sí, creo que lo **habré terminado.**

¿Te **habrá reparado** tu mamá el
disfraz para la mascarada?

Sí, lo **habrá reparado.**

¿**Habrán tenido** tus amigos tiempo
para comprar los refrescos?

Sí, ya los **habrán comprado.**

Los verbos de arriba son del **futuro perfecto.** Igual que en inglés, el futuro perfecto indica un evento futuro que tendrá lugar antes de otro evento futuro.

El futuro perfecto se forma con **el futuro de haber** + **un participio**:

Yo	**habré**	terminado	la tarea antes de la medianoche.
Tú	**habrás**	visto	a tu novia antes de la clase.
Juan	**habrá**	llegado	antes que nosotros.
Nosotros	**habremos**	leído	el periódico antes del mediodía.
Vosotros	**habréis**	viajado	por todo el país antes del invierno.
Los alumnos	**habrán**	repasado	todo el libro antes del examen.

práctica ❋

Cambie las frases según los sujetos entre paréntesis:

1. Mario se habrá ido antes del mediodía.
(los estudiantes, el mecánico, yo, mis amigos y yo, vosotros)
2. Yo se lo habré dicho antes de la clase.
(nosotros, el profesor, los otros alumnos, tú, Mario y Ud.)

17.4 ¿Qué **tendrá** Mario?
No sé; **estará** enfermo.

¿Dónde **estará** Juan?	= Me pregunto dónde está Juan.
No sé; **estará** en la sala.	= No sé; probablemente está en la sala.
	También: Debe estar en la sala.
¿**Será** difícil el examen?	= Me pregunto si el examen es difícil.
No sé; **será** fácil probablemente.	= No sé; será fácil.
	También: Debe ser fácil.
Esas blusas **costarán** muy caro.	= Esas blusas probablemente cuestan muy caro.
	También: Esas blusas deben costar muy caro.

El tiempo futuro también se usa para indicar **probabilidad** o **conjetura** en el presente. El contexto de la frase indica el significado. Las frases de ambas columnas de arriba son más o menos equivalentes.

práctica ✳

Conteste las preguntas a continuación según el modelo:

Modelo: ¿Quién tiene las llaves? (Javier)
 No sé; las tendrá Javier.

1. ¿Quién sabe la respuesta? (las chicas) *No sé; la sabrán las chicas.*
2. ¿Dónde está Mario? (con su novia)
3. ¿Quién es ese señor? (el hermano de Luisa)
4. ¿Dónde guarda el Sr. Scrooge su dinero? (debajo de la cama)
5. ¿Dónde viven los López? (en el centro)
6. ¿Quién puede entrar por la ventana? (Ricardito)
7. ¿Qué leen los niños? (las historietas) *broma*
8. ¿Quién está volando a la luna en una escoba? (Gumersinda)

17.5 ¿Con quién **habrá venido** Enriqueta?
No sé; **habrá venido** con Rubén.

¿Quién me **habrá robado** el paraguas?	= Me pregunto quién me robó el paraguas.
Se lo **habrá robado** alguien que no quería mojarse.	= Probablemente se lo robó alguien que no quería mojarse.
¿Por qué **habrán hecho** el anuncio hoy?	= Me pregunto por qué han hecho el anuncio ahora.
Lo **habrán hecho** hoy para hacer publicidad.	= Probablemente lo han hecho hoy para hacer publicidad.
¿En qué año **habrá muerto** Pancho Villa?	= Me pregunto en qué año murió Pancho Villa.
Villa **habrá muerto** durante los años veinte.	= Villa probablemente murió durante los años veinte.

El futuro perfecto expresa **probabilidad** o **conjetura** con respecto a eventos correspondientes al pretérito o al pretérito perfecto. Las frases de ambas columnas de arriba son más o menos equivalentes.

práctica ✳

A continuación está hablando una persona que está muy segura de su memoria. A Ud. le corresponde indicar que las cosas no están tan claras como esa persona las describe. Siga el modelo:

Modelo: Colón descubrió América a las tres de la tarde.
 Colón habrá descubierto América a las tres de la tarde.

1. El profesor de sociología preparó un examen incomprensible.
2. Lola hizo una llamada telefónica.
3. Los alumnos salieron temprano del examen.

4. Ese coche costó una fortuna.
5. Esa señora tuvo tres hijos en tres años.
6. Los Quevedo fueron al ballet.
7. Rodolfo y Angel compraron el abono para la temporada de este año.
8. Jaime se enamoró de Claudia.
9. Luisa pagó el doble por esos boletos.
10. Gumersinda tomó una barbaridad.

17.6 ¿**Por** quién **fue descubierta** América?
Fue descubierta por Cristóbal Colón.

Los cocineros prepararán la comida para mañana.	La comida **será preparada por** los cocineros.
Manuel escribió ese artículo sobre el teatro en México.	Ese artículo sobre el teatro en México **fue escrito por** Manuel.
Borges escribió esos versos.	Esos versos **fueron escritos por** Borges.
Luisa Fernández dirigirá las escenas principales.	Las escenas principales **serán dirigidas por** Luisa Fernández.

Las frases de la primera columna de arriba son ejemplos de la **voz activa**. En la voz activa el sujeto **hace la acción**.

Las frases de la segunda columna de arriba son ejemplos de la **voz pasiva**. En la voz pasiva el sujeto **recibe la acción**.

La voz pasiva consiste en **ser** + **participio**. Observe que el verbo **ser** concuerda con el sujeto y que el participio funciona igual que un adjetivo correspondiente al sujeto. Compare:

El	**guión**	**fue**	**escrito**	por el Dr. Sánchez.
La	**obra**	**fue**	**escrita**	por Lope de Vega.
Los	**programas**	**fueron**	**escritos**	por Marta Anchorena.
Las	**reseñas**	**fueron**	**escritas**	por mi amigo Efraín.

Nota: La voz pasiva es *menos* frecuente en español que en inglés. Ocurre casi siempre en el **pretérito** o en el **futuro**. Es muy infrecuente en el presente.

práctica ❋

Cambie las frases a continuación de la voz activa a la voz pasiva. Siga el modelo:

Modelo: Pepito tiró la pelota.
La pelota fue tirada por Pepito.

1. Luisa escribió el guión para esa telenovela.
2. Holt, Rinehart and Winston publicó este libro.
3. Lope de Vega escribió más de cuatrocientas comedias.
4. Victoria Ocampo editó las reseñas.
5. Alicia de Larrocha interpretará una sonata de Mozart.
6. Don Aníbal pronunciará el discurso principal.
7. Claudia tradujo varios sainetes populares.
8. Eduardo Matos dirigirá la orquesta.
9. Richard Burton representará el papel de Hamlet.
10. La gerencia canceló la función de hoy.

17.7 Hace mucho tiempo que la catedral **está** terminada.
La catedral **fue** terminada por un arquitecto español.

El proyecto no **estaba** terminado cuando se murió el director.
El proyecto **fue** terminado por los asistentes del director.

Me dijeron que los manuscritos no **estaban** revisados.
Los manuscritos **fueron** revisados por la esposa del autor.

La cena no **estaba** preparada cuando vinieron mis tías.
La cena **fue** preparada por mis tías.

La casa fue construida
por tres carpinteros.

La casa estaba
construida de ladrillo.

Las niñas **estaban** muy bien vestidas para la ceremonia.
Las imágenes de la iglesia **fueron** vestidas por las monjas.

La coreografía **está** muy bien hecha.
La coreografía **fue** hecha por una amiga de Manuel.

Estar con un participio indica un **estado** o una **condición**. **Ser** con un participio indica una **acción**.

Estudie:

Jorge estaba **acostado**, pero no sé si estaba **dormido**.
En esa foto, mi abuela está **sentada** y mi abuelo está **parado**.
Los obreros están **reclinados** contra la pared.
Los fieles están **arrodillados** cuando rezan.
Un cuadro estaba **colgado** en la pared.

Estar + participio se usa a veces para indicar un **estado físico**. Se traduce al inglés con el gerundio.

Jorge está acostado. Su esposa está dormida.

La mujer está sentada, y el hombre está parado.

práctica ✳

Usando su imaginación, describa lo que se ve cuando se corre el telón. Use los elementos a continuación como punto de partida:

un cuarto	arreglado, desarreglado, recien pintado, decorado con gusto
las ventanas, la puerta	cerrado, abierto
el televisor, un cuadro	encendido, subido de volúmen, colgado en la pared
varias personas	sentado en un sillón (en el piso, en el sofá), acostado en el sofá (en el piso, debajo de la mesa)
un hombre	parado, arrodillado ante otra persona
una mujer	dormido, reclinado contra la pared
un joven	aburrido, animado, cansado, parado, sentado
una joven	bien vestido, mal vestido, bien arreglado, mal arreglado, reclinado contra la pared, sentado solo
un tocadiscos	prendido, descompuesto, subido de volumen
una mesa	cubierto de paquetes (de papeles, de cajas, de botellas)
un perro	recostado, reclinado, dormido, cansado, aburrido
un radio	apagado, prendido

EJERCICIOS ESCRITOS

1. (a) Ponga las frases a continuación en el **tiempo futuro** (17.1):

1. Yo me levanto a las seis. **2.** No nos gusta esa obra. **3.** Es imposible conseguir entradas. **4.** Mi esposa me las compra. **5.** Eres un buen dramaturgo. **6.** Lo vemos con frecuencia. **7.** Vosotros leéis el guión primero. **8.** Esos muchachos no actúan hasta la semana que viene.

(b) Conteste las preguntas a continuación:

1. ¿Adónde irás esta noche? **2.** ¿Qué carrera seguirá tu mejor amigo? **3.** ¿Qué aprenderán Uds. en la clase de mañana? **4.** ¿Cómo se llama la obra que verás próximamente? **5.** ¿Cuánto dinero se gastará en Washington este año? **6.** ¿A qué hora te despertarás mañana? **7.** ¿Quién te explicará todos los usos del subjuntivo? **8.** ¿Cuándo te casarás?

2. (a) Ponga las frases a continuación en el **tiempo futuro** (17.2):

1. Ellos vienen más tarde. **2.** ¿Cuántos caben en ese coche? **3.** Todos quieren venir. **4.** Podemos hacer algo por Uds. **5.** ¿A qué hora sale el tren? **6.** Yo siempre digo la verdad. **7.** ¿Qué haces ahora? **8.** Hay demasiado trabajo en esta clase. **9.** Nos ponemos a trabajar más tarde. **10.** Esa obra realmente vale la pena.

(b) Conteste las preguntas a continuación:

1. ¿Con quién vendrás a clase mañana? **2.** ¿A qué hora saldrán Uds. de su próxima clase de español? **3.** ¿Podrás ayudarme con la tarea? **4.** ¿Quién querrá casarse contigo? **5.** ¿Cuándo habrá otra guerra mundial? **6.** ¿Qué hará tu profesor/a si no haces la tarea? **7.** ¿Qué ropa te pondrás durante el próximo verano? **8.** ¿Qué tendrás que hacer para aprender las formas del tiempo futuro? **9.** ¿Cuándo dirás la verdad, toda la verdad y nada menos que la verdad? **10.** ¿Cuánto valdrá una buena casa en tu ciudad el año próximo?

3. Conteste las preguntas a continuación con frases completas (17.3):

1. ¿A qué hora habrás terminado la tarea de hoy?
2. ¿Qué habrá preparado tu profesor/a antes de la clase de mañana?
3. ¿Qué películas habrán visto Uds. antes de la semana que viene?
4. ¿Se habrá anunciado tu nota antes del final del semestre?
5. ¿Habrán estudiado Uds. todos los elementos básicos de la gramática española antes del final de este semestre?
6. ¿Qué habrán aprendido Uds. antes de terminar este curso?

4. **(a)** Escriba un equivalente en español para cada una de las frases a continuación, usando el tiempo futuro para indicar probabilidad (17.4):

1. Me pregunto si la aspirina nos hace daño. **2.** Probablemente no nos hace daño. **3.** Me pregunto si mis padres saben dónde estoy. **4.** Probablemente hay una buena banda en ese bar. **5.** Me pregunto si el periódico de hoy lleva la reseña. **6.** La luz probablemente no está funcionando. **7.** Me pregunto si el mismo actor hace el papel de Don Quijote. **8.** Las entradas deben costar una barbaridad.

(b) Conteste las preguntas a continuación; conserve la idea de probabilidad en su respuesta:

1. ¿Qué estará haciendo su profesor/a en este momento? **2.** ¿Con quién estará tu novio/a en este momento? **3.** ¿Será buena la próxima película de Jane Fonda? **4.** ¿Qué pensarán los monos de los hombres? **5.** ¿Será cierto todo lo que dijo Freud? **6.** ¿Habrá mejor teatro en Nueva York que en París? **7.** ¿Habrá seres humanos en otros planetas? **8.** ¿Quiénes sabrán el futuro de la humanidad?

5. Escriba un equivalente en español para cada una de las frases a continuación usando el futuro perfecto (17.5):

1. Me pregunto quién dirigió la obra.
2. Me pregunto quién escogió a esos actores.
3. Probablemente vendieron todos los boletos.
4. Me pregunto si se ha descubierto todo el petróleo que hay en Texas.
5. Me pregunto quién se disfrazó de payaso.
6. Probablemente fue Mario.

7. Me pregunto cuánto hemos aprendido hoy.
8. Mis compañeros probablemente no consiguieron entradas.
9. Me pregunto por qué no se sentaron en la primera fila.
10. Probablemente se quedaron en el balcón.

6. Escriba la forma correcta del verbo que está entre paréntesis en la voz pasiva en el tiempo pretérito (17.6):

1. Esos murales (pintar) por Diego Rivera. 2. Ese aparato (inventar) por Edison. 3. La ventana (abrir) por la sirvienta. 4. Esas actrices (escoger) por el director. 5. Esa obra (descubrir) por un profesor de aquí. 6. El guión (escribir) por un amigo mío.

7. (a) Complete las frases a continuación con **fue, fueron, estaba** o **estaban** según el contexto de la frase (17.7):

1. _____ muy bien guisada la carne. 2. La casa no _____ terminada cuando tuvimos que ocuparla. 3. La puerta _____ cerrada por el guarda a las diez en punto. 4. Las luces no _____ encendidas cuando me fui. 5. Pudimos entrar porque la puerta no _____ bien cerrada. 6. Nuestra calle _____ pavimentada el año pasado por el gobierno municipal. 7. Algunos chicos _____ parados y otros _____ acostados. 8. Los pasteles _____ traídos por mi gran amiga, Hortensia.

(b) Describa el resultado de las acciones a continuación con una forma de **estar** y el **participio**. Siga el modelo:

Modelo: María se sentó.
María está sentada.

1. Javier se durmió. 2. Juan se paró. 3. Terminaron la catedral. 4. María arregló su cuarto. 5. Mario se disfrazó de payaso. 6. Josefina colgó un cuadro en la pared. 7. El coche se descompuso. 8. El director encendió las luces. 9. La actriz se vistió de hombre. 10. Hicieron bien el programa.

LECTURA
una noche de teatro

escena I

En la casa de Jacinto y Beatriz Meza:

Beatriz: Apúrate Jacinto, que ya es tarde. Hace horas que te estoy esperando.

Jacinto: No exageres. Tú sabes muy bien que quiero estar bien arreglado ya que me llevas tan poco al teatro.

Beatriz: No empieces. Yo te he llevado al teatro mucho más seguido que las esposas de tus amigos y no me digas que no. Vámonos. Los críticos le han dado buena crítica a la obra, y quiero verla desde el principio.

escena II

Beatriz: ¡Demonios! No hay estacionamiento. ¿Por eso pagamos tanto impuesto? ¿Para no tener estacionamiento?

Jacinto: Es por eso que yo quería venir en el metro, pero tú tuviste que traer el coche.

Beatriz: Pero ¿qué crees—que hemos comprado el coche para dejarlo en casa como un adorno más?

Jacinto: Está bien; sólo quiero que no me eches la culpa por haber llegado tarde a la **función**.

función: el espectáculo de una hora específica

Un cartel de teatro

escena III

*Más adelante en el teatro. La obra ya ha comenzado. Beatriz y Jacinto buscan sus asientos. **Mientras tanto**, se oyen las voces de los actores:*

mientras tanto: durante el mismo tiempo

los actores: —*María, te quiero—locamente. Te he querido desde ese primer momento en que te vi.*
—*Ay, Juan. No me hables así. Sabes que soy casada y que en mi vida no puede haber más que mi marido.*

Beatriz: Estamos en la fila H, asientos 38 y 39. Ah. Aquí estamos. Con permiso señores. *(Empiezan a entrar en la fila.)*

Voz I: Nunca falta alguien que llega tarde.

los actores:	—*Pero María, ¿te casaste por amor? ¡¿Por amor?! Dime de una vez que quieres a tu marido y me callo para siempre.* —*Juan ... el matrimonio es más que el amor. Es el deber, es la responsabilidad, es...*
Voz II:	¡Ey, gordo! Sáqueme el pie de encima, que Ud. no es de **corcho**.
Jacinto:	¿Oíste Beatriz como ese **grosero** acaba de insultarme? ¿Vas a permitir que la gente hable así a tu marido?
Beatriz:	Por favor, Jacinto. No me metas en **líos**. *(A un señor sentado)* Perdóneme señor, pero Uds. están en nuestros asientos. Obviamente se han equivocado de lugar.
Señor:	Obviamente nada. Hemos comprado el **abono** y siempre nos sentamos aquí.
los actores:	—*Pero María, se vive solamente una vez y sin el amor no hay nada.* —*Ay Juan, no me digas eso. Llevo una vida tan difícil y tan dura ... yo ... la* **desdichada**.
Beatriz:	Pues aquí tengo los boletos y dicen claramente que los asientos 38 y 39 de la fila H son nuestros. ¿No sabe Ud. leer?
Señor:	La que no sabe leer es Ud., **analfabruta**.
los actores:	—*No llores, María. Por favor, no llores. Aquí estoy. Jamás te voy a abandonar.* —*Por favor, Juan, no me toques. Si nos ven...*
Acomodador:	¿Qué pasa aquí? ¿Por qué tanto escándalo?
Beatriz:	Esos señores nos han robado nuestros asientos.
Señor:	No hemos robado nada. Lo que pasa es que esa señora y su marido han llegado tarde y quieren quitarnos nuestros asientos.
Acomodador:	¿Me permiten los boletos por favor?
Voz IV:	Sálganse del medio, por favor, que Uds. no son de vidrio.
los actores:	—*Ay María, no sabes cuánto tiempo hace que tengo ganas de abrazarte, de besarte, de sentirte cerca. Te adoro ...* —*Ay Juan. Cuando me tocas siento no sé qué cosa ...*

corcho: material para tapar botellas de vino / **grosero:** vulgar, maleducado / **líos:** problemas, dificultades

abono: serie de obras de teatro, de ópera, etc.

desdichado: malafortunado

analfabruta: una palabra compuesta de *analfabeto* (uno que no sabe leer) y *bruto*. No es una palabra de diccionario.

Acomodador:	*(A Beatriz)* Señora, Ud. se ha equivocado de fecha. Estos boletos eran para la función de hace una semana.
Beatriz:	Eso no puede ser. La chica de la **taquilla** me dijo que eran para hoy. Yo voy a exigir que me devuelvan mi dinero. ¡Eso es una **estafa**!
Acomodador:	Ud. puede exigir todo lo que quiera, pero no aquí. Hablemos en el pasillo.
Jacinto:	¡Uy! ¡Beatriz! Alguna perversa acaba de **pellizcarme**. ¿Vas a permitir que una grosera eche mano a tu marido?
Beatriz:	Por favor, Jacinto. Aquí no es el lugar para hacer teatro. Vámonos.
los actores:	—María, no me abandones nunca. —Juan, Juan, Juan ...

taquilla: donde se venden boletos / **estafa**: robo; del verbo **estafar**

pellizcar: apretar entre dedos

preguntas ❋

1. En una telenovela o comedia de situaciones, ¿qué papeles *(roles)* suelen corresponder al hombre y a la mujer?
2. Describa el papel que hacen Beatriz y Jacinto. ¿Son típicos del estéreotipo?
3. ¿Por qué quiere Jacinto estar bien arreglado?
4. ¿Por qué ha traído Beatriz su coche?
5. ¿Por qué dice uno de los espectadores que Jacinto no es de corcho?
6. ¿Por qué cree Beatriz que no se ha equivocado de lugar?
7. ¿Qué es un analfabruto?
8. ¿Quién se ha equivocado? ¿Por qué?
9. ¿Por qué dice uno de los espectadores que Beatriz y su marido no son de vidrio?
10. ¿Cómo contrasta la obra de teatro con la experiencia de Beatriz y su marido?

creación ❋

Con un grupo de sus compañeros de clase, prepare un episodio de su telenovela favorita (o menos favorita). Algunas ideas:

1. Un médico descubre que uno de sus pacientes es en realidad su padre, que abandonó a su madre cuando el médico era joven, así que el médico lo odia y no quiere atenderlo, sin saber que el padre perdió la memoria en un accidente y que ha pasado la vida tratando de recuperarla, y que mientras tanto se ha hecho increíblemente rico y no tiene herederos, y si su hijo lo acepta, será increíblemente rico también, y podrá pasar el resto de su vida comiendo bombones y golosinas.
2. Una enfermera descubre que su novio, que es un médico joven, no está enamorado de ella sino de su mejor amiga que detesta a todos los médicos y no quiere hacer más que cuidar a su canario. Mientras tanto, la primera enfermera se da cuenta de que el supervisor del joven médico también está enamorado de la chica que tiene el canario, y piensa escribir un informe negativo contra el médico joven porque prefiere no competir con un hombre más joven, pues tiene suficientes problemas con los canarios. Y mientras tanto, ¿qué pasa con los pacientes?

VOCABULARIO

los espectáculos y las diversiones

sustantivos

abono
asiento
balcón
ballet
canal
circo
coreografía
crítica
disfraz (el)
entrada = boleto
episodio
escenario

escenografía
estacionamiento
estreno
fila
guión
historietas
ópera
obra de teatro
orquesta
película

platea
programa (el)
público
reseña
sainete (el)
taquilla
telenovela
telón
temporada

personajes

acomodador/a
actor
actriz
bailarín
bailarina

coreógrafo
director/a
dramaturgo

guionista
payaso

expresiones verbales

actuar
arrodillarse
caber
cancelar
censurar
colgar (ue)
criticar
dirigir
disfrazar, disfrazarse

editar
estacionar, estacionarse
estar en cartel
estrenar
hacer el papel de
interpretar
maquillar, maquillarse
pararse

reclinar, reclinarse
representar
reseñar
revisar
valer la pena

otras expresiones

mientras tanto

parado

18.1 **Dudo** que **venga** mi madre hoy.
Creo que **viene** mañana.

18.2 **Tal vez vengan** mis primos hoy.
Quizás no **sepan** donde vivo.

18.3 ¿Conoces a **alguien** que **sea** millonario?
Sí, conozco a **alguien** que **es** millonario.

18.4 ¿Cuál era tu coche, **ése** o **aquél**?

18.5 **Una de mis hermanas** está allí.
Una hermana mía está allí.

18.6 **La casa mía** es blanca.
La mía es blanca.

vocabulario:

la literatura y la lectura

EXPOSICIÓN GRAMATICAL

18.1 Dudo que venga mi madre hoy.
Creo que viene mañana.

¿Crees que Juan **conozca** los cuentos de Borges?	Sí, **creo** que los **conoce**. No, **no creo** que los **conozca**.
¿Piensan Uds. que Carlos Fuentes **sea** un buen novelista?	Sí, **pensamos** que **es** excelente. **No pensamos** que **sea** malo.
¿Dudas que esta antología **incluya** poemas de Pablo Neruda?	No, no **dudo** que **incluya** algunos de los más conocidos.
¿Dices que esa novela te **parece** tonta?	No, **no digo** que me **parezca** tonta. Sólo **digo** que me **parece** simplista.
¿Saben Uds. que ese artículo **es** un plagio?	**No es que** lo **sepamos**, pero lo sospechamos.
¿Niegan Uds. que mi argumento **tenga** validez?	Sí, **negamos** que **sea** válido.

Ud. ya sabe que el subjuntivo se usa en casos de **influencia** y después de muchas **expresiones impersonales** *(ver 14.2, 14.3 y 14.6)*.

El subjuntivo también se emplea cuando la cláusula principal indica **inseguridad, duda** o **negación** con respecto a la información dada en la cláusula subordinada. Las expresiones a continuación expresan inseguridad, duda o negación:

1. **Creer** y **pensar** en una pregunta:

¿Crees que Javier te **reconozca** después de tantos años?
¿Piensas que Lola **sepa** el nombre de ese autor?

2. **No creer** y **no pensar**:

No creo que esa novela **tenga** una trama interesante.
No pensamos que **hayan gastado** su dinero inútilmente.

3. **Dudar**:

Dudo que le **den** el Premio Nobel.
Dudamos que ella lo **haya escrito** por sí misma.

4. **No decir que**:

No decimos que **sea** imposible sino difícil.

5. **No es que**:

   No es que yo no **tenga** ganas de leer más; el problema es que no tengo tiempo.

6. **Negar**:

   Negamos que esa máquina de escribir **sea** la mejor.
   Niego que esa obra **sea** un plagio.

Sé que es María.

Dudo que sea María.

Niego que sea María.

El uso del subjuntivo en casos de probabilidad, duda y negación se puede indicar con una escala de probabilidades:

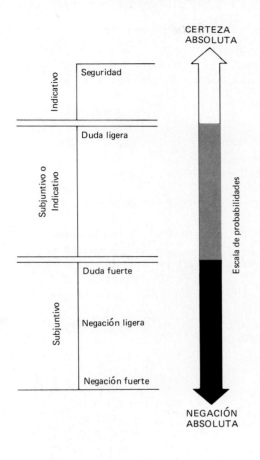

CERTEZA ABSOLUTA

Seguridad — Indicativo

Duda ligera

Subjuntivo o Indicativo

Escala de probabilidades

Duda fuerte

Negación ligera — Subjuntivo

Negación fuerte

NEGACIÓN ABSOLUTA

Sé que ellos no **tienen** nada.
Estoy segura de que no lo **sabe**.

No dudo que lo **tiene**.

No dudo que lo **tenga**.
¿Crees que **llega** tu amigo a tiempo?

¿Crees que **llegue** tu amigo a tiempo?
No creo que tú **eres** la persona más indicada.
No creo que tú **seas** la persona más indicada.
Dudo mucho de que ellos lo **hagan**.

No decimos que **sea** imposible sino fácil.

No es que no lo **pueda** hacer sino que no lo quiere hacer.
Niego terminantemente que mi hermano **sea** culpable.

práctica

A. Conteste las preguntas según las indicaciones que están entre paréntesis. Siga el modelo:

Modelo: ¿Sabes si viene Isabel? (no creo)
            No creo que venga.

1. ¿Saben ellos la verdad? (dudamos mucho)   *2.* ¿Es muy difícil el subjuntivo? (No digo)
3. ¿Miente mucho el gobernador? (niego)   *4.* ¿Hacen ellos mucho esfuerzo para aprender? (su profesor dice)   *5.* ¿Ganará X en las próximas elecciones? (no creo)   *6.* ¿Es demasiado difícil el español? (niego)   *7.* ¿Es John Updike un buen escritor? (creo)
8. ¿Ganará X el Premio Nobel? (no creo)

B. Ud. quiere explicar a un amigo sus opiniones (o la opinión de otra persona) sobre escritores, libros, periódicos, reporteros, etc. Use los elementos a continuación como punto de partida:

Creo que	(nombre de un/a novelista o poeta)	ser un/a buen/a escritor/a
No creo que	(nombre de un libro)	ser una buena (mala, mediocre) novela
Pienso que	(nombre de un/a periodista)	saber mucho sobre …
Estoy seguro de que	(nombre de un/a crítico/a de cine)	estar ciego/a
No digo que	(nombre de un/a crítico/a de música)	estar sordo/a
No pienso que	(nombre de un periódico)	publicar cosas interesantes
Dudo que	(nombre de una revista)	contener mucha información útil
Niego que	(nombre de un/a reportero/a de deportes)	decir la verdad sobre … escribir bien tener prejuicios a favor (en contra) de … saber poco sobre …

18.2 **Tal vez lleguen** mis primos esta tarde.
Quizás no **sepan** dónde vivo.

No sé quién es. **Tal vez** Javier lo **conozca.**
Juan es casi un millonario. **Quizás** él te **preste** el dinero.
Quizá vengan tus amigos más adelante.
Ese señor parece importante. **Posiblemente sea** el alcalde.
Si no tienes tu llave, **probablemente** te **den** otra.

Se puede usar el subjuntivo en una cláusula principal después de **tal vez, quizás, quizá, posiblemente** y **probablemente** porque son **expresiones de inseguridad**.

Estudie:

Mariana dice que lo **terminará** mañana.
Espero que lo **termine** mañana.

Creo que Jaime **vendrá** mañana.
No creo que Jaime **venga** mañana.

Estoy seguro de que Javier **llegará** a tiempo.
Dudo que Javier **llegue** a tiempo.

Le **darán** el premio municipal por ese poema.
Posiblemente le **den** el premio municipal por ese poema.

Es verdad que mi artículo **saldrá** dentro de dos meses.
Es posible que mi artículo **salga** dentro de dos meses.

El **presente del subjuntivo** reemplaza el futuro en casos de **influencia, inseguridad, duda** o **negación** y después de muchas **expresiones impersonales**.

práctica ✳

Conteste las preguntas a continuación con **tal vez** o **quizás**. Siga el modelo:

Modelo: ¿Tiene tu hermano el anillo?
No sé. Tal vez lo tenga.

1. ¿Dicen la verdad tus amigos? *2.* ¿Vendrán temprano tus padres? *3.* ¿Habrá mucha gente en el teatro? *4.* ¿Te prestará sus apuntes tu novio/a? *5.* ¿Hay lugar para todos nosotros? *6.* ¿Están dormidos los jugadores?

18.3 ¿Conoces a **alguien** que **sea** millonario?
Sí, conozco a **alguien** que **es** millonario.

¿Conoce Ud. a **alguien** que **tenga** las Obras Completas de Cervantes?

Sí, conozco a **alguien** que las **tiene**.

No, no conozco a **nadie** que las **tenga**.

¿Buscan los alumnos un **libro** que **contenga** esa entrevista?

Sí, buscan un **libro** que la **contenga**.

No, porque ya tienen un **libro** que la **contiene**.

¿Hay alguna **persona** en el universo que **entienda** el amor?

Sí, tengo un **profesor** que lo **entiende** perfectamente.

No, no hay **nadie** que lo **entienda** totalmente.

Las oraciones de arriba contienen **cláusulas adjetivales**. Una cláusula adjetival modifica un **sustantivo** y casi siempre empieza con **que**. El sustantivo modificado se llama el **antecedente**.

Compare:

Busco un coche **bueno**.

*Coche es el **antecedente** de **bueno**.*

Busco un coche **que sea bueno**.

*Coche es el **antecedente** de **que sea bueno**.*

El subjuntivo se usa en una cláusula adjetival en dos casos:

1. Cuando hay **duda** sobre la existencia del antecedente; es decir, el antecedente no es **específico**:

¿Conoces a alguien que sepa español?

*Para el hablante, el antecedente, **alguien**, no se refiere a una persona específica. Por lo tanto, se usa el subjuntivo.*

Sí, conozco a alguien que lo sabe perfectamente.

*Para el hablante en este caso, **alguien** se refiere a una persona específica, y se usa el indicativo.*

Busco un perro que me pueda proteger la casa.

*El antecedente, **perro**, no es específico, y se usa el subjuntivo.*

Busco a un niño que tiene pelo rojo y ojos azules. Es mi hijo y creo que se ha perdido.

El hablante está pensando en un niño específico que es su hijo.

2. Cuando el antecedente de la cláusula es **negativo**. El uso del subjuntivo en estos casos corresponde a la idea de **negación**:

No conozco a nadie que tenga un estilo más refinado que el de Borges.
No hay ningún artículo sobre ese tema que sea totalmente objetivo.
No tengo nada que te pueda interesar.

práctica ✳

A. Describa a un/a amigo/a real o ideal. Use los elementos a continuación como guía:

Tengo un/a amigo/a que ...
Necesito un/a amigo/a que ....

tener un coche imponente.
me comprender a la perfección.
saber hablar de arte y literatura.
escribir bien a máquina.
haber viajado por Europa.
entender bien el subjuntivo.
siempre estar de acuerdo conmigo.
tener mucha paciencia con personas como
    yo.
ser generoso/a con sus amigos.
no tener novio/a.
querer ser escritor/a.
me conocer bien.

B. Conteste las preguntas a continuación dos veces, primero en afirmativo y después en negativo. Siga el modelo:

Modelo: ¿Conoces a alguien que venda bombones?
    Sí, conozco a alguien que vende bombones.
    No, no conozco a nadie que venda bombones.

1. ¿Tienes un amigo que duerma en el piso?   **2.** ¿Sabes de una librería que venda libros extranjeros?   **3.** ¿Hay un autobús que vaya al centro?   **4.** ¿Conoces a alguien que sepa ruso?   **5.** ¿Conoces a alguien que haya escrito un cuento?   **6.** ¿Sabes de algo que me pueda ayudar?

18.4 ¿Cuál es tu coche, **ése** o **aquél**?

Señor Sosa, **este joven** es mi amigo Nacho.	Señor Sosa, **éste** es mi amigo Nacho.
Javier, **esta señorita** es mi prima Isabel.	Javier, **ésta** es mi prima Isabel.
Prefiero **estos zapatos** aquí.	Prefiero **éstos** aquí.
Quiero ver **estas fichas**.	Quiero ver **éstas**.
Quiero comprar **ese diccionario**.	Quiero comprar **ése**.
Necesito comprar **esa máquina de escribir**.	Necesito comprar **ésa**.
Pienso repasar **esos apuntes**.	Pienso repasar **ésos**.
¿Vas a usar todas **esas fichas**?	¿Vas a usar todas **ésas**?
Aquel edificio es el palacio municipal.	**Aquél** es el palacio municipal.
¿Conoce Ud. a **aquella mujer**?	¿Conoce Ud. a **aquélla**?

No reconozco a **aquellos hombres**.

Aquellas montañas son las más altas del hemisferio.

No reconozco a **aquéllos**.

Aquéllas son las más altas del hemisferio.

Este, ese, aquel y sus formas femeninas y plurales en la primera columna de arriba son los **adjetivos demostrativos** que Ud. ya sabe *(sección 4.7)*. En la segunda columna se omite el sustantivo y las mismas palabras funcionan como **pronombres demostrativos**. Note que llevan **acento escrito** cuando funcionan como **pronombres**.

Estudie:

¿Qué es **esto**?
¿Qué es **eso**?
¿Qué es **aquello**?

¿Qué son **estos**?
¿Qué son **esos**?
¿Qué son **aquellos**?

Las palabras en negrilla son **pronombres demostrativos neutros**. Se usan en una pregunta cuando no se sabe el género *(masculino o femenino)* de algo.

Un quiosco de revistas y periódicos

Estudie:

Hay mucha gente en el mundo que tiene hambre. **Esto** nos parece triste.
Mi hijo no ahorra dinero nunca. **Eso** me parece absurdo.
Tienes que ver el circo de Moscú. **Aquello** es todo un espectáculo.

Esto, eso y **aquello** también pueden representar un pensamiento, un evento, una acción, o una idea abstracta porque las ideas, los pensamientos y los eventos no tienen género.

práctica ✳

Un estudiante hace preguntas sobre varios objetos de la clase—libros, artículos de ropa, etc., y otros estudiantes contestan las preguntas según el modelo:

Modelo: ¿De quién son los libros?
Este es de María, ése es de Javier y aquél es de Ana.
o Estos son de María, ésos son de Javier y aquéllos son de Ana.

Objetos posibles: zapatos, libros, papeles, cuadernos, blusas, etc.

18.5 **Una de mis hermanas** está allí.
Una hermana mía está allí.

Mi perro es menos feroz que **tu perro**.	**El perro mío** es menos feroz que **el perro tuyo**.
Mi vida es más complicada que **tu vida**.	**La vida mía** es más complicada que **la vida tuya**.
Mis padres son más estrictos que **tus padres**.	**Los padres míos** son más estrictos que **los padres tuyos**.
Mis clases no son tan interesantes como **tus clases**.	**Las clases mías** no son tan interesantes como **las clases tuyas**.
Su casa es más grande que **nuestra casa**.	**La casa suya** es más grande que **la casa nuestra**.
Vuestras flores son más lindas que **nuestras flores**.	**Las flores vuestras** son más lindas que **las flores nuestras**.
Uno de mis amigos conoce a **uno de tus amigos**.	**Un amigo mío** conoce a **un amigo tuyo**.
Tuvimos que hablar con **varios de nuestros compañeros**.	Tuvimos que hablar con **varios compañeros nuestros**.

El español tiene dos formas de **adjetivos posesivos: posesivos simples** y **posesivos enfáticos.** Los adjetivos posesivos que se ven en la segunda columna de arriba son **posesivos enfáticos** y se usan **después del sustantivo** que modifican.

mío	tuyo	suyo	nuestro	vuestro
mía	tuya	suya	nuestra	vuestra
míos	tuyos	suyos	nuestros	vuestros
mías	tuyas	suyas	nuestras	vuestras

Note que **nuestro/a/os/as** y **vuestro/a/os/as** son **simples** y **enfáticos**, y se usan antes y después del sustantivo.

Estudie:

El coche azul es mío; no es tuyo.
La flores amarillas son nuestras y las rosas son tuyas.
Esos papeles son míos; no son tuyos.

Después del verbo **ser**, muchas veces se omite el artículo definido.

práctica

A. Cambie las frases a continuación según los modelos:

Modelo: tu amigo → *el amigo tuyo*
uno de mis amigos → *un amigo mío*

1. nuestro problema **2.** algunos de mis compañeros **3.** tus hijas **4.** mis artículos **5.** una de mis tías **6.** muchos de mis colegas **7.** su moto **8.** tres de mis hermanos **9.** esa amiga de Uds. **10.** ninguna de mis hijas

B. Conteste las preguntas a continuación según el modelo:

Modelo: ¿Son de Ricardo las medias azules?
Sí, son suyas.

1. ¿Es de Ud. la blusa amarilla? **2.** ¿Es del Sr. Sánchez el coche verde? **3.** ¿Es mío el bombón de chocolate? **4.** ¿Son de las chicas aquellos libros? **5.** ¿Es de Pepito ese juguete? **6.** ¿Son de Uds. esos papeles?

18.6 **La casa mía** es blanca.
La mía es blanca.

¿Ya volvió **el hijo mío**?

Sí, **el tuyo** ya está, pero **el mío** todavía no ha vuelto.

¿Quién te parece más guapo, **el chico moreno** o **el chico rubio**?

Me parece que **el moreno** es **el más guapo**.

¿Te gusta **el coche de Jorge**?	Sí, pero **el de Isabel** me parece más bonito.
¿Es tu hija **la chica que** toca el piano?	No, mi hija es **la que** canta.

Las respuestas en la segunda columna de arriba ofrecen ejemplos de la **pronominalización**. La pronominalización es el proceso de convertir un **adjetivo** o un **artículo** en **pronombre**.

Para pronominalizar un adjetivo o un artículo, se quita el sustantivo, y lo que queda funciona como pronombre. Estudie:

1. Pronominalización de un adjetivo descriptivo o de un posesivo **enfático**:

El señor alto es mi padre.	**El alto** es mi padre.
La hija mayor se llama Lulú.	**La mayor** se llama Lulú.
Los hombres guapos me persiguen.	**Los guapos** me persiguen.
Las mejores revistas son caras.	**Las mejores** son caras.
El equipo nuestro ganó ayer.	**El nuestro** ganó ayer.
La casa mía costó una fortuna.	**La mía** costó una fortuna.

2. Pronominalización con **de**:

Prefiero **el cuento de** Cortázar.	Prefiero **el de** Cortázar.
Esa es **la casa de** Ricardo.	Esa es **la de** Ricardo.
Son **los hijos de** la Sra. Gómez.	Son **los de** la Sra. Gómez.
Quiero ver **las fotos de** Silvia.	Quiero ver **las de** Silvia.

3. Pronominalización con **que**:

Mi hijo es **el chico que** está en medio.	Mi hijo es **el que** está en medio.
La novela que regalaste me pareció fabulosa.	**La que** regalaste me pareció fabulosa.
Los estudiantes que estudiaron salieron bien en el examen.	**Los que** estudiaron salieron bien en el examen.
Me gustaron **las reseñas que** me mandaste.	Me gustaron **las que** me mandaste.

práctica

A. Comparaciones competitivas: a continuación está hablando una persona poco humilde. Explíquele que Ud. y sus cosas también valen. Siga los modelos:

Modelos: Mi madre es muy inteligente.
  Pues la mía es tan inteligente como la tuya.
  Nuestro equipo de fútbol es bueno.
  Pues el nuestro es tan bueno como el suyo (el vuestro).

1. Mi perro es muy valiente. **2.** Mis parientes son ricos. **3.** Mi coche es muy económico. **4.** Nuestra casa es moderna. **5.** Nuestras clases son muy interesantes. **6.** Nuestro equipo juega muy bien.

B. ¿Cuál/es prefiere Ud.? Pregunte a un/a compañero/a de clase cuál de los objetos a continuación prefiere. Conteste siguiendo uno de los modelos:

Modelos: ¿Cuál prefiere Ud.: la camisa verde o la camisa amarilla?
Prefiero la amarilla.
¿Cuál prefiere Ud.: la ropa de poliéster o la ropa de lana?
Prefiero la de lana.

1. los coches americanos o los coches japoneses
2. los cursos fáciles o los cursos útiles
3. las personas competitivas o las personas pasivas
4. las películas americanas o las películas extranjeras
5. los vinos californianos o los vinos franceses
6. la música clásica o la música moderna
7. los hombres machos o los hombres refinados
8. las blusas de algodón o las blusas de poliéster
9. los estudiantes de X o los estudiantes de Y
10. las películas de X o la películas de Y
11. el clima de California o el clima de Alaska
12. los/las chicos/as de X o los/las chicos/as de Y

C. Chismeando sobre Gumersinda: como Ud. ya se habrá dado cuenta, Gumersinda es una persona algo escandalosa. Responda a las afirmaciones con otro chisme sobre Gumersinda. Siga uno de los modelos:

Modelos: La casa de la Sra. Gómez siempre está limpia.
Pues la de Gumersinda es un desastre.
La señora González tiene un coche estupendo.
Pues el que tiene Gumersinda es un peligro galopante.

1. Las notas de Mireya son muy buenas. **2.** El hijo del Sr. Sánchez es muy inteligente. **3.** Los parientes de Ricardo se portan como ángeles. **4.** El esposo de Irma habla seis idiomas. **5.** La sala de los Gómez tiene muy lindos cuadros en las paredes. **6.** Don Roberto lee muy buena literatura. **7.** Compramos revistas cultas y refinadas. **8.** Vemos películas respetables. **9.** Yo sólo digo palabras decentes. **10.** Sólo uso el mejor perfume.

EJERCICIOS ESCRITOS

1. Cambie las frases según las indicaciones que están entre paréntesis. Siga el modelo (18.1):

Modelo: Javier lee el periódico todos los días. (dudo que)
Dudo que Javier lea el periódico todos los días.

1. Sarita conoce bien la literatura hispanoamericana. (no creo que)
2. Lola quiere comprar una computadora. (Papá piensa que)

3. Ese libro es una maravilla. (nadie cree que)
4. Jaime tiene un buen sentido del humor. (niego que)
5. Yolanda ha escrito cosas interesantes. (sabemos que)
6. Todos llegarán a la hora. (dudamos que)
7. Juan sabe escribir a máquina. (no digo que)
8. Esa novela le parece mediocre. (no pienso que)
9. Ese artículo vale la pena. (nadie cree que)
10. Tu coche consume demasiada gasolina. (estoy seguro de que)
11. Ese escritor tiene mucho público. (Roberto duda que)
12. Esa revista se ha vendido bien. (creo que)

2. Escriba las frases de nuevo según el modelo (18.2):

Modelo: Mi padre sabe la dirección. (Tal vez)
Tal vez mi padre sepa la dirección.

1. Marisa quiere comprar la revista. (Obviamente)
2. José te conoce demasiado bien. (Quizás)
3. Habrá un baile esta noche. (Posiblemente)
4. Nadie escribe así. (Evidentemente)
5. Roberto tiene más tiempo que yo. (Posiblemente)
6. Alejandro irá con nosotros. (Quizá)
7. Todos piensan igual. (Tal vez)

3. *(a)* Complete las frases con la forma correcta del verbo que está entre paréntesis (18.3):

1. No hay nadie que (saber) cocinar como mi marido.
2. Tengo un amigo que (bailar) como un profesional.
3. ¿Conoces a alguien que (publicar) con esa revista?
4. No conozco a nadie que (tocar) el violín como tú.
5. Estoy buscando un coche que (ser) barato pero bueno.
6. Conocemos a un joven que se (parecer) mucho a Robert Redford.
7. En esa librería, hay un libro que me (interesar).
8. No conocemos a nadie que (haber) hecho eso antes.
9. Necesito un perro que me (proteger) la casa.

(b) Conteste las preguntas según las indicaciones que están entre paréntesis:

1. ¿Conoces a alguien que hable diez lenguas? (sí)
2. ¿Tienes un amigo que me preste diez dólares? (no)
3. ¿Sabes de una revista que publique en inglés y en español? (sí)
4. ¿Quieres un perro que haga amistad con todos los criminales? (no)
5. ¿Buscas un coche que (sea) económico? (sí)
6. ¿Conoces a alguien que quiera ser escritor? (sí)

(c) Invente una pregunta para cada respuesta a continuación:

1. Sí, tengo un amigo que vive en New Jersey.
2. Sí, estoy buscando una máquina de escribir que tenga teclado español.
3. No, no conozco a nadie que trabaje en el centro.

4. Sí, hay gente que lee las reseñas periodísticas con gran devoción.

5. Sí, busco a una chica que me comprenda bien.

4. Complete las frases con la forma correcta del pronombre demostrativo que está en itálica (18.4):

1. Mi amigo Raúl es *est-*.   **2.** Las sillas que me interesan son *es-*.   **3.** La chica que me fascina es *aque-*.   **4.** La mujer que me persigue es *es-*.   **5.** De todos los diccionarios, prefiero *est-*.   **6.** Conozco a estas muchachas pero no conozco a *aque-*.   **7.** Aquellos profesores enseñan alemán; no sé qué enseñan *es-*.   **8.** Mi papel es *est-*; tus papeles son *es-*.   **9.** No me gusta este libro; prefiero *aque-*.   **10.** Los jugadores de fútbol son *est-*; *aque-* juegan al baloncesto.

5. *(a)* Escriba las frases de nuevo usando un adjetivo posesivo enfático. Siga el modelo:

Modelo: Vi a dos de mis amigas.
            Vi a dos amigas mías.

1. Mi hermana es más alta que tu hermana.
2. Muchos de mis amigos ya leyeron el artículo.
3. Algunas de mis compañeras se enojaron con el autor.
4. No quiero que lleves mi coche.
5. Varios de mis alumnos dijeron que estaban de acuerdo con nuestro concepto.
6. Ninguno de mis amigos aceptó esa teoría de Ud.
7. No lleves tu coche; lleva mi coche.
8. Esos amigos de Uds. me dejaron una buena impresión.

(b) Conteste las preguntas con un adjetivo enfático: Siga el modelo:

Modelo: ¿Es de Ricardo la antología?
            Sí, es suya.

1. ¿Son de Saúl esos papeles?   **2.** ¿Era de tu padre ese reloj?   **3.** ¿Son aquéllos tus perros?   **4.** ¿Es nuestra aquella casa?   **5.** ¿Me regalas esa corbata?

6. Conteste las preguntas con un adjetivo o artículo pronominalizado. Siga el modelo (18.6):

Modelo: ¿Cuál vas a comprar: el abrigo de lana o el de nilón?
            Voy a comprar el de nilón.

1. ¿Quieres que te traiga el libro mío o el de Ricardo?   **2.** ¿Prefiere Ud. ver el periódico de hoy o el de ayer?   **3.** ¿Buscas las llaves de la casa o las del coche?   **4.** ¿Compraste en la tienda que está al lado o en la que está enfrente?   **5.** ¿Prefieren Uds. las noticias del canal ocho o las del canal trece?   **6.** ¿Cuál te gusta más, la camisa verde o la camisa azul?   **7.** ¿Viste al hijo mío o al hijo tuyo en la calle?   **8.** ¿A qué carta te refieres—la de la semana pasada o la de hace dos semanas?   **9.** ¿Cuál de las composiciones es tuya—la que está escrita a mano o la que está escrita a máquina?   **10.** ¿Sólo vas a pagar la comida tuya o quieres pagar la mía también?   **11.** ¿Leíste la novela de Updike o la de Bellow?   **12.** ¿Prefieres los coches alemanes a los japoneses?

LECTURA

la literatura hispana

La literatura en español constituye una de las grandes literaturas del mundo. Sin embargo, en los Estados Unidos la literatura hispana no se conoce bien. **Disfrutar de** esa literatura es una de las grandes oportunidades que tendrá Ud. como estudiante del español.

La Edad Media en España vio la creación de verdaderas **obras maestras**. Una de las mejores es *El libro de buen amor* del Arcipreste de Hita. Aunque el autor era cura, **por lo visto gozó de** todos los placeres—tanto terrenales como espirituales. Escrito en verso, su libro contiene, entre otras cosas, numerosas anécdotas que se parecen un poco a los cuentos de Chaucer en *The Canterbury Tales* o *El Decamerón* de Boccaccio. Algunas son divertidas; otras instruyen sobre los valores de la época. Otro libro importantísimo de la literatura española del siglo XV (1499) es *La Celestina*, que **tiene que ver con** las aventuras amorosas y trágicas de un par de jóvenes que buscan la ayuda de la Celestina—una procuradora de pocos escrúpulos.

Sin duda, la obra más conocida de España es *Don Quijote*— una obra que ha logrado fama en todo el mundo. La novela se puede apreciar por varios motivos. Como novela, ofrece la trama interesante y divertida de un pobre **hidalgo** que se vuelve loco por leer demasiadas novelas de **caballería**. Bajo la influencia de esas historias fantásticas, el hidalgo toma el nombre de Don Quijote y sale al mundo para remediar todos los problemas, traer la justicia y ayudar a los necesitados. Se reúne con Sancho Panza, y juntos forman un perfecto dúo de contrastes: Don Quijote es alto, flaco e idealista; Sancho Panza es bajo, gordo y pragmático. Sus aventuras y sus conversaciones constituyen uno de los altos placeres de la literatura. Como toda buena obra artística, *Don Quijote* se presta a múltiples interpretaciones. Por ejemplo, ¿por qué es el único idealista de la novela también su más notorio loco? Para ser idealista, ¿es necesario ser loco también? ¿Es posible ser individualista como Don Quijote sin sufrir el **desdén** de la sociedad? En todo el mundo, Don Quijote ha llegado a simbolizar el idealismo puro—el idealismo **más allá** de todo interés personal. Por otra parte, se ha dicho que *Don Quijote* es la primera novela moderna porque es la primera novela en la que figuran de forma prominente el **desarrollo** de los personajes, el **ambiente** y la causalidad—todos los cuales son elementos que asociamos con la novela moderna.

disfrutar de: apreciar, ser feliz con

obra maestra: obra de mucho valor / **por lo visto**: evidentemente / **gozar de**: disfrutar de

tener que ver con: estar relacionado con

hidalgo: hijo de algo, un noble menor / **caballería**: relacionado con los nobles medievales

desdén: desaprobación / **más allá**: más lejos

desarrollo: evolución / **ambiente**: atmósfera

La literatura española presenta grandes personajes arquetípicos. Además de Don Quijote y Sancho Panza, está Don Juan, el hombre que engaña a las mujeres porque no puede amarlas. O San Manuel Bueno, mártir, el cura que duda que Dios exista, pero finge creer por el bien de su congregación.

La literatura hispanoamericana no es menos rica, pero es muy distinta. Desde los primeros momentos de la colonia, se escribía otro tipo de literatura en Hispanoamérica. El género por excelencia de los tiempos coloniales es la crónica, un género que, por un lado, pretende ser histórico, pero que, por otro, reúne chismes, fantasías, supersticiones y experiencias personales del autor para crear obras originales y únicas.

La literatura hispanoamericana anterior a este siglo es poco conocida, pero la literatura del siglo veinte ha llamado la atención en todo el mundo. Hispanoamérica cuenta con cuatro autores que han ganado el Premio Nobel, y algunos escritores como Jorge Luis Borges, Mario Vargas Llosa, Octavio Paz, Carlos

Jorge Luis Borges, un escritor argentino

Fuentes y Pablo Neruda ya son conocidos mundialmente. Aunque los autores hispanoamericanos están menos protegidos por las garantías legales que se respetan en Norteamérica y en Europa, por otra parte gozan de un prestigio social que autores de otros países no tienen. Por ejemplo, Octavio Paz y Carlos Fuentes han sido **embajadores** de México en países extranjeros, y sus opiniones sobre los problemas sociales y políticos de su país tienen mucho **peso**. En cambio, las opiniones políticas de autores como Norman Mailer o John Updike cuentan poco en la vida política de los Estados Unidos. Carlos Fuentes ha dicho que en un país donde no hay **prensa libre**, la gente **se entera de** lo que pasa leyendo novelas. Por eso, según Fuentes, los escritores son más importantes en los países mal organizados o en los países donde hay una gran represión política. Los escritores en tales países son, en cierto sentido, la conciencia de su país.

embajador: representante de un país a otro / **peso**: importancia

prensa libre: publicación sin censura / **enterarse de**: informarse de

preguntas

1. ¿Cómo es *El libro de buen amor*? ¿Quién fue su autor?
2. ¿Quién era la Celestina?
3. ¿Por qué se dice que Don Quijote y Sancho Panza son un dúo de perfectos contrastes?
4. ¿Por qué se ha dicho que *Don Quijote* es la primera novela moderna?
5. ¿Quiénes son algunos de los grandes personajes de la literatura española? ¿Cómo son?
6. ¿Qué es una crónica? ¿Por qué es un género difícil de describir?
7. ¿Cuántos hispanoamericanos han ganado el Premio Nobel? ¿Sabe Ud. cómo se llaman algunos de ellos?
8. ¿Por qué dice Carlos Fuentes que los escritores en un país mal organizado o de mucha represión política son como la conciencia de su país?
9. ¿Es cierto que los escritores norteamericanos tienen poca importancia política? ¿Por qué cree Ud. que es así?

creación

Escriba una composición o prepare un informe oral sobre su escritor/a favorito/a. Use las preguntas a continuación como punto de partida:

¿Qué escribe y dónde publica?   ¿Es novelista?   ¿Periodista?   ¿Crítico?   ¿Sobre qué temas escribe?   Si es novelista o cuentista, ¿cómo se llaman sus obras más representativas?   ¿Es mejor como creador/a de situaciones o de personajes?   Describa la trama de una de sus obras en prosa.   Si es periodista, ¿sobre qué temas escribe—política, economía, arte, música, deportes, modas?   ¿Qué punto de vista tiene—liberal, conservador, elitista, populista?   ¿Cuáles han sido algunos de sus artículos o libros más logrados (exitosos)?   ¿Por qué?

VOCABULARIO

la lectura

sustantivos

ambiente (el)
antología
biografía
chisme (el)
colección
columna
crónica
desarrollo
diario
drama (el)
época
engaño
entrevista

estilo
fantasía
género
libro de texto
literatura
locura
novela
periodismo
periódico
personaje (el)
placer
plagio

poema (el)
poesía (la)
premio
prensa
prensa libre
programa (el)
realidad
reseñas
revista
tema (el)
trama (la)
valor

expresiones verbales

apreciar
crear
desarrollar
disfrutar de = gozar de
engañar
fingir

parecerse a
plagiar
publicar
simbolizar
sospechar
tener que ver con

tener prejuicios
traducir
tratarse de
valer la pena

adjetivos

aceptable
ciego
clásico
convincente
fantástico
imparcial

mediocre
objetivo
parecido
prejuiciado
real
realista

romántico
simplista
sordo

personas

autor
columnista
crítico
editor
novelista

periodista
personaje
poeta (el)

poetisa
reportero

19.1 El hombre **que** conocimos es increíblemente guapo.

19.2 El gabinete **en el que** guardamos la aspirina está en el baño.

19.3 En mi clase de farmacología, nos hablaron de un medicamento **acerca del cual** ha habido mucha discusión.

19.4 Mi esposo ha dejado de fumar, **lo cual** me hace muy feliz.

19.5 La señora **cuyo** perro yo encontré me dio diez dólares.

19.6 Se descompuso el coche.

       A Juan se **le** descompuso el coche.

19.7 Ella se miró **a sí misma** en el espejo.

       Lo hice **por mí mismo.**

19.8 Los dos hermanos **se** ayudaron mucho **el uno al otro.**

       Los soldados **se** abrazaron **los unos a los otros.**

vocabulario:

la medicina

EXPOSICIÓN GRAMATICAL

19.1 El hombre **que** conocimos es increíblemente guapo.

El chico acaba de llegar. ⎫
El chico quiere hablarte. ⎭   El chico **que** quiere hablarte acaba de llegar.

Los chicos son mis sobrinos. ⎫
Los chicos me lavaron el coche. ⎭   Los chicos **que** me lavaron el coche son mis sobrinos.

Construyeron una fábrica. ⎫
La fábrica produce muebles. ⎭   Construyeron una fábrica **que** produce muebles.

Conocimos a los muchachos. ⎫
Dos muchachos estuvieron en la fiesta. ⎭   Conocimos a dos muchachos **que** estuvieron en la fiesta.

Que, en las frases de arriba, es un **pronombre relativo**. Un pronombre relativo se usa para **combinar** dos frases completas en una frase larga que consiste en **una cláusula principal** y **una cláusula subordinada**.

Que es el más común de los **pronombres relativos**. Es invariable de forma y puede **reemplazar** a toda clase de sustantivos, singular o plural, femenino o masculino, sujeto o complemento. Se refiere a personas o cosas.

A diferencia del inglés, **que** en las frases anteriores es obligatorio.

la salud

estar encinta

tener fiebre

tener tos

tener una pierna rota

práctica ❋

Ud. es un/a médico/a que acaba de llegar a un hospital nuevo, y quiere saber los nombres de las personas descritas a continuación. Siga el modelo:

Modelo: Un viejo tiene tos.
¿Cómo se llama el viejo que tiene tos?
o *¿Cuál es el nombre del viejo que tiene tos?*

1. Una niña tiene fiebre. **2.** Una señora necesita una operación. **3.** Dos chicos tienen alergia a la penicilina. **4.** Un joven tiene dolor de estómago. **5.** Una señora está encinta. **6.** Un señor necesita una prueba de sangre. **7.** Tres técnicos trabajan en el laboratorio. **8.** Una enfermera pone inyecciones. **9.** Una chica saca radiografías. **10.** Dos hombres están en la sala de espera.

19.2 El gabinete **en el que** guardamos la aspirina está en el baño.

Ella es la mujer **de la que** te hablé anoche.
Mi médico me prestó un libro **en el que** se describe esa enfermedad.
Mi esposo es un hombre **sin el que** yo no puedo vivir.
El Dr. Labardini y su primo son los médicos **para los que** yo trabajo.
Faltan las páginas **en las que** apunté esa información.

El centro médico, México, D.F.

Después de toda preposición se puede usar **el que, la que, los que** o **las que**. Se refieren a antecedentes humanos y no-humanos.

Estudie:

La Sra. Sánchez es la paciente **a quien** le pusimos la inyección.
Mario es el chico **con quien** estudié anatomía.
Las chicas **de quienes** te estaba hablando son enfermeras.
Ella es la señora **para quien** yo trabajo.

Quien o **quienes** se pueden usar después de **a, con, de** y **para** cuando se refiere solamente a un antecedente humano.

práctica

Ud. es un/a enfermero/a y quiere contestar las preguntas de un amigo sobre su trabajo. Siga el modelo:

Modelo: ¿Trabajas con esa chica?
Sí, (ésa) es la chica con la que trabajo.
o *Sí, (ésa) es la chica con quien trabajo.*

1. ¿Trabajas para ese señor? **2.** ¿Le pusiste una inyección a ese niño? **3.** ¿Analizas la sangre con esa máquina? **4.** ¿Buscas microbios con ese microscopio? **5.** ¿Sacas cuentas con esa calculadora? **6.** ¿Trabajas con esos chicos? **7.** ¿Almorzaste con esas compañeras? **8.** ¿Me hablaste de esos medicamentos?

19.3 En mi clase de farmacología, nos hablaron de un medicamento **acerca del cual** ha habido mucha discusión.

Entraron en un gran salón, **en medio del cual** había una escultura.
En el seminario, había una vieja mesa, **alrededor de la cual** se sentaban los alumnos.
Vi a varios niños en el campo, **algunos de los cuales** nunca habían visto a un médico antes.
Examiné a varias mujeres, **algunas de las cuales** tenían fiebre.

El cual, la cual, los cuales y **las cuales** son pronombres relativos que se usan poco en la lengua hablada. Se refieren a antecedentes humanos y no-humanos, y *generalmente* se usan después de preposiciones largas.

19.4 Mi esposo ha dejado de fumar, **lo cual** me hace muy feliz.

Jaime no dijo la verdad, **lo cual** no nos gustó nada.
Me cobraron más de cien dólares para reparar el coche, **lo cual** es un
   verdadero robo.
Mi médico me dijo que no tenía nada, **lo cual** es un gran alivio.

Lo cual se usa para explicar algo extra sobre una idea o un concepto abstracto
expresado anteriormente.

práctica ❋

Describa su reacción a los eventos a continuación, agregando una cláusula con
lo cual. Siga el modelo:

Modelo: Mi hijo acaba de ganar un premio.
   Mi hijo acaba de ganar un premio, lo cual me parece fabuloso.

1. Mi hermano no tiene seguro médico.
2. Mi hija estudia para médica.
3. Nuestro profesor de sociología anunció un examen para mañana.
4. En nuestra oficina pagan más a los hombres que a las mujeres.
5. Pepe dice que está enfermo de nuevo.
6. Mi mejor amigo se casará la semana que viene.
7. Tengo que leer diez novelas para mi clase de literatura.
8. Gumersinda se cree la persona más hermosa del universo.

19.5 La señora **cuyo** perro yo encontré me dio diez dólares.

La señora **cuyo** marido se operó ayer quiere hablar con el cirujano.
El señor **cuya** hija salió en primer lugar está muy orgulloso.
Las casas **cuyos** techos fueron destruidos por el viento no estaban
   aseguradas.
David, **cuyas** hermanas son estupendas pianistas, sabe mucho de música
   también.

Cuyo, cuya, cuyos y **cuyas** son pronombres relativos y posesivos. Siempre
concuerdan en género y número con el complemento poseído y *nunca* con el
posesor.

Estudie:

¿**De quién** son estos libros?
No sé **de quién** serán.

Se usa **de quién (es)** (y no una forma de **cuyo**) en una pregunta y en una
pregunta incrustada.

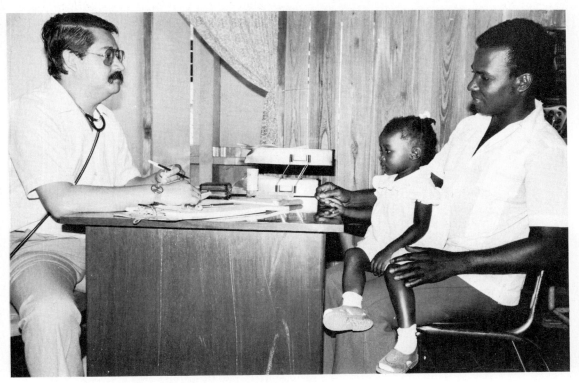

Un médico colombiano con dos pacientes

práctica

Ud. y un/a compañero/a de clase van a representar una escena en un consultorio médico. Uno de Uds. hace el papel del médico y el otro hace el papel del paciente. Use los elementos a continuación para elaborar la escena:

hablando de enfermedades

Tengo	tos
	náuseas
	gripe
	fiebre
	dolor de estómago, (muela/s, cabeza, garganta)
	alergia al polen, (a la penicilina, al polvo, a los estudios)
	una pierna rota, (las piernas rotas, un brazo roto, un pie roto)
Me siento	débil, (enfermo, deprimido)
Estoy	resfriado, (enfermo, encinta)

hablando de remedios y
curaciones

Le voy a   poner una inyección

recetar unas pastillas, (una medicina, un
    remedio ...)

dar una receta para un jarabe, (cápsulas,
    antibióticos ...)

sacar una radiografía, (una muestra de sangre ...)

Tome Ud.   una pastilla (una cápsula) cada seis horas

una cucharada de este jarabe dos veces al día

19.6   Se descompuso el coche.
A Juan se **le** descompuso el coche.

Se cayó un vaso.	A María se **le** cayó el vaso.
Se fue el perro.	Se **nos** fue el perro y no sabemos dónde anda.
Se perdieron las llaves.	A mis padres se **les** perdieron las llaves.
Se rompieron las ventanas.	Se **me** rompieron las ventanas.

Ud. ya sabe que muchas veces la construcción reflexiva se usa para indicar que un evento tiene lugar **sin influencia exterior** *(ver 10.3)*. La construcción reflexiva también sugiere a veces que el evento es **accidental** o **inesperado**; tal es el caso de las frases en la primera columna de arriba.

Se usa un complemento indirecto pronominal con la construcción reflexiva para indicar que un evento inesperado o accidental **afecta** de alguna forma a la persona o a las personas indicadas por el complemento indirecto.

Compare:

Perdí el juego a propósito, y ahora mi hermanito se cree un gran deportista.	*La construcción transitiva indica que la pérdida fue por descuido o por intención.*
Se perdieron las llaves.	*Aquí la construcción reflexiva indica que la pérdida fue un accidente—un evento inesperado que sucedió sin influencia exterior.*
A Juan se le perdieron las llaves.	*Igual que en el ejemplo anterior, la construcción reflexiva indica que la pérdida fue inesperada. El complemento indirecto pronominal indica que el accidente afectó a Juan pero que él no tiene la culpa.*

Lo lindo de esta construcción es que le absuelve a uno de toda responsabilidad. Imagínese el contexto de las frases a continuación:

¡Ay profesor! Se me quedó la tarea en la biblioteca.
Mario, tienes que prestarnos dinero. Se nos olvidó la cartera.
Tenemos que comer en un restaurante. Se me quemó la comida.
No podemos bailar porque se nos ha descompuesto el tocadiscos.
No pudimos llegar a tiempo porque se nos hizo tarde.
A Isabel se le cayó una taza de té y se le ensució la blusa.
Javier está deprimido porque se le fue la novia.
Pepito está triste porque se le acabaron los bombones.

práctica

A. Usando las frases de la segunda columna como punto de partida, invente una respuesta adecuada para las preguntas de la primera columna:

¿Dónde está tu composición?	Se me quedó en ...
¿Dónde están las llaves?	Se me perdió (perdieron) cuando ...
¿Por qué no funciona el tocadiscos?	Se me hizo tarde ...
¿Por qué llegaron Uds. tarde?	Se me descompuso ...
¿Por qué estás triste?	Se me fue (fueron) ...
¿Por qué no llamaste?	Se me olvidó (olvidaron) ...
¿Por qué tienes la camisa sucia?	Se me ensució cuando mi ...
¿Por qué tuviste que quedarte en casa?	Se me enfermó mi ...

B. Usando una construcción reflexiva, explique (o justifique) la situación de la gente a continuación. Siga el modelo:

Modelo: Juan no tiene su cartera. (perder)
   Se le perdió la cartera en el gimnasio.

1. Jaime está triste. (morirse su gato)   *2.* María y Lulú no tienen su tarea. (quedarse en casa)   *3.* Nosotros no podemos bailar esta noche. (descomponerse el tocadiscos)   *4.* Marisela no puede usar su coche esta noche. (acabarse la gasolina)   *5.* Josefina no puede entregar su composición hoy. (olvidarse que era para hoy)   *6.* El profesor no vino a clase ayer. (enfermarse su esposa)   *7.* Federico tiene que comprar una nueva camisa. (ensuciarse la otra)   *8.* Mis padres no pueden abrir la puerta. (perderse la llave)

---

*19.*7   Ella se miró **a sí misma** en el espejo.
   Lo hice **por mí mismo**.

¿Dónde te escuchas **a ti misma**?	Me escucho **a mí misma** en el laboratorio de lenguas.
¿Quién nombró al señor Calderón presidente de la compañía?	Él se nombró **a sí mismo**.

Elena se mira a sí misma.

Elena y Juana se miran a sí mismas.

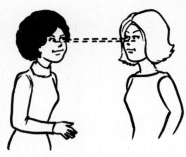

Elena y Juana se miran la una a la otra.

¿Por qué tienen tantos problemas esos chicos?	Tienen problemas por que no se conocen bien **a sí mismos.**
¿Quién nos va a defender?	Tenemos que defendernos **a nosotros mismos.**

Las expresiones en negrilla en las frases de arriba son frases de **clarificación** y de **énfasis** para el **reflexivo verdadero** que ya se conoce *(véase 10.1).*

Estudie:

¿Para quién trabaja Ud.?	Yo trabajo **para mí misma.**
¿Cómo son tus amigos?	Son muy generosos; parecen interesarse poco **por sí mismos.**
¿Nos van a ayudar las chicas?	No creo; a esa edad sólo piensan **en sí mismas.**
¿De quién podemos depender?	Sólo podemos depender **de nosotros mismos.**
¿Con quién estabas hablando?	Estaba hablando con una persona honesta: **conmigo mismo.**

Los pronombres reflexivos pospreposicionales también se usan después de otras preposiciones. Note que con **con** se dice **conmigo mismo, contigo mismo** y **consigo mismo.**

práctica

A. Complete las frases a continuación con una frase de clarificación o de énfasis:

1. Me defiendo ...   **2.** María se ayuda ...   **3.** Los jugadores se admiran ...   **4.** Ese alumno se instruye ...   **5.** Nosotros nos respetamos ...   **6.** Tú tienes que protegerte ...

B. Complete las frases con un pronombre reflexivo pospreposicional:

1. Pienso en ...   *2.* Creemos en ...   *3.* Ricardo trabaja para ...   *4.* Tienes que comprenderte a ...   *5.* Mi abuelo está hablando con ...   *6.* Una persona egoísta se interesa sólo por ...   *7.* Los estudiantes exitosos creen en ...   *8.* Esos chicos obviamente tienen una opinión muy alta de ...

19.8 Los dos hermanos **se** ayudaron mucho **el uno al otro**.
Los soldados **se** abrazaron **los unos a los otros**.

El profesor y yo **nos** saludamos todos los días.
Vosotros **os** llamáis por teléfono todos los días, ¿verdad?
Después de la boda, los novios **se** abrazaron y **se** besaron.
Los dos campeones **se** felicitaron **el uno al otro**.
Mis tías **se** cuidan mucho **la una a la otra**.
Los alumnos **se** ayudan **los unos a los otros**.
Todas mis amigas **se** apoyan mucho **las unas a las otras**.

Las construcciones reflexivas de arriba son ejemplos del **reflexivo recíproco**. El reflexivo recíproco ocurre sólo en plural (obviamente).

Cuando el significado del reflexivo recíproco es ambiguo, se usan las expresiones **el uno al otro, la una a la otra, los unos a los otros** o **las unas a las otras** para clarificarlo.

Compare:

Los socios de ese club se quieren mucho.
Los socios de ese club se quieren mucho a sí mismos.
Los socios de ese club se quieren mucho los unos a los otros.

Esas mujeres se ayudan.
Esas mujeres se ayudan a sí mismas.
Esas mujeres se ayudan las unas a las otras.

práctica ✳

Complete las frases con una frase de clarificación recíproca:

1. Mi amigo y yo nos queremos mucho ...   *2.* Mis compañeros se defienden ...   *3.* Los dos estudiantes se ayudan ...   *3.* Las dos hermanas se cuidan ...   *4.* Ese equipo es bueno porque las jugadoras se comprenden bien ...   *5.* Mis padres se apoyan ...   *6.* Los novios se besan ...   *7.* Los jugadores de fútbol después de un gol se abrazan ...   *8.* Cada mes, mis dos hermanas se escriben ...

EJERCICIOS ESCRITOS

1. Combine las frases a continuación con **que** (19.1):

1. Esa es la receta. Mi médico me dio la receta.
2. Necesito mis pastillas. Mis pastillas están en el gabinete del baño.
3. Elsa es una chica. Pone inyecciones.
4. Compré un nuevo seguro médico. Mi vecino me vendió el seguro médico.
5. El Dr. Benítez tiene un lindo consultorio. Su consultorio está en la otra esquina.
6. Mi amigo Juan me prestó un libro. Yo necesitaba el libro para un examen en mi curso de anatomía.

2. Combine las frases con **una preposición** y **el que, la que, los que, las que, quien** o **quienes**; comience su frase usando las palabras en itálica. Siga el modelo (19.2):

Modelo: Me hablaron de un nuevo antibiótico. El antibiótico cura muchas enfermedades. *El antibiótico ...*
El antibiótico del que me hablaron cura muchas enfermedades.

1. Julia es la chica. Te hablé de Julia. *La chica ...*
2. Le puse una inyección a un chico. El·chico era mi hijo. *El chico ...*
3. Te hablé de unas enfermedades. Las enfermedades son muy frecuentes en el trópico. *Las enfermedades ...*
4. Te hablé de un problema médico. El problema está resuelto. *El problema ...*
5. Trabajo con unas chicas. Las chicas son técnicas de laboratorio. *Las chicas ...*
6. Vi un anuncio. En el anuncio se hablaba de una nueva droga contra la hepatitis. *Vi un anuncio ...*
7. Te hablé de un compañero de clase. Tengo mucha confianza en él. *Te hablé ...*
8. Trabajo para un médico. El Dr. Avila es el médico. *El médico ...*

3. Combine las frases con **el cual, la cual, los cuales** o **las cuales**. Siga el modelo (19.3):

Modelo: Vi una mesa vieja. Debajo de la mesa encontré una llave.
Vi una mesa vieja debajo de la cual encontré una llave.

1. Había una mesa en el cuarto. Alrededor de la mesa, había tres sillas.
2. Hicimos varios experimentos. Por medio de los experimentos descubrimos algunas cosas interesantes.
3. Entramos en una gran plaza. En medio de la plaza había una fuente.
4. El Dr. Ríos habló de unas enfermedades tropicales. No se sabía mucho acerca de las enfermedades.
5. Mi hijo se enfermó de una enfermedad rarísima. Había un solo remedio contra la enfermedad.
6. Tuvimos que limpiar el gabinete. En el fondo del gabinete, encontramos un viejo microscopio.

4. (a) Escriba una reacción a los eventos usando *lo cual*. Siga el modelo (19.4):

Modelo: Me van a operar mañana.
Me van a operar mañana, lo cual me da miedo.

1. Saqué una A en el último examen.   ***2.*** El gobierno va a aumentar los impuestos.
3. No se permite que los menores de edad compren alcohol.

(b) Escriba cinco frases originales siguiendo el patrón de arriba: un evento y después su reacción a ese evento usando **lo cual**.

5. Combine las frases usando **cuyo, cuya, cuyos** o **cuyas**. Siga el modelo (19.5):

Modelo: El chico quiere estudiar medicina. Su madre es psiquiatra.
   El chico, cuya madre es psiquiatra, quiere estudiar medicina.

1. La casa pertenece a mi mejor amiga. Su techo es rojo.
2. El coche es casi nuevo. Su parabrisas está roto.
3. Javier está muy orgulloso. Su esposa acaba de tener un hijo.
4. La chica sacó honores. Sus padres están en la primera fila.
5. El médico me dio la receta. Su consultorio está cerca de mi casa.
6. Las empresas farmacéuticas ganan bien. Sus medicinas se usan mucho.

6. Usando una construcción reflexiva, explique el problema de cada persona a continuación. Siga el modelo (19.6):

Modelo: Marina no tiene su paraguas. (olvidar)
   Se le olvidó traerlo esta mañana.

1. Algunos alumnos no saben las respuestas. (olvidar)   ***2.*** Hugo no tiene sus llaves. (perder)   ***3.*** Mi profesor no tiene sus apuntes. (quedar)   ***4.*** Margarita llegó tarde hoy. (pasar/el autobús)   ***5.*** Luis no pudo traer el vaso. (romper)   ***6.*** Los niños tienen la ropa sucia. (ensuciar)   ***7.*** El libro de Juan está en el piso. (caer)   ***8.*** Celia está preocupada. (enfermar/su gato)

7. ***(a)*** Complete las frases con frases de énfasis o clarificación (19.7):

1. Ellos sólo se quieren _____.   ***2.*** Ese hombre siempre está ante un espejo, mirándose _____ porque es muy vanidoso.   ***5.*** Tú me amas más a mí que _____.
6. Amáos _____.   ***7.*** Ese chico está deprimido porque se odia _____.   ***8.*** En el estudio hay muchos espejos donde los bailarines pueden mirarse _____ mientras bailan.

(b) Conteste las preguntas con frases completas:

1. ¿Trabaja Ud. para alguna otra persona o trabaja para sí mismo/a?
2. ¿Quién habla consigo mismo?
3. ¿Qué te parece la gente que sólo piensa en sí misma?
4. ¿Qué opina Ud. de alguien que sólo se interesa por sí mismo/a?
5. ¿Cree Ud. que el éxito dependa sólo de nosotros mismos?
6. ¿Cuándo es natural que nos miremos a nosotros mismos?
7. ¿Puede ser feliz una persona que no se quiere a sí misma?
8. ¿Qué te parecen las personas que sólo hablan de sí mismas?

8. ***(a)*** Complete las frases con una frase de clarificación recíproca (19.8):

1. Mi hermano y yo nos escribimos ... con frecuencia.   ***2.*** Los miembros de esa congregación se ayudan mucho ...   ***3.*** Mis hijos se quieren mucho ...   ***4.*** Los soldados se defienden ...   ***5.*** Los novios se llaman por teléfono ...

(b) Conteste las preguntas a continuación con frases completas:

1. ¿Cuándo se saludan Ud. y su profesor/a?
2. ¿Cada cuándo se escriben Ud. y sus padres?
3. En nuestra cultura, ¿en qué circunstancias se abrazan los hombres los unos a los otros?
4. ¿Cuándo deben los alumnos ayudarse los unos a los otros?
5. ¿Cuál te parece mejor: un grupo en el que se quieran a sí mismos o un grupo en el que se quieran los unos a los otros?

LECTURA

retrato de Rafael

*El personaje de Rafael está basado en la vida de tres amigos cubanos de uno de los autores. Aunque Rafael, **tal y como** se describe aquí no es una sola persona, todas sus experiencias son reales.*

tal y como:
exactamente
como

Nacido en Cuba en 1947, Rafael González Alejandro tenía quince años cuando sus padres, por motivos políticos, tuvieron que abandonar su patria, sin llevar más de lo que cabía en tres maletas. Llegaron a la Florida sin dinero, sin planes fijos y sin más amigos que los mismos refugiados que los acompañaban. Pero lo más valioso que traían era una gran determinación de **salir adelante,** de hacer una nueva vida en un nuevo país y nunca perderla como habían perdido la otra. Aunque el gobierno norteamericano les prestó alguna asistencia al principio, con ese dinero no se podía vivir, y todos buscaron trabajo. Por no saber inglés, tuvieron que adaptarse a lo que había; Rafael consiguió un trabajo en un restaurante lavando platos, y sus padres en una escuela pública, barriendo pisos y limpiando baños.

salir adelante:
tener éxito

El choque cultural fue durísimo, en parte porque, a diferencia de los inmigrantes de otros países, la mayoría de los refugiados cubanos no tenían la menor intención de emigrar a ninguna parte—antes de la victoria de Fidel Castro. Más o menos típica, la familia de Rafael había llevado en Cuba una cómoda vida de clase media. Su padre era un médico cuyas responsabilidades tenían que ver con el ejército en el cual tenía varios amigos, algunos de los cuales eran altos oficiales. También era dueño de varias propiedades de las cuales recibía bastante dinero. Vivían en una vieja casa en la que tenían exquisitos muebles, algunos de los cuales venían de tiempos coloniales. Tenían también dos coches y en la casa siempre habían vivido sirvientes que no sólo ayudaban con los quehaceres de la casa, sino que también se ocupaban de los niños, dejando libre así a la Sra. González para actividades de tipo cultural, social, y religioso.

Como todo hijo de familia acomodada, Rafael y su hermana, Inés, habían asistido a escuelas privadas en las que recibieron una sólida preparación humanística. Había poca inseguridad en su vida. Inés se casó bien, con un abogado, y se sabía que Rafael, al terminar sus estudios, iba a viajar a Estados Unidos, tal vez para pasar un año estudiando inglés, volver a Cuba, estudiar alguna carrera en la universidad—derecho, medicina o administración de empresas, casarse con una chica de su misma clase social, tener hijos y criarlos dentro de las mismas **pautas** que había vivido él.

El triunfo de Fidel Castro cambió esos planes de forma irreversible. Casi inmediatamente después de tomar el poder, Fidel comenzó a socializar el país. Nacionalizó millones de dólares en propiedades y compañías capitalistas, se apoderó de muchas tierras del campo para redistribuirlas a los **campesinos** o para formar granjas colectivas y estableció un nuevo monopolio **estatal** para la distribución de bienes. Sus acciones provocaron graves tensiones internacionales y también una fuerte resistencia de parte de las clases acomodadas en Cuba, pero Fidel les ofreció a los cubanos solamente dos caminos: o colaborar con la revolución o irse. Muchos optaron por irse, entre ellos la familia de Rafael.

Rafael, que tenía apenas quince años, entendía poco de política aunque le impresionaron mucho las tremendas peleas que tuvieron su padre y su cuñado, que era un comunista declarado y un gran **partidario** de Fidel. Los intereses de Rafael, como los de la mayoría de los chicos de su edad, eran los deportes, los amigos y Adriana, su primera novia. Pero pronto se dio cuenta de que la vida que tanto le gustaba no iba a seguir. Su padre perdió todas sus propiedades y también su trabajo. Más adelante, cuando se acusó a su padre de ser enemigo de la revolución por sus contactos con el gobierno anterior, Rafael comprendió que no podían quedarse.

Abandonar el país fue más que una separación o una despedida: fue un **desgarramiento** de una vida, de una tradición, de amigos y de parientes. La hermana de Rafael llegó a último momento al aeropuerto para despedirse de su familia, pero su esposo, que ya estaba totalmente enemistado contra su suegro y la política que representaba, prefirió quedarse en casa. Desde ese momento, no han vuelto a verse y los González no conocen a los hijos de Inés.

Ya en los Estados Unidos, Rafael y sus padres no tardaron en reconocer que no había posibilidad de volver a Cuba, y que su único futuro viable era adaptarse a la vida norteamericana según las reglas de juego de los Estados Unidos. Fue así que una familia acomodada y próspera se vio obligada a aceptar trabajos ma-

pauta: patrón, fórmula

campesino: una persona que vive en el campo, generalmente pobre / **estatal**: del estado

partidario: del mismo partido, de la misma política

desgarramiento: separación violenta

nuales para los cuales no tenían ninguna experiencia. Pero tenían una gran fe en sí mismos, y muy pronto se dedicaron a recuperar algo de lo que habían perdido. A una semana de llegar, Rafael y su familia se matricularon en un instituto de inglés, y después de un año de estudios intensivos pudieron entrar a un Junior College, estudiando de día y trabajando de noche. No vivían con lujo, pero con los **ingresos** de los tres, tampoco les faltaba lo esencial. Después de dos años de Junior College, se matricularon en una universidad estatal donde se graduaron juntos—Rafael en economía y sus padres en pedagogía de lenguas. Los padres consiguieron empleo en una escuela secundaria como profesores de español, pero Rafael quería continuar sus estudios. Y como muchos de sus nuevos amigos norteamericanos, **alquiló** un pequeño departamento cerca de la universidad y se **mudó** de la casa de sus padres.

ingresos: ganancias, salario

alquilar: rentar
mudarse: cambiar de domicilio o de casa

Era la época de los sesenta, de las grandes manifestaciones contra la guerra en Vietnam, de la revolución sexual y de la politización izquierdista de muchos jóvenes norteamericanos. Como estudiante graduado, Rafael se encontró por primera vez en Estados Unidos con gente que defendía a Castro y a la revolución cubana, pero en base de su propia experiencia nunca pudo perdonar a Fidel y a sus partidarios. Una vez, sin embargo, cuando mencionó a sus padres que la revolución no era tal vez totalmente mala, se **armó tal escándalo** que jamás volvieron a hablar del **asunto.** Ese no fue el único conflicto generacional que tuvieron. Los padres **se habían criado** en un mundo católico y tradicional, y no entendían a ese hijo que no quería vivir en casa con ellos, lo cual era la costumbre de los hijos solteros en Cuba. Tampoco recibieron bien la noticia de que su hijo vivía en una casa con cinco estudiantes más, dos de los cuales eran chicas. Por otra parte, los padres reconocieron que su hijo poco a poco se estaba haciendo de otro país—lo cual era inevitable.

armar un escándalo: crear un escándalo /
asunto: tema /
criarse: *to be raised* cuando se refiere a personas

Cuando Rafael terminó la maestría en Miami, fue aceptado en un programa doctoral en economía en MIT, donde se especializó en problemas económicos de los países del tercer mundo, sobre todo de Latinoamérica. Desde que **se recibió** en MIT, ha publicado numerosos artículos y un par de libros en su especialidad, y ahora ocupa un alto **puesto** en una de las universidades más prestigiosas de los Estados Unidos. A los treinta y cuatro años, **se hizo** ciudadano norteamericano y ahora está casado con una norteamericana y tiene tres hijos—ninguno de los cuales habla español.

recibirse: graduarse

puesto: un trabajo en una organización /
hacerse: llegar a ser

Para Rafael, como para muchos refugiados cubanos, ha sido relativamente fácil asimilarse a la vida norteamericana porque casi todos ellos eran de clase media y llegaron a los Estados Unidos con actitudes y aptitudes que facilitaron mucho su asimilación. En el sur de la Florida, donde está la mayor concentración de cubanos en el país, son un factor importante en la economía y la política de la región y han hecho mucho para revivificar la industria y el turismo en todo el estado. Algunos de los mayores todavía sueñan con volver a Cuba y trabajan mucho para conservar las tradiciones cubanas. Pero los demás reconocen que su vida está en los Estados Unidos. Símbolo de su rápida asimilación es el hecho de que entre los jóvenes se habla cada vez menos el español.

A pesar de su éxito **descomunal** en los Estados Unidos, Rafael sigue siendo una persona dividida. Reconoce que en los Estados Unidos ha tenido grandes oportunidades para salir adelante, pero también sabe que sus hijos y sus nietos se criarán hablando inglés, que tendrán una formación totalmente angloamericana y que **a la larga** lo único que les quedará de sus raíces cubanas es el apellido. Por otro lado, sabe que sus orígenes personales están en otro país, en el que ha habido muchos cambios y que se parece poco a la Cuba que él conoció durante su niñez y su **juventud**. Rafael es una persona entre dos generaciones y dos culturas: nunca fue cubano como sus padres lo son, pero tampoco será norteamericano como su mujer y sus hijos. A veces esa ambivalencia cultural lo exaspera, pero también le da a su vida ricas dimensiones que pocos tienen.

descomunal: extraordinario

a la larga: al último

juventud: años de ser joven

preguntas

1. ¿Qué tipo de trabajo consiguió la familia de Rafael al llegar a la Florida? ¿Por qué?
2. Describa la vida de Rafael y su familia en Cuba y después comente cómo esos antecedentes ayudaron y perjudicaron su asimilación en los Estados Unidos.
3. ¿Qué medidas de la revolución castrista afectaron específicamente a la familia de Rafael?
4. Describa los efectos que la revolución tuvo en las relaciones familiares.
5. ¿Cómo se prepararon los González Alejandro para nuevas carreras en los Estados Unidos?
6. Describa algunos de los conflictos generacionales entre Rafael y sus padres y entre Rafael y sus hijos.
7. ¿Por qué han tenido menos problemas los refugiados cubanos en asimilarse que otros grupos de inmigrantes a los Estados Unidos?
8. ¿En qué sentido sigue siendo Rafael una persona dividida?

creación

Hay en los Estados Unidos actualmente grandes y numerosas comunidades de inmigrados hispanos, de México, de Puerto Rico, de Cuba y de muchas otras partes del mundo hispano. Muchas de esas personas han llevado una vida muy interesante y vale la pena conocerlas. Es probable que haya en su comunidad gente que tiene una historia personal parecida a la de Rafael. Póngase en contacto con uno de esos inmigrados, haga una entrevista con esa persona en español, y escriba un corto retrato sobre su vida. Use las preguntas a continuación como guía:

¿De qué país es? ¿Cuánto tiempo hace que vive en los Estados Unidos? ¿En qué trabaja ahora? ¿En qué trabajaba en su país de origen? ¿Por qué vino a los Estados Unidos? ¿Tiene todavía parientes en su país de origen? ¿Quiénes son? ¿Cada cuándo se ven? ¿Cómo se mantienen en contacto—se escriben, se llaman por teléfono, se visitan? ¿En qué trabaja en los Estados Unidos? ¿Cuáles son los aspectos de los Estados Unidos que más le gustan? ¿Cuáles son los aspectos de los Estados Unidos que le parecen raros, interesantes, absurdos, fabulosos, etc.? ¿Qué contacto tiene con otros grupos de inmigrados hispanos? ¿Qué le parece la asimilación—de sí mismo, de sus hijos (u otros familiares), de otros grupos hispanos? ¿Cuáles son los aspectos de su país de origen que más extraña?

VOCABULARIO

la medicina

las enfermedades

alergia	gripe (la)	resfrío
dolor de cabeza	hepatitis (la)	tos (la)
dolor de estómago	náuseas	
dolor de muelas		
fiebre (la)		

los remedios

antibiótico	pastilla	receta
aspirina	penicilina	vacuna
cápsula	prueba de laboratorio	
inyección	prueba de sangre	
jarabe		
medicamento		

personas

bioquímico	especialista (el/la)	técnico
cirujano	médico	
enfermera/o	paciente (el/la)	

expresiones verbales

aliviar	estar conforme	poner una inyección
asegurar	examinar	recetar
curar	inyectar	respirar
dar a luz	operar, operarse	sacar radiografías
descansar		

adjetivos

enfermo
encinta
resfriado
deprimido

alegre
animado
a gusto

fuerte
débil

otras expresiones

anatomía
consultorio
fórmula
gabinete (el)
hospital

microscopio
microbio
sala de operaciones

sala de espera
seguro

20.1 ¿Trabajas horas extras **para que** te **paguen** más?
        Sí, trabajo horas extras **para que** me **paguen** más.
20.2 ¿Saldrán Uds. de casa **cuando deje** de llover?
        Sí, saldremos **cuando deje** de llover.
20.3 Sinopsis del subjuntivo
20.4 Me gusta **la** música de Mozart.
        El cuarteto tocó música de Mozart.
20.5 ¿Tienes **dos** hijos?
        Sí, tengo **dos** hijos **excelentes**.
20.6 ¿Es viejo tu **antiguo** profesor?
        Sí, mi **antiguo** profesor ya es un hombre **viejo**.

vocabulario:

el amor y el desamor

EXPOSICIÓN GRAMATICAL

20.1 ¿Trabajas horas extras **para que** te **paguen** más?
         Sí, trabajo horas extras **para que** me **paguen** más.

Se preparan los profesores **para que** sus alumnos **aprendan** más.
Voy a comprar otro coche **a fin de que** mi hija no **tenga** que caminar
   tanto.
Tengo un seguro médico **en caso de que** alguien en mi familia se
   enferme.
Te presto el.disco **con tal de que** me lo **devuelvas**.
No se puede hacer nada **sin que** el profesor se **dé** cuenta.
No cerraré las ventanas **a menos que** el aire acondicionado **esté** puesto.
Quiero llegar al centro **antes de que cierren** las tiendas.

Las expresiones en negrilla en las frases de arriba son conjunciones adverbiales
que *siempre* requieren el subjuntivo. Son fáciles de recordar porque indican
relaciones entre la cláusula principal y la cláusula subordinada que Ud. ya conoce. Estudie:

para que *(influencia)*:	Voy a presentarte **para que** te conozcan.
a fin de que *(influencia)*:	Lucharemos **a fin de que** haya más igualdad y menos discriminación.
a menos que *(influencia, condición)*:	No te lo diré **a menos que** me prometas no repetírselo a nadie.
con tal (de) que *(influencia, condición)*:	Terminaremos pronto **con tal (de) que** todos trabajemos juntos.
en caso de que *(duda)*:	Tengo mi tarjeta de crédito **en caso de que** necesite comprar algo.
sin que *(negación)*:	Tenemos que entrar **sin que** nos vean.

La única conjunción adverbial que siempre requiere el subjuntivo, sin indicar
una de las relaciones de arriba, es **antes (de) que**:

Yo voy a terminar **antes de que** Uds. empiecen.

Una boda en Santa Fe, Nuevo México

práctica

Ud. está explicando a un amigo las condiciones de su matrimonio. Complete las frases a continuación usando los elementos de la segunda columna como guía:

1. Me voy a casar para que mi esposo/a ...
2. No me voy a casar a menos que mi esposo/a ...
3. Me divorciaré en caso de que mi esposo/a ...
4. Me casaré a fin de que mi esposo/a ...
5. No me declararé sin que mi novio/a ...
6. No me casaré antes de que mi novio/a ...

me (amar) más a mí que a nadie.
me (aceptar) como soy.
me (ayudar) en la cocina.
me (regalar) bombones y golosinas.
me (resolver) todos mis problemas.
me (hacer) feliz/triste
(ser) fiel/infiel.
me (respetar).
(cuidar) a los niños.
(resultar) sexista/demasiado liberal
(querer) compartir su vida conmigo.
me (mantener).
me (aguantar).

20.2 ¿Saldrán Uds. de casa **cuando deje** de llover?
       Sí, saldremos **cuando deje** de llover.

Cuando terminen las clases, iré a la casa de mis tíos.
En cuanto nos **graduemos**, pensamos buscar trabajo.
Me casaré **tan pronto como** mi novio se **declare**.
Después de que se **jubile** mi esposo, nos mudaremos a la Florida.
Me quedaré en Nueva York **hasta que** me **muera.**
Mientras estemos en Chile, vamos a esquiar y descansar.

¿Dónde vamos a cenar?   Cenaremos **donde** tú **digas.**
¿Cómo vamos a colocar los muebles   Los colocaremos **como** tú **quieras**.
en la nueva casa?

Las conjunciones adverbiales en negrilla en las frases de arriba requieren el subjuntivo si **se anticipa** el evento de la cláusula subordinada en el momento de hablar. Es decir, en el momento de hablar, el evento todavía no ha sucedido.

Compare:

Vine cuando me llamaste.   *El evento de **llamar** ya sucedió.*
Siempre vengo cuando llamas.   *El evento de **llamar** ya ha*
                                      sucedido porque es habitual.

Vendré cuando me llames.   *El evento de **llamar** es un evento*
                                      anticipado; no ha sucedido
                                      antes del momento de hablar y
                                      se usa el subjuntivo.

Preparé los huevos como tú dijiste.   ***Como** se refiere a un modo*
                                      específico de preparar huevos.

Siempre preparo los huevos como   ***Como** se refiere a un modo*
   tú dices.   *específico y habitual de preparar*
                                      huevos.

Prepararé los huevos como tú digas.   ***Como** se refiere a un modo no-*
                                      específico y anticipado de
                                      preparar huevos, y se usa el
                                      subjuntivo.

A continuación se encuentra una lista de conjunciones adverbiales que funcionan como las de arriba. Las palabras entre paréntesis a veces se eliminan:

como	en cuanto
cuando	hasta que
después (de) que	mientras (que)
donde	tan pronto (como)

práctica ✳

A. Describa sus planes para el futuro. Use las frases a continuación como punto de partida:

1. Seré feliz cuando ... (graduarse, casarse, tener dinero)
2. Me casaré en cuanto ... (mi novio/a decidirse, tener muchos años)
3. Comeremos tan pronto como ... (terminarse la clase, llegar al restaurante)
4. Seguiré en esta ciudad hasta que ... (terminar mis estudios, conocer al amor de mi vida, morirme)
5. Estaré más contento/a después de que ... (mi novio/a llamar, los republicanos/demócratas perder las elecciones)
6. Estudiaré mientras que ... (estar de vacaciones, mirar televisión, mi novio/a me hablar del amor)
7. Pasaré mi luna de miel donde ... (querer, ser barato, poder)
8. Siempre haré las cosas como ... (querer, poder, tener que hacerlas)

B. Usando las mismas frases como guía, describa los planes para el futuro de otras personas que Ud. conoce.

20.3 Sinopsis del subjuntivo

I. El subjuntivo se puede usar en una cláusula principal sólo después de expresiones como **tal vez, quizás, posiblemente**, o **probablemente**. Por ejemplo (18.2): Ojalá (I wish), commands

> Tal vez mi hermano sepa manejar un tractor.
> Quizás tengas más suerte que yo.

Nota: Si estas expresiones siguen al verbo, generalmente se usa el indicativo. Por ejemplo:

> Vendrán mañana tal vez.
> Tienes más tiempo que yo quizás.

II. En una cláusula sustantival:

A. Las cláusulas sustantivales se llaman así porque funcionan como sustantivos o complementos directos. Compare:

> Quiero **el anillo**.
> Quiero **que tú lo sepas**.

B. El subjuntivo se requiere en una cláusula sustantival en tres casos:

1. Influencia o deseo de influir. Por ejemplo (14.2 y 14.3):

> Quiero que me pongas la mesa.
> Ojalá que no estén muy cansados.
> Me alegro de que me lo hayas dicho.

2. Probabilidad—duda—negación. Por ejemplo (18.1):

> No creo que ellos lo tengan.
> Dudamos que lo puedas terminar para mañana.
> Niego que ese hombre sea mi marido.

3. Expresiones impersonales que no indican certeza. Por ejemplo (14.6):

> Es importante que te quedes en cama todo el día.
> No está bien que fumes tanto.
> Es posible que ese muchacho conozca el camino.

III. En una cláusula adjetival:

A. Las cláusulas adjetivales se llaman así porque funcionan igual que un adjetivo. Compare:

> Busco un libro **bueno**.
> Busco un libro **que sea bueno**.

B. El subjuntivo se usa en una cláusula adjetival en dos casos:

1. Con antecedentes inespecíficos. Por ejemplo (18.3):

> ¿Conoces a alguien que sepa reparar televisores?
> ¿Sabes de una tienda que venda ropa usada?
> Busco un perrito que le haga compañía a mi abuela.

2. Con antecedentes no-existentes. Por ejemplo (18.3):

> No hay nadie aquí que no me quiera.
> No existe ningún libro que te explique la vida totalmente.

IV. En una cláusula adverbial:

A. Las cláusulas adverbiales son fáciles de reconocer porque siempre responden a preguntas como **por qué, cómo, cuándo** y **para qué**.

B. Hay dos grupos de conjunciones adverbiales: uno que siempre requiere el subjuntivo y otro que lo requiere sólo cuando el evento de la cláusula adverbial se anticipa en el momento de hablar.

1. Las conjunciones adverbiales que siempre requieren el subjuntivo son (20.1):

para que	en caso de que
a fin de que	con tal (de) que
sin que	a menos que
antes (de) que	

2. Las conjunciones adverbiales que requieren el subjuntivo sólo cuando el evento de la cláusula adverbial se anticipa en el momento de hablar son (20.2):

cuando	mientras (que)
en cuanto	tan pronto (como)
como	donde
después (de) que	hasta que

20.4 Me gusta **la** música de Mozart.
El cuarteto tocó música de Mozart.

Nuestra meta es **la** emancipación **del** hombre.
El crimen ha llegado a ser un gran problema.
Según Borges, **la** amistad es la máxima virtud argentina.
Me parece atractivo **el** matrimonio.
Los católicos se oponen **al** aborto.
Me gustan más **los** gatos que **los** perros.

El artículo definido se usa para indicar un individuo genérico, un grupo genérico, una idea en general o un grupo total.

Compare:

Me gusta la música de Mozart.	*Se usa el artículo porque se refiere a toda la música de Mozart en general.*
Tocaron música de Mozart.	*Se omite el artículo porque se tocó sólo una parte de la música de Mozart.*
Los perros son animales útiles.	*Se usa el artículo porque se habla de todos los perros en general.*
Anoche había perros en la calle.	*Se omite el artículo porque no estaban en la calle todos los perros en general.*
Los perros de Juan son bravos.	*Se usa el artículo porque se refiere a un grupo específico en su totalidad.*
El odio y el amor son pasiones contrarias.	*Se usa el artículo porque se refiere al odio y al amor en general.*

La miré con ojos de amor pero ella me miró con odio.

Se omiten los artículos porque no se puede mirar con todo el odio o todo el amor en general.

Me falta el amor de esa mujer.

Se usa el artículo porque se refiere al amor en total de una mujer específica.

práctica

A. Describa algunos de sus principios usando los elementos dados:

1. Confío en ... (los hombres, las mujeres, el amor, el futuro, etc.). *2.* No acepto ... (el ateísmo, el machismo, los consejos de X, etc.) *3.* Desconfío de ... (los machos, los adulones, las adulonas, etc.) *4.* Voy a luchar por ... (los derechos de la mujer, la justicia, etc.) *5.* (No) Me opongo a ... (el sexismo, el aborto, el divorcio, etc.) *6.* Lucharé en contra de ... (la discriminación sexual, el racismo, etc.)

B. Ud. es una madre (o un padre) y quiere dar consejos a sus hijos sobre los grandes temas a continuación:

1. el amor *2.* los machos *3.* el matrimonio *4.* el machismo *5.* el divorcio *6.* el aborto *7.* el compromiso *8.* la igualdad de los sexos

---

20.5 ¿Tienes **dos** hijos?
Sí, tengo **dos** hijos **excelentes**.

No me gusta **ese** trabajo **pesado**.
Guardé **esas** flores **marchitas** porque son de **un** amigo **fabuloso**.
No, no hay **ningún** estudiante **bruto** aquí.

Los adjetivos que limitan o indican una cantidad fija con respecto a un sustantivo suelen preceder al sustantivo. Ejemplos:

Esos libros son míos.

Esos *sugiere una cantidad fija de libros.*

A **algunos** alumnos no les gusta estudiar.

Algunos *indica una cantidad fija.*

Los adjetivos que describen un sustantivo generalmente siguen al sustantivo:

Me regalaron un libro **rojo** y otro **verde**.
Busco un amigo **guapo, fiel** e **interesante**.
Lo vi caminando con una mujer **bellísima**.

Para llamar la atención a un adjetivo descriptivo o darle énfasis, se puede poner antes del sustantivo:

Mi suegra es una **buenísima** mujer.
Hubo un **trágico** y **sangriento** accidente en la carretera.

¿Es viejo tu **antiguo** profesor?

Sí, mi **antiguo** profesor es un hombre **viejo**.

La posición de algunos adjetivos determina su significado:

gran/grandes + **sustantivo**: *notable, ejemplar*

Washington fue un gran hombre.
Las primeras feministas fueron grandes mujeres.

una gran mujer   una mujer grande

sustantivo + **grande/grandes**: *tamaño*

Gordus Máximus fue un hombre grande.
Esa zona tiene casas grandes.

viejo + **sustantivo**: *duración de una relación*

Javier es un viejo amigo. Hace varios años que nos conocemos.

sustantivo + **viejo**: *la edad*

Mi abuelo es un hombre viejo. Tendrá más de noventa años.

antiguo + **sustantivo**: *anterior*

Vi a mi antiguo profesor de química. Este semestre tengo otro.

los viejos amigos

los amigos viejos

sustantivo + antiguo: *de tiempos remotos*

Me encanta la literatura antigua de Grecia y de Roma.

nuevo + sustantivo: *otro*

Me hace falta un nuevo novio.

Mi antigua casa.

Una casa antigua.

sustantivo + nuevo: *último modelo*

Vamos a comprar un coche nuevo.

pobre + sustantivo: *desafortunado, sin suerte*

Isabel es una pobre mujer. Su esposo no la toma en serio.

sustantivo + pobre: *sin dinero*

Isabel es una mujer pobre. Gana poco dinero y vive mal.

práctica ✳

Usando el adjetivo que está entre paréntesis, describa los sustantivos a continuación:

1. una mujer con poco dinero (pobre) *2.* un templo de los aztecas (antiguo) *3.* una señora que tiene muchos años (viejo) *4.* un gigante (grande) *5.* otra casa (nuevo) *6.* dos mujeres valientes (grandes) *7.* un perro enfermo (pobre) *8.* un amigo que Ud. conoció en la primaria (viejo) *9.* la casa donde Ud. vivió antes (antiguo) *10.* una computadora de último modelo (nuevo)

EJERCICIOS ESCRITOS

1. *(a)* Combine los pares de frases, usando la conjunción adverbial entre paréntesis. Siga el modelo (20.1):

Modelo: Mi papá trabaja mucho. La familia tiene lo necesario. *(a fin de que)*
         Mi papá trabaja mucho a fin de que la familia tenga lo necesario.

1. María quita el mantel de la mesa. Mamá lo lava. (para que)
2. Me voy a morir de hambre. Me dan un aumento. (a menos que)
3. Yo le ayudo a mi hijo a hacer su tarea. La tarea no es difícil. (con tal de que)
4. Juanito ahorra para comprarles un regalo. Sus padres lo saben. (sin que)
5. Podemos copiar el artículo. El autor nos lo permite. (con tal de que)
6. Prendo la luz. Uds. ven mejor. (a fin de que)
7. El señor le manda dinero a su hija. Ella no tiene que trabajar. (para que)
8. Queremos conseguir un coche. Nuestros padres llegan. (antes de que)
9. Me baño por la tarde. No hay agua caliente. (a menos que)
10. Los ladrones entran en la casa por la ventana. Nadie se da cuenta. (sin que)

(b) Termine las frases a continuación de forma creativa:

1. Me voy a bañar con tal de que ... *2.* Los profesores no se enojan con tal de que ... *3.* Quiero ser un millonario para que ... *4.* No volveré a clase mañana a menos que ... *5.* Quiero ... sin que nadie ... *6.* No quiero casarme antes de que ... *7.* Debemos protestar para que ... *8.* Quiero estar preparado/a en caso de que ...

2. *(a)* Escriba las frases de nuevo en el futuro. Siga el modelo (20.2):

Modelo: Me quedé en casa hasta que Jacinto me llamó.
         Me quedaré en casa hasta que Jacinto me llame.

1. Me levanté cuando Ud. entró.
2. No lo hicimos hasta que nos avisaron.
3. Lo canté exactamente como Ud. quiso.
4. Juanito sabe contestar cuando le hacen preguntas.
5. Me baño en cuanto está caliente el agua.
6. Vamos al club tan pronto como termina el ensayo.

7. Compré un par de zapatos mientras estábamos en el centro.

8. Nos sentamos donde tú dijiste.

9. Fuimos a un pequeño restaurante después de que se terminó la película.

(b) Conteste las preguntas, empleando una cláusula adverbial en la respuesta:

1. ¿Cuándo irás de nuevo a la playa?   *2.* ¿Hasta cuándo piensas estudiar español? *3.* ¿Cuándo te casarás?   *4.* ¿Cuándo volverás a casa?   *5.* ¿Qué vas a hacer después de que se termine este año académico?   *6.* ¿Qué harán tus padres en cuanto termines de estudiar?

(c) Complete las frases a continuación con la forma correcta del verbo que está entre paréntesis:

1. Nos iremos cuando ellos nos (correr).   *2.* Lo terminé en cuanto (poder).   *3.* Siempre me quedo hasta que la biblioteca (cerrar)   *4.* Te volveré a llamar después de que tú me (llamar).   *5.* Lo dejaremos donde ellos (decir).

3. Complete las frases con la forma correcta del verbo que está entre paréntesis (20.3):

1. No hay nadie que me (impresionar) tanto como tú.   *2.* Con tal de que no (hacer) frío, vamos a cenar en el patio.   *3.* Siempre hago lo que tú (querer).   *4.* Me visto así para que nadie me (reconocer).   *5.* Es totalmente inútil que ellos me lo (decir) ahora. *6.* Quizás ellos me lo (prestar) sin intereses.   *7.* Nos quedaremos hasta que (terminarse) el concierto.   *8.* Supe quien era en cuanto lo (ver).   *9.* Nunca me gusta ir a la playa cuando (hacer) demasiado calor.   *10.* ¿Conoces a alguien que (entender) el subjuntivo mejor que yo?   *11.* Siento mucho que tú no (haber) podido asistir a las reuniones. *12.* Tengo un amigo que (saber) mucho de mecánica.   *13.* Negamos terminantemente que la modestia de las perras (ser) un tema de importancia trascendental.   *14.* Es cierto que los novios se (olvidar) del mundo a veces.   *15.* Ojalá que tus amigos no (creer) que yo (tener) que pagar la cuenta.   *16.* No conozco a ninguna persona que (tocar) el piano como tu hermana.   *17.* Sabemos que tu jefe (estar) enfermo.   *18.* Se prohibe que los menores de edad (salir) sin permiso.   *19.* Te lo digo a fin de que tú (buscar) una forma de resolver el problema.   *20.* Íbamos mucho al teatro mientras (estar) en Buenos Aires. *21.* En caso de que (venir) nuestros amigos, debemos comprar más comida para que (comer) bien.   *22.* Me alegro de que tú siempre (llegar) con dos o tres chistes. *23.* Llegaremos temprano con tal de que (andar) bien el coche.   *24.* Vamos a comer donde tu papá (decir).   *25.* Para que tú (reconocer) que soy una persona generosa, te voy a pagar la comida con tal de que no (ser) demasiado cara.

4. Complete las frases con un artículo definido si es necesario (20.4):

1. No nos gustan _____ sinfonías de Bruckner.   *2.* _____ coches japoneses son muy sólidos.   *3.* Nunca he visto _____ nieve.   *4.* _____ matrimonio es una cosa seria.   *5.* En esta vida, es necesario _____ amor.   *6.* Era obvio que los alumnos le tenían _____ afecto a su profesor.   *7.* Nunca como _____ carne. *8.* Tengo _____ catarro.   *9.* _____ influenza puede ser una enfermedad grave. *10.* _____ cerdos suelen ser más inteligentes que _____ caballos.

5. Componga una frase usando todas las palabras en cada grupo a continuación. Preste atención a la posición de los adjetivos con respecto al sustantivo (20.5):

1. libros, verdes, algunos, rojos   *2.* coches, esos, negros   *3.* bonita, esa, mujer   *4.* hombre, feo, ningún   *5.* malcriados, ladrones, incivilizados, los   *6.* casa, aquella, victoriana

6. Escriba una frase utilizando una forma de las palabras en negrilla en el sentido indicado (20.6):

1. **nuevo**: otro   *2.* **grande**: notable, ejemplar   *3.* **antiguo**: anterior   *4.* **pobre**: sin dinero   *5.* **nuevo**: recién hecho   *6.* **viejo**: de edad avanzada   *7.* **antiguo**: de tiempos remotos   *8.* **pobre**: desafortunado   *9.* **grande**: enorme   *10.* **viejo**: de mucha experiencia mutua

---

LECTURA

Querida Anita

*Entre las muchas contribuciones del periodismo a la cultura moderna están las columnas de consejos—consejos de tipo amoroso, financiero, político, doméstico y hasta **alimenticio**. Los autores de las cartas a continuación confiesan su enorme deuda con Heloise, Abby, Ann Landers y todos sus corresponsales— los verdaderos maestros del género.*

Querida Anita:

No sé si Ud. podrá ayudarme, pero tengo un serio problema cuya gravedad Ud. pronto apreciará. Mi problema es que no tengo problemas, y no tiene Ud. idea de **cuán** difícil es estar rodeado de gente que puede hablar veinticuatro horas diarias de sus problemas sin que yo contribuya nada a la conversación. En nuestros días una persona feliz resulta aburrida y tonta si no tiene problemas, y por eso tengo que desarrollar mis propios **encantos** patéticos para que yo también pueda deprimirme y llorar con todos mis amigos. A menos que logre tener mis propios problemas, no tengo por qué vivir en el siglo veinte. Como Ud. sabe mucho de problemas, y **a lo mejor** tiene algunos problemas extras **almacenados** por ahí, ¿podrá pasarme **unos cuantos**? Se lo **agradeceré** infinitamente.

Sin Problemas en Hackensack

alimenticio: relacionado con los alimentos o con la dieta

cuán: un intensificador adverbial

encantos: atractivos, gracia / **a lo mejor**: probablemente / **almacenados**: guardados en un almacén / **unos cuantos**: varios / **agradecer**: dar las gracias

Querido SPH:

Realmente no tiene Ud. idea de cuán grave es su problema, sobre todo para los periodistas como yo que se ganan la vida **repartiendo** consejos **gratuitos**. Por lo tanto, le recomiendo que se quede Ud. en casa sin hablar con nadie para que nadie siga su ejemplo. En cuanto esté bien deprimido por **la soledad**, podrá salir. Para entonces todo el mundo se habrá olvidado de Ud., así que tendrá buenos motivos para deprimirse y convertirse en una persona realmente interesante.

repartir: dar a varias personas / **gratuitos**: que no cuestan dinero / **soledad**: el estado de estar solo

* * * * * *

Querida Anita:

Hace ya varios meses que conocí a un joven estupendo. Anoche **se declaró** conmigo pero no sé si debo **comprometerme** o no. Lo quiero mucho, pero a veces sospecho que tiene algo de raro. No es un donjuán, ni tampoco es machista. No **nos peleamos** nunca y estoy segura de que será un marido fiel y un padre afectuoso. Además, es guapo y, como dicen en otra lengua, es muy "sexy". **Por otra parte** es dueño de varias propiedades, vive de sus rentas, y sé que nunca nos faltará nada.

Sus gustos son el problema. No le gusta el fútbol para nada, y cuando vienen mi padre y mis hermanos, él prefiere estar en la cocina conmigo. Por otra parte, **cocina** mejor que yo, y dice que cuando tengamos hijos, él quiere hacer todas las compras, cocinar, **fregar**, y cuidar a los niños para que yo pueda dedicarme a mi carrera. Ahora bien, querida Anita, yo he tenido alguna experiencia con los hombres, y sé que la mayor parte de ellos no son así. Sé que el matrimonio es un **paso** importante y no quiero equivocarme. ¿Será normal mi novio? ¿Qué debo hacer?

Preocupada en Burbank

declararse: proponer el matrimonio / **comprometerse**: declarar oficialmente los planes matrimoniales / **pelearse**: discutir vigorosamente / **por otra parte**: también / **cocinar**: preparar comida / **fregar**: limpiar la casa / **paso**: movimiento del pie al caminar

Querida PEB:

¡Qué problema! Cásese **en seguida** antes de que su novio cambie de idea. Y si por alguna razón Ud. decide no casarse, mándeme el nombre y la dirección de ese hombre de oro para que pueda presentarlo a un par de amigas que han tenido la mala suerte de conocer solamente a hombres machistas. Mientras tanto, si su novio no está demasiado ocupado cocinando, fregando y cuidando a los niños, dígale que debe dar clases a los demás hombres. Necesitan un buen profesor como él.

en seguida: inmediatamente

* * * * * *

Querida Anita:

Hace más de veinte años que mi esposo y yo estamos casados. No nos queremos en lo más mínimo, pero somos gente de principios y no nos divorciaremos nunca. Por lo tanto, lo único que mantiene sana y viva nuestra relación son unas pequeñas **venganzas** que nos hacemos de vez en cuando. Desde luego, el asesinato y la tortura no pueden figurar en el repertorio de personas decentes como nosotros, pero con algo de imaginación hemos podido lograr unas cuantas venganzas memorables. Por ejemplo, mi esposo en una ocasión mezcló **pegamento** con mi **rímel**, y durante varios días no pude abrir los ojos. Entonces yo, para no quedar atrás, **almidoné** su ropa interior. Lástima que Ud. no haya visto cuán **chistoso** caminaba. Entonces él metió **pimienta** en mi **almohada** y después yo mezclé **tinta** verde con su champú. ¡Estaba tan lindo con pelo verde! Entonces él me regaló un perfume que atraía a las cucarachas y después yo le llené las botas de **miel**. Como Ud. habrá percibido, si no hay amor en nuestra relación, nunca falta el interés.

Ahora, mi problema es que pronto se me acabarán las venganzas, y a menos que alguien como Ud. que se especializa en problemas matrimoniales me dé algunas nuevas ideas, no habrá manera de conservar nuestra relación, y nuestro matrimonio correrá peligro. ¿Me puede Ud. ayudar?

Necesitada de Nuevas Venganzas

venganza: reacción a un mal recibido / **pegamento:** *glue* / **rímel:** maquillaje para los ojos / **almidonar:** endurecer la ropa para que se vea mejor / **chistoso:** cómico, de chiste / **pimienta:** especia que molesta la nariz / **almohada:** cuando se duerme, sostiene la cabeza / **tinta:** colorante / **miel:** producto pegajoso de las abejas

Querida NNV:

Su problema me parece grave, y obviamente Ud. precisa de consejos más expertos de los que yo le pueda dar. Por lo tanto, creo que lo más seguro será hablar con una persona que conozca **a fondo** los **medios** de la venganza; por ejemplo, su esposo. Sin duda él tiene tanto interés en conservar su relación como Ud., y si Uds. combinan sus talentos, podrán crear unas venganzas espectaculares—venganzas que no han sido registradas en toda la historia del mundo. Además, la comunicación abierta, directa y sincera es esencial para todo matrimonio, incluso el de Uds.

a fondo:
profunda-
mente /
medios:
maneras

preguntas

1. ¿Cree Ud. que una persona sin problemas realmente resulta aburrida? ¿Por qué?
2. ¿Es cierto que una persona se deprime cuando está sola?
3. ¿Será el novio de Preocupada en Burbank un raro o un santo? ¿Por qué?
4. ¿Cree Ud. que el novio de PAB será un marido ideal? ¿Por qué?
5. ¿Qué le parece el matrimonio de Necesitada de Nuevas Venganzas?
6. ¿Sabe Ud. de algunas venganzas estupendas entre compañeros de cuarto, socios o matrimonios?

creación

Usando las cartas y respuestas anteriores como guía, escriba una carta original a Querida Anita seguida de una respuesta.

VOCABULARIO

el amor y el desamor

expresiones verbales

aceptar	declararse	pelearse
aguantar = soportar	deprimirse	prometer
cambiar de idea	fijar fecha	recomendar (ie)
casarse ≠ divorciarse	fregar (ie)	sospechar
cocinar	ir de compras	tomar en serio
compartir	mantener (ie)	
comprometerse		
confiar de		
cuidar niños		

adjetivos

civil ≠ religioso

enamorado

eterno

familiar

fiel ≠ infiel

insoportable = inaguantable

romántico

sustantivos

aborto

adulón

boda

casamiento

ceremonia

consejo

discriminación

divorcio

donjuán

el ama de casa

el matrimonio

encanto

fidelidad

igualdad

los recién casados

luna de miel

machista

machismo

macho

pareja

paso

sexismo

sexista

un matrimonio

venganza

expresiones útiles

a lo mejor

en seguida

por otra parte

QUINTO REPASO

A. Escriba las frases de nuevo en el pretérito *(11.1, 11.2, y 12.1):*

1. Cierran la puerta inmediatamente. *2.* Llego a las ocho en punto. *3.* Limpian la casa bien. *4.* Almuerzo con mis amigos. *5.* Piensas mal. *6.* Se lo explico bien. *7.* Ellos no me recuerdan. *8.* Algunos estudiantes lo aprenden bien. *9.* Todos suben al tercer piso. *10.* Nos devuelven todo.

B. Escriba la forma correcta del verbo que está entre paréntesis—del indicativo o del subjuntivo *(14.2, 14.3, 14.6 y 14.7):*

1. Sé que Uds. lo (tener). *2.* Mamá quiere que nosotros (cenar) en casa. *3.* Prefiero que tú (hacer) las reservaciones. *4.* Es cierto que ellos me (conocer). *5.* Me alegro de que tú (haber) dejado de fumar. *6.* Espero que mis amigos (llegar) temprano. *7.* El profesor insiste en que sus alumnos (conversar) menos y (leer) más. *8.* Es necesario que yo (tener) más paciencia. *9.* Temo que Isabel no (saber) la dirección. *10.* Mandan que nosotros (salir) ahora.

C. Escriban las frases a continuación en el pretérito *(12.2):*

1. Me lo lee mi hermano. *2.* Todos lo creen. *3.* Nadie lo construye. *4.* Mis amigos oyen la mala noticia. *5.* Tú no crees eso. *6.* Ellos influyen mucho en mi formación. *7.* Los soldados lo destruyen. *8.* ¿Por qué leen Uds. esas novelas?

D. Complete las frases con el mandato formal de los verbos que están entre paréntesis *(15.1 y 15.2):*

1. (salir) _____ Uds. antes de las nueve. *2.* (despertarse) _____ Uds. a la hora que quieran. *3.* (levantarse) No _____ Ud. si todavía tiene sueño. *4.* (irse) No _____ Uds. sin comer. *5.* (venir) _____ Ud. a la una.

E. Escriba las frases de nuevo en el pretérito *(12.5):*

1. Esos políticos mienten a veces. *2.* Todos siguen el buen ejemplo de los profesores. *3.* Ella duerme en casa de una amiga. *4.* Muchos mueren en esa guerra. *5.* Nadie me pide nada. *6.* Duermo tranquilo. *7.* Ellos sienten un ruido. *8.* Sirven buena comida.

F. Complete las frases con un mandato familiar (de **tú**) *(15.4 y 15.5):*

1. (venir) _____ en taxi. No _____ en el metro. *2.* (salir) _____ conmigo. No _____ con Roberto. *3.* (decir) _____ algo interesante. No _____ cosas aburridas. *4.* (volver) No _____ hoy. _____ mañana. *5.* (hacer) _____ un pastel. No _____ galletas. *6.* (tomar) _____ una aspirina. No _____ dos.

G. Escriba las frases de nuevo en el pretérito *(11.3, 12.3 y 12.5):*

1. No ha venido nadie. *2.* Nos dicen todo. *3.* Las chicas no pueden hacer nada por la tormenta. *4.* Todos tenemos que regresar. *5.* Me quieren conocer. *6.* Lo producen en una fábrica local. **7.** Hacen demasiado ruido. **8.** ¿Con quiénes andan tus amigos? **9.** Vamos todos. **10.** Todos están de buen humor. **11.** No saben nada. **12.** ¿Por qué traen tantas cosas? **13.** Tiene un niño precioso. **14.** Traducen algunos poemas. **15.** Podemos ganar. **16.** Hay un tremendo escándalo. **17.** Son personas buenas. **18.** Me lo dan mis hijos.

H. Conteste las preguntas según el modelo, usando el tiempo futuro *(17.1 y 17.2)*:

Modelo: ¿Le hablas hoy?
     No, le hablaré mañana.

1. ¿Lo haces ahora? **2.** ¿Vienen Miguel y Josefina ahora? **3.** ¿Me lo dices ahora? **4.** ¿Tiene Juan el número ahora? **5.** ¿Pueden Uds. ayudarme ahora? **6.** ¿Me lo escribes ahora? **7.** ¿Salen los chicos hoy? **8.** ¿Toma Tomás el tren ahora?

I. Complete las frases con la forma correcta del verbo que está entre paréntesis *(18.1, 18.2 y 18.3)*:

1. Dudo que ella (ser) colombiana. **2.** No creemos que Manuel lo (tener). **3.** Estoy segura de que todos (venir) con hambre. **4.** Estoy buscando un libro que (incluir) una bibliografía reciente. **5.** Tal vez mi padre (saber) la respuesta. **6.** Tengo un amigo que (hablar) cinco idiomas. **7.** No hay nadie que lo (hacer) como tú. **8.** ¿Conoces a alguien que (poder) darme esa información?

21.1 **Es** necesario que **llegues** a tiempo.
Era necesario que **llegaras** a tiempo.

21.2 Mamá: —Coman todas las legumbres.
Mamá nos **dice** que **comamos** todas las legumbres.
Mamá nos **dijo** que **comiéramos** todas las legumbres.

21.3 Alguien dijo que Jorge había llamado.
Yo dudaba que Jorge **hubiera llamado**.

21.4 **Me alegro** de que mis abuelos **llegaran** ayer.

21.5 Busco un intérprete que hable inglés y japonés.
Buscaba un intérprete que **hablara** inglés y japonés.

21.6 **Hago** una cita **para que** el médico me **examine** la vista.
Hice una cita **para que** el médico me **examinara** la vista.

21.7 ¿Hay **noticias**?
Sí, te tengo una **noticia** fabulosa.

vocabulario:

finanzas, desarrollo y economía

EXPOSICIÓN GRAMATICAL

21.1 Es necesario que **llegues** a tiempo.
Era necesario que **llegaras** a tiempo.

Quiero que me **reduzcan** los impuestos.

No creo que el gobierno **elimine** la contaminación del aire.

Es posible que nos **digan** algo sobre el déficit.

Espero que **mejoren** el transporte público.

Tememos que **haya** otro aumento en el costo de vida.

Dudamos que se **controle** la inflación.

Quería que me **redujeran** los impuestos.

No creía que el gobierno **eliminara** la contaminación del aire.

Era posible que nos **dijeran** algo sobre el déficit.

Esperaba que **mejoraran** el transporte público.

Temíamos que **hubiera** otro aumento en el costo de vida.

Dudábamos que se **controlara** la inflación.

Los verbos en las cláusulas subordinadas de la segunda columna son del **imperfecto del subjuntivo**.

En cláusulas sustantivales, el imperfecto del subjuntivo se usa después de **expresiones impersonales** que no indican certeza absoluta, y en casos de **influencia y duda**—igual que el presente del subjuntivo.

Si el verbo de la cláusula principal está en el pasado (pretérito, imperfecto o pluscuamperfecto) se usa el imperfecto del subjuntivo en la la cláusula subordinada.

Todas las formas del imperfecto del subjuntivo se derivan de la tercera persona plural del pretérito. No hay excepciones. Estudie su formación:

tercera persona plural del pretérito:	Se quita la terminación -on:	Se agregan estas desinencias:
hablaron	hablar-	-a
construyeron	construyer-	-as
durmieron	durmier-	-a
vinieron	vinier-	-amos
pudieron	pudier-	-ais
supieron	supier-	-an
dijeron	dijer-	
fueron	fuer-	

Sinopsis:

hablar	*saber*	*decir*	*ser*	*dormir*
hablara	supiera	dijera	fuera	durmiera
hablaras	supieras	dijeras	fueras	durmieras
hablara	supiera	dijera	fuera	durmiera
habláramos	supiéramos	dijéramos	fuéramos	durmiéramos
hablarais	supierais	dijerais	fuerais	durmierais
hablaran	supieran	dijeran	fueran	durmieran

Note que todas las formas correspondientes a la primera persona plural del imperfecto del subjuntivo llevan acento: estudiáramos, viniéramos, durmiéramos, dijéramos, etc.*

práctica

A. Reemplace el sujeto de la cláusula subordinada con los sujetos que están entre paréntesis:

1. Margarita quería que nosotros solucionáramos el problema.
(que su hermano, que sus compañeros, que yo, que Juan y yo, que tú)
2. Era posible que todos vieran la serie por televisión.
(que algunos alumnos, que nosotros, que mi padre, que tú, que yo)

B. Ud. quiere indicar que alguien no hizo lo que debía hacer. Siga el modelo:

Modelo: ¿Es necesario que Juan venga ahora?
Era necesario que Juan viniera ayer.

1. ¿Es necesario que Ana estudie ahora?   *2.* ¿Es necesario que nosotros te ayudemos?
3. ¿Es posible que vengan tus amigos hoy?   *4.* ¿Es probable que el fotógrafo te saque una foto hoy?   *5.* ¿Es importante que los chicos te digan las respuestas ahora?   *6.* ¿Es preciso que tu hermano te lleve a la oficina esta tarde?   *7.* ¿Quieres que yo vea el presupuesto ahora?   *8.* ¿Quieres que haya una reunión esta noche?   *9.* ¿Quieres que te preste más dinero?   *10.* ¿Es posible que todos se den cuenta ahora?

*El imperfecto del subjuntivo es el único tiempo en español que tiene dos formas. Las otras formas terminan en **-se, -ses, -se, -semos, -seis** y **-sen**. Por ejemplo: **tuviese, tuvieses, tuviese, tuviésemos, tuvieseis** y **tuviesen**. Estas formas son menos frecuentes que las otras, y no se practicarán en este libro.

21.2 Mamá: —Coman todas las legumbres.

        Mamá nos **dice** que **comamos** todas las legumbres.

        Mamá nos **dijo** que **comiéramos** todas las legumbres.

Ana: —Paga la cuenta.

Papá: —Cierren la puerta.

El doctor: —Tome dos aspirinas y llámeme mañana.

Ana me dijo que **pagara** la cuenta.

Papá nos dijo que **cerráramos** la puerta.

El doctor me dijo que **tomara** dos aspirinas y que lo **llamara** mañana.

Cuando se reporta un mandato en el pasado, se usa el **imperfecto del subjuntivo** en la cláusula subordinada.

Haga un informe sobre el presupuesto.

El profesor me dijo que hiciera un informe sobre el presupuesto.

práctica ✳

¿Qué mandó? Un/una estudiante manda algo a otro/a. Después otro estudiante reporta el mandato usando el imperfecto del subjuntivo. Siga el modelo:

Modelo: Primer/a estudiante: *Venga aquí inmediatamente.*
              Profesor/a: *¿Qué mandó ella/él?*
              Segundo/a estudiante: *Mandó que X viniera inmediatamente.*

21.3 Alguien dijo que Jorge había llamado.
Yo dudaba que Jorge **hubiera llamado**.

Me dijeron que Juan había estado sin empleo antes de trabajar aquí.	Era posible que Juan **hubiera estado** sin empleo antes de trabajar aquí.
Supimos que tú habías ganado un premio.	Nos alegrábamos de que tú **hubieras ganado** el premio.
José me dijo que a Irene se le había roto una pierna.	Yo sentía que a Irene se le **hubiera roto** una pierna.
Yo había leído el libro antes de ver la película.	Era bueno que yo **hubiera leído** el libro antes de ver la película.
Supieron que nosotros habíamos manejado el coche.	No les gustó que **hubiéramos manejado** el coche sin pedir permiso.

Los verbos en negrilla están en el **pluscuamperfecto del subjuntivo**. En estos ejemplos, el pluscuamperfecto se refiere a un evento anterior a otro evento. Se usa el pluscuamperfecto del subjuntivo en casos de influencia, duda, negación, etc. El **pluscuamperfecto del subjuntivo** es muy fácil de formar:

> hubiera
> hubieras
> hubiera
> hubiéramos   } + el participio del verbo principal
> hubierais
> hubieran

práctica

Ud. y una amiga están describiendo una visita algo traumática a una gran ciudad. Su amiga describe los eventos y Ud. explica su reacción mental o emocional. Siga el modelo:

Modelo: La chica en la taquilla dijo que se habían vendido todas las entradas. (yo dudaba)
   Yo dudaba que se hubieran vendido todas las entradas.

1. El dependiente dijo que habíamos perdido el primer tren. (yo lamentaba)
2. El taxista dijo que se había descompuesto el taxímetro. (yo no creía)
3. El hotelero nos dijo que nadie había hecho nuestra reservación. (no me gustó)
4. El botones nos dijo que el taxista no le había dado todas nuestras maletas. (me quejé de)

5. Alguien en la calle dijo que habían cambiado la exposición. (yo temía)
6. El guía nos dijo que se habían llevado el cuadro para restaurarlo. (yo sentía)
7. El mesero dijo que el cocinero había quemado la comida. (yo temía)
8. Un señor desconocido dijo que nos habían asignado al mismo cuarto en el hotel. (no me gustó nada)
9. El hotelero nos informó que se había acabado el agua caliente. (me dio rabia)
10. Mamá pensaba que nos habíamos divertido mucho. (yo no estaba segura de)

21.4 Me alegro de que mis abuelos llegaran ayer.

Me **alegro** de que mis primos **lleguen** mañana. (futuro)
Temo que mis hermanos no **lleguen** ahora. (presente)
Siento que mis tíos no **hayan llegado**. (pretérito perfecto)
No creo que mis abuelos **llegaran** ayer. (pasado)
Dudo que mis padres **hubieran llegado** antes de las seis.
   (pluscuamperfecto)

En las oraciones de arriba, el verbo de emoción en la cláusula principal expresa una reacción en el presente al evento de la cláusula subordinada *(14.3)*. En la cláusula subordinada se usa el tiempo del subjuntivo que corresponde al momento del evento.

Estudie:

Me **alegraba** de que mi abuelo **llegara** ayer.
Me **alegraba** de que mi padre **hubiera llegado** antes del concierto.

Cuando el verbo de la cláusula principal está en un tiempo pasado se usan solamente el imperfecto del subjuntivo o el pluscuamperfecto del subjuntivo en la cláusula subordinada.

práctica ✳

Describa sus reacciones a esos eventos usando las expresiones de la segunda columna como punto de partida:

Bajó la tasa de inflación.	Me alegro de que ...
Hubo un examen ayer.	Siento mucho que ...
Los políticos siempre dicen la verdad.	(No) me gusta que ...
Trataron de eliminar la congestión del tráfico.	Me parece bueno que ...
Mi tía tiene estatuas de plástico en su jardín.	Me encanta que ...
El presidente cortó el presupuesto para las artes.	Temo que ...

Mi vecino ha pintado su casa de rojo, azul y morado.	No puedo creer que ...
El hijo de mi vecina es un genio.	Dudo que ...
El gobierno aumentó los impuestos de nuevo.	Me da rabia que ...
Se me quedó la tarea en casa.	Lamento que ...

21.5 Busco un intérprete que hable inglés y japonés.
Buscaba un intérprete que hablara inglés y japonés.

Necesito un asistente que me **ayude** con este proyecto.	**Necesitaba** un asistente que me **ayudara** con este proyecto.
Busco un candidato que **luche** en contra del desempleo.	**Buscaba** un candidato que **luchara** en contra del desempleo.
Queremos comprar una computadora que **haga** de todo.	**Queríamos** comprar una computadora que **hiciera** de todo.
No **hay** nadie que **sepa** eliminar la congestión del tráfico.	No **había** nadie que **supiera** eliminar la congestión del tráfico.

Si la cláusula principal está en el pasado, se usa el imperfecto del subjuntivo en una cláusula adjetival cuyo antecedente es no-específico o negativo (no-existente).

Un pueblo abandonado en el norte de España, víctima del progreso.

práctica ✳

Ud. y un amigo están conversando en el año 2.000, y están hablando de lo que Uds. necesitaban y buscaban cuando eran más jóvenes. Use los elementos a continuación como punto de partida:

Yo necesitaba profesores que	ser más (menos) exigentes, comprensivos
Buscaba un/a novio/a que me	querer, aguantar, ser como Gumersinda
Necesitaba clases que me	preparar para la vida, hacer pensar
Buscaba amigos que	tener dinero, compartir mis intereses, comprender ...
Necesitábamos un gobierno que	dar más becas, prohibir ...
Buscaba una carrera que me	hacer rico/a, satisfacer, traer la felicidad
Se necesitaban gobernantes que	mejorar el sistema educativo, reducir los gastos sociales (militares)

21.6 **Hago** una cita **para que** el médico me **examine** la vista.
Hice una cita **para que** el médico me **examinara** la vista.

Miguel nos lo **explica** para que lo **entendamos** bien.	Miguel nos lo **explicó** para que lo **entendiéramos** bien.
Cierro la puerta con llave **a fin de que** no **entre** nadie.	Cerré la puerta con llave **a fin de que** no **entrara** nadie.
No **quiero** ir **a menos que** me **acompañes**.	No **quería** ir **a menos que** me **acompañaras**.
No lo **vamos** a hacer **a menos que** el jefe nos **pague**.	No lo **íbamos** a hacer **a menos que** el jefe nos **pagara**.
Vuelven los pájaros **sin que** nos **demos** cuenta.	**Volvieron** los pájaros **sin que** nos **diéramos** cuenta.
Queremos llegar **antes (de) que** **empiece** el programa.	Queríamos llegar **antes (de) que** **empezara** el programa.

Las conjunciones adverbiales que siempre requieren el subjuntivo en el presente también lo requieren en el pasado *(ver 20.1)*. Se usa el **imperfecto del subjuntivo** después de estas conjunciones cuando el verbo de la cláusula principal está en el pasado.

Estudie:

> Cerré la ventana para que no te moleste el aire.
> Llamé al hospital para que te admitan esta tarde.

Por lo general, un verbo del pasado en la cláusula principal requiere el imperfecto del subjuntivo en la cláusula subordinada. Sin embargo, si la idea de la cláusula subordinada claramente corresponde al presente o al futuro, a veces se usa el presente del subjuntivo.

práctica ❋

Ud. quiere explicar sus preferencias políticas en las últimas elecciones. Use los elementos a continuación como punto de partida:

Voté por X para que
Apoyé a X con tal de que

No iba a votar por X a menos que

bajar los impuestos
luchar contra la contaminación del ambiente
dar más becas a los estudiantes pobres
reducir la tasa de inflación
defender los intereses de los pobres
mejorar el sistema de transporte público
conseguir empleo para los desocupados
controlar las grandes empresas
vigilar las inversiones extranjeras
reformar el sistema educativo
balancear el presupuesto nacional
ayudar a los estudiantes

21.7 ¿Hay **noticias**?
Sí, te tengo una **noticia** fabulosa.

Algunas palabras en español tienen una forma singular y otra plural que no tienen equivalentes en inglés. Estudie los ejemplos a continuación:

muebles: sillas, sofás, gabinetes, camas, todo en conjunto

¡Qué lindos muebles tienes!
Tengo que comprar nuevos muebles porque éstos no sirven.

mueble: uno de los muebles

No sé qué voy a hacer con ese mueble.
Creo que te falta un mueble pequeño debajo de esa ventana.

negocios: las actividades de banqueros, comerciantes y empresarios

No me interesan los negocios internacionales.
Te has hecho un gran hombre de negocios.

negocio: un asunto en particular, o un lugar donde se hacen negocios

El banquero me habló de un negocio importante.
Esa tienda es un negocio que ha tenido mucho éxito.

noticias: lo que uno lee en el periódico o escucha a los amigos

Las noticias de esta semana han sido abominables.
Por fin me llegaron noticias de mi hijo.

noticia: un asunto particular de las noticias

¿Ganó ese sinvergüenza las elecciones? ¡Qué mala noticia!
¿Has oído la buena noticia? Mi hermana acaba de ganar un premio.

Nota: el programa de noticias que se escuchan por radio o por televisión se llama *el noticiero*.

chismes: anécdotas sobre gente conocida

No sabes cuánto me fascinan los chismes.
¿Inventas esos chismes o tienes un sexto sentido?

chisme: una anécdota en particular

¡Te tengo un chisme grande, sabroso y jugoso!
Estoy aburrido. Cuéntame un chisme interesante.

consejos: varios consejos juntos

A veces los consejos de los amigos son peligrosos.
Mi psiquiatra no me da consejos; sólo me hace preguntas.

consejo: palabras sabias sobre un asunto en particular

Permíteme darte un consejo para que no cometas un grave error.
Mi padre me dio un consejo muy útil.

práctica

Describa los eventos o los objetos en las siguientes frases con una palabra adecuada de la sección anterior:

1. Mi tío vendió su casa por el doble de lo que le costó. Hizo un buen …
2. Mi hermana me contó que Gumersinda se va a casar. Me contó un buen …
3. Lulú compró un sofá, un sillón, y una mesa. Compró varios …
4. Mi hermano gana mucho dinero en su garage. Tiene un buen …
5. El presidente quiere reducir el presupuesto educativo. Es una buena/mala …
6. Mi abuelo tiene un hotel y una tienda. Es un hombre de ….
7. José siempre tiene información sobre la gente. Está lleno de …
8. "Querida Anita" del capítulo anterior se gana la vida dando …
9. Me gusta ese periódico. Trae muchas … sobre Latinoamérica.
10. Mi madre sabe mucho de inversiones y economía. Le voy a pedir un …

EJERCICIOS ESCRITOS

1. Reescriba las frases a continuación en el pasado (21.1):

1. Quiero que vengas al estudio.   *2.* No me gusta que fumes.   *3.* Es imposible que comas más que yo.   *4.* No creo que bajen la inflación.   *5.* Insisten en que yo vea el presupuesto.   *6.* El ruido de la calle impide que nos durmamos.   *7.* Es bueno que inviertan ahora. **8.** Dudo que puedan reducir la contaminación. **9.** Preferimos que tú le pidas que nos lo dé. **10.** Es mejor que no hagamos nada.

2. Reporte lo que Anita le dijo a Pepe (21.2):

1. —Abre la puerta. **2.** —Ve a biblioteca. **3.** —Lee el periódico. **4.** —Compra cerveza y galletas. **5.** —Pon la mesa. **6.** —Haz la tarea. **7.** —Trae los discos. **8.** —Construye una mesa. **9.** —Cállate. **10.** —Bésame y dime que me quieres.

3. Escriba las frases de nuevo en el pasado (21.3):

1. Dudo que ellos hayan visto el tesoro.
2. No creemos que el perro se haya comido todo el pastel.
3. Temen que haya habido un accidente.
4. Juan se alegra de que los paquetes hayan llegado.
5. Nos gusta que tú le hayas escrito las notas para la exposición.
6. Es bueno que hayamos discutido el problema.
7. Sentimos que Uds. no hayan podido venir a las conferencias.
8. Es posible que ellos lo hayan visto.
9. Es dudoso que ellos hayan ahorrado bastante dinero para comprar esas acciones.
10. Dudan que hayamos pagado la cuenta.

4. Escriba el tiempo adecuado del verbo que está entre paréntesis (21.4):

1. Siento que Juan ya (leer) el libro que le regalé.
2. Ana duda que ellos (llegar) ayer.
3. Mamá insiste en que nosotros (llegar) mañana.
4. Yo no creía que ella (saber) el nombre del escultor.
5. Ella dudaba que nosotros ya (hacer) las reservaciones.
6. Es bueno que ellos (completar) el proyecto la semana pasada.
7. Es bueno que tú (seguir) un curso sobre los países en desarrollo el próximo semestre.
8. Me gusta que Uds. (decidir) hacer un viaje a Sudamérica.
9. No me gustó que ella ya (salir) sin mí.
10. Dudo que Uds. (saber) mucho español cuando empezaron a estudiarlo.

5. Escriba las frases de nuevo en el pasado (21.5):

1. Necesitamos una política que defienda los intereses del pueblo.
2. No hay nadie que sepa controlar la inflación.
3. Buscamos candidatos que sean económicamente más responsables.
4. Necesitamos un gobierno que se interese por la contaminación del ambiente.
5. No hay ningún político que comprenda el punto de vista de todas las minorías.
6. Necesitamos un programa económico que promueva la acumulación de capital privado.
7. Quiero votar por alguien que estimule la producción de comestibles.
8. Necesitamos una política que reduzca la importación de petróleo.

6. Complete las frases a continuación de forma creativa (21.6):

1. Te llamé para que tú ... **2.** Pudimos hacer la llamada sin que nadie ... **3.** Acepté la invitación con tal que ellos ... **4.** Llegué un minuto antes de que tú ... **5.** Cerré bien la puerta en caso de que ... **6.** Yo no iba a hacer nada a menos que ...

7. Escriba una frase original con cada palabra a continuación. Demuestre por el contexto de la frase que Ud. entiende el significado de la palabra (21.7):

1. chismes *2.* chisme *3.* noticias *4.* noticia *5.* mueble *6.* muebles *7.* negocio *8.* negocios *9.* consejo *10.* consejos

---

LECTURA

desarrollo y subdesarrollo

La pobreza es un espectáculo que la gente rica del mundo prefiere evitar. No nos gusta pensar en los millones de personas que mueren cada año de hambre y de desnutrición. No nos gusta pensar que lo normal para la mayoría de la raza humana es la miseria, el analfabetismo, el desempleo, la desnutrición, la enfermedad, el hambre y la muerte temprana. No nos gusta pensar en la capacidad **bélica** de esa población desheredada y **resentida** que en algún momento futuro podrá estallar con incontrolable violencia contra las estructuras económicas que mantienen nuestra prosperidad. Pero tampoco podemos **permitirnos el lujo** de no pensar en los indigentes del mundo: son una bomba de tiempo que próximamente explotará, alterando para siempre la vida de todos si no buscamos soluciones ahora.

bélico: de la guerra / **resentido**: lleno de resentimiento / **permitirse el lujo**: tener suficiente dinero; aquí el sentido es metafórico

En Latinoamérica se ven bien las tensiones provocadas por la pobreza y por la enorme disparidad entre ricos y pobres. Aunque algunas naciones mantienen un nivel de vida relativamente alto, en otros países hispanoamericanos hay gente que vive casi totalmente fuera de la economía del dinero. En algunos países hay grandes clases medias, pero en todos se ven marcados contrastes entre ricos y pobres. Se supone que en todo el continente, casi un treinta por ciento de la riqueza es controlado por un cinco por ciento de la población; en cambio, el veinte por ciento más pobre de la población tiene que sobrevivir con un cuatro por ciento del **ingreso** nacional. ¿Cómo se explica esa lamentable situación? ¿Cómo es que en tierras con enormes recursos y con una de las poblaciones menos densas del mundo pueden existir tal miseria y tal pobreza? Las explicaciones son muchas, incompletas y a veces contradictorias. Aquí, sólo podemos tocar de forma muy superficial algunas de las principales.

ingreso: lo que se gana

La tierra:

Un mapa topográfico de Latinoamérica nos puede ayudar a entender la fragmentación política y económica de la región. La escasez de ríos navegables y la presencia de vastas sierras e impenetrables selvas impidieron que se **llevara a cabo** un desarrollo fácil. En tales tierras era lógico que se formaran muchas naciones y no una sola como en el caso de los Estados Unidos. Cada país se orientó hacia el mar, y durante siglos era más fácil llegar de Buenos Aires a Europa o a Estados Unidos que a México o a Lima. La geografía, más que nada, milita contra el espíritu panamericano. Tampoco les ayuda a las naciones latinoamericanas su situación geográfica—lejos de las principales rutas comerciales que han unido Europa y Estados Unidos. Hoy en día, nuevos medios de transporte han resuelto algunas de las dificultades geográficas de la América Latina, pero el aislamiento interno y externo sigue siendo un problema de enormes proporciones.

La conquista incompleta:

Hemos comentado en otros capítulos las dimensiones casi sobrehumanas de la conquista española, pero si la meta de la conquista era la total hispanización del continente, **fracasó**. Los españoles llegaron a tierras ocupadas por civilizaciones bastante avanzadas, y **en gran medida** construyeron la sociedad colonial sobre las bases indígenas; no crearon una nueva economía sino que reemplazaron a los amos de la vieja. Aunque la cultura europea pronto llegó a dominar en las ciudades, con la excepción de los países del cono sur y del caribe, la cultura indígena sobrevivió, con grandes pérdidas **desde luego**, a los intentos de hispanización total. En los países andinos—Perú, Bolivia y Ecuador—se supone que los indios son una mayoría. En México, hay más de ochenta lenguas indígenas que han sobrevivido **a pesar de** 450 años de presencia española, y en todo el continente la raza más común, si no es de sangre mixta, es de sangre india pura. Desde el principio de la conquista, se esperaba que el indio se hiciera a la cultura europea, pero **hasta la fecha** se ha resistido a la asimilación total. Si nos limitamos a las ciudades latinoamericanas, podemos creer en el mito de la europeización, pero tan pronto salimos al campo, nos damos cuenta de que la homogeneidad cultural que existe en casi todo Estados Unidos, se ve en pocos países latinoamericanos. Obviamente, esa fragmentación cultural afecta la unidad económica y política de los países, y **en última instancia** dificulta la prosperidad de muchos.

La teoría de la dependencia:

Todas las naciones hispanoamericanas nacieron como colonias dependientes, y siguieron como colonias por casi 300 años. España quiso mantener a sus colonias bajo un sistema económico llamado el mercantilismo, según el cual las colonias debían vender materia prima a España **a cambio de** bienes manufacturados. Ese modelo económico no cambió con las guerras de la independencia: Inglaterra y más adelante Estados Unidos reemplazaron a España como receptores de los productos latinoamericanos, pero los procesos básicos del mercantilismo siguieron **vigentes**, y Latinoamérica todavía depende de mercados exteriores. **Lo que es más**, sus ingresos se basan en la venta de uno, dos o tres productos específicos cuyos precios son notoriamente inestables, lo cual puede tener graves consecuencias. Por ejemplo, si el precio del café cae, naciones como Colombia y Guatemala sufren mucho más que otras naciones que tienen una economía más diversificada.

La dependencia de Latinoamérica también es una dependencia de capital. Desde los tiempos de la Independencia, las naciones hispanoamericanas no han podido generar el capital necesario para su propio desarrollo. Por lo tanto, desde un principio, se abrieron las puertas a la **inversión** extranjera. Con las inversiones extranjeras vinieron cierta prosperidad e industrialización en algunos sectores de la población, pero la inversión extranjera es un arma de dos filos. Los inversionistas suelen representar a los intereses económicos de su país de origen, y lo principal que querían de Latinoamérica era más materia prima. En pocos casos querían fomentar industrias que pudieran competir con las industrias de los países desarrollados. Por lo tanto, la inversión extranjera en gran medida ha prolongado la misma dependencia que existe desde los tiempos de la colonia.

Los defensores de la inversión extranjera mantienen que el capital de fuera en realidad crea más empleos y más riqueza. También señalan que la industrialización de los Estados Unidos en el siglo XIX y de Alemania y de Japón después de la segunda guerra mundial se hizo con capital extranjero sin que los países mencionados terminaran en condiciones de dependencia permanente.

Por ahora, sin embargo, la dependencia económica ha afectado de forma adversa ciertos sectores de la economía: por ejemplo, la producción de **comestibles**. La **meta** de toda compañía en un sistema de **libre empresa** es ganar dinero. Por lo tanto, en Latinoamérica se dedica cada vez más tierra al cultivo de aquellos productos que se pueden vender en el extranjero porque es menos lucrativo vender en los mercados locales. Es por eso que las necesidades alimenticias del pueblo cuentan para poco en la planificación agrícola. Por ejemplo, un país como Guatemala tiene muchas tierras fértiles, pero están cultivadas principalmente para producir plátanos y café—productos que se exportan. Por lo tanto, existe en Guatemala la curiosa paradoja

a cambio de: por

vigente: existente, funcionante / **lo que es más**: también, por otra parte

inversión: dinero para empezar un negocio

comestible: lo que se come / **meta**: aspiración / **libre empresa**: capitalismo sin restricciones

La presencia económica norteamericana

de un rico país agrícola que tiene que importar comida para alimentarse. Lamentablemente, la comida importada es demasiado cara para muchos guatemaltecos.

Las inversiones extranjeras también han traído una tecnología extranjera. Una tecnología dada suele responder a las necesidades de la economía que la creó. En el caso de la tecnología de países desarrollados, es producto de poblaciones estables cuya meta es la de aumentar la productividad y reducir la demanda por la **mano de obra**. Obviamente, tal tecnología ha beneficiado mucho a los países ya industrializados que siguen mejorando el nivel de vida en regiones donde la población ha dejado de expandirse. Pero esa misma tecnología puede contribuir a la **pauperización** de los países subdesarrollados donde el crecimiento de la población necesita nuevos trabajos y no la eliminación de los que ya tiene.

mano de obra: trabajadores en conjunto

pauperización: empobrecimiento

Población:

Muchos comentaristas en el mundo desarrollado afirman que la causa más obvia y más controlable de la miseria en Latinoamérica es la explosión demográfica. Es cierto que la población en Latinoamérica se ha triplicado en este siglo, que la tasa de natalidad continúa siendo tres veces mayor que la de los Estados Unidos, y se supone que esa tasa seguirá **en ascenso ya que** casi la mitad de los latinoamericanos son menores de quince años; es decir, aún no han entrado en sus años de fertilidad. Latinoamérica produce hoy día, en relación con la población, menos alimentos que antes de la segunda guerra mundial, y sus exportaciones *per capita* son un **tercio** de lo que eran en los años veinte. La población crece en el campo como en ninguna otra parte, pero se sienten los efectos de la explosión demográfica sobre todo en las ciudades porque los hijos, que ya no pueden vivir en el campo, emigran hacia las ciudades donde viven en crónico subempleo o desempleo en condiciones lamentables. México y otros países han comenzado una tremenda campaña para bajar la tasa de fertilidad, pero los efectos de esa campaña no se verán en este siglo. Por otra parte, la tasa de nacimiento siempre baja cuando sube el nivel de vida; por lo tanto, muchos dicen que la única solución permanente será mejorar la vida de las masas.

Hay mucha discusión sobre cuál es el mejor camino para Latinoamérica. Por un lado, hay muchos que dicen que el continente sólo está pasando por una etapa de desarrollo y que pronto subirá su productividad a tal punto que podrá dar mejor vida a todos sus habitantes. Por otro lado, hay gente que cree que la única solución verdadera será una revolución violenta que cambie todas las estructuras sociales y económicas **actuales**. Pero hay algo que todos sabemos: la pobreza y la miseria no están escritas en los **astros**. Tarde o temprano las cosas tendrán que cambiar. La naturaleza de esos cambios depende de lo que hagamos ahora.

en ascenso: subiendo / **ya que**: siendo que

tercio: una tercera parte

actual: de ahora

astros: estrellas

preguntas ❄

1. Por la general, ¿cuál es la actitud de la gente acomodada hacia la pobreza? ¿Por qué?
2. ¿Cree Ud. que la pobreza sea una bomba de tiempo?
3. Describa brevemente la distribución económica en Latinoamérica.
4. Describa brevemente la topografía de Latinoamérica y los efectos que ha tenido en el desarrollo político de la región.
5. ¿En qué sentido se puede decir que la conquista española no fue completa?
6. ¿Cuáles son los efectos principales de la conquista incompleta?
7. ¿Cuáles son algunos de los efectos de la dependencia?

8. ¿Por qué es la inversión extranjera un arma de dos filos?
9. ¿Cuáles son algunos efectos negativos que puede tener la tecnología avanzada en países menos desarrollados?
10. ¿Cree Ud. que la explosión demográfica sea el problema más grave de la América Latina? ¿Por qué sí, o por qué no?

VOCABULARIO

finanzas, economía y desarrollo

expresiones verbales

bajar = reducir	extender (ie)	reformar
balancear	fracasar ≠ tener éxito	solucionar = resolver (ue)
conseguir (i)	invertir (ie)	subir
controlar	mejorar	vigilar
eliminar	promover (ue)	
estimular		

personas

accionista	comentarista	empresario
banquero	economista	

sustantivos

acción	fertilidad	meta
ambiente (el)	fracaso	mitad
contaminación del aire	inflación	monopolio
contaminación del ambiente	ingresos = ganancias	política
contrato	inversión	riqueza
costo de vida	la explosión demográfica	sistema (el)
déficit	la libre empresa	subempleo
desempleo	la tasa de inflación	tasa
deuda exterior	los bienes manufacturados	tercio
el capital	materia prima	
el control de la natalidad		
empleo		
empresas multinacionales		
escasez		
estructura		

adjetivos

dependiente ≠ independiente	escaso	multinacional
económico	financiero	

expresiones útiles

a pesar de	por ciento	por lo tanto

22.1 Sé que te gustará la conferencia.

  Sabía que te **gustaría** la conferencia.

22.2 ¿**Habrías** tú **comprado** el mismo coche que yo?

  No, yo **habría comprado** un modelo más chiquito.

22.3 ¿Qué hora **sería** cuando Teresa llegó?

  No sé; **serían** las dos o las tres de la madrugada.

22.4 Sinopsis: tiempos verbales que indican probabilidad o conjetura

22.5 ¿**Será** posible que lo **tengan** ellos?

  ¿**Sería** posible que lo **tuvieran** ellos?

22.6 ¿**Quisieras** que yo te **ayudara** con eso?

  Sí, me **gustaría** mucho que me **ayudaras**.

22.7 Enero es el **primer** mes del año.

vocabulario:

los medios de información y la burocracia

EXPOSICIÓN GRAMATICAL

22.1 Sé que te gustará la conferencia.
Sabía que te gustaría la conferencia.

Pilar cree que yo tendré que pagar una multa.
Pilar creía que yo **tendría** que pagar una multa.

Me parece que tú saldrás bien en el curso.
Me parecía que tú **saldrías** bien en el curso.

Pienso que hará buen tiempo mañana.
Pensaba que **haría** buen tiempo hoy.

Estamos seguros de que nos graduaremos juntos.
Estábamos seguros de que nos **graduaríamos** juntos.

Dice el periódico de hoy que habrá un baile esta noche.
Decía el periódico de ayer que **habría** un baile esta noche.

Creo que vendrán muchos amigos nuestros.
Creía que **vendrían** muchos amigos nuestros.

Los verbos en negrilla son del **tiempo condicional**. El condicional indica un evento posterior a otro evento en el pasado; es decir, es el *futuro del pasado*. Las frases a continuación son equivalentes:

Yo dije que lo **haría**.
Creía que **sería** un error.
Pensaba que no **dirías** nada.

= Yo dije que lo **iba a hacer**.
= Creía que **iba a ser** un error.
= Pensaba que no **ibas a decir** nada.

Las desinencias del condicional son iguales que las desinencias del imperfecto para verbos de las segunda y tercera conjugaciones. Con muy pocas excepciones el infinitivo sirve de raíz para el condicional. Compare:

	imperfecto	*condicional*
yo	com**ía**	comer**ía**
tú	com**ías**	comer**ías**
ella	com**ía**	comer**ía**
nosotros	com**íamos**	comer**íamos**
vosotros	com**íais**	comer**íais**
ellos	com**ían**	comer**ían**

El condicional también usa las mismas raíces irregulares que usa el futuro *(17.2).*
Estudie:

caber	cabr-:	Pensaba que no **cabríamos** todos en el coche.
decir	dir-:	No dije nada porque te prometí que no **diría** nada.
haber	habr-:	Dijeron que **habría** un lindo programa esta noche.
hacer	har-:	Pensábamos que **haría** buen tiempo hoy.
poder	podr-:	Yo sabía que **podríamos** ver bien desde aquí.
poner	pondr-:	Dijo Isabel que se **pondría** su mejor vestido.
querer	querr-:	Dijeron todos que **querrían** ayudar.
saber	sabr-:	El profesor pensaba que nadie **sabría** la respuesta.
salir	saldr-:	Elena pensaba que **saldría** mal en el examen.
tener	tendr-:	Ya te dije que yo **tendría** que trabajar hoy.
valer	valdr-:	Todos dijeron que mi casa **valdría** más ahora que antes.
venir	vendr-:	Dijeron los chicos que **vendrían** un poco más tarde.

Note que **habría** es el condicional de **hay**.

Estudie:

Me **gustaría** ser jefe de una gran empresa.
¿**Preferiría** Ud. ser un millonario o un pobre honesto?
Yo **preferiría** ser un millonario honesto.

El condicional también indica una conjetura implícita.

práctica ❋

A. Cambie las frases según los sujetos que están entre paréntesis:

1. Marisa dijo que estudiaría más tarde.
(los alumnos, tú, yo, Juan y yo, Mario, vosotros)
2. Yo pensaba que podría trabajar más tarde.
(Miguel, tú, Ud. y yo, Uds., Marisela y Josefina, el mecánico)

B. Ud. y un amigo están organizando una fiesta y su amigo quiere saber qué van a hacer los invitados. Conteste sus preguntas según el modelo:

Modelo: ¿Qué traerá Miguel? (una botella de vino)
Dijo que traería una botella de vino.

1. ¿A qué hora llegará Inés? (a las nueve) **2.** ¿Qué hará Mario? (un pastel) **3.** ¿Quién traerá al profesor Sánchez? (María) **4.** ¿Quién vendrá con Luz? (un primo suyo) **5.** ¿Quiénes decorarán la casa? (Juan e Isabel) **6.** ¿Quién podrá traer un tocadiscos? (Santiago y Manuel) **7.** ¿Quién le dirá a Claudia la hora? (tú) **8.** ¿Quién tendrá que limpiar la casa después de la fiesta? (tú y yo)

22.2 ¿**Habrías** tú **comprado** el mismo coche que yo?
No, yo **habría comprado** un modelo más chiquito.

Jorge me aseguró que **habría terminado** el proyecto antes de hoy.
Sin el despertador, no me **habría despertado** hasta mañana.
Sin tu certificado de nacimiento, no **habrías podido** entrar.
Nunca nos **habríamos graduado** sin tu ayuda.
Con Iberia, Ud. ya **habría llegado**.

Los verbos en negrilla son del **condicional perfecto**. Se refieren a un evento posterior a otro evento pasado o a una conjetura con respecto a un evento terminado. El condicional perfecto consiste en **el condicional de *haber* + el participio**.

práctica ✳

¿Qué habría hecho Ud. en las circunstancias a continuación? Use los elementos de la segunda columna como guía; siga el modelo:

Modelo: Miguel durmió solamente tres horas.
Yo habría dormido por lo menos diez.

El profesor pidió un aumento modesto.   pedir más, pedir menos
Mario compró un Mercedes.   comprar otro coche, bombones y golosinas
Isabel se casó con Luis.   casarme con ..., no casarme nunca
Gustavo estudió francés.   estudiar las estructuras cósmicas
Mis padres votaron por X.   votar por X, quedarme en casa
Gumersinda reprobó un examen.   estudiar más, dar dinero al profesor

---

22.3 ¿Qué hora **sería** cuando Teresa llegó?
No sé; **serían** las dos o las cuatro de la madrugada.

¿Cuánto **costaría** la bicicleta que vimos?   = **Me pregunto** cuánto **costaba** la bicicleta que vimos.

¿Quién **sería** la chica que estaba con Mario?   = **Me pregunto** quién **era** la chica que estaba con Mario.

¿Dónde **estaría** Ana anoche?	= **Me pregunto** dónde **estaba** Ana anoche.
El coche **valdría** 5.000 dólares.	= El coche **probablemente valía** 5.000 dólares.
El examen **sería** muy difícil.	= El examen **probablemente era** muy difícil.
El reloj **pertenecería** a Enrique.	= El reloj **probablemente pertenecía** a Enrique.

El condicional expresa probabilidad o conjetura de eventos que corresponden al imperfecto. Las frases de arriba son más o menos equivalentes.

práctica

A. Ud. y una amiga se están preguntando sobre la gente que fue a una reunión ayer. Ninguno de Uds. está seguro de quiénes estaban y de qué hacían, así que hagan las preguntas con el condicional. Siga el modelo:

Modelo: Hugo/estar con Julia
¿Estaría Hugo con Julia?

1. Javier/estar demasiado ocupado   **2.** Gloria/tener otro novio   **3.** los chicos/estar cansados   **4.** comida/ser buena   **5.** haber/mucha gente   **6.** todos/prestar atención   **7.** el jefe/nos extrañar

B. Otras dos personas están especulando sobre los motivos de la gente que no fue a la reunión. Ayúdeles en sus especulaciones. Siga el modelo:

Modelo: ¿Qué pasó con Manuel? (estar en casa)
No sé; estaría en casa.

1. ¿Qué pasó con Alejandro? (sentirse mal)   **2.** ¿Qué pasó con los amigos de Federico? (no tener ganas de venir)   **3.** ¿Qué pasó con Micaela? (estar enojada con el jefe)   **4.** ¿Qué pasó con Ricardo? (tener que trabajar)   **5.** ¿Qué pasó con David y Miguel? (estar enfermos)   **6.** ¿Qué pasó con tu hermano? (tener poco interés)

22.4 Sinopsis: Tiempos verbales que también indican probabilidad o conjetura

---

A. Se usa el **futuro** para indicar probabilidad o conjetura con respecto a un evento correspondiente al **presente** *(17.4)*:

¿Dónde **estará** el jefe?	= **Me pregunto** dónde **está** el jefe.
Estará con su hija.	= **Probablemente está** con su hija.
¿Qué hora **será**?	= **Me pregunto** qué hora **es**.
Serán las once y media.	= **Probablemente son** las once y media.

B. Se usa el **futuro perfecto** para indicar probabilidad o conjetura con respecto a un evento correspondiente al **pretérito** *(17.5)*:

¿Por qué me **habrá abandonado** el guapísimo Edgardo?
= **Me pregunto** por qué me **abandonó** el guapísimo Edgardo.

Te **habrá abandonado** porque tiene mal gusto.
= **Probablemente** te **abandonó** porque tiene mal gusto.

¿A qué hora **habrán cerrado** el banco?
= **Me pregunto** a qué hora **cerraron** el banco.

Lo **habrán cerrado** a la una.
= **Probablemente** lo **cerraron** a la una.

C. Se usa el **condicional** para indicar probabilidad o conjetura con respecto a un evento correspondiente al **imperfecto** *(22.3)*:

¿Con quién **andaría** Roberto anoche?
= Me pregunto con quién **andaba** Roberto anoche.

Andaría con sus primos que están de visita.
= Probablemente **andaba** con sus primos que están de visita.

¿Dónde **estarían** tus amigos ayer por la tarde?
= Me pregunto dónde **estaban** tus amigos ayer por la tarde.

Estarían en la cancha de tenis.
= Probablemente **estaban** en la cancha de tenis.

22.5 ¿**Será** posible que lo **tengan** ellos?
  ¿**Sería** posible que lo **tuvieran** ellos?

Iremos a tu fiesta para que no te **enojes** con nosotros.
Necesitamos que nos **ayudes**.
Te **estoy rogando** que te **quedes** para mi cumpleaños.
Te **he dicho** mil veces que no te **burles** de Gumersinda.
Me **alegro** de que lo **hayan terminado** por fin.
Busco a alguien que ya lo **haya hecho**.

Me **gustaría** que me **regalaras** algo sencillo.
Buscábamos a alguien que nos **apoyara** en las próximas elecciones.
Le **pedí** que nos **diera** alguna explicación.
Yo **estaba corriendo** mucho para que no **llegaran** ellos primero.
Mis padres **habían prohibido** que yo **saliera** de casa de noche.
Dudaba que lo **hubieran visto** entrar.
Sentía mucho que tú no me **hubieras llamado**.

Las oraciones de arriba demuestran qué tiempos del indicativo suelen combinarse con el presente del subjuntivo y con el imperfecto del subjuntivo. Estudie el cuadro a continuación sobre la **correlación de tiempos**:

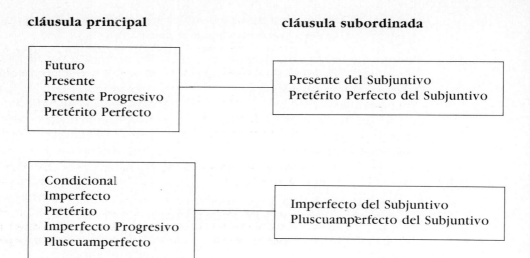

cláusula principal	cláusula subordinada
Futuro Presente Presente Progresivo Pretérito Perfecto	Presente del Subjuntivo Pretérito Perfecto del Subjuntivo
Condicional Imperfecto Pretérito Imperfecto Progresivo Pluscuamperfecto	Imperfecto del Subjuntivo Pluscuamperfecto del Subjuntivo

22.6 **¿Quisieras** que yo te **ayudara** con eso?
Sí, me **gustaría** mucho que me **ayudaras**.

Yo **quisiera** el formulario para solicitar una beca.
¿Pudiera yo pagar la matrícula mañana?
No **debiera** Ud. firmar el contrato antes de leerlo bien.
Nos **encantaría** que **almorzaras** con nosotros mañana.
¿Tendría la gentileza de no fumar aquí en la casa?
¿Sabrían Uds. cómo se consigue un certificado de nacimiento?
Ud. no **debería** salir de casa sin sus documentos.
¿Podrían Uds. decirnos cuáles de los cursos son obligatorios y cuáles son electivos?

Muchas veces el **imperfecto del subjuntivo** y el **condicional** se usan para indicar **cortesía** o para **suavizar** una pregunta o una sugerencia. Estudie:

1. Querer suele usarse sólo en el imperfecto del subjuntivo:

Yo **quisiera** que me ayudaras a resolver un problema.
Quisiéramos que Uds. vinieran mañana para hablar con el jefe.

2. Deber y **poder** se usan en el **imperfecto del subjuntivo** y en el **condicional**; las frases a continuación son equivalentes:

Deberían Uds. llenar esta planilla antes de pagar la matrícula.
Debieran Uds. llenar esta planilla antes de pagar la matrícula.
¿Podría Ud. explicarme los requisitos del curso?
¿Pudiera Ud. explicarme los requisitos del curso?

3. Casi todos los demás verbos usan el **condicional** para suavizar una frase:

Perdone señor, pero ¿**sabría** Ud. la hora?
¿Qué **opinarían** Uds. sobre las próximas elecciones?
¿Me **prestarías** tu pluma, por favor?

Note que la correlación de tiempos descrita en 22.5 siempre se observa.

¿Podría Ud. firmar aquí, por favor?

práctica ✳

A. Ud. está trabajando como funcionario/a en una oficina de la universidad y tiene que pedir a ciertas personas que hagan ciertas cosas. Desde luego, Ud. debe ser lo más cortés posible. Siga el modelo:

Modelo: Sr. Meza/llenar un formulario
Sr. Meza, ¿podría Ud. llenar este formulario?
o *Sr. Meza, ¿pudiera Ud. llenar este formulario?*
o *Sr. Meza, Ud. debería llenar este formulario.*
o *Sr. Meza, Ud. debiera llenar este formulario.*

1. Srta. Ocampo/firmar aquí *2.* Sr. Castillo/mostrarme su licencia de manejar *3.* Sra. Garra/traer sus documentos mañana *4.* Sr. Morelos/pagar la matrícula ahora *5.* Srta. Cañas/completar esta planilla *6.* Sr. Rivera/explicar el problema al supervisor *7.* Sra. Luna/entregar su solicitud en la otra oficina *8.* Sr. Peña/dejar su pasaporte aquí *9.* Srta. Gumersinda/desaparecer para siempre y no molestarme más

B. Ud. quiere pedir algo a un funcionario y quiere ser lo más cortés posible; siga el modelo:

Modelo: darme la planilla para solicitar una beca
Quisiera que Ud. me diera la planilla para solicitar una beca.
o *¿Podría Ud. darme la planilla para solicitar una beca?*
o *¿Pudiera Ud. darme la planilla para solicitar una beca?*

1. explicarme cómo se consigue un pasaporte *2.* indicarme cuáles son los trámites para matricularme *3.* ayudarme a llenar un formulario *4.* decirme si este curso es obligatorio o electivo *5.* informarme sobre los requisitos para conseguir un permiso de conducir *6.* mostrarme dónde hay que firmar *7.* decirme si aprobé o reprobé el curso *8.* indicarme dónde debo dejar la solicitud *9.* avisarme dónde se pagan las multas

---

22.7 Enero es el **primer** mes del año.

Estudie los **números ordinales**:

$1^o/1^a$	primero/primera	$6^o/6^a$	sexto/sexta
$2^o/2^a$	segundo/segunda	$7^o/7^a$	séptimo/séptima
$3^o/3^a$	tercero/tercera	$8^o/8^a$	octavo/octava
$4^o/4^a$	cuarto/cuarta	$9^o/9^a$	noveno/novena
$5^o/5^a$	quinto/quinta	$10^o/10^a$	décimo/décima

Estudie:

Enero es el **primer** mes del año.

Febrero es el **segundo** mes del año.

El invierno es la **primera** estación del año.

El francés fue la **primera** lengua que yo estudié.

Necesito comprar el **tercer** tomo de las *Obras Completas* de Calderón.
La reunión tendrá lugar el **cuarto** miércoles de cada mes.

Tendré que estudiar la **tercera** lección antes de mañana.
Estamos en la **cuarta** semana del semestre.

Como todos los adjetivos terminados en **-o**, los números ordinales concuerdan en número y en género con los sustantivos que modifican. Se usan las formas **primer** y **tercer** delante de un sustantivo masculino singular.

Estudie:

> Las **tres primeras** lecciones del libro son fáciles.
> Los **cuatro primeros** libros en la lista son muy caros.

En español, el número cardinal **precede** al número ordinal. Los números ordinales mayores de *décimo* se usan poco.

práctica

Usando un número ordinal, invente una pregunta para un/a compañero/a de clase. Use las preguntas a continuación como guía:

1. ¿Cuál es el *(primer, tercer, sexto) (mes del año, día de la semana, equipo de fútbol del país, pianista del mundo)*?
2. ¿Cómo se llama la *(segunda, sexta, séptima, décima)* persona *(a la izquierda, a la derecha)* de *(un nombre de alguien en la clase)*?

EJERCICIOS ESCRITOS

1. **(a)** Ponga las frases en el pasado. Siga el modelo (22.1):

Modelo: María dice que comerá más tarde. (María dijo)
María dijo que comería más tarde.

1. Creo que esa película no te gustará. (creía) **2.** Pienso que estarán en la próxima esquina. (pensaba) **3.** Me parece que todos sabrán las respuestas. (me parecía) **4.** Sabemos que llegarás tarde. (sabíamos) **5.** Juan cree que te veré más tarde. (Juan creía) **6.** Estoy seguro de que lo harán esta noche. (estaba seguro)

(b) Reemplace las palabras en negrilla con un verbo en el condicional. Siga el modelo:

Modelo: Romero dijo que se **iba a quedar**.
Romero dijo que se quedaría.

1. Pensaba que no **íbamos a caber** todos. **2.** Creía que Ud. se **iba a poner** la blusa azul. **3.** Nadie sabía que **iba a haber** otra función de la película. **4.** No dijeron a qué hora **iban a salir**. **5.** Todos sabíamos que **ibas a decir** la verdad. **5.** No pensaba que el examen **iba a ser** tan fácil. **6.** Dijiste que **ibas a votar** por el otro candidato.

2. Explique lo que las personas cuyos nombres están entre paréntesis habrían hecho en las situaciones descritas a continuación. Siga el modelo (22.2):

Modelo: Mario compró un coche enorme. (yo)
Yo habría comprado un coche más pequeño.

1. Javier se casó a los dieciocho años. (yo) *2.* Marisa fue al museo ayer. (sus amigas) *3.* Los Gómez vendieron su casa en 30.000 dólares. (nosotros) *4.* El presidente habló bien de su gabinete. (su rival) *5.* Mis padres se quedaron en casa anoche. (mis hermanos) *6.* Mario vio una película de ciencia ficción. (mis amigos y yo) *7.* Elena se puso un abrigo para ir a la playa. (yo) *8.* Gumersinda dijo una mentira. (una persona honesta)

3. Escriba en el condicional un equivalente de las oraciones y preguntas indirectas a continuación. Siga los modelos (22.3):

Modelo: Me pregunto dónde estaba Javier anoche.
¿Dónde estaría Javier anoche?

Modelo: Estaba probablemente en la cancha de fútbol con sus amigos.
Estaría en la cancha de fútbol con sus amigos.

1. Me pregunto cuánto valía esa casa el año pasado. *2.* No sé pero probablemente valía menos que ahora. *3.* Me pregunto quién podía ayudarme con eso. *4.* Tu amigo Rubén podía ayudarte probablemente. *5.* Me pregunto a quién pertenecía esta casa antes. *6.* Pertenecía probablemente al Conde Drácula. *7.* Me pregunto si tenían mucho dinero mis antepasados. *8.* Probablemente tenían suficiente. *9.* Me pregunto cómo eran los primeros colonos españoles. *10.* Eran probablemente personas muy fuertes.

4. Conteste las preguntas a continuación con frases completas. Tenga presente que todas estas preguntas están escritas en tiempos que indican probabilidad o conjetura. Contéstelas con el mismo sentido (22.4):

1. ¿A qué hora habrá llegado su profesor/a hoy? *2.* ¿Por qué se habrán casado tus amigos? *3.* ¿Dónde estaría tu novio/a anoche a las once? *4.* ¿Será muy inteligente un pastor alemán? *5.* ¿En quién estará pensando su mejor amigo ahora? *6.* ¿A qué hora habrán cerrado el banco ayer? *7.* ¿Quién tendría más dinero—Henry Ford o J.P. Morgan? *8.* ¿Cuánto habrá costado la casa donde vives ahora? *9.* ¿Quién habrá dicho que Gumersinda es una maravilla? *10.* ¿Por qué habrán apagado las luces?

5. Complete las frases con la forma correcta del verbo que está entre paréntesis. Observe bien la correlación de tiempos (22.5):

1. Pasé por tu casa para que me (mostrar) tu nuevo abrigo. *2.* Iré a tu casa para que me (prestar) tus apuntes. *3.* Me gustaba que mis hijos me (hablar) de sus cosas. *4.* Dudo mucho que ellos lo (haber) hecho. *5.* Me gustaría mucho que tú me (devolver) el abrigo que te presté. *6.* Prohibieron que ellos se (ver) más. *7.* ¿Sería posible que ellos (saber) algo del problema? *8.* Negó que (haber) gente en su casa anoche. *9.* Te estamos pidiendo que lo (hacer) ahora. *10.* Te voy a pedir que me (traer) algo muy importante.

6. Suavice los pedidos a continuación. Siga el modelo (22.6):

Modelo: Quiero que Uds. vengan ahora.
Quisiera que Uds. vinieran ahora.

1. Quiero que me hagas un favor. **2.** ¿Puede Ud. ayudarme un poco? **3.** ¿Qué opina Ud.? **4.** Uds. no deben hacer eso. **5.** ¿Pueden Uds. venir más tarde? **6.** Quiero que me presentes a tu amiga. **6.** ¿Quieres prestarme mil dólares? **8.** ¿Sabe Ud. dónde vive él? **9.** ¿Qué dices tú en cuanto a eso? **10.** Queremos que Uds. se vayan con nosotros.

7. Complete las frases con la forma correcta de la palabra que está entre paréntesis (22.7):

1. ¿Cuál fue el (primero) día del mes? **2.** La clase está en el (segundo) piso de aquel edificio. **3.** La reunión será el (tercero) jueves de cada mes. **4.** Yo estaba en la (tercero) fila de la clase. **5.** Enero es el (primero) mes del año. **6.** La (cuarto) lección es la más larga. **7.** Hoy es el (primero) de octubre, ¿verdad? **8.** Esta es la (tercero) vez que estudio aquí. **9.** ¿Cuál es el (octavo) mes del año? **10.** Me parece que tienes un (sexto) sentido.

LECTURA

el noticiero universitario

A continuación se encuentra un programa de noticias de la **emisora** *de la universidad, Radio 999.3, KBOM, La Grande.*

Saludos estimados amigos y muy bienvenidos al noticiero de la tarde en su estación favorita, la incomparable K-B-O-M: Ka-Bom La Grande.

Ayer, el profesor Cabezón de Cerdo anunció que próximamente se celebraría la **apertura** del décimo congreso de la Sociedad de Pedantes Pintorescos (la SPP). Se debatirá la importancia de la puntuación en la poesía de Shakespeare, y se dará atención especial a la importancia del punto y coma en los primeros tercetos de los sonetos amorosos. La discusión promete ser animada, y se esperan grandes repercusiones internacionales.

Anoche se **estrenó** una nueva obra de teatro en el teatro estudiantil. El director, con quien nos habíamos entrevistado antes de la obra, afirmó que intentaría disolver totalmente las barreras entre los artistas y el público. Según informó nuestro crítico de teatro, las intenciones del director se han cumplido de forma **cabal** ya que nadie recuerda ahora quiénes son los actores y quiénes son los espectadores. Hace ya más de catorce horas que empezó la obra y todavía se están mirando los unos a los otros sin la menor intención de irse antes de que se termine la

emisora: estación de radio

apertura: comienzo de una reunión o de un congreso

estrenar: abrir un espectáculo de teatro o de música; *premier*

cabal: total

Locutor puertorriqueño de radio hispano en los Estados Unidos

obra. Todos coinciden en que la obra, a pesar de ser algo larga, es excepcional.

La administración del gimnasio anunció hoy que pronto llegaría a la universidad un especialista en ejercicios para **achicar** las diferentes partes del cuerpo—los pies, la nariz, el cerebro (aunque para achicar el cerebro, generalmente basta con ver televisión varios días **seguidos**.

achicar: hacer más pequeño

El nuevo profesor, el doctor Nisi Quieramevés, viene muy recomendado por algunas de las personas más pequeñas del mundo y cuenta con varios éxitos espectaculares, incluso un par de estudiantes que ya desaparecieron. La administración **hizo hincapié** en que el nuevo programa de ejercicios no tiene fines cosméticos sino energéticos, ya que se supone que una persona chiquita consume menos.

seguido: uno tras otro

hacer hincapié: insistir, enfatizar

Ayer llegó al Museo de Historia Natural un rarísimo espécimen de aire contaminado. La campaña nacional de purificación atmosférica ha tenido tanto éxito en estos últimos años que, según un alto **funcionario** del museo, ese espécimen podría ser dentro de pocos años uno de los pocos que quedan.

funcionario: oficial

La huelga de los ratones en la Facultad de Ciencias Biológicas sigue y **por lo visto** va a ser una lucha larga y **amarga**. Un **vocero** de los ratones se reunió con uno de nuestros pocos corresponsales que entiende ratonés, y afirmó que la huelga duraría hasta que se les diera a los ratones derechos de **autodeterminación**. El director de personal para los laboratorios, en una reunión de anoche, informó que agitadores comunistas de fuera estarían **involucrados** en el asunto.

El Departamento de Música entregó ayer a la administración un **informe** sobre los últimos efectos en la orquesta sinfónica de sus experimentos de democratización. Hace un año que los estudiantes organizaron una protesta contra el director de la orquesta, acusándolo de tener inaceptables tendencias autoritarias. jugador del equipo rival y darle un enorme beso, lo cual lo in- que han dificultado la elección de un nuevo director **mediante** procesos democráticos. Según se informó, algunos miembros de la orquesta ya están en **franca** guerra civil. Por un lado están los **cuerdistas** que creen que por ser más numerosos deben controlar las elecciones. Por otro lado están los **cobres** y los **vientos** cuyo jefe, un clarinetista **hirsuto**, afirmó ayer que no podrían **llegar a** ningún **acuerdo** a menos que los violinistas renunciaran sus pretensiones de superioridad. El presidente de la universidad anunció ayer que se buscaría a un monótono **desinteresado** para mediar el conflicto.

En la página deportiva nos da gusto informarles que nuestro valiente equipo de fútbol cuenta con otro triunfo. Vencieron nuestros gladiadores sin dificultad mediante una nueva técnica que demuestra otra vez la extraordinaria creatividad de nuestro entrenador Don Juan Pegamesipuedes. Llegaron nuestros jugadores a la cancha y lo primero que hicieron fue agarrar a un jugador del equipo rival y darle un enorme beso, lo cual lo incapacitó durante todo el resto del partido. Vemos de nuevo el valor y la sabiduría de nuestro lema: *El Amor Vencerá*.

Y aquí terminan las noticias de hoy. No se olvide Ud. de decirles a todos sus amigos que Ud. lo escuchó primero en Radio K-B-O-M: Ka-Bom La Grande.

por lo visto: obviamente / **amargo**: contrario de dulce / **vocero**: representante, uno que habla por los demás / **auto-**: prefijo que indica de uno mismo / **involucrado**: asociado **informe**: reporte

mediante: a través de, por

franca: abierta, sin sutileza / **cuerdista**: músico que toca un instrumento de cuerdas: violín, viola / **cobres**: instrumentos como trompetas, trombones / **vientos**: instrumentos como oboes, clarinetes, cornos ingleses / **hirsuto**: peludo, de mucho pelo / **llegar a un acuerdo**: concordar / **desinteresado**: imparcial

preguntas

1. ¿Qué significa la palabra "pedante" y qué tiene que ver con el congreso de la SPP?
2. ¿Siempre es fácil distinguir entre los actores y los espectadores en una obra de teatro? ¿Por qué?
3. ¿Por qué desaparecieron los dos estudiantes del Profesor Nisi Quieramevés? ¿Qué significa el nombre de ese renombrado profesor?
4. ¿Por qué están los ratones de huelga?
5. ¿Sería posible organizar una orquesta sinfónica sobre bases democráticas?
6. Describa la nueva técnica del equipo de fútbol. ¿Cree Ud. que esa técnica funcionaría en la vida real?

creación ✳

Prepare con unos compañeros una parodia de un noticiero de radio o de televisión, imitando un programa que todos los estudiantes conozcan. Las noticias de su programa pueden relacionarse con la vida en su universidad, la política internacional, los sucesos de su clase de español, o cualquier otro tema que Ud. y sus compañeros escojan.

VOCABULARIO

la burocracia y sus trámites

expresiones verbales

difundir	cumplir	firmar
matricular, matricularse	entrevistarse con	dejar algo
aprobar	solicitar	tener en cuenta
reprobar	bastar con	tomar en cuenta
salir reprobado	desaparecer	pagar una multa
salir bien	agarrar	
graduarse en	llenar un formulario	
debatir	llenar una planilla	
disolver (ue)		

sustantivos

matrícula	barrera	licencia de manejar
asignatura	requisito	permiso de conducir
conferencia	vocero	cartilla de identidad
lectura	facción	certificado de nacimiento
beca	lema (el)	pasaporte (el)
carrera	formulario	multa
título universitario	planilla	trámite
bienvenida	solicitud	
apertura		
domicilio		

adjetivos

gratuito	pedante	incomparable
electivo	estudiantil	amargo ≠ dulce
obligatorio	universitario	
bienvenido		

otras expresiones

a pesar de (que)

23.1 Yo no tengo el dinero necesario para comprar ese coche.
Si lo **tuviera**, me lo **compraría** mañana mismo.

23.2 Si **estudias, saldrás** bien en el examen.

23.3 No vi a Jaime en la reunión.
Si lo **hubiera visto**, lo **hubiera saludado**.

23.4 Sinopsis de las cláusulas con **si**

23.5 Me escuchan **como si** yo **fuera** un genio.

23.6 **Ojalá que** Uds. nos **puedan** ayudar.
Ojalá fuera tan fácil la tarea como Ud. dice.

vocabulario:

las artes plásticas

EXPOSICIÓN GRAMATICAL

23.1 Yo no tengo el dinero necesario para comprar ese coche.
Si lo **tuviera**, me lo **compraría** mañana mismo.

Si yo **fuera** el hombre más rico del mundo, **sería** también el hombre más
generoso del mundo.

Tengo poco talento musical. Yo **sería** muy feliz si **supiera** tocar el piano
como tú.

Si todo el mundo **anduviera** en bicicleta, **podríamos** consumir menos
petróleo.

Sé que me quieres. Si no me **quisieras**, no te **casarías** conmigo.

Ese señor es un enfermo mental. Si **estuviera** bien de la cabeza, **estaría** de
acuerdo conmigo.

Como vimos en los capítulos 21 y 22, el **imperfecto del subjuntivo** se usa en
el pasado en casos de influencia, duda y anticipación—igual que el **presente
del subjuntivo** en el presente.

El **imperfecto del subjuntivo** también se usa para indicar una **situación
hipotética** en el **presente** que es **contraria a la realidad**.

El **condicional** se usa para describir el **resultado** de la hipótesis.

Estudie:

Si yo **fuera** millonario no **trabajaría** nunca más.	*El hablante **sabe** que en realidad no es millonario. Por lo tanto la cláusula **si yo fuera millonario** describe una situación hipotética contraria a la verdad, y el **imperfecto del subjuntivo** es obligatorio. Observe que el resultado de la suposición casi siempre se expresa en el condicional.*
Si ellos **tuvieran** hijos **sabrían** cuán difícil es ser buenos padres.	*En realidad, ellos no tienen hijos. Por lo tanto, **si tuvieran hijos** describe una situación hipotética contraria a la realidad, y el **imperfecto del subjuntivo** es obligatorio.*

Estudie:

Yo **invertiría** en esa compañía si **fuera** Ud.
Yo jamás **andaría** en moto si no **tuviera** casco.
Haríamos una enorme fiesta si **hubiera** tiempo.

Es posible invertir las cláusulas.
Nota: El imperfecto del subjuntivo de **hay** es **hubiera**.

práctica ✳

A. Describa lo que las personas nombradas a continuación harían si fueran ricas. Use los fragmentos de la segunda columna como punto de partida. Siga el modelo:

Modelo: Mario / vivir en las montañas
Si Mario fuera rico, viviría en las montañas.

Isabel	irse a España, (a París, a China)
José	conseguir una casa en Acapulco, (un dibujo de Goya, un cuadro)
yo	vivir sin trabajar, (dar a la Cruz Roja, vivir en un convento)
Jorge	viajar por todo el mundo, (casarse con ..., cazar dragones)
Magdalena	comprar objetos de arte, (antigüedades, estatuas griegas)
mis padres	invertir en petróleo, (computadoras, bienes raíces)
tú	pasar la vida comiendo bombones y golosinas, (yendo al teatro)
nosotros	aumentar los salarios de los profesores de español, (de ...)
los alumnos de esta clase	construir un monumento a la memoria de ...

B. Pregúntele a un/a compañero/a de clase lo que haría si se encontrara en una de las situaciones descritas a continuación. Siga el modelo:

Modelo: vivir en España
Isabel, ¿qué harías tú si vivieras en España?
Si yo viviera en España, estudiaría guitarra clásica.

1. tener mucho dinero   *2.* no estar en clase en este momento   *3.* ser el presidente del país   *4.* saber pintar como Picasso   *5.* poder llamar a larga distancia sin pagar   *6.* encontrarse con un dinosaurio   *7.* ser un/a novelista famoso/a   *8.* conocer a una persona llamada Gumersinda

---

23.2 Si **estudias**, **saldrás** bien en el examen.

Si esa tienda **está** abierta, **podemos** comprar comida allí.
Si **enciendes** la luz, **verás** mejor.
No **tendrás** ningún problema en el examen si te **preparas** bien.
Ud. **podrá** buscar mi número de teléfono en la guía telefónica si se le **olvida**.
Yo te **escribiré** si tú me **escribes** a mí primero.
Si **hace** buen tiempo, **iremos** todos a la playa a tomar sol.

En las oraciones de arriba, las cláusulas comenzadas con **si** describen **una situación posible** que no es necesariamente contraria a la realidad. En tales casos se usa el indicativo y no el subjuntivo.

La cláusula de resultado después de **si + una situación posible** suele estar en el presente o en el futuro.

Estudie:

> Te **prestaré** mi coche si me lo **devuelves** antes de las séis.
> **Podremos** comprar bombones si **hay** suficiente dinero.

Es posible invertir las cláusulas.

Compare:

Si la casa **está** en venta **podemos** comprarla.	*El hablante no sabe si la casa está en venta. La cláusula con **si** describe una situación posible.*
Si la casa **estuviera** en venta **podríamos** comprarla.	*El hablante sabe que la casa no está en venta. La cláusula con **si** describe una situación hipotética que es contraria a la realidad.*

práctica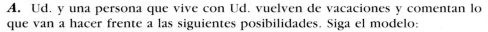

A. Ud. y una persona que vive con Ud. vuelven de vacaciones y comentan lo que van a hacer frente a las siguientes posibilidades. Siga el modelo:

Modelo: si no hay comida en el refrigerador
Si no hay comida en el refrigerador, comeremos fuera.

1. si la puerta está abierta **2.** si las luces están encendidas **3.** si el tocadiscos está descompuesto **4.** si las plantas están muertas **5.** si el césped necesita agua **6.** si han robado algo **7.** si el teléfono está desconectado **8.** si se ha cortado el agua **9.** si el gato ha traído a todos sus amigos gatos **10.** si nadie nos ha echado de menos

B. Ud. y una amiga están comentando las *posibles* cualidades de un nuevo estudiante. Use la información dada como guía; siga el modelo:

Modelo: gustar la música/invitar a un concierto
Si le gusta la música, lo invitaremos a un concierto.

1. gustar el béisbol/invitar al próximo partido **2.** tener pocos amigos/presentar a unos amigos nuestros **3.** tener interés en la política/poder hablar de la campaña presidencial **4.** no conocer el centro/poder llevarlo de compras **5.** gustar el arte/llevar a la nueva exposición **6.** no tener novia/presentarlo a ...

23.3 No vi a Jaime en la reunión.
        Si lo **hubiera visto**, lo **hubiera saludado**.

No sabía nada de la exposición.	Si **hubiera sabido**, te **habría dicho**.
No teníamos ni un centavo encima.	Si **hubiéramos tenido** dinero, **habríamos comprado** esa escultura.
No valía la pena restaurar el monumento.	Si **hubiera valido** la pena, lo **habrían restaurado**.

Si + el pluscuamperfecto del subjuntivo se usa para indicar una situación hipotética contraria a la realidad **en el pasado**. El **resultado** de esa hipótesis se expresa con el **condicional perfecto**.

Compare:

Si Juan **estaba** en la fiesta, yo no lo **vi**.	*El hablante no sabe si Juan estaba en la fiesta. La cláusula con **si** describe una situación **posible** en el pasado, y los verbos de ambas cláusulas son del indicativo.*
Si Juan **hubiera estado** en la fiesta, yo lo **habría visto**.	*El hablante cree que Juan no estaba en la fiesta. La cláusula con **si** describe una situación **hipotética** en el pasado contraria a la realidad.*

práctica

¿Qué habría hecho Ud. si hubiera sido una de las siguientes personas? Use la información entre paréntesis como guía. Siga el modelo:

Modelo: Ana Bolena (tratar de no perder la cabeza)
        Si yo hubiera sido Ana Bolena, habría tratado de no perder la cabeza.

1. Benjamin Franklin (no jugar con cometas en la lluvia) **2.** Henry Ford (preferir los caballos) **3.** George Washington (esperar hasta después de la tormenta para cruzar el río) **4.** los indios de Massachusetts (ser menos generoso/a con los pavos) **5.** John Hancock (firmar con letra más grande y tinta roja) **6.** Napoleón (no ir a Waterloo) **7.** Harry Truman (usar la bomba atómica) **8.** la madre de Gumersinda (darle otro nombre)

23.4 Sinopsis de las cláusulas con **si**:

A. Con una situación posible en el presente, todos los verbos están en indicativo:

	presente	futuro
Fórmula: **Si** +	presente progresivo	+ presente
	pretérito perfecto	pretérito perfecto
		presente progresivo

Ejemplos:

> Si tu amigo Mario está en casa, quiero verlo.
> Si está lloviendo fuera, tendrás que quedarte aquí en casa.
> Si no ha llegado el cartero, es inútil buscar la correspondencia.
> Si Borges no ha terminado su conferencia, la está dando ahora.

B. Con una situación hipotética en el presente contraria a la realidad:

Fórmula:	**Si** + imperfecto del subjuntivo	+ condicional

Ejemplos:

> Si hiciera buen tiempo, cenaríamos al aire libre.
> Si hubiera menos impuestos, no criticaríamos tanto al gobierno.

C. Con una situación hipotética contraria a la realidad en el pasado:

Formula:	**Si** + pluscuamperfecto del subjuntivo	+ condicional perfecto

Ejemplos:

> Si me hubieras visto anoche, te habrías muerto de risa.
> Si no hubiera recibido el cheque de mi padre ayer, no habría pagado la renta.

Observe que la cláusula con **si** puede estar al principio o al final de la oración:

Te llamaría con más frecuencia si supiera cuándo estás en casa.
Te habría pedido ayuda si no me hubiera ayudado Javier.

23.5 Me escuchan **como si** yo **fuera** un genio.

Vivimos **como si tuviéramos** millones de dólares.
Ese joven se porta **como si** lo **supiera** todo.
Esa niña está llorando **como si** no **hubiera** mañana.
Hablaste del cuadro **como si hubieras sido** amigo íntimo de Goya.
Mi hijo miró el dibujo **como si** nunca **hubiera visto** nada igual.
El Dr. Sánchez habla del retrato **como si** lo **hubiera pintado** él.

La expresión **como si** siempre sugiere una situación hipotética. Por lo tanto, **como si** requiere el **imperfecto del subjuntivo** para situaciones presentes y el **pluscuamperfecto del subjuntivo** para situaciones pasadas—igual que **si**.

Ese niño habla como si fuera Tarzan.

práctica ❋

A. Describa a la gente a continuación (o a algunos de sus amigos) en términos de la información entre paréntesis. Siga el modelo:

Modelo: Graciela corre (tener alas)
Graciela corre como si tuviera alas.

1. Rafael pinta (ser El Greco) *2.* Julia canta (ser Teresa Berganza) *3.* Mi abuelo corre (tener veinte años) *4.* Me porto en clase (saber todas las respuestas) *5.* Jorge se viste (hacer frío) *6.* Susana cuida su coche (valer millones) *7.* Pepito come (estar enfermo) *8.* Gumersinda habla (tener dos lenguas)

B. Ud. y un/a amigo/a están hablando de una fiesta que hubo hace pocos días. Siga el modelo:

Modelo: Mario bailó (nunca bailar antes)
Mario bailó como si nunca hubiera bailado antes.

1. Miguel comió (nunca comer tan bien antes) *2.* Teresa me saludó (nunca me conocer antes) *3.* Pancho bebió (nunca probar cerveza antes) *4.* Sara manejó (nunca manejar antes) *5.* Ricardo y Francisco miraron a las chicas (nunca ver a mujeres antes) *6.* Los muchachos de la banda tocaron (nunca escuchar la música antes)

23.6 **Ojalá** que Uds. nos **puedan** ayudar.
Ojalá fuera tan fácil la tarea como Ud. dice.

Ojalá tengas dinero para comprar esa serie de dibujos para tu marido.
Ojalá que esté listo el retrato para el aniversario de mis padres.
Ojalá que mamá no **haya visto** el cuadro que le vamos a regalar.

Ojalá y **ojalá que** son casi iguales que **espero que** cuando se combinan con el **presente de subjuntivo** o el **pretérito perfecto del subjuntivo**.

Estudie:

Ojalá que Ud. **fuera** el presidente del país.
Ojalá nuestros padres **estuvieran** con nosotros hoy.
Ojalá que los dinosaurios no **hubieran muerto**.

Ojalá y **ojalá que** se combinan con el **imperfecto del subjuntivo** o con el **pluscuamperfecto del subjuntivo** para indicar que el hablante **desea** una situación hipotética contraria a la realidad. En tales casos, **ojalá** y **ojalá que** son iguales que **quisiera que** o **me gustaría que**.

práctica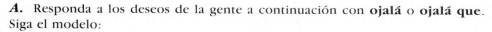

A. Responda a los deseos de la gente a continuación con **ojalá** o **ojalá que**. Siga el modelo:

Modelo: Pepito está enfermo. (curarse pronto)
Ojalá se cure pronto.
o *Ojalá que se cure pronto.*

1. Mi madre quiere ese cuadro. (lo conseguir) **2.** Mis padres quieren ir a España. (poder hacer el viaje) **3.** Isabel acaba de comprar un disco. (valer la pena) **4.** Quiero una computadora personal. (no costar demasiado) **5.** Queremos ir al cine. (ir el viernes) **6.** Javier quiere salir bien en el examen. (tener éxito)

B. A Ud. no le gustan las siguientes situaciones y quisiera que no fueran así. Use el imperfecto del subjuntivo para las situaciones presentes y el pluscuamperfecto del subjuntivo para las situaciones pasadas. Siga los modelos:

Modelos: No está aquí mi novio.
Ojalá que estuviera aquí mi novio.
o *Ojalá estuviera aquí mi novio.*

Marisa no vino a clase ayer.
Ojalá que Marisa hubiera venido a clase ayer.
o *Ojalá Marisa hubiera venido a clase ayer.*

1. María no puede ir a la exposición. **2.** Susana no tiene coche. **3.** Hay examen mañana. **4.** Ese curso no vale la pena. **5.** No restauraron el cuadro. **6.** No pintaron la casa. **7.** Ese muchacho no quiere estudiar escultura. **8.** Gumersinda no sabe la respuesta. **9.** Roberto no tuvo tiempo para contestar todas las preguntas. **10.** Mi planta se murió.

El Museo del Prado, Madrid

EJERCICIOS ESCRITOS

1. *(a)* Escriba una frase hipotética para cada una de las situaciones a continuación. Siga el modelo (23.1):

Modelo: Ese señor no trabaja mucho, y por eso está pobre.
Si ese señor trabajara más, no estaría tan pobre.

1. Aquellos estudiantes no estudian, y por eso no salen bien en los exámenes. **2.** Ese coche cuesta demasiado, y por eso no puedo comprarlo. **3.** Esos países no tienen capital nacional, y por eso tienen que depender de las inversiones extranjeras. **4.** Ese café no está caliente, y por eso no quiero tomarlo. **5.** Hace demasiado calor hoy, y por eso no quiero ir a la playa.

(b) Complete las frases a continuación de forma creativa. Siga el modelo:

Modelo: Yo no soy rica, pero...
Yo no soy rica, pero si yo fuera rica, dejaría de trabajar ahora mismo.

1. Yo no vivo en España, pero ... **2.** No tengo un millón de dólares, pero ... **3.** No estoy casado/a, pero ... **4.** Mis padres no asisten a mi clase de español, pero ... **4.** Tú no me comprendes bien, pero ... **5.** No sé tocar el piano, pero ...

(c) Conteste las preguntas a continuación con frases completas:

1. ¿Qué es lo primero que Ud. haría si fuera presidente del país? **2.** ¿Adónde iría Ud. si tuviera un millón de dólares? **3.** ¿Qué pensarías si tuvieras un/a hijo/a exactamente como tú? **4.** ¿Qué harían Uds. si no hubiera una clase de español? **5.** ¿Dónde estarías ahora si no estuvieras donde estás?

2. Invente una situación posible con **si** para justificar los resultados descritos a continuación. Siga el modelo (23.2):

Modelo: Javier saldrá bien en la clase.
   Si Javier estudia, saldrá bien en la clase.

1. Nuestro equipo ganará el próximo partido.   *2.* Comeremos en un sitio elegante.
3. Los chicos se quedarán en casa.   *3.* Iremos a un picnic mañana.   *4.* La reunión terminará pronto.   *5.* Irá mucha gente al museo.   *6.* Venderé todos mis grabados.
7. Vicente pasará toda la tarde hablando con su novia.   *8.* Haremos un viaje a Chile.
9. Vendrán mis amigos a verme.   *10.* Habrá paz y contentamiento en todo el mundo.

3. *(a)* Escriba una frase hipotética en el pasado como consecuencia de cada una de las frases a continuación. Siga el modelo (22.3):

Modelo: No estaba mi novia en la fiesta anoche.
   Si hubiera estado ella, me habría divertido más.

1. Ese estudiante no hizo la tarea.   *2.* Nosotros no pudimos ir a tu concierto.   *3.* No escuché las noticias de anoche.   *4.* Se me descompuso el coche.   *5.* No había suficiente dinero.

(b) Conteste las preguntas a continuación con frases completas:

1. ¿Qué habrías hecho tú si hubieras sido uno de los peregrinos en el Mayflower?
2. ¿Qué habrías estudiado si no hubieras estudiado español este año?   *3.* Si hubieras tenido mucho dinero el verano pasado, ¿adónde te habrías ido?   *4.* Si no hubieras entregado la tarea ayer, ¿qué te habría dicho tu profesor/a?   *5.* Si hubieras sido un indio azteca en los tiempos de Cortés, ¿qué habrías hecho?

4. Conteste las preguntas con frases completas. Note bien qué frases son posibles *(con el indicativo)* y qué frases son hipotéticas *(con el subjuntivo)* (23.4):

1. Si hace mucho frío mañana, ¿qué harás?   *2.* ¿Qué te diría tu madre si estuviera contigo en este momento?   *3.* ¿Qué significa si están prendidas las luces en tu casa?
4. Si Shakespeare hubiera vivido en nuestros tiempos, ¿qué clase de obras habría escrito?
5. ¿Qué harás si terminas este ejercicio temprano?   *6.* ¿Qué harías si no tuvieras que hacer este ejercicio?   *7.* Según su profesor/a, ¿qué pasará si los estudiantes no asisten a clase?   *8.* Si hubieras estado en la casa de tu mejor amigo ayer, ¿qué habrías visto?

5. Complete las frases a continuación de forma creativa (23.5):

1. Algunos padres tratan a sus hijos como si ...   *2.* A veces los profesores dan trabajo a sus estudiantes como si ...   *3.* Mis amigos cantan como si ...   *4.* Tengo un amigo que maneja como si ...   *5.* Ricardo comió carne como si ...   *6.* Jorge III trató a los colonos americanos como si ...   *7.* Cuando estoy contento/a, me porto como si ...
8. Nosotros trabajamos como si ...

6. *(a)* Usando **ojalá** u **ojalá que**, indique sus deseos que las personas mencionadas a continuación reciban lo que quieren. Siga el modelo (23.6):

Modelo: El Sr. Quiroga quiere conseguir un grabado de Goya.
Ojalá que lo consiga.

1. El equipo de baloncesto quiere ganar su próximo partido. **2.** Los hijos de la Sra. Sánchez quieren sacar buenas notas. **3.** Jeff quiere aprender a pintar. **4.** Federico quiere estar en Colombia este verano. **5.** Mario quiere publicar una serie de caricaturas políticas. **6.** Ana quiere llegar a ser una cirujana plástica.

(b) Usando **ojalá** u **ojalá que**, indique cómo quisiera Ud. que fueran las cosas. Siga el modelo:

Modelo: mi hermano ser presidente del club
Ojalá que mi hermano fuera presidente del club.

1. haber más hombres/mujeres en la clase de español **2.** yo tener más tiempo para estudiar **3.** mi coche no hacer tanto ruido **4.** mi madre poder estar aquí ahora **5.** X me querer **6.** el gobierno me sacar menos impuestos **7.** yo estar en ... **8.** X decir la verdad

LECTURA

dos grandes pintores de España

El arte occidental sería muy distinto si no fuera por las muchas y valiosas contribuciones de España. Los nombres de Velázquez, Zurbarán, Murillo, El Greco, Goya, Picasso, Dalí, Miró y de muchos otros artistas españoles figuran en todas las historias del arte, y sus cuadros, dibujos, grabados y esculturas se representan en las mejores colecciones de los mejores museos del mundo. Sin embargo, de todos esos artistas, hay dos tal vez que, aunque separados por dos siglos, mejor representarán el espíritu español: El Greco y Francisco de Goya.

Nacido en la isla griega de Creta en 1541, Doménikos Theotokópoulus, o El Greco como popularmente se llama, abandonó su hogar de muy joven para estudiar en Venecia en los estudios de Tiziano, quizás el mejor pintor de la época. En Italia, El Greco (literalmente, *el griego* en italiano) se **empapó** del estilo renacentista no sólo de su mentor, sino también de otros artistas del momento, incluso de Miguel Angel, y en ese país dejó unos cuadros importantes. Pero su mejores cuadros los pintaría en España y es allí que se iría a los treinta y seis años.

emparse: sumergirse en

El entierro del Conde Orgaz, El Greco

En 1577 **se mudó** a Toledo, una ciudad interesantísima, no sólo por su historia y su belleza sino también por sus muchos tesoros artísticos. Ahí, con muy pocas interrupciones, El Greco pasó el resto de su vida, hasta su muerte en 1641. Aunque algunas obras de El Greco se encuentran en museos por todo el mundo, la mayor concentración de sus cuadros sigue en Toledo, y por ese motivo, si no por ningún otro, vale la pena conocer esa ciudad.

Se dice que El Greco, como pintor, prefiere dramatizar a representar, y **por cierto**, aunque pintó unos cuantos retratos y paisajes que indican un gran talento para esos géneros, la mayor parte de su producción artística **tiene que ver** con escenas religiosas. En eso hay una pequeña parodoja: el mejor pintor de la contrarreforma española, de su misticismo y de su desconfianza ante el mundo terrestre, no es un español de nacimiento sino un

mudarse: cambiar de residencia

por cierto: de hecho

tener que ver: estar relacionado con

griego de preparación italiana. Los colores de El Greco se extienden de azules y grises fríos y duros a rojos y amarillos de espléndida **brillantez**. Muchas veces, sus figuras, sobre todo en los cuadros tardíos, son fluidas, elongadas y, de alguna forma, **sobrenaturales**. Aún los pocos paisajes que pintó parecen visiones **más bien** que representaciones. En El Greco se percibe algo de sus raíces: según algunos críticos las caras de sus figuras conservan algo del arte bizantino, y no es difícil ver en sus obras algunas **huellas** de los artistas italianos que informaron su juventud: Tiziano, Tintoretto, Miguel Angel y Veronese, sobre todo. Pero El Greco, como todos los grandes artistas, es mayor que la suma de sus partes, y son muy pocos los artistas de toda la historia que se pueden comparar con ese genio solitario que nos dejó incomparables obras de gran imaginación y de tremendo impacto emocional.

Otro pintor español que se compara con El Greco, sobre todo en cuestiones de imaginación y de originalidad, es Francisco de Goya. Nacido en 1746 y formado totalmente en España, Goya pasó la mitad de su carrera artística bajo contrato con aristócratas y prelados de la iglesia. Llegó a ser muy respetado por sus colegas, y por cierto sus pinturas de esa primera época merecen nuestra admiración, en parte por la penetrante representación del carácter de sus sujetos. Sin embargo, algunos críticos afirman que los primeros años de Goya como pintor fueron demasiado cómodos. Han especulado otros que si Goya nunca hubiera conocido la adversidad de sus últimos años, nunca se habría realizado como un gran artista.

En 1788 murió Carlos III y se inició un período de extremada represión política y de gran corrupción bajo la mano inepta de Carlos IV, que más adelante nombró a Goya el Pintor de la Corte de España. Aunque Goya prosperó bajo el nuevo rey, sus cuadros de la época son una sútil denuncia de la decadencia de sus patrones, y uno se pregunta hasta qué punto Goya resentía su condición de artista comprado. Es decir, si Goya hubiera estado más contento con su puesto en la corte, a lo mejor habría pintado a los cortesanos con menos realismo. Por lo general, se piensa que un pintor oficial debería pintar retratos falsos pero **halagadores**. Goya, sin embargo, pintó a veces con un realismo brutal.

En 1792, a causa de una enfermedad, Goya **quedó sordo**, y desde ese momento su arte empieza a adquirir un carácter sombrío y pesimista. En 1799 se publicó una serie de grabados titulada "Los caprichos" donde el artista explora el carácter nacional, atacando a veces por medio de la sátira y de la caricatura los abusos políticos, religiosos y sociales que caracterizaban la época. Aún los cuadros oficiales de personajes reales contienen algo de ese pesimismo, enseñándonos en gran detalle la extraor-

brillantez: la calidad de ser brillante / **sobrenatural**: más que natural, de otro mundo / **más bien**: en lugar de / **huella**: señal, marca

halagador: que favorece y elogia **quedar**: resultar / **sordo**: uno que no oye

dinaria vulgaridad y **fealdad** de ciertos miembros de la aristocracia, casi hasta el punto de la caricatura.

Con la invasión de los ejércitos de Napoleón en 1808, Goya, ya a los sesenta y dos años, encontró el tema que de cierta manera domina los últimos años de su producción artística: la guerra y todos los horrores que la acompañan. Goya vio la miseria, el sufrimiento y la muerte de la guerra desde cerca, y sus obras de esa época constituyen una severísima denuncia no sólo de la violencia sino también de la depravación humana que se manifiestan cíclicamente en ese monstruoso espectáculo, en ese ritual de la muerte, llamado la guerra. Los cuadros de Goya que corresponden a ese momento trágico en la historia de España a veces trascienden a los límites de la representación realista y adquieren un carácter de **pesadillas**, sacadas tal vez de los **recintos** más oscuros a de la subconciencia humana.

En El Greco y en Goya vemos dos extremos del espíritu humano y también de la vida española. El Greco no pintaba este mundo sino más bien las aspiraciones del espíritu humano que **anhela** sobrevenir a lo material, uniéndose con las fuerzas **del más allá**. Goya también tiene sus cuadros religiosos, pero lo que más nos llama la atención en su obra son, por una parte, las **minuciosas** representaciones de la vida española, tanto de la aristocracia como del **vulgo**, y por otra parte, las profundas **indagaciones** que hace el artista del lado oscuro del ser humano, el lado que consiente a los horrores de la guerra, de la violencia y de la locura.

fealdad: la calidad de ser feo

pesadilla: sueño horrorífico / **recinto**: un lugar pequeño y oscuro

anhelar: desear mucho / **el más allá**: lo sobrenatural **minucioso**: detallado / **vulgo**: la gente común / **indagación**: investigación profunda

preguntas

1. ¿Quiénes son algunos de los pintores más importantes de España?
2. ¿Por qué cree Ud. que le dieron el apodo de El Greco a Doménico Theotokópoulus?
3. ¿En qué ciudad se encuentra la mayor concentración de las obras de El Greco?
4. Explique la diferencia entre **representar** y **dramatizar**.
5. ¿Por qué se dice que El Greco no tenía mucho interés en pintar este mundo?
6. ¿Por qué se dice que si Goya no hubiera conocido la adversidad, no habría pintado algunas de sus mejores obras?
7. ¿Cree Ud. que es preferible que un verdadero artista no tenga una vida demasiado cómoda?
8. ¿Cuáles eran algunas de las decepciones en la vida de Goya que influyeron en su arte?
9. ¿Cómo son algunos de los retratos oficiales de Goya?
10. ¿En qué forma domina el tema de la guerra la última etapa de la vida de Goya?

creación ✳

Prepare con un/a compañero/a de clase una presentación visual sobre El Greco, Goya, o algún otro artista español o hispanoamericano. Use las preguntas a continuación como guía en su preparación:

¿Cómo se llama el artista?
¿Dónde nació?
¿En qué época vivió?
¿Cuáles son las principales características de esa época?
¿Es este pintor típico en algunos sentidos o tiende a ser más esotérico y original?
¿Dónde y con quién se formó como pintor?
¿Cuáles eran las principales influencias en su obra?
¿En qué aspectos de su obra se ven esas influencias?
¿Cuáles son sus temas?
¿Qué hay de particular en su representación de esos temas?
¿Hay un aspecto religioso en su obra, y si lo hay, cómo se manifiesta?
¿Manifiesta el pintor alguna preferencia por ciertos colores y no otros?
¿Tiene algo que ver la selección de colores con los temas?

VOCABULARIO

las artes plásticas

sustantivos

artista (el/la)	estatua	monumento
barroco	estudio	paisaje
belleza	figura	paradoja
caricatura	género	pintor/a
clásico	genio	Renacimiento
cuadro	grabado	retrato
desconfianza ≠ confianza	huella	romántico
dibujo	imaginación	serie (la)
época	impacto	sufrimiento
el arte	isla	tesoro
el más allá	las artes	violencia
escena	las bellas artes	
escultor/a	locura	
escultura	miseria	
espíritu	misticismo	

expresiones verbales

adquirir (ie)	grabar	tener en cuenta
anhelar	pintar	tomar en cuenta
concebir (i)	resentir (ie)	valer la pena
dibujar	restaurar	vincular, vincularse
empapar, empaparse	sobrevivir	
escultar	sufrir	
figurar		

adjetivos

abstracto
barroco
bello = hermoso
bizantino
clásico
elongado
fluido

místico
moderno
pesimista
renacentista
romántico
sobrenatural

solitario
sombrío
tardío ≠ juvenil
terrestre

expresiones útiles

de hecho
más bien

por cierto

unos cuantos/unas cuantas

SEXTO REPASO

A. Complete las frases con la forma correcta de los verbos que están entre paréntesis *(20.1 y 20.2)*:

1. Mi madre trabaja para que mi hermana (poder) asistir a una escuela particular. *2.* Saldremos tan pronto como (llegar) el tren. *3.* Te lo daré con tal de que (venir) a mi casa ahora. *4.* Puse el radio después de que (venir) Ud. *5.* Tendrás que entrar en la casa sin que te (ver) el perro. *6.* Nunca nos acostamos antes de que se (terminar) el noticiero. *7.* Juanito leyó hasta que su madre (apagar) las luces. *8.* No podemos hacer una fiesta a menos que (asistir) todos. *9.* Saldré contigo cuando (aprender) a manejar mejor. *10.* Lo saludé cuando lo (ver).

B. Escriba las frases de nuevo en la voz pasiva *(17.6)*:

1. Javier tiró la pelota. *2.* Una editorial española publicó la serie. *3.* La sirvienta abrió las ventanas. *4.* El cura pronunciará el sermón. *5.* Isabel compró esos documentos en España. *6.* Nadie vio a los chicos.

C. Reporte los mandatos en el estilo indirecto. Siga el modelo *(21.2)*:

Modelo: Ricardo a Lulú: —Ven ahora mismo.
    Ricardo le dijo a Lulú que viniera ahora mismo.

1. El médico a su paciente: —No coma nada durante tres horas. *2.* Irma a su novio: —No hables más con otras chicas. *3.* El profesor Pérez a sus alumnos: —Aprendan bien los nuevos verbos. *4.* El presidente a los senadores: —No voten en contra de mi programa. *5.* Beatriz a su hijo: —Dime la verdad. *6.* Roberto a nosotros: —Háganlo para mañana. *7.* Mamá a mí: —No me despiertes demasiado temprano. *8.* Gumersinda a su vecino: —No tengas miedo de mi dragón.

D. Conteste las preguntas en el pretérito perfecto según el modelo *(16.1 y 16.2)*:

Modelo: ¿Fuiste a Buenos Aires el verano pasado?
    Nunca he ido a Buenos Aires.

1. ¿Viste aquella película? *2.* ¿Conociste al Dr. Jáuregui? *3.* ¿Dijo una mala palabra Alicia? *4.* ¿Rompió Ud. aquel espejo? *5.* ¿Leyeron tus amigos esa novela? *6.* ¿Se te descompuso el tocadiscos? *7.* ¿Se casó Julia? *8.* ¿Estuvieron Uds. en Mérida?

E. Cambie las frases al pasado *(22.1 y 22.5)*:

1. Dice María que vendrá más tarde. *2.* Creo que los niños vendrán con su papá. *3.* Espero que lleguen antes de que comience a llover. *4.* Estoy segura de que lo harán en cuanto tengan tiempo. *5.* Dice José que saldrán temprano para que todos puedan apreciar la vista antes de que se ponga el sol.

F. Complete las frases con la forma adecuada del verbo que está entre paréntesis *(22.6)*:

1. Quiero que Uds. lo (hacer) en cuanto (poder).   **2.** Nos prohibió que (estacionar) el coche aquí.   **3.** Me dijo papá que (buscar) una estación de servicio.   **4.** Espero que X no (ser) el candidato republicano.   **5.** Yo esperaba que tú (venir) temprano para que nosotros (poder) ver la primera función.   **6.** Isabel insiste en que yo le (traer) la revista. **7.** Te mandé mi composición a fin de que me (hacer) sugerencias.   **8.** Te contaré el secreto con tal de que no se lo (decir) a nadie.

G. Complete las frases con **por** o **para** *(13.7 y 13.8)*:

1. Me lo vendieron _____ trescientos dólares.   **2.** Antes, yo trabajaba _____ una compañía extranjera.   **3.** Compré un regalo _____ el cumpleaños de mi hermana. **4.** Tuvimos que entrar _____ la ventana porque se me perdió la llave.   **5.** Mañana salimos _____ Madrid.   **6.** Vamos _____ tren.   **7.** _____ estudiantes que han estudiado solamente un año, Uds. hablan muy bien.   **8.** Tengo que trabajar _____ Ana porque está enferma.   **9.** Si no lo terminamos _____ mañana, el profesor se va a enojar.   **10.** ¿ _____ quién votaron Uds.?

APÉNDICE

I. Verbos regulares

Infinitivo	**hablar**	**comer**	**vivir**
Gerundio	hablando	comiendo	viviendo
Participio	hablado	comido	vivido
Imperativo familiar	habla, hablad	come, comed	vive, vivid

A. Los tiempos simples de los verbos regulares

Infinitivo	Indicativo				
	PRESENTE	IMPERFECTO	PRETÉRITO	FUTURO	CONDICIONAL
hablar	hablo	hablaba	hablé	hablaré	hablaría
	hablas	hablabas	hablaste	hablarás	hablarías
	habla	hablaba	habló	hablará	hablaría
	hablamos	hablábamos	hablamos	hablaremos	hablaríamos
	habláis	hablabais	hablasteis	hablaréis	hablaríais
	hablan	hablaban	hablaron	hablarán	hablarían
comer	como	comía	comí	comeré	comería
	comes	comías	comiste	comerás	comerías
	come	comía	comió	comerá	comería
	comemos	comíamos	comimos	comeremos	comeríamos
	coméis	comíais	comisteis	comeréis	comeríais
	comen	comían	comieron	comerán	comerían
vivir	vivo	vivía	viví	viviré	viviría
	vives	vivías	viviste	vivirás	vivirías
	vive	vivía	vivió	vivirá	viviría
	vivimos	vivíamos	vivimos	viviremos	viviríamos
	vivís	vivíais	vivisteis	viviréis	viviríais
	viven	vivían	vivieron	vivirán	vivirían

B. Tiempos perfectos de los verbos regulares

Los tiempos compuestos de los verbos se forman con el verbo auxiliar **haber** y el participio del verbo.

hablar

Indicativo			
PRETÉRITO PERFECTO	PLUSCUAMPERFECTO	FUTURO PERFECTO	CONDICIONAL PERFECTO
he hablado	había hablado	habré hablado	habría hablado
has hablado	habías hablado	habrás hablado	habrías hablado
ha hablado	había hablado	habrá hablado	habría hablado
hemos hablado	habíamos hablado	habremos hablado	habríamos hablado
habéis hablado	habíais hablado	habréis hablado	habríais hablado
han hablado	habían hablado	habrán hablado	habrían hablado

C. Las formas simples del subjuntivo

Subjuntivo		
PRESENTE	IMPERFECTO (-RA)	IMPERFECTO (-SE)
hable	hablara	hablase
hables	hablaras	hablases
hable	hablara	hablase
hablemos	habláramos	hablásemos
habléis	hablarais	hablaseis
hablen	hablaran	hablasen
coma	comiera	comiese
comas	comieras	comieses
coma	comiera	comiese
comamos	comiéramos	comiésemos
comáis	comierais	comieseis
coman	comieran	comiesen
viva	viviera	viviese
vivas	vivieras	vivieses
viva	viviera	viviese
vivamos	viviéramos	viviésemos
viváis	vivierais	vivieseis
vivan	vivieran	viviesen

D. Las formas compuestas del subjuntivo

hablar

Subjuntivo		
PERFECTO	PLUSCUAMPERFECTO (-RA)	PLUSCUAMPERFECTO (-SE)
haya hablado	hubiera hablado	hubiese hablado
hayas hablado	hubieras hablado	hubieses hablado
haya hablado	hubiera hablado	hubiese hablado
hayamos hablado	hubiéramos hablado	hubiésemos hablado
hayáis hablado	hubierais hablado	hubieseis hablado
hayan hablado	hubieran hablado	hubiesen hablado

II. Verbos con cambios de raíz:

A. Verbos de la primera y la segunda conjugaciones

Los cambios de raíz en la primera y en la segunda conjugaciones ocurren sólo en el presente:

Modelo: e → ie

pensar (ie)

PRESENTE DE INDICATIVO: **pienso, piensas, piensa,** pensamos, pensáis, **piensan**
PRESENTE DE SUBJUNTIVO: **piense, pienses, piense,** pensemos, penséis, **piensen**
IMPERATIVO FAMILIAR: **piensa,** pensad

Modelo: o → ue

volver (ue)

PRESENTE DE INDICATIVO: **vuelvo, vuelves, vuelve,** volvemos, volvéis, **vuelven**
PRESENTE DE SUBJUNTIVO: **vuelva, vuelvas, vuelva,** volvamos, volváis, **vuelvan**
IMPERATIVO FAMILIAR: **vuelve,** volved

Otros verbos de la primera y la segunda conjugaciones con cambios de raíz son:

acordar(se) (ue)	despertar(se) (ie)	perder (ie)
acostar(se) (ue)	empezar (ie)	poder (ue)
almorzar (ue)	encontrar (ue)	querer (ie)
cerrar (ie)	entender (ie)	recordar (ue)
colgar (ue)	llover (ue)	rogar (ue)
comenzar (ie)	mostrar (ue)	sentar(se) (ie)
contar (ue)	mover(se) (ue)	soler (ue)
costar (ue)	negar (ie)	soñar (ue)
demostrar (ue)	nevar (ie)	

B. Verbos de la tercera conjugación

Los verbos de la tercera conjugación que sufren un cambio de raíz en el presente también tienen un cambio de raíz en el pretérito, el imperfecto del subjuntivo y el gerundio.

Modelo: e → ie/i

sentir (ie, i)

PRESENTE DE INDICATIVO: **siento, sientes, siente,** sentimos, sentís, **sienten**
PRESENTE DE SUBJUNTIVO: **sienta, sientas, sienta, sintamos, sintáis, sientan**
PRETÉRITO: sentí, sentiste, **sintió,** sentimos, sentisteis, **sintieron**
IMPERFECTO DE SUBJUNTIVO: { (-ra) **sintiera, sintieras, sintiera,** etc.
{ (-se) **sintiese, sintieses, sintiese,** etc.
IMPERATIVO FAMILIAR: **siente,** sentid
GERUNDIO: **sintiendo**

Modelo: o → ue/u

dormir (ue, u)

PRESENTE DE INDICATIVO: **duermo, duermes, duerme,** dormimos, dormís, **duermen**
PRESENTE DE SUBJUNTIVO: **duerma, duermas, duerma, durmamos, durmáis, duerman**
PRETÉRITO: dormí, dormiste, **durmió,** dormimos, dormisteis, **durmieron**

IMPERFECTO DE SUBJUNTIVO: { (-ra) **durmiera, durmieras, durmiera,** etc.
{ (-se) **durmiese, durmieses, durmiese,** etc.

IMPERATIVO FAMILIAR: **duerme,** dormid

GERUNDIO: **durmiendo**

Modelo: e → i/i

pedir (i)

PRESENTE DE INDICATIVO: **pido, pides, pide,** pedimos, pedís, **piden**

PRESENTE DE SUBJUNTIVO: **pida, pidas, pida, pidamos, pidáis, pidan**

PRETÉRITO: pedí, pediste, **pidió,** pedimos, pedisteis, **pidieron**

IMPERFECTO DE SUBJUNTIVO: { (-ra) **pidiera, pidieras, pidiera,** etc.
{ (-se) **pidiese, pidieses, pidiese,** etc.

IMPERATIVO FAMILIAR: **pide,** pedid

GERUNDIO: **pidiendo**

Otros verbos de la tercera conjugación con cambios de raíz son:

advertir (ie/i)	elegir (i/i)	referir (ie/i)
arrepentirse (ie/i)	herir (ie/i)	repetir (i/i)
competir (ie/i)	impedir (i/i)	seguir (i/i)
consentir (ie/i)	mentir (ie/i)	servir (i/i)
convertir (ie/i)	morir (ue/u)	vestir (i/i)
despedir (i/i)	preferir (ie/i)	
divertir (ie/i)	reír (i/i)	

III. Verbos con cambios ortográficos:

A. Los verbos terminados en -*gar* cambian la -*g*- en -*gu*- delante de -*e*-:
Modelo:

pagar

PRETÉRITO: **pagué,** pagaste, pagó, pagamos, pagasteis, pagaron

PRESENTE DE SUBJUNTIVO: **pague, pagues, pague, paguemos, paguéis, paguen**

Otros verbos de este grupo son:

colgar (ue)	navegar (ue)	regar (ie)
llegar (ue)	negar (ie)	rogar (ue)

B. Los verbos terminados en -*car* cambian la -*c*- en -*que*- delante de -*e*-:
Modelo:

tocar

PRETÉRITO: **toqué,** tocaste, tocó, tocamos, tocasteis, tocaron

PRESENTE DE SUBJUNTIVO **toque, toques, toque, toquemos, toquéis, toquen**

Otros verbos de este grupo son:

atacar	comunicar	indicar	sacar
buscar	explicar	marcar	

C. Los verbos terminados en *-ger* cambian la *-g-* en *-j-* delante de *-o* y *-a-*:
  Modelo:

proteger

PRESENTE DE INDICATIVO: **protejo,** proteges, protege, protegemos, protegéis, protegen
PRESENTE DE SUBJUNTIVO: **proteja, protejas, proteja, protejamos, protejáis, protejan**

  Otros verbos de este grupo son:

coger	dirigir	exigir
corregir (i)	escoger	recoger

D. Los verbos terminados en *consonante* + *-cer* o *-cir* cambian la *-c-* en *-z-* delante de *-o* y de *-a-*:
  Modelo:

vencer

PRESENTE DE INDICATIVO: **venzo,** vences, vence, vencemos, vencéis, vencen
PRESENTE DE SUBJUNTIVO: **venza, venzas, venza, venzamos, venzáis, venzan**

  Otros verbos de este grupo son:

convencer	esparcir	torcer (ue)

E. Los verbos terminados en *vocal* + *-cer* o *-cir* cambian *-c-* en *-zc-* delante de *-o* o *-a-*:
  Modelo:

conocer

PRESENTE DE INDICATIVO: **conozco,** conoces, conoce, conocemos, conocéis, conocen
PRESENTE DE SUBJUNTIVO: **conozca, conozcas, conozca, conozcamos, conozcáis, conozcan**

  Otros verbos de este grupo son:

agradecer	entristecer	nacer	padecer	pertenecer
aparecer	establecer	obedecer	parecer	
carecer	lucir	ofrecer	permanecer	

  Excepciones: decir, hacer

F. Los verbos terminados en *-zar* cambian la *-z-* en *-c-* delante de *-e-*:
  Modelo:

empezar (ie)

PRETÉRITO: **empecé,** empezaste, empezó, empezamos, empezasteis, empezaron
PRESENTE DE SUBJUNTIVO: **empiece, empieces, empiece, empecemos, empecéis, empiecen**

  Otros verbos de este grupo son:

alcanzar	comenzar (ie)	forzar (ue)	rezar
almorzar (ue)	cruzar	gozar	

G. Los verbos terminados en *-aer, -eer* y *-oer* cambian la *-i-* no acentuada en *-y-* cuando está entre vocales:

Modelo:

creer

PRETÉRITO: creí, creíste, **creyó,** creímos, creísteis, **creyeron**

IMPERFECTO DE SUBJUNTIVO: **creyera, creyeras, creyera, creyéramos, creyerais, creyeran**

GERUNDIO: **creyendo**

PARTICIPIO: **creído**

Otros verbos de este grupo son:

caer   corroer   decaer   leer   poseer   roer

H. Los verbos terminados en *-uir* (excepto *-guir,* donde la *-u-* es muda) cambian la *-i-* no acentuada a *-y-* cuando está entre vocales:

Modelo:

huir

PRESENTE DE INDICATIVO: **huyo, huyes, huye,** huimos, huís, **huyen**

PRETERITO: huí, huiste, **huyó,** huimos, huisteis, **huyeron**

PRESENTE DE SUBJUNTIVO: **huya, huyas, huya, huyamos, huyáis, huyan**

IMPERFECTO DE SUBJUNTIVO: **huyera, huyeras, huyera, huyéramos, huyerais, huyeran**

IMPERATIVO: **huye,** huid

GERUNDIO: **huyendo**

Otros verbos de este grupo son:

atribuir	construir	disminuir	incluir	restituir
concluir	contribuir	distribuir	influir	sustituir
constituir	destruir	excluir	instruir	

I. Los verbos terminados en *-guir* cambian la *-gu-* a *-g-* delante de *-o* y *-a-*:

Modelo:

distinguir

PRESENTE DE INDICATIVO: **distingo,** distingues, distingue, distinguimos, distinguís, **distinguen**

PRESENTE DE SUBJUNTIVO: **distinga, distingas, distinga, distingamos, distingáis, distingan**

Otros verbos de este grupo son:

conseguir (i)   perseguir (i)   proseguir (i)   seguir (i)

J. Los verbos terminados en *-guar* llevan diéresis en la *-u-* delante de *-e-*:
Modelo:

averiguar

PRETÉRITO: **averigüé,** averiguaste, averiguó, averiguamos, averiguasteis, averiguaron
PRESENTE DE SUBJUNTIVO: **averigüe, averigües, averigüe, averigüemos, averigüéis, averigüen**

Otros verbos de este grupo son:

apaciguar   atestiguar

K. Algunos verbos terminados en *-iar* llevan acento en la *-i-* en todas las formas singulares y la forma plural de la tercera persona en el presente del indicativo y del subjuntivo:
Modelo:

enviar

PRESENTE DE INDICATIVO: **envío, envías, envía,** enviamos, enviáis, **envían**
PRESENTE DE SUBJUNTIVO: **envíe, envíes, envíe,** enviemos, enviéis, **envíen**

Otros verbos de este grupo son:

ampliar	enfriar	telegrafiar	Excepciones: cambiar
criar	fiar	vaciar	estudiar
desviar	guiar	variar	

L. Todos los verbos terminados en *-uar* llevan acento en la *-u-* en todas las formas singulares y la forma plural de la tercera persona en el presente del indicativo y del subjuntivo:
Modelo:

continuar

PRESENTE DE INDICATIVO: **continúo, continúas, continúa,** continuamos, continuáis, **continúan**
PRESENTE DE SUBJUNTIVO: **continúe, continúes, continúe,** continuemos, continuéis, **continúen**

Otros verbos de este grupo son:

acentuar	efectuar	graduar	insinuar
actuar	exceptuar	habituar	situar

IV. Verbos irregulares

Infinitivo	Gerundio y participio	Imperativo familiar	Indicativo Presente	Imperfecto	Pretérito	Futuro	Condicional	Subjuntivo Presente	Imperfecto (-RA)	Imperfecto (-SE)
andar, *to walk; to go*	andando andado	anda andad	ando, *etc.*	andaba, *etc.*	anduve anduviste anduvo anduvimos anduvisteis anduvieron	andaré, *etc.*	andaría, *etc.*	ande, *etc.*	anduviera anduvieras anduviera anduviéramos anduvierais anduvieran	anduviese anduvieses anduviese anduviésemos anduvieseis anduviesen
caber, *to fit; to be contained in*	cabiendo cabido	cabe cabed	quepo cabes cabe cabemos cabéis caben	cabía, *etc.*	cupe cupiste cupo cupimos cupisteis cupieron	cabré cabrás cabrá cabremos cabréis cabrán	cabría cabrías cabría cabríamos cabríais cabrían	quepa quepas quepa quepamos quepáis quepan	cupiera cupieras cupiera cupiéramos cupierais cupieran	cupiese cupieses cupiese cupiésemos cupieseis cupiesen
caer, *to fall*	cayendo caído	cae caed	caigo caes cae caemos caéis caen	caía, *etc.*	caí caíste cayó caímos caísteis cayeron	caeré, *etc.*	caería, *etc.*	caiga caigas caiga caigamos caigáis caigan	cayera cayeras cayera cayéramos cayerais cayeran	cayese cayeses cayese cayésemos cayeseis cayesen
conducir, *to lead* (pro-ducir, *to produce,* y traducir, *to translate,* se conjugan de la misma manera)	conduciendo conducido	conduce conducid	conduzco conduces conduce conducimos conducís conducen	conducía, *etc.*	conduje condujiste condujo condujimos condujisteis condujeron	conduciré, *etc.*	conduciría, *etc.*	conduzca conduzcas conduzca conduzcamos conduzcáis conduzcan	condujera condujeras condujera condujéramos condujerais condujeran	condujese condujeses condujese condujésemos condujeseis condujesen
dar, *to give*	dando dado	da dad	doy das da damos dais dan	daba, *etc.*	di diste dio dimos disteis dieron	daré, *etc.*	daría, *etc.*	dé des dé demos deis den	diera dieras diera diéramos dierais dieran	diese dieses diese diésemos dieseis diesen

Infinitivo	Gerundio y participio	Imperativo familiar	Indicativo					Subjuntivo		
			PRESENTE	IMPERFECTO	PRETÉRITO	FUTURO	CONDICIONAL	PRESENTE	IMPERFECTO (-RA)	IMPERFECTO (-SE)
decir, *to say, tell*	diciendo dicho	di decid	digo dices dice decimos decís dicen	decía, *etc.*	dije dijiste dijo dijimos dijisteis dijeron	diré dirás dirá diremos diréis dirán	diría dirías diría diríamos diríais dirían	diga digas diga digamos digáis digan	dijera dijeras dijera dijéramos dijerais dijeran	dijese dijeses dijese dijésemos dijeseis dijesen
estar, *to be*	estando estado	está estad	estoy estás está estamos estáis están	estaba, *etc.*	estuve estuviste estuvo estuvimos estuvisteis estuvieron	estaré, *etc.*	estaría, *etc.*	esté estés esté estemos estéis estén	estuviera estuvieras estuviera estuviéramos estuvierais estuvieran	estuviese estuvieses estuviese estuviésemos estuvieseis estuviesen
haber, *to have*	habiendo habido	he habed	he has ha hemos habéis han	había, *etc.*	hube hubiste hubo hubimos hubisteis hubieron	habré habrás habrá habremos habréis habrán	habría habrías habría habríamos habríais habrían	haya hayas haya hayamos hayáis hayan	hubiera hubieras hubiera hubiéramos hubierais hubieran	hubiese hubieses hubiese hubiésemos hubieseis hubiesen
hacer, *to do, make*	haciendo hecho	haz haced	hago haces hace hacemos hacéis hacen	hacía, *etc.*	hice hiciste hizo hicimos hicisteis hicieron	haré harás hará haremos haréis harán	haría harías haría haríamos haríais harían	haga hagas haga hagamos hagáis hagan	hiciera hicieras hiciera hiciéramos hicierais hicieran	hiciese hicieses hiciese hiciésemos hicieseis hiciesen
ir, *to go*	yendo ido	ve id	voy vas va vamos vais van	iba ibas iba íbamos ibais iban	fui fuiste fue fuimos fuisteis fueron	iré, *etc.*	iría, *etc.*	vaya vayas vaya vayamos vayáis vayan	fuera fueras fuera fuéramos fuerais fueran	fuese fueses fuese fuésemos fueseis fuesen
oír, *to hear*	oyendo oído	oye oíd	oigo oyes oye oímos oís oyen	oía, *etc.*	oí oíste oyó oímos oísteis oyeron	oiré, *etc.*	oiría, *etc.*	oiga oigas oiga oigamos oigáis oigan	oyera oyeras oyera oyéramos oyerais oyeran	oyese oyeses oyese oyésemos oyeseis oyesen

			Indicativo					Subjuntivo		
Infinitivo	*Gerundio y participio*	*Imperativo familiar*	PRESENTE	IMPERFECTO	PRETÉRITO	FUTURO	CONDICIONAL	PRESENTE	IMPERFECTO (-RA)	IMPERFECTO (-SE)
oler, *to smell*	oliendo olido	huele oled	huelo hueles huele olemos oléis huelen	olía, *etc.*	olí, *etc.*	oleré, *etc.*	olería, *etc.*	huela huelas huela olamos oláis huelan	oliera, *etc.*	oliese, *etc.*
poder, *to be able*	pudiendo podido		puedo puedes puede podemos podéis pueden	podía, *etc.*	pude pudiste pudo pudimos pudisteis pudieron	podré podrás podrá podremos podréis podrán	podría podrías podría podríamos podríais podrían	pueda puedas pueda podamos podáis puedan	pudiera pudieras pudiera pudiéramos pudierais pudieran	pudiese pudieses pudiese pudiésemos pudieseis pudiesen
poner, *to put*	poniendo puesto	pon poned	pongo pones pone ponemos ponéis ponen	ponía, *etc.*	puse pusiste puso pusimos pusisteis pusieron	pondré pondrás pondrá pondremos pondréis pondrán	pondría pondrías pondría pondríamos pondríais pondrían	ponga pongas ponga pongamos pongáis pongan	pusiera pusieras pusiera pusiéramos pusierais pusieran	pusiese pusieses pusiese pusiésemos pusieseis pusiesen
querer, *to want*	queriendo querido	quiere quered	quiero quieres quiere queremos queréis quieren	quería, *etc.*	quise quisiste quiso quisimos quisisteis quisieron	querré querrás querrá querremos querréis querrán	querría querrías querría querríamos querríais querrían	quiera quieras quiera queramos queráis quieran	quisiera quisieras quisiera quisiéramos quisierais quisieran	quisiese quisieses quisiese quisiésemos quisieseis quisiesen
saber, *to know*	sabiendo sabido	sabe sabed	sé sabes sabe sabemos sabéis saben	sabía, *etc.*	supe supiste supo supimos supisteis supieron	sabré sabrás sabrá sabremos sabréis sabrán	sabría sabrías sabría sabríamos sabríais sabrían	sepa sepas sepa sepamos sepáis sepan	supiera supieras supiera supiéramos supierais supieran	supiese supieses supiese supiésemos supieseis supiesen
salir, *to go out*	saliendo salido	sal salid	salgo sales sale salimos salís salen	salía, *etc.*	salí, *etc.*	saldré saldrás saldrá saldremos saldréis saldrán	saldría saldrías saldría saldríamos saldríais saldrían	salga salgas salga salgamos salgáis salgan	saliera, *etc.*	saliese, *etc.*

Infinitivo	*Gerundio y participio*	*Imperativo familiar*	*Indicativo*					*Subjuntivo*		
			PRESENTE	IMPERFECTO	PRETÉRITO	FUTURO	CONDICIONAL	PRESENTE	IMPERFECTO (-RA)	IMPERFECTO (-SE)
ser, *to be*	siendo sido	sé sed	soy eres es somos sois son	era eras era éramos erais eran	fui fuiste fue fuimos fuisteis fueron	seré, *etc.*	sería, *etc.*	sea seas sea seamos seáis sean	fuera fueras fuera fuéramos fuerais fueran	fuese fueses fuese fuésemos fueseis fuesen
tener, *to have*	teniendo tenido	ten tened	tengo tienes tiene tenemos tenéis tienen	tenía, *etc.*	tuve tuviste tuvo tuvimos tuvisteis tuvieron	tendré tendrás tendrá tendremos tendréis tendrán	tendría tendrías tendría tendríamos tendríais tendrían	tenga tengas tenga tengamos tengáis tengan	tuviera tuvieras tuviera tuviéramos tuvierais tuvieran	tuviese tuvieses tuviese tuviésemos tuvieseis tuviesen
traer, *to bring*	trayendo traído	trae traed	traigo traes trae traemos traéis traen	traía, *etc.*	traje trajiste trajo trajimos trajisteis trajeron	traeré, *etc.*	traería, *etc.*	traiga traigas traiga traigamos traigáis traigan	trajera trajeras trajera trajéramos trajerais trajeran	trajese trajeses trajese trajésemos trajeseis trajesen
valer, *to be worth*	valiendo valido	val(e) valed	valgo vales vale valemos valéis valen	valía, *etc.*	valí, *etc.*	valdré valdrás valdrá valdremos valdréis valdrán	valdría valdrías valdría valdríamos valdríais valdrían	valga valgas valga valgamos valgáis valgan	valiera, *etc.*	valiese, *etc.*
venir, *to come*	viniendo venido	ven venid	vengo vienes viene venimos venís vienen	venía, *etc.*	vine viniste vino vinimos vinisteis vinieron	vendré vendrás vendrá vendremos vendréis vendrán	vendría vendrías vendría vendríamos vendríais vendrían	venga vengas venga vengamos vengáis vengan	viniera vinieras viniera viniéramos vinierais vinieran	viniese vinieses viniese viniésemos vinieseis viniesen
ver, *to see*	viendo visto	ve ved	veo ves ve vemos veis ven	veía veías veía veíamos veíais veían	vi viste vio vimos visteis vieron	veré, *etc.*	vería, *etc.*	vea, *etc.*	viera, *etc.*	viese, *etc.*

VOCABULARIO

Abbreviations

adj	adjective	*inter*	interrogative
adv	adverb	*interj*	interjection
art	article	*m*	masculine noun
conj	conjunction	*prep*	preposition
dem	demonstrative	*pron*	pronoun
exp	expression	*rel*	relative
f	feminine noun	*v*	verb
indef	indefinite		

A

abierto *adj* open
abogado, -a *m/f* lawyer
abono *m* theater series
aborto *m* abortion
abrazo *m* embrace
abreviatura *f* abbreviation
abrigo *m* winter coat, overcoat
abril *m* April
abrir *v* to open
abuelo, -a, -os *m/f* grandfather, grandmother, grandparents
aburrido *adj* bored, boring
aburrir, aburrirse *v* to bore, to get bored
acabar *v* to finish
acabar de + *inf. exp* to have just
acción *f* action, stock
accionista *m/f* stockholder
acento *m* accent
aceptar *v* to accept
acerca de *prep* about
acercarse a *v* to approach
achicar *v* to make small
acomodado *adj* wealthy, comfortable
acomodador, -a *m/f* usher
acompañar *v* to accompany
acostar, acostarse (ue) *v* to put to bed, to lie down

acostumbrar, acostumbrarse *v* to acclimate, to grow used to
actitud *f* attitude
actor, actriz *m/f* actor, actress
actual *adj* current, modern
actuar *v* to act
adelante *adv* forward, ahead
además de *prep* besides, in addition to
adjetival *adj* adjectival
adjetivo *m* adjective
adiós *exp* good-bye
administración *f* administration
admiración *f* admiration
adónde *adv* where, where to
adquirir (ie) *v* to acquire
adulto, -a *m/f* adult
adverbial *adj* adverbial
adverbio *m* adverb
adversidad *f* adversity
aérea *adj* air, having to do with air
aeropuerto *m* airport
afeitar, afeitarse *v* to shave
afiliación *f* affiliation
afirmar *v* to affirm
afirmativo *adj* affirmative
agarrar *v* to grasp, to grab
agencia *f* agency

agenda *f* agenda
agente *m/f* agent
agnóstico *adj* agnostic
agosto *m* August
agradable *adj* agreeable, pleasant
agradecido *adj* grateful, appreciative
agregar *v* to add one thing to another
agrícola *adj* agricultural
agua *f* water **(el agua, las aguas)**
ahí *adv* there
ahora *adv* now
ahorrar *v* to save, to economize
aire *m* air
aire acondicionado *m* air conditioning
ajedrez *m* chess
al *prep* contraction of **a** + **el**
ala *f* wing **(el ala, las alas)**
álbum *m* album
alcalde *m/f* mayor
alcázar *m* castle, palace
alcohólico *adj* alcoholic
alegrar, alegrarse *v* to make happy, to get happy
alegre *adj* happy
alemán, alemana *m/f* German
alerto *adj* alert

alfabeto *m* alphabet
algo *indef pron* something
alguien *indef pron* somebody
algún, alguna, -os, -as *adj* some, several
aliado, -a *m/f* ally
aliarse *v* to ally
alma *f* soul **(el alma, las almas)**
almidonar *v* to starch
almorzar (ue) *v* to have lunch
almuerzo *m* lunch
alrededor de *prep* around, roundabout
alto *adj* tall
alumno, -a *m/f* student
ama de casa *f* housewife **(el ama, las amas)**
amargo *adj* bitter, sour
amarillo *adj* yellow
ambicioso *adj* ambitious
ambiente *m* atmosphere
ambiguo *adj* ambiguous
ambos, -as *adj* both
amenaza *f* menace, threat
amenazar *v* to menace, to threaten
amigo, -a *m/f* friend
amor *m* love
amoroso *adj* loveable, amorous
análisis *m* analysis
anarquista *m/f* anarchist
andar *v* to walk
anécdota *f* anecdote
ángel *m/f* angel
anhelar *v* to long for, to miss
animal *m* animal
ánimo *m* enthusiasm, personal energy
aniversario *m* anniversary, birthday
anoche *adv* last night
anochecer *v* to grow dark
ante *prep* before
anteayer *adv* day before yesterday
antecedente *m* antecedent
anterior *adj* previous
anteriormente *adv* before
antes *adv* before, formerly

anticlerical *adj* anticlerical
antiguo *adj* ancient, former
antipático *adj* disagreeable
antología *f* anthology
anuncio *m* announcement
año *m* year
apagar, apagarse *v* to put out, to go out (lights, candles, etc.)
apartamento *m* apartment
apellido *m* last name
apenas *adv* scarcely, hardly
apertura *f* opening
apoderarse *v* to take possession of, to seize
apoyo *m* support
apreciar *v* to appreciate
aprender *v* to learn
aprisa *adv* quickly
apunte *m* note
aquel, aquella, -os, -as *dem adj* that, those
aquí *adv* here
árabe *m/f* Arab, Arabic
árbol *m* tree
ardiente *adj* burning, ardent
área *f* area **(el área, las áreas)**
argentino, -a *m/f & adj* Argentine
aristocracia *f* aristocracy
arma *f* arm, weapon **(el arma, las armas)**
armamentista *adj* pertaining to armament
armónica *f* harmonica
armónico *adj* harmonic
arpa *f* harp **(el arpa, las arpas)**
arquitecto, -a *m/f* architect
arreglar, arreglarse *v* to prepare, to fix, to get ready
arriba *adv* up, upwards
arrogante *adj* arrogant
arroz *m* rice
arsenal *m* arsenal
arte *f* art **(el arte, las artes)**
artículo *m* article
artístico *adj* artistic
artista *m/f* artist
ascenso *m* ascent, promotion

ascensor *m* elevator
asco *m* nausea, disgust
así *adv* so, thus
así que *exp* therefore, so
asiático *adj* Asian
asiento *m* seat
asilo *m* asylum
asistente *m/f* assistant
asistir *v* to attend
asociar *v* to associate
aspiración *f* aspiration, inhalation
aspirina *f* aspirin
astro *m* star, heavenly body
astronomía *f* astronomy
asunto *m* matter, affair
atención *f* attention, care, respect
atento *adj* attentive, kind
ateo, -a *m/f & adj* atheist
atómico *adj* atomic
atrás *adv* back, behind
aula *f* classroom **(el aula, las aulas)**
aumento *m* augmentation, increase, raise
aun *adv* still, even, also
aún *adv* still, yet (time)
aunque *conj* although
ausente *adj* absent
autobús *m* bus
autopista *f* freeway, turnpike
autor, -a *m/f* author
auxiliar *adj* auxiliary
aventura *f* adventure
avión *m* airplane
axioma *m* axiom
ayer *adv* yesterday
ayuda *f* aid, help
ayudar *v* to help
azteca *adj & m/f* Aztec
azúcar *m/f* sugar
azul *adj* blue

B

bailar *v* to dance
bailarín, bailarina *m/f* dancer
baile *m* dance
bajar *v* to go down

bajo *adj* low, short
bala *f* bullet
balancear *v* to balance
balcón *m* balcony
baloncesto *m* basketball
banco *m* bank
banda *f* band
banquero, -a *m/f* banker
bañar, bañarse *v* to bathe, to take a bath
baño *m* bath, bathroom
barato *adj* cheap, inexpensive
barbaridad *f* barbarism; outrage; nonsense
barbero, -a *m/f* barber
barco *m* boat
barrio *m* neighborhood, district
barroco *adj* baroque
base *f* base
básico *adj* basic
basílica *f* basilica
bastante *adj* enough, sufficient
batalla *f* battle
baúl *m* trunk
beca *f* scholarship
béisbol *m* baseball
belleza *f* beauty
bello, -a *adj* beautiful
beneficio *m* benefit, profit
beso *m* kiss
biblioteca *f* library
bibliotecario, -a *m/f* librarian
bicicleta *f* bicycle
bien *adv* well, alright
biología *f* biology
biólogo, -a *m/f* biologist
bisiesto *adj* leap (year)
bistec *m* beefsteak
bizantino *adj* byzantine
bizcocho *m* biscuit
blanco *adj* white
blusa *f* blouse
boda *f* wedding
bodega *f* wine cellar, warehouse
bofetada *f* slap in the face
bol *m* bowl
boleto *m* ticket

bolsa *f* purse
bolsillo *m* pocket
bomba *f* bomb
bombón *m* bonbon
bonito *adj* pretty
borracho *adj* drunk
bosque *m* forest
botella *f* bottle
breve *adj* short, brief
brillante *adj* brilliant
bueno *adj* good
bulevar *m* boulevard
burlarse de *v* to deceive, to make fun of
burocracia *f* bureaucracy
burrito *m* burrito
buscar *v* to look for

C

cabal *adj* exact, perfect, finished
caballería *f* chivalry
cabello *m* hair
caber *v* to fit into
cabeza *f* head
cabo *m* end
cacto *m* cactus
cada *adj* each, every
caer(se) *v* to fall
café *m* coffee
caja *f* box
calcetín *m* sock
caldo *m* broth
calendario *m* calendar
calidad *f* quality
calle *f* street
calmar, calmarse *v* to calm, to calm down
calor *m* heat
cama *f* bed
cambiar *v* to change
cambio *m* change, exchange
caminar *v* to walk
camión *m* truck
camisa *f* shirt
campana *f* bell
campaña *f* campaign
campo *m* field
canadiense *adj* Canadian

canal *m* canal, channel
canario *m* canary
cancha *f* court, playing field
candidato, -a *m/f* candidate
cansado *adj* tired
cansar, cansarse *v* to make tired, to get tired
cantante *m/f* singer
cantar *v* to sing
cantidad *f* quantity
capacidad *f* capacity
caperuza *f* hood
capital *f* capital city; *m* capital, money
capitalista *m/f* capitalist
capítulo *m* chapter
cara *f* face
carácter *m* character
característico *adj* characteristic
caricatura *f* caricature
caridad *f* charity
carne *f* meat
carnicería *f* butcher shop
carnicero, -a *m/f* butcher
caro *adj* expensive
carpintero, -a *m/f* carpenter
carrera *f* race, career
carretera *f* highway
carro *m* car, cart
carta *f* letter
cartel *m* poster
cartera *f* purse, wallet
casa *f* house
casado *adj* married
casar, casarse *v* to perform a marriage; to get married
casi *adv* almost, nearly
caso *m* case
castillo *m* castle
catedral *f* cathedral
categoría *f* category
catolicismo *m* Catholicism
católico *adj* Catholic
causa *f* cause
celestial *adj* celestial, heavenly
celo *m* zeal
cena *f* dinner
cenar *v* to dine (evening meal)

centro *m* downtown, center
cepillo *m* brush
cerca *adv* near
cercano *adj* near, close
cereal *adj & m* cereal
cerebro *m* brain
cero *m* zero
cerrado *adj* closed
cerrar (ie) *v* to close
certificado *adj* registered
cerveza *f* beer
césped *m* lawn
ciego *adj* blind
cielo *m* sky, heaven
cien, ciento *adj* hundred, a hundred
ciencia *f* science
científico, -a *m/f & adj* scientist; scientific
ciento *adj* hundred, a hundred
cierto *adj* certain, a certain
cigarrillo *m* cigarette
cimiento *m* foundation, groundwork, basis
cinco *adj* five
cinturón *m* belt
circunstancia *f* circumstance
cita *f* date, appointment
ciudad *f* city
ciudadano, -a *m/f* citizen
clarificación *f* clarification
clarificar *v* to clarify
claro *adj* clear; *interj* sure, of course
clase *f* class
clásico *adj* classic
cláusula *f* clause
clérigo *m* cleric, clergyman
clero *m* clergy
cliente *m/f* client, customer
clientela *f* clientele
clima *m* climate
clímax *m* climax
club *m* club
cobrar *v* to collect, to charge, to cash (a check)
cobre *m* copper, brass
cocina *f* kitchen
cocinar *v* to cook

cocinero, -a *m/f* cook
coco *m* coconut
coctel *m* cocktail
coche *m* car
colección *f* collection
colgado *adj* hanging, pending
colina *f* hill, knoll
colocar *v* to place
colonia *f* colony
colonial *adj* colonial
color *m* color
colorado *adj* colored; red
columna *f* column
comadre *f* godmother, woman friend (of a woman)
combinación *f* combination
combinar *v* to combine
comedor *m* dining room
comentario *m* commentary
comenzar (ie) *v* to begin
comer *v* to eat
comercial *adj* commercial
comerciante *m/f* merchant
comercio *m* commerce, trade
comestible *adj* edible; *m* food
cometer *v* to entrust, to commit
cómico *adj* comic
comida *f* meal
comienzo *m* beginning
cómo *inter* how
como *adv* as, like; *conj* since
cómodo *adj* comfortable
compadrazgo *m* co-paternity
compadre *m* godfather, friend
compañero, -a *m/f* companion, mate, partner
compañía *f* company
comparación *f* comparison
comparativo *adj* comparative
comparar *v* to compare
competir (i) *v* to compete
complemento *m* complement
completar *v* to complete
completo *adj* complete
complicado *adj* complicated
componer, componerse *v* to compose, to fix
composición *f* composition
compositor, -a *m/f* composer

compra *f* purchase
comprar *v* to buy
comprender *v* to understand
computadora *f* computer
común *adj* common
comunicar *v* to communicate
comunidad *f* community
comunista *m/f & adj* communist
con *prep* with
con respecto a *exp* with regard to
concentración *f* concentration, academic major
concepto *m* concept
conciencia *f* conscience
concierto *m* concert
concluir *v* to conclude
condición *f* condition
condicional *adj* conditional
conducir *v* to drive
conferencia *f* lecture
confiable *adj* trustworthy, reliable
confianza *f* confidence
confundir, confundirse *v* to confuse, to get confused
congestión *f* congestion
congreso *m* congress
conjetura *f* conjecture
conjugación *f* conjugation
conjunción *f* conjunction
conjunto *m* musical group, entirety
conmigo *exp* with me, with myself
conocer *v* to know, to meet
conocido, -a *m/f* acquaintance
conocimiento *m* knowledge
conquista *f* conquest
conquistar *v* to conquer
conscripción *f* draft
conseguir (i) *v* to get, to acquire
consejo *m* counsel, a piece of advice
conservador, -a *adj* conservative
consigo *exp* with him/her/them/you

consistir(en) *v* to consist (of)

consonante *f & adj* consonant

constantemente *adv* constantly

construcción *f* construction

construir *v* to build

consuelo *m* consolation

cónsul *m*

contacto *m* contact

contaminación *f* pollution

contar (ue) *v* to count, to tell

contener *v* to contain

contento *adj* contented

contestar *v* to answer

contexto *m* context

continente *m* continent

continuación *f* continuation

contra *prep* against

contracción *f* contraction

contradicción *f* contradiction

contrario, -a *m/f & adj* opponent, contrary

contraste *m* contrast

contribuir *v* to contribute

controlar *v* to control

convenir (ie) *v* to be suitable or advantageous, to behoove

conversación *f* conversation

conversar *v* to converse

convertir, convertirse (ie) *v* to convert, to change into

convincente *adj* convincing

copa *f* goblet, wineglass, cup

corbata *f* tie

corcho *m* cork

coreografía *f* choreography

coreógrafo, -a *m/f* choreographer

correcto *adj* correct

correlación *f* correlation

correr *v* to run

correspondiente *adj* corresponding

corriente *f* current, stream

corrupción *f* corruption

cortar, cortarse *v* to cut

corte *m* cut; *f* court of law

cortés *adj* courteous

cortesía *f* courtesy

cosa *f* thing

coser *v* to sew

cosmético *m & adj* cosmetic

costar (ue) *v* to cost

costo *m* cost

costumbre *f* custom

costurería *f* dressmaking

costurero, -a *m/f* dressmaker

creación *f* creation

crear *v* to create

creativo *adj* creative

creencia *f* belief

creer *v* to believe

crema *f* cream

criminal *adj* criminal

crisis *f* crisis

cristiano *adj* Christian

crítica *f* criticism

crítico *m/f* critic

crónica *f* chronicle

cruel *adj* cruel

cruz *f* cross

cruzar *v* to cross

cuaderno *m* notebook

cuadro *m & adj* picture; square

cuál, -es; cual, -es *inter & pron* which, what, which one

cualquier, -a; cualesquiera *pron indef* anyone; *adj indef* any

cuán *adv* how *(intensifier)*

cuándo, cuando *inter, conj & adv* when

cuánto, -a, -os, -as *inter* how much, how many

cuarto *m* fourth, quarter, room

cubano *adj* Cuban

cubierto *m & adj* place setting; covered

cuchara *f* spoon

cuchillo *m* knife

cuento *m* short story

cuerda *f* cord, rope, string

cuero *m* leather, rawhide

cuerpo *m* body

cuidado *m* care, concern

cuidar *v* to care for

culpa *f* blame, guilt, fault

culto *m & adj* worship cult; cultured, educated

cultura *f* culture

cultural *adj* cultural

cumpleaños *m* birthday

cuota *f* quota

cura *m* curate, parish priest

curar *v* to cure

curso *m* course

CH

champaña *m* champagne

champú *m* shampoo

cheque *m* check

chico, -a *m/f & adj* boy, girl; small

chileno, -a *m/f & adj* Chilean

chino, -a *m/f & adj* Chinese person; Chinese

chisme *m* gossip

chiste *m* joke

choque *m* shock

chuleta *f* chop, cutlet

D

daño *m* hurt, damage, harm

dar *v* to give

dato *m* datum, fact

de *prep* of, from, about

de repente *exp* suddenly

de veras *exp* truly, in truth

debajo *adv* below, underneath

debate *m* debate

deber *v* must, should, ought

débil *adj* weak

década *f* decade

decidir *v* to decide

décimo, -a *adj* tenth

decir (i) *v* to say, to tell

defender (ie) *v* to defend

déficit *m* deficit

dejar *v* to leave, to abandon, to yield, to stop

delgado *adj* thin

delicioso *adj* delicious

demás *adj indef* other, others, the rest of

demasiado, -a, -os, -as *adv/ adj* too much, too many

democracia *f* democracy

demócrata *m/f* democrat

demográfico *adj* demographic

demostrativo *m & adj* demonstrative

dentista *m/f* dentist

dentro *adv* inside, within

denuncia *f* proclamation, denunciation

depender *v* to depend on

dependencia *f* dependence

dependiente, -ta *m/f* store clerk

deporte *m* sport

depósito *m* depot, warehouse

derechista *m/f* rightist

derecho *m & adj* law; right, straight

derrotar *v* to rout, to defeat

desafortunado *adj* unfortunate, unlucky

desaparecer *v* to disappear

desarrollar, desarrollarse *v* to develop

desarrollo *m* development

desastre *m* disaster

desayuno *m* breakfast

descomponer, descomponerse *v* to break down

desconfianza *f* distrust

descortés *adj* discourteous

describir *v* to describe

descripción *f* description

descriptivo *adj* descriptive

descubierto *adj* discovered

descubrimiento *m* discovery

descubrir *v* to discover

desde *prep* since, from

desdén *m* disdain

desear *v* to desire, to wish

desempleo *m* unemployment

deseo *m* desire

desesperado *adj* desperate

desgraciado *adj* unfortunate, unhappy

deshacer *v* to undo, to take apart

desierto *m* desert

desinencia *f* ending

desinteresado *adj* disinterested

desnutrición *f* undernourishment, malnutrition

desocupado *adj* free, vacant, empty

despacio *adv* slowly, at leisure

despejado *adj* clear, cloudless

despertar, despertarse (ie) *v* to awaken, to wake up

después *adv* after, afterwards

destino *m* destiny

destruir *v* to destroy

detalle *m* detail

detergente *m* detergent

determinar *v* to determine

detrás de *adv* behind

devolver (ue) *v* to return

devoto *adj* devout

día *m* day

dibujo *m* drawing, sketch

diccionario *m* dictionary

diciembre *m* December

diente *m* tooth

dieta *f* diet

diferencia *f* difference

diferente *adj* different

difícil *adj* hard, difficult

diluvio *m* deluge, flood

dinero *m* money

dinosaurio *m* dinosaur

dios, -a *m/f* god, goddess

diptongo *m* diphthong

dirección *f* direction, address

directo *adj* direct

director, -a *m/f* director

disco *m* record

discoteca *f* dicotheque

discreto *adj* discreet

disfrutar *v* to enjoy

disolver (ue) *v* to dissolve

dispuesto *adj* disposed, willing

distinguir *v* to distinguish

distrito *m* district

división *f* division

divorciar, divorciarse *v* to divorce, to get divorced

doble *m/adj* double

doctor, -a *m/f* doctor

doctrina *f* doctrine

documento *m* document

dólar *m* dollar

doler (ue) *v* to ache, to cause pain

domingo *m* Sunday

dónde, donde *inter & adv* where

dormir (ue) *v* to sleep

dormido *adj* sleeping, asleep

dormitorio *m* bedroom

dosis *f* dose

dramatizar *v* to dramatize

duchar, ducharse *v* to shower

duda *f* doubt

dudar *v* to doubt

dulce *m & adj* candy, sweet

duración *f* duration

durante *prep* during

duro *adj* hard

E

eclesiástico *adj* ecclesiastical

economía *f* economy

económico *adj* economic

economista *m/f* economist

edad *f* age

edificio *m* building

educación *f* education, breeding, manners

educativo *adj* educational

efecto *m* effect

ejecutivo, -a *m/f* executive

ejemplo *m* example

ejercicio *m* exercise

ejército *m* army

elección, elecciones *f* election, elections

electivo *adj* elective

electricista *m/f* electrician

elegante *adj* elegant

elegir (i) *v* to elect

elemento *m* element

eliminar *v* to eliminate

emergencia *f* emergency

emoción *f* emotion

emocionar, emocionarse *v* to move, to be moved

empapar, empaparse de *v* to soak, to soak up

empezar (ie) *v* to begin

empleado, -a *m/f* employee

emplear *v* to employ

empleo *m* job, employment

empresa *f* enterprise, company

en *prep* in, on, at

en seguida *exp* at once

enamorar, enamorarse de *v* to enamor; to fall in love (with)

encantar *v* to enchant, delight

enciclopedia *f* encyclopedia

encima *adv* above

encontrar (ue) *v* to find

encuentro *m* meeting, encounter

enchufe *m* plug, outlet

enemigo, -a *m/f* enemy

energía *f* energy

enero *m* January

enfadar, enfadarse *v* to anger, to get angry

énfasis *m* emphasis, stress

enfático *adj* emphatic

enfermo *adj* sick, ill

enfermar, enfermarse *v* to sicken; to get sick

enfermería *f* infirmary, nursing

enojar, enojarse *v* to anger; to get angry

enojo *m* anger

enorme *adj* enormous

ensalada *f* salad

enseñanza *f* teaching

enseñar *v* to teach

ente *m* being, entity

entender (ie) *v* to understand

entero *adj* entire

entonación *f* intonation

entonces *adv* then

entrada *f* admission ticket, entrance

entrante *adj* incoming, next

entrar *v* to enter

entre *prep* between

entregar *v* to hand over, turn in

entrevista *f* interview

entusiasmo *m* enthusiasm

época *f* epoch, era

equipo *m* team

equivalencia *f* equivalence

equivalente *adj* equivalent

equivocado *adj* mistaken

equivocarse *v* to make a mistake, to be mistaken

equívoco *adj* equivocal

escasez *f* scarcity

escena *f* scene

escoba *f* broom

escoger *v* to choose

esconder *v* to hide

escribir *v* to write

escritor, -a *m/f* writer

escritorio *m* desk

escuchar *v* to listen to, to heed

escuela *f* school

escultura *f* sculpture

esencia *f* essence

esencial *adj* essential

esfuerzo *m* effort

espacio *m* space

español, -a *m/f* Spaniard

especial *adj* special

especialidad *f* specialty

específico *adj* specific

espejo *m* mirror

esperar *v* to wait for, to hope

esperanza *f* hope

espinoso *adj* thorny

espíritu *m* spirit

esposo, -a *m/f* husband, wife

esquina *f* corner

estación *f* station, season of the year

estacionamiento *m* parking

estadio *m* stadium

estado *m* state

estadounidense *m/f & adj* of the United States

estar *v* to be

estar de acuerdo *exp* to agree, to be in agreement

este, -a, -os, -as *dem adj* this, these

estilo *m* style

estoico *adj* stoic

estricto *adj* strict

estructura *f* structure

estudiante *m/f* student

estudiar *v* to study

estupendo, -a *adj* stupendous

etapa *f* stage, inning

eternidad *f* eternity

eterno *adj* eternal

étnico *adj* ethnic

evento *m* event

evidente *adj* evident

evidentemente *adv* evidently

exactamente *adv* exactly

examen *m* exam

examinar *v* to examine

excelente *adj* excellent

excepción *f* exception

excepto *prep* except

exigir *v* to demand

existente *adj* existing

existir *v* to exist

éxito *m* success

exótico *adj* exotic

experiencia *f* experience

explicación *f* explication

explicar *v* to explain

explosión *f* explosion

exposición *f* exposition

expresar *v* to express

expresión *f* expression

exquisito *adj* exquisite

extra *adj* extra

extranjero, -a *m/f* foreigner

extraño *adj* strange

extraordinario *adj* extraordinary

extravagante *adj* extravagant

extremo *m/adj* end, extreme

F

fábrica *f* manufacture, factory

fabuloso *adj* fabulous

fácil *adj* easy

facultad *f* faculty, academic department

falda *f* skirt
faltar *v* to be lacking
familia *f* family
familiar *adj* familiar
famoso *adj* famous
farmacia *f* pharmacy
fascinar *v* to fascinate
fatal *adj* fatal
favor *m* favor
favorito *adj* favorite
fe *f* faith
fealdad *f* ugliness
febrero *m* February
fecha *f* date
federal *adj* federal
feliz *adj* happy
femenino *adj* feminine
feo *adj* ugly
feroz *adj* ferocious
ferrocarril *m* railroad
fertilidad *f* fertility
ficha *f* token, filing card
fiel *adj* faithful, honest
fiesta *f* party
figura *f* figure
fila *f* row, line, tier
filosofía *f* philosophy
fin *m* end
final *adj* final
finanzas *f* finances
firmar *v* to sign
físicamente *adv* physically
físico, -ca *m/f & adj* physicist, physical
flan *m* custard
flauta *f* flute
flexibilidad *f* flexibility
flor *f* flower
florería *f* flower shop
folleto *m* pamphlet, brochure
forma *f* form
formación *f* formation
formal *adj* formal
formalidad *f* formality
formar *v* to form, to train
fórmula *f* formula
formulario *m* form, formulary
fortuna *f* fortune
foto *f* photo

fotografía *f* photograph, photography
fracasar *v* to fail
fracaso *m* failure
fragmentación *f* fragmentation
fragmento *m* fragment
frasco *m* bottle, flask
frase *f* sentence, phrase
frecuencia *f* frecuency
frecuente *adj* frequent, common
frecuentemente *adv* frequently
frente *f* forehead; en — facing
fresco *adj* fresh, cool
fricativo *adj* fricative
frijol *m* bean
frío *adj* cold
frito *adj* fried
frontal *m* frontal
frontera *f* frontier
fruta *f* fruit
fuente *f* fountain, source
fuerte *adj* strong
fuerza *f* force
fumar *v* to smoke
función *f* function
funcionar *v* to function
funcionario, -a *m/f* functionary, official
furioso *adj* furious
fútbol *m* football
futuridad *f* futurity
futuro *adj* future

G

galleta *f* cracker, cookie
ganar *v* to win, to earn
garage *m* garage
gasolina *f* gasoline
gastar *v* to spend, to wear out
gasto *m* expense
gato, -a *m/f* cat
gemelo, -a *m/f* twin
general *m* general
generalmente *adv* generally
género *m* sort, kind; genre

generoso *adj* generous
genio *m* temper, humor; genius
gente *f* people
geografía *f* geography
gerente, -a *m/f* manager
gerundio *m* gerund
gimnasio *m* gymnasium
gobernador, -a *m/f* governor
gobierno *m* government
gordo *adj* fat
gozar *v* to enjoy
grabado *m* engraving
grado *m* step, grade
graduarse *v* to graduate
gramática *f* grammar
gramatical *adj* grammatical
gran, grande, -s *adj* big, large, great
granja *f* farm, country place
grave *adj* grave, serious
griego, -a *m/f & adj* Greek
gripe *f* cold
gris *adj* gray
gritar *v* to shout
grueso *adj* thick
grupo *m* group
guapo *adj* handsome, good-looking
guardar *v* to guard, to keep
guerra *f* war
guía *m/f* guide
guión *m* script
guitarra *f* guitar
gustar *v* to be pleasing to
gusto *m* taste, flavor

H

haber *v* to have *(auxiliary)*
habilidad *f* ability, capacity
habitación *f* room
habitante *m/f* inhabitant
hábito *m* habit, custom
habitual *adj* habitual
hablante *m/f* speaker
hablar *v* to speak
hacer *v* to make, to do
hambre *f* hunger
hamburguesa *f* hamburger

hasta *prep* until, to; to, as far as

hay *v* there is, there are

hecho *m* deed, fact

helado *m* ice cream

hemisferio *m* hemisphere

herético *adj* heretic

hermano, -a *m/f* brother, sister

hermoso *adj* pretty

hidalgo, -a *m/f & adj* nobleman, noblewoman

hierro *m* iron

hijo, -a *m/f* son, daughter

hipótesis *f* hypothesis

hipotético *adj* hypothetical

hispano, -a *m/f & adj* Hispanic

historia *f* history, story

hombre *m* man

homófono *adj* homophone

hondo *adj* deep, low

honesto *adj* honest, decent, proper

hora *f* hour, time

horrible *adj* horrible

horror *m* horror

hospital *m* hospital

hospitalidad *f* hospitality

hotel *m* hotel

hotelero, -a *m/f* hotel keeper

hoy *m & adv* today

huelga *f* strike, work stoppage

huella *f* track, print

huérfano, -a *m/f* orphan

huevo *m* egg

huir *v* to flee

humano *adj* human

humilde *adj* humble, low

humo *m* smoke

humor *m* humor

I

idea *f* idea

idealismo *m* idealism

idealista *m/f* idealist

identidad *f* identity

identificación *f* identification

identificar *v* to identify

idiomático *adj* idiomatic

idiotez *f* idiocy

iglesia *f* church

iglú *m* igloo

igual *adj* equal, uniform

ilustración *f* illustration, enlightenment

imaginación *f* imagination

imitar *v* to imitate

impaciente *adj* impacient

impacto *m* impact, effect

imperfecto *adj* imperfect

impersonal *adj* impersonal

importancia *f* importance

importante *adj* important

importar *v* to be important; to import

imposible *adj* impossible

impuesto *m* tax

incendio *m* fire, conflagration

incluir *v* to include

incompleto *adj* incomplete

incorrecto *adj* incorrect

increíble *adj* incredible

incrustado *adj* embedded, incrusted

indefinido *adj* indefinite

independencia *f* independence

independentista *m/f* partisan of independence

indicar *v* indicate, show

indicación *f* indication, cue

indicativo *adj* indicative

indígena *m/f & adj* indigenous, native

indio, -a *m/f* Indian

indirecto *adj* indirect

indiscreto *adj* indiscreet

industria *f* industry, effort, ingenuity

industrialización *f* industrialization

infancia *f* childhood

inferior *adj* inferior, lower

infinitivo *m* infinitive

inflación *f* inflation

influencia *f* influence

influir *v* to influence

información *f* information

informar *v* to inform

informe *m* report

ingeniero, -a *m/f* engineer

inglés, -a *m/f & adj* English

ingrediente *m* ingredient

ingreso *m* earnings, income

inherente *adj* inherent

inhospitalario *adj* inhospitable

injusto *adj* unjust, unfair

inmediatamente *adv* immediately

inseguridad *f* insecurity

insistir *v* to insist

instancia *f* instance

instrucción *f* instruction, education

instrumento *m* instrument

inteligente *adj* intelligent

inteligentemente *adv* intelligently

intención *f* intention

intensificación *f* intensification

intento *m* attempt, intent

interés *m* interest

interesante *adj* interesting

interesar *v* to be interesting; to interest

intérprete *m/f* interpreter

interrogativo *adj* interrogative

intimidar *v* to intimidate

inútil *adj* useless

invariable *adj* invariable

inventar *v* to invent

inversión *f* investment

invertir (ie) *v* to invest

invierno *m* winter

invitación *f* invitation

invitar *v* to invite

ir *v* to go

irlandés, -a *m/f & adj* Irish

irregular *adj* irregular

isla *f* island

italiano, -a *m/f & adj* Italian

itálico *adj* italic

izquierda *f* left

izquierdista *m/f* leftist

izquierdo *adj* left

J

jabón *m* soap
jactarse *v* to boast, to brag
jamás *adv* never
jamón *m* ham
japonés, -a *m/f & adj* Japanese
jardín *m* garden
jardín zoológico *m* zoo
jefe, -fa *m/f* chief, boss
jota *f* the letter *j*
joven *m/f & adj* young
jubilarse *v* to retire
judío, -a *m/f & adj* Jew, Jewish
jueves *m* Thursday
jugador, -a *m/f* player
jugar (ue) *v* to play
jugo *m* juice
julio *m* July
junio *m* June
junto, -a *adj* next to, near
justo *adj* just, fair

L

labio *m* lip
laboratorio *m* laboratory
lado *m* side
lago *m* lake
lamentar *v* to lament, to mourn
lamento *m* lament
lámpara *f* lamp
lana *f* wool
lápiz *m* pencil
largo *adj* long
latino, -a *adj* Latin
lavandería *f* laundry
lavar, lavarse *v* to wash
lección *f* lesson
lectura *f* reading
leche *f* milk
lechón, -a *m/f & adj* suckling pig
lechuga *f* lettuce
leer *v* to read
legal *adj* legal
legumbre *f* vegetable

lejos *adv* far
lengua *f* tongue, language
letra *f* letter in the alphabet
levantar, levantarse *v* to lift up, to get up
ley *f* law
liberación *f* liberation
liberal *m/f & adj* liberal
liberalismo *m* liberalism
libertad *f* liberty
libre *adj* free
librería *f* bookstore
librero, -a *m/f* bookseller
libro *m* book
límite *m* limit
limón *m* lemon
limonada *f* lemonade
limpiar *v* to clean
limpio *adj* clean
lindo *adj* pretty
línea *f* line
lío *m* hassle, problem
líquido *m & adj* liquid
lista *f* list
literatura *f* literature
lobo, -a *m/f* wolf
localización *f* location, act of locating
localizar *v* to locate, to place
loco *adj* crazy
locura *f* insanity, madness
lógico *f & adj* logic; logical
luchar *v* to struggle
luego *adv* soon, at once, then
lugar *m* place
lujo *m* luxury
luna *f* moon
lunes *m* Monday
luz *f* light

LL

llamada *f* call
llamar *v* to call
llave *f* key
llegar *v* to arrive
llenar *v* to fill
lleno, -a *adj* full
llevar *v* to carry, to take
llover (ue) *v* to rain

M

madera *f* wood
madre *f* mother
madrugada *f* early morning hours, dawn
maestría *f* mastery; master's degree
maestro, -a *m/f* teacher
magnífico *adj* magnificent
mahometano, -a *m/f & adj* Moslem
maíz *m* corn
mal, -o, -a, -os, -as *adj* bad, evil
mal *adv* badly; *m* evil
maleducado *adj* ill-mannered, rude
mamá *f* mama
mandar *v* to order, to send
mandato *m* command
manejar *v* to manage, to handle, to drive
manera *f* way, manner
manicurista *m/f* manicurist
manifiesto *m & adj* manifesto; manifest
mano *f* hand
manotazo *m* slap
mantener (ie) *f* to support, to maintain
mantequilla *f* butter
manto *m* mantle, cloak
manufacturado, -a *adj* manufactured
manzana *f* apple
mañana *f* morning; *m* tomorrow
mapa *m* map
maquillaje *m* make-up
máquina *f* machine
mar *m/f* sea
marca *f* trademark, brand
marido *m* husband
marina *f* navy
marisco *m* shellfish
martes *m* Tuesday
marzo *m* March
más *adv* more
masculino *adj* masculine
matamoscas *m* fly swatter

matar *v* to kill
materia *f* material
material *adj* material
materno *adj* maternal
matrícula *f* registration, tuition
matrimonio *m* marriage, married couple
mayo *m* May
mayor *adj* greater, larger, older
mayoría *f* majority
mayúsculo, -a *adj* capital (letter)
mecánico, -a *m/f & adj* mechanic; mechanical
media *f* stocking
medianoche *f* midnight
mediante *prep* by means of, by, through
medicina *f* medicine
médico, -a *m/f* doctor
medida *f* measure
medio *adj* half
mediodía *m* midday, noon
mejor *adj* better, best
mejorar, mejorarse *v* to improve
memoria *f* memory
menor *adj* less, lesser, smaller, younger
menos *adj/adv* less, fewer, minus
mensaje *m* message
mente *f* mind
mentir (ie) *v* to lie
mercado *m* market
mercantilismo *m* mercantilism
mermelada *f* marmalade
mes *m* month
mesa *f* table
mesero, -a *m/f* waiter, waitress
meta *f* goal
metal *m* metal
meteorológico *adj* meteorological
metro *m* subway
mexicano, -a *m/f & adj* Mexican

miedo *m* fear
miembro *m* member
mientras *adv & conj* while, whereas
miércoles *m* Wednesday
mil *adj & m* thousand
militar *m & adj* military man; military
milla *f* mile
millón *m* million
millonario, -a *m/f* millionaire
mineral *m & adj* mineral
minúsculo, -a *adj* small (letter)
minuto *m* minute
mirar *v* to look at, to watch
misa *f* mass (religious service)
miseria *f* misery, poverty
misionero, -a *m/f* missionary
mismo *adj* same, own, very
misterio *m* mystery
misticismo *m* mysticism
mitad *f* half
mixto *adj* mixed
modelo *m* model
moderado *adj* moderate
moderno *adj* modern
modesto *adj* modest
modificar *v* to modify
molestar, molestarse *v* to bother, to take the trouble
molestia *f* bother, annoyance
momento *m* moment
mono, -a *m/f* monkey
montar *v* to mount
montaña *f* mountain
monumento *m* monument
moreno *adj* dark complexioned
morir (ue) *v* to die
moro, -a *m/f & adj* Moor, Moorish
mostrar (ue) *v* to show
moto *f* motorcycle
motocicleta *f* motorcycle
movimiento *m* movement
muchacho, -a *m/f* boy; girl
mucho, -a, -os, -as *adj* much, a lot, a great deal, many
mudarse *v* to move
mueble *m* a piece of furniture

muerte *f* death
muerto *adj* dead
mujer *f* woman
multa *f* fine
mundial *adj* of the world, worldwide
mundo *m* world
municipal *adj* municipal
murmullo *m* murmur
muro *m* wall
museo *m* museum
música *f* music
musical *adj* musical
muy *adv* very

N

nacimiento *m* birth
nación *f* nation
nacional *adj* national
nacionalidad *f* nationality
nada *f & pron indef* nothing
nadie *m & pron indef* nobody
naipe *m* playing card
naranja *f* orange
natal *adj* natal
natalidad *f* natality, birth rate
natural *adj* natural
navidad *f* Christmas
necesario *adj* necessary
necesidad *f* necessary
necesitar *v* to need
negación *f* negation
negar (ie) *v* to deny
negativo *adj* negative
negocio *m* business
negrilla *f* boldface
negro *adj* black
nervioso *adj* nervous, excited
neutro *adj* neutral
nevar (ie) *v* to snow
nieve *f* snow
ninguno, -a *adj indef* no, not any
niño, -a *m/f* child, little boy, little girl
nivel *m* level
noche *f* night
nombre *m* name
nota *f* grade, note
notable *adj* notable, noteworthy

notar *v* to note, to notice
noticia, noticias *f* piece of news, news
noticiero *m* news program
novela *f* novel
novelista *m/f* novelist
noviembre *m* November
novio, -a *m/f* boyfriend, girlfriend, fiancé(e)
nublado *adj* cloudy
núcleo *m* nucleus
nuevo *adj* new
número *m* number
nunca *adv* never

O

o *conj* or
objetivo *m & adj* objective
objeto *m* object
obligación *f* obligation
obligar *v* to oblige
obligatorio *adj* obligatory
obra *f* work
obrero, -a *m/f* worker
observar *v* to observe
obviamente *adv* obviously
obvio *adj* obvious
oclusivo *adj* occlusive
octubre *m* October
ocurrir *v* to occur
oficial *m/f & adj* official
oficina *f* office
oficio *m* occupation, trade
oído *m* hearing; ear
oír *v* to hear
ojalá *interj* God grant, I hope
ojo *m* eye; *interj* watch out
oler (ue) *v* to smell (**huelo, hueles,** etc.)
olor *m* smell
omitir *v* to omit
ópera *f* opera
opinión *f* opinion
ordinal *m & adj* ordinal; orderly
organización *f* organization
orgulloso *adj* proud
orientación *f* orientation
origen *m* origin

original *adj* original
oro *m* gold
orquesta *f* orchestra
ortodoxo *adj* orthodox
ortografía *f* orthography
oscuro *adj* dark
ostentoso *adj* ostentatious, showy
otro *adj* another, other

P

paciente *m/f & adj* pacient
padre, padres *m* father, parents
pagar *v* to pay, to pay for
página *f* page
país *m* country
paisaje *m* countryside, landscape
pájaro *m* bird
palabra *f* word
palacio *m* palace
pan *m* bread
panadería *f* bakery
panadero, -a *m/f* baker
panqueque *m* pancake
pantalón *m* pant
panza *f* paunch
papa *m* Pope; *f* potato
papá *m* daddy, poppa
papel *m* paper; role
papelería *f* stationary store
paquete *m* package
par *m* pair
para *prep* for
parado *adj* standing up
parar *v* to stop
paréntesis *m* parenthesis
parecer *v* to seem
pared *f* wall
pariente *m/f* relative
parque *m* park
parte *f* part
participio *m* participle
partícula *f* particle
particular *adj* particular
partido *m* party (politics); game (sports)
pasado *adj* past

pasaporte *m* passport
pasar *v* to pass
pasillo *m* hallway
pasivo *adj* passive
paso *m* pass, step
pastel *m* pie
pastelería *f* pastry shop
patio *m* patio, yard
patria *f* fatherland
patrón, -a *m/f* sponsor, boss; *m* pattern
pauperización *f* impoverishment
pausa *f* pause
pavo *m* turkey
payaso *m* clown
paz *f* peace
pedir (i) *v* to ask for, to request
peine *m* comb
pelear *v* to fight
peletería *f* fur shop
película *f* film, movie
peligro *m* danger
peligroso *adj* dangerous
pelo *m* hair
peluquería *f* barber shop
peluquero, -a *m/f* barber
pena *f* pain
pensar (ie) *v* to think
penúltimo *adj* next to the last; penultimate
peor *adj & adv* worse; worst
pequeño *adj* little
perder (ie) *v* to lose
perdonar *v* to pardon
perezoso *adj* lazy
perfecto *adj* perfect
perfume *m* perfume
periódico *m* newspaper
periodista *m/f* newspaper reporter
período *m* period
permanente *adj* permanent
permiso *m* permission
permitir *v* to permit
pero *conj* but
perro, -a *m/f* dog
perseguir (i) *v* to follow, to pursue

persona *f* person
personaje *m* character
personal *adj* personal
pertenecer *v* to belong to
peruano, -a *m/f & adj* Peruvian
pesar *v* to weigh
pescado *m* fish
pesimista *m/f & adj* pessimist
petróleo *m* oil, petroleum
piano *m* piano
pie *m* foot
pierna *f* leg
pintar *v* to paint
pintor, -a *m/f* painter
pintoresco *adj* picturesque
piscina *f* pool
piso *m* floor
pizarra *f* chalkboard
plástico *m & adj* plastic
placer *m* pleasure
plagio *m* plagiarism
plan *m* plan
planchar *v* to iron
planilla *f* office form
planta *f* plant
plata *f* silver
plato *m* plate, dish
playa *f* beach
plaza *f* plaza, square
pluma *f* pen
plural *adj* plural
pluscuamperfecto *m* pluperfect
población *f* population
pobre *adj* poor
pobreza *f* poverty
poco, -a, -os, -as *adj* little, few
poder (ue) *v* to be able
poema *m* poem
poesía *f* poetry
poeta, poetisa *m/f* poet
policía *f* police
poliéster *m* polyester
política *f* policy, politics
político, -a *m/f & adj* politician, political
pollo *m* chicken
ponche *m* punch

poner, ponerse *v* to put, to put on
popular *adj* popular
por *prep* for
porque *conj* because
portafolio *m* portfolio, briefcase
portar *v* to carry, to bear
portero, -a *m/f* doorkeeper
portugués, portuguesa *m/f & adj* Portuguese
posesión *f* possession
posesivo *adj* possessive
posesor, -a *m/f* possessor, owner
posible *adj* possible
posiblemente *adv* possibly
posición *f* position
pospreposicional *adj* after a preposition
postre *m* dessert
práctica *f* practice
practicar *v* to practice
práctico *adj* practical
precedente *adj* precedent
preceder *v* to precede
precio *m* price
precolombino *adj* pre-Columbian
predicado *m* predicate
preferencia *f* preference
preferir (ie) *v* to prefer
pregunta *f* question
preguntar *v* to question, to inquire, to ask
preliminar *adj* preliminary
premio *m* prize
prensa *f* press
preocupado *adj* preoccupied, worried
preparación *f* preparation
preparado *adj* prepared
preparar *v* to prepare
preposición *f* preposition
preposicional *adj* prepositional
presencia *f* presence
presente *adj* present
presidente, presidenta *m/f* president

presupuesto *m* budget
pretérito *m* preterite
primavera *f* Spring
primero *adj* first
primo, -a *m/f* cousin
principal *adj* principal
principio *m* principle
probabilidad *f* probability
probable *adj* probable
probablemente *adv* probably
probar (ue) *v* to prove, to try
problema *m* problem
producción *f* production
productividad *f* productivity
producto *m* product
profecía *f* prophecy
profesión *f* profession
profesor, -a *m/f* teacher, professor
profundo *adj* deep, profound
programa *m* program
progresivo *adj* progressive
progreso *m* progress
prohibir *v* to prohibit
pronombre *m* pronoun
pronominal *adj* pronominal
pronominalización *f* pronominalization
pronto *adv* soon, promptly
pronunciación *f* pronunciation
pronunciar *v* to pronounce, to give (a speech)
propaganda *f* propaganda
prosperidad *f* prosperity
próspero *adj* prosperous, thriving
protestante *m/f & adj* Protestant
próximo *adj* next
proyecto *m* project
psicología *f* psychology
psicólogo, -a *m/f* psychologist
psiquiatra *m/f* psychiatrist
publicar *v* to publish
público *m & adj* audience; public
pueblo *m* town
puente *m* bridge
puerco, -a *m/f* hog

puerta *f* door
puerto *m* port
pues *adv* then, well
puesto *m* job, position
punto *m* point, period
pupitre *m* (student's) desk

Q

que *pron rel* that, which; who, whom
qué *inter* what
quedarse *v* to remain
quejarse *v* to complain
querer (ie) *v* to like, to love, to want
querido, -a *m/f & adj* beloved, dear
queso *m* cheese
quién *pron inter & rel* who, whom
quien *pron rel* who, whom, s/he who
química *f* chemistry
químico, -a *m/f* chemist
quitar (se) *v* to take away, remove
quizá, quizás *adv* maybe, perhaps

R

rabia *f* anger, rage
rabiar *v* to rage, to rave
radio *m/f* radio
raíz *f* root
rancho *m* ranch
rápidamente *adv* rapidly
rápido *adj* rapid
ratón *m* mouse
raza *f* race; breed
razón *f* reason, right
reacción *f* reaction
realidad *f* reality
realismo *m* realism
recepción *f* reception
recibir *v* to receive
reciente *adj* recent
recientemente *adv* recently

reclinado *adj* reclined, lying down
reclutamiento *m* recruitment
recoger *v* to collect, to pick up, to gather
reconocer *v* to recognize
recordar (ue) *v* to remember
rectangular *adj* rectangular
red *f* net, network
reducir *v* to reduce
reemplazar *v* to replace
referir, referirse (ie) *v* to refer
reflexivo *adj* reflexive
reformar *v* to reform
refresco *m* soft drink
refrigerador *m* refrigerator
refrito *adj* refried
regalar *v* to give (a present)
regalo *m* gift
regar (ie) *v* to water
regatear *v* to bargain
regateo *m* bargaining
régimen *m* regime; diet
región *f* region
regional *adj* regional
regla *f* rule
regresar *v* to return
reina *f* queen
reír (i) *v* to laugh
reja *f* grating
relación *f* relation; relationship
relativamente *adv* relatively
relativo *adj* relative
religión *f* religion
religioso, -a *m/f* monk, nun; *adj* religious
reloj *m* watch
relleno *adj* stuffed
renacentista *adj* renaissance
reparar *v* to repair
repaso *m* review
repetir (i) *v* to repeat
reportar *v* to report
representación *f* representation, performance
representar *v* to represent, to put on (a play)
republicano, -a *m/f* republican

repugnar *v* to repel
requerir (ie) *v* to require, to court
requisito *m* requirement
reseña *f* book review
resistir *v* to resist
respeto *m* respect
responsabilidad *f* responsibility
respuesta *f* response, answer
restar *v* to subtract
restaurante *m* restaurant
restaurar *v* to restore
resultado *m* result
retrato *m* portrait
reunión *f* reunion, meeting
revista *f* magazine
rey *m* king
rico *adj* rich
rifle *m* rifle
rincón *m* corner
río *m* river
riqueza *f* riches, wealth
robar *v* to steal
roble *m* oak tree
robo *m* theft
rojo *adj* red
romántico *adj* romantic
romper *v* to break
ropa *f* clothes, clothing
rosa *f* rose
rosado *adj* pink
rosbif *m* roast beef
rubio *adj* blond
ruido *m* noise
ruso, -a *m/f & adj* Russian
rutina *f* routine

S

sábado *m* Saturday
saber *v* to know
sacar *v* to take out, to receive, to take
sala *f* living room
salario *m* salary
salir *v* to go out, to leave
salón *m* salon, room
saludar *v* to greet
salvación *f* salvation

sangre *f* blood
sangría *f* Spanish wine punch
sano *adj* healthy
santo *m/f & adj* saint; holy
sección *f* section
secretario, -a *m/f* secretary
secreto *m* secret
sector *m* sector
sed *f* thirst
segoviano, -a *m/f & adj* Segovian
seguir (i) *v* to follow, to continue
según *prep* according to
segundo *adj* second
seguro *adj* secure, sure, certain, safe
seleccionar *v* to choose
semáforo *m* traffic light
semana *f* week
seminario *m* seminary
sencillo *adj* simple
sensual *adj* sensual
sentado *adj* seated
sentar, sentarse (ie) *v* to seat, to sit down
sentencia *f* sentence
sentido *m* sense, meaning, direction
sentir, sentirse (ie) *v* to feel
señalar *v* to point out
septiembre, setiembre *m* September
ser *v* to be
serie *f* series
serio *adj* serious
servicio *m* service
servilleta *f* napkin
servir (i) *v* to serve
si *conj* if, whether
sí *adv* yes
siempre *adv* always
sierra *f* mountain range
siglo *m* century
significado *m* meaning; significance
signo *m* sign
siguiente *adj* following
sílaba *f* syllable
silábico *adj* syllabic

silla *f* chair
sillón *m* armchair
simbolizar *v* to symbolize
símbolo *m* symbol
similar *adj* similar
simpático *adj* nice, sympathetic
sin *prep* without
sin embargo *exp* nevertheless
sincero *adj* sincere
sindicato *m* labor union
sinfónico *adj* symphonic
singular *adj* singular
sino *conj* but, but rather
sinópsis *f* synopsis
sistema *m* system
sitio *m* site
situación *f* situation
sobre *prep* on; *m* envelope
sobrenatural *adj* supernatural
social *adj* social
socialista *m/f & adj* socialist
sociedad *f* society
sociología *f* sociology
soda *f* soda
sofá *m* sofa, couch
sol *m* sun
solamente *adv* only
soldado, -a *m/f* soldier
soler (ue) *v* to be in the habit of
solicitar *v* to solicit, to ask for
solicitud *f* petition, application
solitario *adj* solitary
solo *adj* only, sole, alone, lonely
sólo, solamente *adv* only
solución *f* solution
sombrero *m* hat
sombrío *adj* sombre, gloomy
son *m* sound
sonar (ue) *v* to sound, to ring; to blow one's nose
sonata *f* sonata
sonido *m* sound
sonreír (i) *v* to smile
soñar (ue) *v* to dream
sopa *f* soup

sordo *adj* deaf
soso *adj* insipid, tasteless
soviético *adj* soviet
subempleo *m* underemployment
subir *v* to go up, to rise
subjuntivo *m* subjunctive
subordinado *adj* subordinate
subrayar *v* to underline
sucio *adj* dirty
sueño *m* dream
suerte *f* luck
suéter *m* sweater
suficiente *adj* enough
sufrimiento *m* suffering
sugerir (ie) *v* to suggest
suicidarse *v* to commit suicide
suicidio *m* suicide
sujeto *m* subject
sumamente *adv* extremely
sumar *v* to add, to do an addition problem
suponer *v* to suppose
suprimir *v* to suppress, to put down
supuesto *adj* supposed
sur *m* south
sustancia *f* substance
sustantivo *m* noun
sustituir *v* substitute

T

taberna *f* tavern, bar
tacaño *adj* stingy
taco *m* taco
tal *adj* such, such a
talento *m* talent
tamal *m* tamale
también *adv* also, too
tambor *m* drum
tampoco *adv* neither, not either
tan *adv* so
tango *m* tango
tanto, -a, -os, -as *adj* so much, so many
taquilla *f* ticket window
tarde *f* afternoon; *adv* late

tarea *f* homework, task
tasa *f* rate
taxi *m* taxi
taxista *m/f* taxi driver
taza *f* cup
té *m* tea
teatro *m* theater
técnica *f* technique
técnico *adj* technical
techo *m* roof
tela *f* cloth
teléfono *m* telephone
telenovela *m* soap opera
televisión *f* television
televisor *m* television set
tema *m* theme, topic
temer *v* to fear
temperamento *m* temperament
templo *m* temple, church
temporada *f* season (theater)
temprano *adj & adv* early
tenedor *m* fork
tener *v* to have
tenis *m* tennis
teología *f* theology
tercero *adj* third
tercio *m* a third
terminación *f* end, ending
terminado *adj* finished
terminar *v* to finish
término *m* term
terrestre *adj* terrestrial
texto *m* text
tiempo *m* time
tienda *f* store, shop, tent
tierra *f* land
timbre *m* stamp, bell
tímido *adj* timid
tío, -a *m/f* uncle, aunt
típico *adj* typical
tipo, -a *m* type; guy, gal
tirar *v* to throw
título *m* title
tiza *f* chalk
tocar *v* to play
tocino *m* bacon
todavía *adv* still, yet
todo, -a, -os, -as *adj* each, all, every

tomar *v* to take, to drink
tomate *m* tomato
tormenta *f* storm
torre *f* tower
tostado *adj* tanned, sunburned, toasted
total *m & adj* total
totalidad *f* totality
totalmente *adv* totally
trabajador, -a *m/f & adj* worker; hard-working
trabajar *v* to work
trabajo *m* work, job
tradicional *adj* traditional
traducir *v* to translate
traer *v* to bring
tráfico *m* traffic
trama *f* plot
tranquilo *adj* peaceful, tranquil
transcendente *adj* transcendental
transformación *f* transformation
transitivo *adj* transitive
transporte *m* transport, transportation
tratar de *exp* to attempt, to try to
tratarse de *exp* to be a question of, to be about
tren *m* train
triste *adj* sad
trompeta *f* trumpet
tropa *f* troop
turismo *m* tourism

U

últimamente *adv* recently
último *adj* last
un, uno, una *art indef* a, an; one
único *adj* unique, only
unido *adj* united
unión *f* union
universidad *f* university
universitario, -a *m/f & adj* university student; university

usar *v* to use, to wear (clothing)
usual *adj* usual
útil *adj* useful
utilizar *v* to use, to utilize

V

vacaciones *f* vacation *(always plural in Spanish)*
vacío *m & adj* void; empty
valer *v* to be worth
valiente *adj* brave
valle *m* valley
vano *adj* vain, frivolous
variable *adj* variable
variación *f* variation
variado *adj* varied
variedad *f* variety
varios, -as *adj pl* several, various
varón *m* male
vaso *m* glass
vecino, -a *m/f & adj* neighbor
vegetariano, -a *adj* vegetarian
velocidad *f* speed
vencer *v* to conquer, to beat
venda *f* bandage
vendedor, -a *m/f* seller, peddler
vender *v* to sell
venganza *f* vengenance, revenge
venir (ie) *v* to come
venta *f* sale
ventaja *f* advantage
ventana *f* window
ver *v* to see
verano *m* summer
verbal *adj* verbal
verbo *m* verb; word
verdad *f* truth
verdadero *adj* true, authentic
verde *adj* green
verduras *f* greens (vegetables)
vergüenza *f* shame
vestíbulo *m* vestibule
vestido *m* dress
vestirse (i) *v* to dress
vez *f* occasion, time
viajar *v* to travel

viaje *m* trip
viajero, -a *m/f* traveler
victoria *f* victory
vida *f* life
vidrio *m* glass
viejo *adj* old
viernes *m* Friday
vigilar *v* to watch over, to guard
villa *f* town, villa
violencia *f* violence
violín *m* violin
virtuoso, -a *m/f & adj* virtuous, virtuoso

visitar *v* to visit
vista *f* view
viudo, -a *m/f* widower, widow
vivir *v* to live
vocabulario *m* vocabulary
vocal *f* vowel
vocero, -a *m/f* spokesperson
volibol *m* volleyball
volver (ue) *v* to return
votar *v* to vote
voz *f* voice
vuelta *f* return
vulgo *m* the common people

Y

y *conj* and
ya *adv* already, now, finally;
— **no** not any more

Z

zapato *m* shoe
zeta *f* the letter *z*
zodíaco *m* zodiac
zoológico *m & adj* zoo, zoological

ÍNDICE DE MATERIAS